2015
北大清华人大
社会学硕士论文选编

沈原 郭星华 卢晖临 编

中国社会科学出版社

图书在版编目（CIP）数据

北大清华人大社会学硕士论文选编. 2015 / 沈原，郭星华，卢晖临编. — 北京：中国社会科学出版社，2016.1
ISBN 978-7-5161-7081-6

Ⅰ.①北… Ⅱ.①沈…②郭…③卢… Ⅲ.①社会学－文集 Ⅳ.①C91-53

中国版本图书馆CIP数据核字(2015)第268227号

出 版 人	赵剑英
责任编辑	黄 山
责任校对	张文池
责任印制	李寡寡

出　版	中国社会科学出版社
社　址	北京鼓楼西大街甲 158 号
邮　编	100720
网　址	http://www.csspw.cn
发 行 部	010－84083685
门 市 部	010－84029450
经　销	新华书店及其他书店
印刷装订	三河市君旺印务有限公司
版　次	2016 年 1 月第 1 版
印　次	2016 年 1 月第 1 次印刷
开　本	880×1230　1/32
印　张	12
字　数	345千字
定　价	45.00 元

凡购买中国社会科学出版社图书，如有质量问题请与本社营销中心联系调换
电话：010－84083683
版权所有　侵权必究

目 录

前言 ··· 1

基层城镇化进程中农村家庭代际关系的变迁
　　——基于鲁中A县的经验研究 ····················· 常长长　3

农村生活垃圾问题凸显的社会机制分析
　　——基于闽西客村的田野调查 ····················· 邓霞秋　63

成员权
　　——江苏南通"农村集体经济组织成员数据库"研究 ····· 李　可　114

村落共同体生活中的互济互惠
　　——基于福建省G村互助会的研究 ················· 王大伟　165

精英范畴的重构
　　——一所重点中学教育改革实践的研究 ············· 李　芹　213

传统的"复兴"与"嵌入"
　　——山东B城城市丧祭活动的实践逻辑 ·············· 安孟竹　261

从秘密会社到合法宗教
　　——一项关于越南高台教的人类学研究 ············· 邵朱帅　317

附录：三系2015年硕士论文题目汇总 ·· 374

前　言

屈指算来，《清华北大人大社会学硕士论文选编》到今年已经出到第 14 辑了。起初，出版这部选辑的动议出自也夫。遥想当年，也夫在北大召集我和老潘就此动议开会相商，其时他转到北大社会学系教书不过数年；我和若干同仁到清华建设社会学系，甫足三年。老潘当然是人大社会学的老人，以独步江湖的研究成果享誉天下。当时论定，三校学生，俱为海内翘楚；硕士论文中，真有漂亮文章，断不可答辩过后就进入图书馆、故纸堆，就此而湮灭。不如设法将那些好文章遴选出来，付梓印行，以为各校学弟学妹日后写作树立榜样，亦对费心费力做出好论文的学生做一鼓励。此外，也算是为学科建设略加砖瓦，虽说斯时，我们三人，离本学界权力中心都有相当遥远的距离，正所谓边缘者也。此类大计，好像不应由我们来勾画。

多年来，干这份活，数我和老潘最为轻松。我俩多半只是作为联络员，负责从本系毕业硕士论文中推荐优秀者参选，并且参加讨论。最吃劲的是也夫。他主持此事，费心费力至多。办刊之初，一切从零起家，从动手编辑选定论文，与一众作者逐个商讨修改意见，到寻觅出版社，商谈书号，乃至深入印刷车间，选定纸张，决定字号，参与排印，也夫均无不亲力亲为。入选论文须经三人详细讨论后定夺。也夫又是著名的有洁癖的人，就事论事，绝不徇情通融。如是虽然常会有些争议，但终究保证了论文集的质量多属上乘。

办这种以书代刊的事情，最要命的是没有固定经费支持。编辑工作均属义务，从来未曾支领编辑费。前些年身体强健之时，定稿后由也夫自掏腰包，在北大食堂小聚一顿，以示庆贺，算是一桩小小的福利。近些年岁数大了，近不得油腻，连这顿饭也都免了。不过编辑尚属小事，印制费、邮寄费等也无处开支则是大事，全靠也夫精打细算，一方面一丝一毫算计，努力将成本压到最低，另一方面又亲自经营销售，期间碰到许多令人啼笑皆非的故事。比如某年在东北某省开社会学会，也夫是从不参加此类大会，那年为了售书，特地亲携二百余册到会，意欲在场发售。不料刚在会场外将书码好，便遭该省社会学所所长大人申斥，缘由是未交场地租金，属于非法售书！嗟夫！以也夫之高洁心性，竟遭如此折辱！其为本刊出版所付心血可见一斑！全靠各校社会学系同仁鼎力支持，大力推售，每年售后计算，大体勉强持平，甚至还能保证撰文学生领得一份象征性的稿费。一晃十数年，这个文集，就这样历经磕磕绊绊，坚持到了今天。

  文集尚在，人却都已经老了。今年伊始，也夫退休了。两年前老潘也已退休。当年三位老汉共襄其事，如今只剩下我一个孤家寡人，退隐江湖也是指日可待。我曾经和也夫仔细商量，是否找个时机，就让这个文集安乐死罢了。后来转念一想，这个文集虽然出自我们三人之手，但断乎不是私产，而是公器，也算是社会学界的一件不大不小的建设事业，坚持下去对学界大佬英雄固然无甚意义，但对年轻学子却总有裨益。最终决定还是坚持办下去。眼下编者队伍已然更新，也夫的位置由卢晖临老师接替，其人为北大青年才隽之一；人大则由郭星华老师担纲，他是法社会学方面的大家。今年就由我们三人承担编辑工作，而卢老师致力组织工作，费心最多。成果就是眼下这部新文集。明后年，也许清华方面也将由青年老师出任编委，那时，编者队伍替代完成，这部文集必会展现出新的风貌。

沈 原
2015 年 10 月 11 日

基层城镇化进程中农村家庭代际关系的变迁
——基于鲁中A县的经验研究

常长长　北京大学社会学系2012级
指导教师　卢晖临

改革开放以来,中国经济持续快速增长,经过30多年的发展,中国已超越日本成为世界第二大经济体。与此同时,中国城镇化水平持续稳步地提高,城镇化率从1978年的17.9%上升到2011年的51.27%。2011年业已成为一个具有里程碑式意义的拐点,中国,这一延续五千年的农业文明国家从此步入城市文明时代(卢晖临,2014)。截至2014年年底,中国城镇化率又提高至54.77%。

逐步增长的城镇化率数值背后,是大量农民进城务工并在城镇买房定居的社会潮流。近年来,笔者在河南、黑龙江、吉林、深圳、北京、山东等地的城镇和农村的旅行、观察或调查中发现:很多农村的父母已不限于为子女在农村盖房,他们开始倾尽全力、义无反顾地为子女在城镇买房,并源源不断地从农村为子女输送农产品、食品和资金等各类经济资源。

为了减轻子女在城镇工作和生活的负担,越来越多的农村父母还承担起了为子女照看小孩、耕种田地的责任。而不少在城镇中生活的子女,却往往把父母的劳苦奉献视为理所当然,他们不仅没有因为父母的额外付出而对父母增加感激之情,而且有时还因为父母的经济能力不能给予他们足够的支持而心生感慨甚至不满。与此同时,尽管不少独自生活在农村的老年人劳作辛苦,生活孤单甚至凄凉,然而他们依然为能够帮助子女在城镇买房安家而感到自豪,他们时常"不厌其烦"地为亲友邻居讲述子女在城镇生活的"精彩"。

由此,笔者产生了不少疑问:在如火如荼的城镇化背景下,城中子辈和农村父辈彼此付出不对等的代际关系为何产生,有何影响,何以维系,走向何处,其和传统农村的代际关系有何区别?这不由得引起了笔者研究的兴趣。

第一章 文献综述

代际关系研究起步于西方学者。20世纪30年代,德国社会学家曼海姆(Mannheim,1952)发表论文《代的问题》,敏锐地洞悉到代际更替是一个连续的过程,每一代成员只能参与有限的历史过程,因此必须将积累的文化遗产传递下去:这篇论文被不少学者称为代际社会学的开山之作。20世纪40年代,美国人类学家杰弗里·戈勒(Gorer,1948)在研究移民问题时发现,由欧洲大陆迁移到美洲大陆后,美国的父辈丧失了欧洲的父辈原有的权威,常遭受更能适应新生活的子辈的拒斥,这也是较早开展的代际关系问题研究。

20世纪70年代,在全球"青年大造反"运动结束后,代际关系研究在西方学界迎来高潮。美国人类学家玛格丽特·米德(1987)在《文化与承诺——一项有关代沟文化的研究》一书中,创造性地提出"generation gap"(引入中国时起初翻译为"时代隔阂",后多译为"代沟")一词,并认为"代沟"是现代社会的必然伴生物。她还提出"前喻文化""并喻文化""后喻文化"等概念来区分不同时代的代际关系,认为传统农业社会中父代传授子代生存技能、生活方式及是非观念,子代沿袭父代生活道路这一稳定、连续的"前喻文化"已成为历史,由工业化、城市化等导致的社会转型推动当代社会步入断裂性的"后喻文化"阶段,由此造成战前一代人与战后一代人在观念和行为上的巨大代沟,代际矛盾和冲突凸现。玛格丽特·米德的著作为代际问题特别是代沟问题研究奠定了重要的理论基础。

需要特别指出的是,20世纪六七十年代,美国社会学家霍曼斯等提出了传统社会交换理论,美国社会学家布劳进一步把经济交换概念引入了人类社会行为中,指出:"交换:是一种人们(日常生活中)依赖他人回报的自愿的社会行动,一旦回报中断,这种(交换)活动就停止。"(乔纳森·H.特纳,2006)此后,社会交换论被用来分析代际的互惠、交往和互动关系等,并成为国内学者后期开展类似研究的理论缘起之一。此外,Morioka(1992)通过三个连续的阶段来考察年老亲代和成年子代的关系:亲代和转向成人期的子代,亲代与处于家庭生命周期中早期阶段的已婚子代,处于晚年阶段的亲代与子代。在前两个阶段,亲代给子代以支持;在第三个阶段,子代给亲代以回报。从生命周期的不同阶段出发,微观考察代际关系的内在变动,也为后来国内学者的相关研究提供了启发。

有学者认为,国内有关代际关系的研究始于20世纪80年代玛格丽特·米德《文化与承诺——一项有关代沟文化的研究》一书的引入(沈汝发,2002)。其实,从某些方面而言,国内关于代际关系的研究可以追溯到1928年,其标志是潘光旦(1993)《中国之家庭问题》一书的付梓。在该书中,潘光旦既不赞同西方小家庭"横裁而断之"的单向代际关系制度,也不提倡中国传统社会"枝蔓过甚,纠葛频繁"的大家庭制,而主张在大小家庭制度中采取折中论:子女未成年时,由父母教养;父母衰老了由子女侍奉以尽其天年;两代人之间彼此的待遇是相互的。与西方学者更关注社会层面的代际关系和代沟问题不同的是,潘光旦及以后的国内学者更关注家庭层面的代际关系。

改革开放特别是2000年以来,伴随着中国社会转型和文化变迁的加速,计划生育政策的施行和人口老龄化、高龄化程度的加深,以及新农村建设、工业化和城镇化等国家工程的推进,传统的价值观念和家庭伦理逐渐受到挑战和冲击,中国城市和农村的家庭结构和规模出现了显著变化,家庭代际关系问题也日益引起国内学者的关注,并因此产生一定规模的研究成果,相关理论和经验研究也持续向前推进。

遗憾的是,笔者所关注的城镇化背景下中国农村家庭代际关系变迁方面的内容,较少有专题的论述,大多散落在前人的各种文献之中。既有的相关研究，通常围绕三个方面展开：其一，家庭代际关系及其变迁研究；其二，新生代农民工进城动因研究；其三，中国城镇化动力及模式研究。

一 家庭代际关系及其变迁研究

改革开放之初，费孝通（1982）在其老师潘光旦提出的中国家庭折中论的基础上，把当代中国家庭的代际关系概括为"抚育—赡养模式"，也称"回馈模式"：甲代抚育乙代，乙代赡养甲代；乙代抚育丙代，丙代赡养乙代……与此相对应的是西方的"接力模式"：即甲代抚育乙代，乙代抚育丙代……是否存在子女对父母的赡养义务是"回馈模式"和"接力模式"的最大差别。同时，费孝通还关注到抚育与赡养之间的平衡问题，他认为子女回馈父母，不仅包括经济层面，还应包含生活照料和精神慰藉等层面（费孝通，1982，1986）。费孝通的"抚育—赡养"理论及其分析框架高度概括了千百年来我国家庭代际关系的普遍性，成为后来学者分析我国家庭代际关系的基石。20世纪90年代，车茂娟（1990）在研究城市家庭代际关系时发现，父辈对子辈的经济补贴远远大于子辈对父辈的经济补贴，由此提出"逆反哺模式"。车茂娟的研究很有启发性和前瞻性，她笔下的"逆反哺模式"目前已成为中国城市和农村家庭中一个较为普遍的现象。

费孝通的"反馈模式"是针对改革开放之初中国传统农村的家庭代际关系而提出的，随着经济环境、社会文化和家庭代际关系的变迁，"反馈模式"在某些方面已经不能很好地解释新出现的家庭代际关系问题。基于此，不少学者试图引入新的解释逻辑和分析框架。郭于华（2001）从费孝通"回馈模式"的逻辑和规范出发，结合西方社会学交换理论，阐发出代际关系的"交换模式"：代际存在着某种公平的理念，其基础就在于代际交换的完成和维系。代际交换并非仅有通过互惠而取得利益上的满足这类表层和硬性交换，还有充满人情味的情感交流和慰藉，并且遵循付出与报偿相衡的公平逻辑。郭于华将费孝通的"反馈模式"引申为亲子两代之间基于公平逻辑展开的跨时空的交换关系，并丰富和具象化了代际交换的维度，包括经济和物质性交换,仪式性交换、情感交换、文化资本交换和象征性交换等诸多方面。此外,还有学者将代际关系概括为"投资和赡养""投入和产出""代际支持"等关系,其内在逻辑和"交换模式"大体一致(陈皆明,1998;王树新、马金,2002;范成杰,2013)。

与 Morioka 的分析框架类似,王跃生(2008)从家庭生命周期出发,通过三个阶段来考察家庭代际关系:成年父母和未成年子女,壮年父母和成年子女,老年父母和中年子女,三个阶段分别对应"抚育""交换"和"赡养"关系,并由此提出"抚育—交换—赡养"模式:完整的代际关系既有"抚育—赡养"关系,又有"交换"关系;两者具有互补的关系,在某种程度上,成年子代和壮年亲代的交换关系支撑着中年子代和老年亲代的赡养关系。王跃生认为,单纯用"回馈模式"或"交换模式"解释家庭代际关系,都具有局限性,只有将两者结合起来才是完整的:"回馈模式"更多地关注家庭代际纵向关系的传递和反馈,未涵盖同一时期代际的关系方式;而用"交换模式"来表述抚育和赡养行为也不严谨,因为普通的交换关系是关系双方看到现实利益时才可维系,由于亲代和子代的年龄和彼时支配资源的能力差异,若把纵向的抚育和赡养关系视为交换关系,并非双方都看到了收益。

贺雪峰(2009)在全国多地调研的基础上,从代际关系是否存在强传宗接代理念和是否平衡两个角度来讨论和区分不同地域的农村代际关系,并提出中国农村两大类四小型代际关系理想型。他认为农村代际关系之所以存在较大的地域差异,既与不同地域的区位、文化和社会经济发展状况等区域性特征(空间因素)相关,也与现代性因素侵入下不同地域农村因其内部结构的差异而导致的反应差异(时间因素)有关。贺雪峰的分类方法和分析框架对进行农村家庭代际关系的经验研究特别是地域对比研究很有启发。

以上简要回顾了农村家庭代际关系研究的理论流变及研究缘起,近年来有关家庭代际关系的经验研究层出不穷:有学者基于资源交换、文化和价值观的视角研究了家庭代际关系变动对家庭养老的影响(姚远,1998;郭志刚、陈功,1998;张友琴,2002;王树新、马金,

2002；杜鹏等，2004；陈皆明，2010；范成杰，2013）；有学者探讨和总结了家庭代际关系的变化和趋势，包括代际关系趋于平等化和民主化（徐安琪，2001；王跃生，2010），代际倾斜和重心下移（王树新，2002；刘桂莉，2005；关颖，2010；范成杰，2013），代际关系趋于理性化（肖倩、杨泽娟，2010；王跃生，2011）等；有学者从微观层面出发，探讨了家庭代际关系中的几组典型关系，如亲子关系、隔代祖孙关系以及婆媳关系等（高健生、刘宁，1987；李全棉，2004；杨华，2007），或从婚姻与分家实践来探讨代际关系变动的内部运作机制（阎云翔，1998；高世伟，2008；熊凤水，2009；桂华、余练，2010；王跃生，2010）；还有学者关注了家庭代际关系与传统文化、家庭代际关系变动与老年人自杀、中美家庭代际关系差异等问题（代堂平、汪雁，2008；陈柏峰，2009；边馥琴、约翰·罗根，2001）。

以上，有关代际关系的研究成果已然颇为丰富，但将代际关系的变迁和基层城镇化进程联系起来，并将其置身于农民的实际生产和生活当中去研究的成果较少。

二 新生代农民工进城动因研究

关于这一方面的研究，近年来有关农民工流动的研究较多涉及。有学者将进城农民进行了代际划分（王春光，2001；贺雪峰、董磊明，2009），新生代进城农民和老一代进城农民外出务工所遵循的逻辑大相径庭，前者的动力在于赚取进城生活的积蓄，获得逃离村庄的资本；而后者多是为了赚取收入，以维持农村家庭的体面生活。除了外出动机差异之外，两者的社会特征也有很大差异，新生代进城农民开始尝试认同城市社会，对家乡的乡土认同在减弱，他们对农业活动缺乏兴趣甚至丧失了农业劳动技能，对农村的一些传统和习惯也持拒斥态度。周大鸣（2001）的研究也很有代表性：进城务工和家乡劳作的收入差距，农民对城市生活的认同及现代性的获取，吸引其离乡进城；而农民与家乡的经济联系和亲情纽带，城市中存在的将进城农民与市民相对隔离的"二元社区"，使进城农民呈现出在城乡之间的"钟摆"现象。

总体来看，农民进城动因可从宏观和微观两个层面探讨。许多研究不约而同地从地区经济发展不平衡、农村土地日益短缺、城乡收入和生活水平差距较大等结构性因素出发，以人口迁移的"推拉理论"解释农民由农村流向城市的宏观原因（杜鹰、白南生，1997；蔡昉，2000；周大鸣，2001；李路路，2003）。此外，还有学者分别从微观层面探讨了新生代农民工离乡进城的原因：农民是否外出是家庭整体决策而不仅仅是个人行为的结果，不过越来越多的外出者主要从自身需要出发进行个体决策；农民外出的主要目标是增加收入和求得发展，同时他们对城市生活产生认同；外出某种程度上是人力资本的投资，这种投资预期与人力资本的受教育程度、年龄、性别等因素密切相关；农民外出并非"盲目"，而是利益最大化的选择，其背后存在"生存理性""经济理性""迁移理性""社会理性"等"理性选择"逻辑，当代中国农民外出就业的动向正由"生存理性"选择向"经济理性"和"社会理性"选择跃迁（黄平，1997；杜鹰、白南生，1997；蔡昉，2000；文军，2001；周大鸣，2001；谭深，2003）。

三 中国城镇化动力及模式研究

改革开放以后，我国学者较早地开始研究城镇化，其中影响较大的是费孝通（1985，1995）及其承继者沈关宝（2005）、李友梅（2015）等人的研究。费孝通的农村城镇化思想始于20世纪30年代，他对比了工业革命和由农业经济向工业经济过渡的苏南模式：前者以城市为中心，后者以乡村和县域范围的小城镇为阵地；前者以人口从乡村迁移到大中城市来实现，后者通过发展乡镇企业，由工业从城市向乡村扩散而形成；前者以工业毁坏农业，城市剥夺乡村作为代价；后者以工农相互促进，城乡一体化为发展目标。费孝通的"小城镇、大战略"观点不仅于1998年上升为国家战略，还为后期的城镇化研究提供了极具启发性的理论视角和研究范式。

自国家提出城镇化战略以来，学术界对于快速发生的城镇化现象给予了充分的关注，尤其是在人口学、人口经济学、经济地理、城市规划等领域，城镇化研究一直是一个中心的热点。有的学者从农民、农民工出路，拉动内需，寻找经济增长点等不同角度论述城镇化的意义（王思斌，1997；黄宗智、彭玉生，2007；章铮，杜峥鸣，乔晓春，2008；蔡昉，2010；辜胜阻、李华、易善策，2010），有的学者结合区域经济发展资料，分析、总结及倡导不同的中国城镇化战略与模式（王小鲁、夏小林，1999；仇保兴，2009；李富田、李戈，2010），还有学者利用统计资料和相关文献从宏观角度分析中国城镇化在人口、就业、资源和环境等方面的后果（国家统计局课题组，2002；朱明芬，2003；陈映芳，2003；李一平，2004；赵友新，2004；陶然、徐志刚，2005；范爱军、王丽丽，2007；方创琳，2009）。

由于城镇化的动力在很大程度上决定着城镇化道路或模式的选择，引导着城乡关系、政府行为、农村土地制度等诸多方面的变革，并触发着城镇化的各方面影响，因此，城镇化动力研究可以视为城镇化研究的重要基础。近年来，国内对城镇化动力及模式的研究并不多见，在阅及的一些文献中，有学者将中国城镇化的模式纳入"自上而下"与"自下而上"，"政府主导型"与"民众自发型"或"被动城镇化"与"主动城镇化"等二元理论分析框架。张孝德（2001，2002）认为"政府主导型"城市化模式将城市化简化为行政区变更、人口增加和圈地搞基础设施建设的城市规模扩张，这种脱离市场导向而以计划方式推进的城市化，陷入"政府悖论"风险并可能发生城市化泡沫。李强（2013）认为，应逐步减少以人为造城、土地城镇化、土地财政、追求短期政绩、伤害群众利益、引发社会矛盾等为标签的"被动城镇化"，更加注重人的需求在城镇化中的重大作用，通过发展县域经济，推进就地城镇化、就近城镇化建设，逐步解决城镇化中就业、住房、农村土地宅基地等一系列难题，实现由"被动城镇化"到"主动城镇化"的转向。

早在十多年前，美国著名经济学家、诺贝尔奖金获得者斯蒂格列茨（J.E.Stiglitz）教授就把中国的城镇化和美国的高科技并称为影响21世纪人类发展进程的两大关键因素，并认为城镇化是新世纪对中国的第一大挑战。遗憾的是，对于社会生活实践正在发生的这一巨大变革，社会学迄今为止还没有给予足够的关注，既缺乏深入的理论分析,也缺乏扎实的经验性描述(卢晖临,2014)。而有关城镇化动力及模式的研究,现有研究更极少涉及,有着较大的推进空间。

四 本章小结

总体上看,有关代际关系的研究成果已然颇为丰富,"抚育—赡养模式""交换模式"及"抚育—交换—赡养模式"等理论模式为理解农村代际关系的变迁提供了理论框架和支点;有关家庭代际关系的影响、变迁趋势等方面的研究,为讨论农村家庭代际关系变迁的相关问题提供了方法和经验上的借鉴;有关中国城镇化动力及模式研究与新生代农民工进城动因等方面的研究,不仅对理解农村家庭代际关系变迁中的城镇化背景,及这一背景下新生代农民向城镇迁移的行为动机,具有较大的启示,还为分析农村家庭代际关系变迁的原因,提供了宏观社会背景和微观个体行为的研究视角、分析框架和相关素材。

基于此,本研究拟在已有的研究基础上,将农村家庭代际关系放在城镇化的背景下进行动态考察,即通过进入"市民化""农民"和留村传统农民的生活场景,探讨基层城镇化进程中农村家庭代际关系的变迁过程和表现形式,思考农村家庭代际关系变迁的趋势及存在的问题,并从结构上的"城市侵入"(童小溪,2014)和文化上的伦理传承与失范两个方面入手,探究农村家庭代际关系变迁的发生机制,在此基础上,尝试反思农村家庭代际关系回归平衡的可能。

第二章 研究设计与研究过程

为了研究基层城镇化进程中家庭代际关系的变迁,更好地揭示问题,首先需对"基层城镇化"和"农村家庭代际关系"等核心概念进行界定;同时本研究选择了山东省 A 县作为调研的区域,并在实地调查过程中采取了个案访谈、参与观察和文献分析等方法。

一　核心概念的界定

一是"基层城镇化"概念的界定。界定这一概念，要从讨论"城镇化"（urbanization/urbanisation）的概念开始。依据《辞海》（2012）阐释，城镇化包含两层含义：一是"城镇数量增加或城镇规模扩大的过程……表现为城镇人口在社会总人口中的比重逐渐上升"；二是"将城镇的某些特征向周围的郊区传播扩展，使当地原有的文化模式逐渐改变的过程"。而《城市规划基本术语标准》（2014）则把城镇化界定为"人类生产和生活方式由乡村型向城镇型转化的历史过程，表现为乡村人口向城镇人口转化以及城镇不断发展和完善的过程。又称城市化、都市化"。还有学者认为，城镇化的本质是在工业化牵引下资本和劳动力追求规模经济和范围经济的要素聚集过程（贾林州，2010），在这一过程中，随着经济基础的内在变革，原有的以农业为主的传统乡村型社会逐渐转变为以工业和服务业等非农产业为主的现代城市型社会。如果把人口学、地理学、经济学和社会学等学科对城镇化的理解结合起来，城镇化可以简单概括为人口、产业、土地、社会、农村"五位一体"的城镇化。

正如《城市规划基本术语标准》的论述，城市化与城镇化两个概念原本并无本质区别，由于我国经中央政府行政审批的城市仅有661个（包括直辖市、地级市和县级市），而可以称为城镇的地方则有数万个，因此，城镇概念通常涵括了所有的城市和城镇（李强，2013）。本研究也采用包含更多基层市镇的城镇概念。

借用社会学的有关界定，本研究认为"城镇化"是指人口和社会职能向城镇聚集，居民的劳动安排、生活方式、闲暇时间安排、文化模式乃至社会角色发生变更，使城乡接近融合的过程。而"基层城镇化"（卢晖临，2014）特指城关镇和地级市这两个层级城市规模的扩大，这一概念有别于更大型城市的"城市化"。之所以选择关注这一层级，一方面是因为最近十年城市建成区面积的扩大主要在这一层级；另一方面是因为农民落户城市主要也是在这一层级。如前文所提及，按照进入城镇的人的主观意愿，李强将城镇化划分为"主动城镇化"和"被动城镇化"，本研究所论及的"基层城镇化"更关注农民为追求美好生活而定居城市的"主动城镇化"。

二是"家庭代际关系"概念的界定。界定这一概念，离不开"代"和"代际关系"概念的讨论。"代"的基础性含义是通过年龄所区分的不同人群。"代"首先具有形式意义的自然属性，其划分和更替是一个客观的自然过程；"代"又有深层次的社会属性，不同的"代"背后承载着因社会文化差异而形成的不同的价值观念、生活状态和思维方式。社会学研究更多地关注代际关系的社会属性。

"代际关系"，"简而言之就是共存于一定社会中相邻几代人的关系"（张永杰、程远忠，1988）。国内学者大多认同从广义（宏观）和狭义（微观）的二元区分来认识代际关系：广义的代际关系是指社会上因地缘、业缘和其他关系产生的不同代际的交往关系，如社会范围内的老一代、中年一代和年轻一代之间的关系；狭义的代际关系是指家庭内成员之间的关系，如最基本的亲子关系、婆媳关系、甥舅关系、叔（伯）侄关系或隔代的祖孙关系等。广义的代际关系可称作社会代际关系；狭义的代际关系可称作家庭代际关系。家庭代际关系可看作社会代际关系的微观领域，其反映和折射着社会代际关系。

关于"家庭代际关系"，王跃生（2010）在有关理论分析中将其概括为家庭中具有血缘关系、姻缘关系或收养关系成员的纵向的和双向的关系体现。这一定义高度凝练了家庭代际关系的作用双方及其与家庭结构的关系，被很多学者所引用，本研究也采用这一概念。从血缘关系成员看，代际关系既包括亲子、甥舅、叔（伯）侄等"连代"关系，也包括（外）祖孙等"隔代"关系。就姻缘关系成员看，代际关系则有婆媳关系、翁婿关系等。不过，在家庭中不同代际成员接触最多的是父母（公婆）和子女（媳婿）（王跃生，2010）。费孝通（1982）也认为："社会结构中真正的三角是由共同情操所结合的儿女和他们的父母……在婚姻的契约中同时缔结了两种相连的社会关系——夫妇和亲子。这两种关系不能分别独立，夫妇关系以亲子关系为前提，亲子关系也以夫妇关系为必要条件。"可见，亲子关系是代际关系的纽带和基础，任何形式的代际关系都是在此基础上衍生和扩展的。因此，亲子关系是代际关系分析的基本和核心内容。

需要特别指出的是,由于家庭结构的差异,家庭代际关系可以分为两类:"家内代际关系"和"家际代际关系"(王跃生,2010)。家内代际关系是指由具有血缘、姻缘和收养关系的成员组成一个生活单位所形成的不同类型的代际关系;而"家际代际关系"是指具有亲子等直系血缘关系的成员保持着密切联系但并不在一个家庭单位内生活而形成的代际关系。在主干家庭和联合家庭大量存在的传统社会,家内代际关系是家庭代际关系的主流;处于转型期的当代社会核心家庭已成主流,家庭代际关系由家际代际关系所主导。

从家庭代际关系的内容来看,其至少包括物质的、情感的、仪式的、声望的、象征的等多方面内容(郭于华,2001),现有的研究一般将其划分为三个维度,经济支持、日常照料和生活互惠,亲情沟通和情感慰藉。本研究认为,从家庭或个人的生命周期出发,家庭代际存在继承、抚育、交换和交往、赡养等关系,这些关键关系、环节和链条集中体现了家庭代际关系变迁的内部运作和维系机制,影响着农村家庭收入和财产的分配和再分配,亲子两代之间的态度和行为,双方的经济支持、生活照料和情感慰藉等诸多内容。甚至可以说,子代与亲代之间继承、抚育、赡养、交换和交往等关系的标准和密切程度,影响着代际关系是否和睦,代际交换是否平衡,制约着代际关系主体在经济来源、资源选择、精神生活、社会地位等各个方面的状况(田云飞,2012)。

综上,本研究以个人生命周期为视角,将家庭代际关系聚焦为亲代与子代的双向关系,试图关注亲子两代之间物质的、情感的、仪式的、声望的和象征的互动,并从继承、抚育、交换和交往、赡养等家庭代际关系的内部运作机制出发,考察农村家庭代际关系的变迁过程,如表1所示。

表1　　　　　　　家庭代际关系变迁的分析框架

继承	抚育	交换和交往	赡养
亲代为子代操办婚事 亲代与子代分家	子代及孙代的抚养 子代及孙代的教育	亲子两代的物质交往 亲子两代的劳动交往 亲子两代的仪式交往 亲子两代的情感交流	亲代的居住方式 亲代的赡养主体 亲代养老经济来源

二 研究地点的选择

本研究选取鲁中 A 县作为研究地点，基于其典型性与可行性，具体如下：

首先，A 县为研究农村家庭代际关系的变迁，提供了良好的城镇化及基层城镇化场域。A 县近年来城镇化发展迅猛，县城日益成为人口集聚的核心，普通农民进城购房需求旺盛，这为我们考察城镇化进程中农村家庭代际关系的变迁提供了鲜活的素材。此外，A 县人口外出较少，县域人口主要在县内实现城镇化。根据国家第六次人口普查数据，2010 年 A 县跨县外出半年以上人口为 2.05 万人，仅占户籍人口的 2.1%。这为我们探讨基层城镇化和农村家庭代际关系变迁的关联，提供了得天独厚的条件。

其次，"孝道"等传统伦理和文化在 A 县仍有较强的基础，为考察传统伦理对家庭代际关系变迁的作用机制提供了可能。齐鲁文化是延绵不断的中华民族传统思想文化的主要来源，位于齐鲁大地的 A 县历史悠久，先贤辈出，民俗文化丰厚。据记载，自宋代至清末，A 县共有 101 人进士及第；七十二弟子之一的儒家学者公冶长，更长期在 A 县设书院讲学。2014 年，A 县还举办了"最美孝媳"的评选活动。这都表明 A 县仍保留了较强的传统伦理及文化基础。

由此，基层城镇化的结构性因素与"孝"文化等传统文化性因素并存，使 A 县成为基层城镇化进程中农村家庭代际关系变迁的典型场域，为探讨家庭代际关系变迁的发生机制提供了较多的素材及线索，对其进行研究具有较大的价值。

最后，进入 A 县调查有较强的可借鉴性和可行性。2014 年 8 月，由北京大学社会学系卢晖临老师牵头组织的"基层城镇化动力研究"课题小组曾与中国城市规划设计研究院合作，赴 A 县开展有关城镇化动力研究的问卷调查。这次调查不仅为本研究提供了一些宝贵的数据材料，还为笔者再次融于研究的场景提供了人际关系网络和社会资本。这对笔者顺利进入研究场景，如期完成实地调查和资料收集，提供了较为扎实的基础和条件。

三 A县概况

A县历史可追溯至春秋时期，公元前148年（汉景帝中元二年）以侯国名为县名正式置县，至今已有2100多年历史。A县位于山东半岛中部，东距青岛110公里，西距济南200公里，是国务院批准的首批沿海对外开放县市之一。A县地处暖温带湿润季风区，气候温和，四季分明，境内平原、丘陵、山区约各占1/3，水资源丰沛，拥有大小河流50多条、大中小型水库130座，有海拔400米以上的山头36座，森林覆盖率达到33.6%（上述数据截至2014年年底）。

A县境内土地随着历代行政区划的变更，总面积几经变化。1958年后，城镇、乡村建房和工矿、交通以及农田水利等基本建设用地逐年增多，截至2014年年底，A县市境总面积1760平方公里，耕地面积130万亩，占全市土地总面积的49%，人均耕地不足1.4亩。A县辖10个镇、2个街道、870个行政村，总人口95万。2014年，全县预计城镇居民人均可支配收入26100元，农民人均纯收入13575元，三次产业比重为17.8：44.6：37.6。

A县农产品资源丰富，盛产小麦、樱桃、草莓、蜜桃、黄烟、花生、大姜、大蒜等多种农产品。近年来，A县在全国率先启动实施了出口农产品质量安全区域化管理，被国家质检总局确定为"A县模式"在全国推广。全县年加工农产品200多万吨，主要产品为大姜、大葱、圆葱、牛蒡、芦笋、禽肉等，出口日韩、美国、欧盟等50多个国家和地区。农业是A县农民收入的重要来源，农民人均纯收入高于全国平均水平：2014年A县农民人均纯收入为13575元，较同期全国农民人均纯收入的9892元高出37.23%。

2012年A县县域常住人口92.69万，户籍人口94.77万，城镇化率约42%。根据A县规划局提供的统计数据，2000—2010年，县城人口快速集聚，镇级也在增长，但没有县城人口增长快。2011年，全县新出售商品房登记套数为7142套，其中，来自A县所在地级市地区的购房者占14.52%；来自A县城区的购房者占36.65%；来自周边乡镇城乡购买者占39.22%。普通农民成为购房主体，大约购买3000

套县城商品房。A县农民支付中低价位商品房的能力较强,他们对房屋总价高度敏感,一般总价在30万元以下的房屋对他们更有吸引力;农民购房主要集中在南城城乡接合部,尽管该区房屋单价高于北区(2013年南区商品房均价为3500元/平方米,北区为2600元/平方米)。

在方兴未艾的城镇化进程中,传统的根植于乡土社会秩序中的农村家庭代际关系逐步式微,一种新的城乡区隔下的家庭代际关系正在形成。本研究将围绕A县农村家庭代际关系变迁这一主题,采用定性的研究方法,希望对其进行较为深刻、全面的把握,并捕捉到一些有价值的细节。以下介绍具体的研究方法和资料来源。

四 研究方法

本研究的研究方法主要有三种:

第一,个案访谈。这是本研究的主要研究方法。访谈对象是以进城中青年(子代)、留村中青年(子代)、留村老人(亲代)等为代表的代际关系行为主体,访谈以非结构式访谈为主。采取访谈的方法搜集材料,主要是因为本研究的主题和现有研究的开展情况。本研究的调查内容主要是农村家庭关系的变迁过程,此前类似的研究大多都是采用访谈的方法进行的,这为本研究提供了借鉴。此外,通过访谈的方法,让被访者自由地说出自己对农村家庭代际关系变迁有关问题的理解,可以从更广泛、细微的细节入手,全面、深入地探寻研究的主题。

第二,参与观察。采用观察法作为访谈法的补充,不仅来源于一些学者研究方法的启发,还结合了笔者在农村的生活经历、体悟和A县的实际情况,目的在于尽可能地收集到较为真实的原始资料。

第三,文献分析法。查阅和分析A县县志、民俗风情介绍性书籍、政府工作报告、城市规划文件等文献资料的目的在于对A县的历史、风俗、社会经济运行情况和农村家庭代际关系变迁过程中的重要事件进行更加翔实的把握。

五 资料来源

本研究的资料主要来自2014年8月和2015年1月的两次调查。其中，2014年8月主要以A县进城农民为调研对象，选取了3个进城农民聚居的住宅小区进行了访谈；同时也对A县规划局官员及县城地产资本开发及经营等利益相关方代表进行了访谈。选择进城农民受访对象时主要采用偶遇抽样和滚雪球抽样，并保证每个住宅小区都有一定数量的个案。2015年1月主要以A县留村农民为调研对象，选取了S镇作为主要调研地进行了访谈和观察。选择留村农民时仍采取偶遇抽样和滚雪球抽样的方法，并保证留村老人和留村中青年都有一定数量的个案。

按照亲代和子代的代别划分，分别对子代农民和亲代农民进行访谈，并以前者为主，后者为辅。针对子代农民（一般为中年人或青年人，大部分进城，部分留村），访谈主要围绕以下几个方面展开：

（1）个人及家庭的基本情况，包括年龄、受教育程度、婚姻状况，城镇工作或农业生产状况及收入，户口类型，参加社会保障情况，家庭人口构成及结构、收入状况及主要经济来源等。

（2）和亲代分家的过程及情况，主要包括在城镇购房或在农村建房的情况，彩礼的内容及花费、婚姻仪式举办的状况等，特别是购房或建房的资金来源和支付方式，贷款偿还状况等。

（3）抚育子代的具体状况。

（4）与亲代的交往状况，主要包括双方的生活资料、金钱等物质交往，耕种土地和建造房屋等劳动交往，日常闲暇、节假日或红白喜事等时间节点的仪式交往和情感交往状况等。

（5）对亲代的赡养情况，包括父母现在及未来的居住形式、养老方式及对未来父母养老的打算。

（6）选择进城或留村的原因，对农村现状及未来发展、农民进城潮的认识。

针对亲代农民（一般为老年人或中年人，绝大部分留村，极个别进城），访谈主要围绕以下几个方面展开：

（1）个人及家庭的基本情况，主要包括个人及配偶的年龄、受教育程度、身体健康状况、生产生活方式，家庭人口及结构、收入状况及主要经济来源等。

（2）和儿子分家的过程及情况，主要包括为儿子在城镇购房或在农村新建婚房的情况，彩礼的内容及花费、婚姻仪式举办的状况等。

（3）是否承担孙代的抚养和教育责任，具体状况如何。

（4）与子代的交往状况，主要包括双方的生活资料、金钱等物质交往，耕种土地和建造房屋等劳动交往，日常闲暇、节假日或红白喜事等时间节点的仪式交往和情感交往状况等。

（5）对自己晚年养老问题的认识或打算，包括居住形式、养老方式、经济来源、精神寄托及对子女赡养的期待和看法等方面。

（6）支持和资助儿子进城买房或在村庄新建房屋的原因，对农村现状及未来发展、农民进城潮的认识。

经过对访谈笔记的初步总结，筛选出22个较有代表性的个案，整理出详细的访谈记录。根据最后的汇总，主要受访者平均年龄为43岁，17位男性，5位女性。按照空间分布划分，进城农民10人，留村农民12人；按照主要的代别属性划分，亲代10人，其中50年代生人6位，60年代生人4位；子代12人，其中70年代生人3位，80年代生人8位，90年代生人1位。需要说明的是，之所以较少访问女性子代，是为了更好地考察"父权制""养儿防老"传统伦理观念和亲代为儿子购买城镇婚购房等因素，对家庭代际关系维系和变动的影响。

进行访谈的同时，对S镇村民住宅建造及房屋排列方式，耕地利用状况，村民日常生产、生活及互动方式，老年人居住及生活状况，村部建设及文化活动开展状况等方面进行了参与观察，并做了观察笔记。此外，还查阅了A县县志、民俗风情介绍、地图等文献资料，摘抄了规划局关于A县土地利用状况、房地产开发及销售状况的资料，并从A县门户网站上辑录了A县基本情况介绍及政府工作报告等内容，从国家统计局网站获取了一些和研究相关的数据。这些都构成了本研究的资料基础。

此外，2014年8月"基层城镇化动力研究"课题组在A县开展的问卷调查，也为研究提供了宝贵的数据资料支撑。

六 本章小结

本章对本研究的两个核心概念进行了界定，并对研究地点的选择依据及基本情况进行了说明，同时简述了研究方法与资料来源。

结合调查中获得的资料和前述对基层城镇化进程中农村家庭代际关系变迁相关研究的文献梳理，本研究下面的论述将分为四个部分：基层城镇化进程中A县农村家庭代际关系变迁概况，A县农村家庭代际关系变迁的趋势及存在的问题，农村家庭代际关系变迁的发生机制及回归平衡的可能性，结论与展望。

第三章　基层城镇化进程中A县农村家庭代际关系变迁概况

在鲁中A县农村，越来越多的年轻人到县城买房、安家和就业，实现由农村到城镇的流动和迁移。这一过程包含着农村家庭多代人的共同努力，代际的关系也因此发生了较大的变动。在基层城镇化进程中，家庭代际关系发生了哪些变迁？这种变迁对家庭中的亲代和子代分别产生了哪些影响？这是本章要尝试回应的问题。

如前文所述，代际关系是亲代与子代的双向关系，这种双向关系伴随着亲代和子代的整个生命周期。而抚育、继承、交换和交往、赡养则概括了不同阶段代际关系的主要作用方向，揭示出代际关系的演变脉络和互动规律。依据一般的家庭代际关系演进逻辑，在抚育阶段，成年亲代为未成年子代创造衣食住行和教育条件，使他们"长大成人"；在继承环节，成年子代从中年亲代手中合法获得财和产，并逐渐组成新的子代家庭；在交换和交往阶段，壮年子代和中老年亲代在家庭生产和生活中互相协助，频繁互动，增进情感；在赡养环节，中年子代回馈老年亲代，依据其劳动能力和自理能力，为其提供经济支持、日常照料和精神慰藉。

基层城镇化催生了家庭代际关系的分化，并主要形成了两类代际关系：一是留村子代与留村亲代构成的代际关系；二是进城子代和留村亲代构成的代际关系。为了表述的方便，将前者称为传统家庭代际关系；后者称为新型家庭代际关系。以下，从现时的角度出发，以抚育、继承、交换和交往、赡养等关键环节为切入点，分别考察鲁中 A 县农村传统家庭代际关系和新型家庭代际关系；并通过两组关系的对比，探讨基层城镇化进程中农村家庭代际关系的变迁。之所以从横向的现时的而不从纵向的历时的角度出发来考察农村家庭代际关系变迁，主要基于三方面考虑：一是农村的传统家庭代际关系虽然在历史的洗礼下发生着变迁，但其仍然保留了上一代农村家庭大部分的代际关系规范，因而现时的对比在很大程度上可以折射和再现历时的变化；二是本研究主要关注城镇化进程中家庭代际关系的变迁，通过横向的对比研究，可以简明、直观地把握现时场域中基层城镇化和农村家庭代际关系变迁的关联；三是目前极少有农村家庭代际关系的横向对比研究，本研究尝试从这一角度出发对既有研究加以补充。

一　从承压办婚到举债支付：家庭财产透支转移

"继承"是农村家庭代际关系的关键环节，它代表着家庭财产的代际转移，并构成基层城镇化在家庭层面的内推力。按照现代法律制度，亲代和子代的财产继承是相互的，不过在传统的乡土秩序和一般的惯习中，继承主要是家庭财产由亲代向子代进行转移。

家庭财产由亲代向子代转移也可以理解为亲代"抚育"责任的延续，被包括在广义上的亲代对子代"抚育"的范畴中。在 A 县不少村民看来，只有将子代抚养"成人"，支持其完成教育，直至帮助其"成家"，亲代的"抚育"责任才得以完成。"当年把儿子拉扯大，后来上学又花了 10 多万元，前几年又花 20 万元帮他结婚买楼，我已经完成任务啦，以后儿子就得靠自己了。"（HHJ，男，1963 年出生，留村中年人，有一儿一女）子代结婚成家，得以生儿育女，家庭的代际传承才能维系和持续下去。可见，结婚的过程集中体现了亲代对子代所承担的责任（王跃生，2010），由此，亲代为子代操办婚事的方式和投入成为认识和把握家庭代际关系的重要环节。

在 A 县农村，子代婚姻缔结是亲代重大的人生任务，往往在儿子、女儿尚未成年时，他们就开始操心和筹备婚事，为子代准备彩礼、嫁妆费用，建造或购置新房费用等。子代结婚后，婚姻彩礼和嫁妆的现金、实物及新房归子代所支配。在很大程度上，亲代为子代操办婚事的过程实质上已成为亲子代际财产转移的过程。亲代为子代准备的彩礼和嫁妆已不再是"两个家庭之间礼节性的礼物交换或者支付手段"（阎云翔，2006），而是家庭财产从亲代往子代转移的载体。由此，亲代为子代操办婚事成为子代继承家庭财产的主要途径。从某种程度上说，子代"结婚即继承"。

婚房、彩礼、嫁妆、婚姻仪式是 A 县农村婚姻缔结中的重要项目。其中，婚房是亲代为子代建造或购买，用以子代家庭居住的房屋；彩礼是男方支付给女方的礼金和实物；嫁妆是女方陪嫁的首饰、器物和金钱；婚姻仪式是从议婚至完婚过程中的各种礼节，包括说亲、相亲、投启、定婚嫁日、备喜、迎娶、发嫁、婚礼甚至问安磕头和回门等。需要特别说明的是，婚姻仪式性花费是一种即时性、仪式性花费，并不构成亲子代际财产转移，但它同样是亲代为子代操办婚事所肩负经济负担的重要组成部分，因此也有必要进行分析。

随着农村经济社会的发展和城镇、市场等力量的侵入，A 县农村婚姻的彩礼、嫁妆和婚姻仪式花费逐步增高。"现在结个婚花钱越来越多了，哪一家要结个婚都不容易。"（WZL，男，1958 年出生，留村中老年人，两个女儿远嫁外地，儿子在县城买房）在操办婚事过程中，和子代留守农村的传统家庭相比，子代要进城的家庭往往承担着更大的经济压力。这主要是因为：后者需要购买城市婚房，而前者往往只需要在农村建造新房或翻修原有房屋。后者往往需要额外购买汽车作为彩礼，"定亲时女方那边说还得要个小车，说是从城里回来方便"[①]，"要嫁人你必须有房子，有车子，你没车没房，我不嫁给你，不结婚，跟你谈可以，不跟你结婚"[②]；而对前者来说汽车也往往不是彩

---

① A 县 T 小区访谈，ZBH（男，1984 年出生，某农资公司业务员）语，2014 年 8 月 27 日。
② A 县某家具厂访谈，WYS（男，1969 年出生，某家具厂工人）语，2014 年 8 月 26 日。

礼的硬性内容。后者往往需要在城镇举办婚姻仪式和婚宴,"现在讲究越来越多了,还得在城里宴请"①;而前者多在农村或乡镇举办婚礼,"就在村里或者在镇上办,摆上20多桌"(ZWX,女,1975年出生,留村青年,从南方远嫁至P村)。

一个值得关注的现象是女方在农村婚姻市场越来越占有绝对的主动地位,只有满足女方提出的条件才结婚。"现在年轻人结婚去城里买楼,主要是女的要求,女的说要什么,咱就得给什么。"②女方"婚姻市场要价"已经超出了传统彩礼与嫁妆的范畴,这可能会进一步加剧亲代为子代操办婚事的经济压力。

由于房产是家庭中最核心的财产,因而亲代为子代购置房屋也是家庭财产转移的最主要形式,同时往往也构成亲代人生中最大的经济负担。在农村婚姻市场中,新房具有举足轻重的作用。"有房"往往是女方"婚姻市场要价"的隐形条件,甚至成为婚姻的基础性和前提性条件。"基本上都得有房啊……不管是村里盖,还是在城里买……早先养了儿子,就得集中精力开始给他攒了。不然到了结婚,没有房,人家干脆不跟你谈。"③由此,购置房屋已成为亲代为子女操办婚事的必备环节、基础环节甚至决定性环节。

表2　　　　　　老家房子处置情况统计表　　　　　　单位:人

	老年人常年居住	常年空置	仅节假日居住	无房无宅基地	其他	出租借给别人住	卖给别人	总计
个数	124	26	12	6	5	2	1	176
百分比(%)	70.45	14.77	6.82	3.41	2.84	1.14	0.57	100

数据来源:2014年8月"基层城镇化动力研究"(A县)问卷调查结果。

对于子代留守农村的传统家庭,亲代一般选择为儿子"就村建房"。有的亲代在家庭原有宅基地上翻新或新建房屋,还有的亲代在

---

① A县P村访谈,HYM(男,1952年出生,留村老人)语,2015年1月24日。
② A县P村访谈,HHJ(男,1963年出生,P村村民)语,2015年1月26日。
③ A县Y小区访谈,YYL(男,1951年出生,因照看孙女暂居县城)语,2014年8月24日。

本村或附近村庄申请新的宅基地并新建房屋。"就把原来的老房子装修了一下"(HWX,男,1979年出生,留村青年),"把老房子拆了,盖了座新的,当时工钱还没现在这么高"(HFX,男,1984年出生,留村青年)。近年来,由于城市扩张、人口增多等多方面原因,农村土地越来越紧缺,农民申请宅基地越来越困难;而另一方面,随着年轻村民进城务工现象越来越普遍,越来越多的已审批的宅基地却成为空宅,问卷调查表明,常年空置或极少居住的宅基地的比例已经达到了21.59%,如表2所示。由于"新宅基地不好批,老宅基地没人住"(HLF,1963年出生,P村村长),租住和购买他人的宅基地成为亲代为子代购置房屋的一种新形式。在为子代翻新或新建房屋时,原宅基地往往会保留几间"老房子""小房子"(一般为厢房或南屋),以供亲代居住,"结婚后(我和父母)算是没分过,是分开住了,不在一个房子里住了。我住新盖的房子,父母住老房子"(HFX,男,1984年出生,留村青年)。也有的亲代将原宅基地房屋留给子代,自己通过租住或购买别家宅基地的形式,搬往别处居住。"父母租了别人家的一个院子,后来人家不要了,就是我这个院子前面100多米那家,花了8000块钱买下来了。"(HWX,男,1979年出生,留村青年)

对于子代要进城的新型家庭,为儿子在城镇买房越来越成为亲代的必然和应然选择,"没有房子说不上媳妇"[①],"去城里买房是一种趋势……差不多都是这样的"[②]。这种现象甚至是规则的出现,一方面是由于城镇力量的乡村侵入,子代对城镇的向往,亲代为子代创造更好生活条件的期许等复杂因素下的合力驱动,"村里的那个人嘛,他们都是干(农)活或者在外面打工挣了钱,去县城去买房子,县城有钱的他到省城里买房子,省里的到中央到上海买房子,一步一步往上赶"(WYS,男,1969年出生,A县家具厂务工,依靠城乡兼业给儿子买房)。另一方面也是农村婚姻市场"逼迫"的结果:"要结婚最起码在A县要有房,这是最起码的条件,我只有这一个宝贝女儿,舍

---

① A县Y小区访谈,YYL(男,1952年出生,因照看孙女暂居县城)语,2014年8月25日。
② A县P村访谈,HWX(男,1979年出生,留村青年)语,2015年1月23日。

不得让她受委屈。"（HSR，女，1975年出生，S镇理发店店主）"你得买，到26岁了，我一看再不买不行了，再不买结不了婚了。他去（丈母娘家）的时候，人家说，没有楼，你连门也别登了（YYL，男，1952年出生，因照看孙女暂居县城）。""……就是女人，他得搞对象啊。你城里没房子我不跟你啊，我不嫁给你啊。现在小观念都改变了啊，到时候一逼，就得给他买。"①

村民也许只是无意间所说的"逼"字，形象而深刻地反映了农村亲代不惜代价为子代买房的能动力，一种包含着责任、期许、酸楚、无奈等复杂情绪体验的能动力。在由"就村建房"到"进城买房"的变迁中，亲代的经济压力指数级地增加了，他们不得不用自己绝大部分甚至全部的田地劳作和外出务工收入，来奠定为子代买房的经济基础。尽管对于A县多数普通亲代农民来说，在城镇购房给他们带来了极大的经济压力，但在子代向城市迁移的基层城镇化大潮下，他们只能悲壮地义无反顾地全力以赴地奋斗。"儿子现在自己还管不住自己，他住我们打工给他买的房子，小孩结婚也靠我们，他现在23岁，21岁结婚，他才刚刚成年，什么都没有，靠我们打工给他讨一个媳妇。"（WYS，男，1969年出生，A县家具厂务工，已给儿子买房）

此外，"分期付款"这一市场化下的购房新形式催生了"亲代付首付，子代还贷款"的代际分工买房模式，这种模式看似减轻了亲代的经济负担，但实际上亲代的负担往往并没有因此而减少，反而有增加的可能。这一方面是因为在城镇买房的首付往往也远高于在农村建房的经济成本，亲代仍承受着较大的压力；另一方面由于不少子代并没有按月偿还贷款的经济能力，他们很难遵守"亲代付首付，子代还贷款"的分工约定。"当时说你在城里给我买个房子吧，银行贷款他还，你给我首付吧，他这样讲。你给他买了，他什么都不管……他的钱还不够他花。"②因此，从某些方面而言，分期买房反而加剧了资本对亲代的掠夺，亲代在子代进城后期的辛勤劳作也被提前透支，代际

---

① A县某家具厂访谈，WYS（男，1969年出生，某家具厂工人）语，2014年8月25日。
② A县某家具厂访谈，WYS（男，1969年出生，某家具厂工人）语，2014年8月25日。

协同的分工约定因此演变成单方面的亲代"买房前操心首付,买房后想着还贷"的现实逻辑。

有一个值得关注的现象,A县农村"就村建房"的经济成本日趋提高,甚至高于小户型城镇房产的首付金额。"俺家里是没房子,盖也盖不起。房子得拿上10来万元,实打实的盖啊,你买楼不是可以拿上几万的首付嘛,这么个事啊。"①"就村建房"的成本增高,表面上是由于建材费用、用工费用、建房标准及要求的提高,背后则体现着国家、城镇和市场力量对农村空间的进一步侵入。这一因素进一步推动亲代卷入"分期买房"的实践逻辑。

为了子代婚事的操办,亲代农民提前规划,省吃俭用,降低自己的生活标准,甚至不惜向亲友借债,生活仅维持在最低的生存标准。为了给儿子准备15万元的首付款及偿还贷款,A县S村60多岁的HYM夫妇,至今仍耕种15亩农地,他们还打了一口井,给村民浇地以赚取收入,浇地时经常24小时不能休息。D村的LBF是一位乡村老师,月收入2000多元,为了给三个儿子攒钱买房结婚,多年来他节衣缩食,至今还住在一间破旧的土房中,"我过得差不多就行,关键儿子要过好……大儿子、二儿子的房早都买了……三儿子的房也买好了,向亲戚借了点钱,等儿子毕业了回来就能结婚"(LBF,男,1954年出生,乡镇小学老师,已先后为三个儿子买房)。另一位村民的境遇更加令人难以想象,"是呢,没有房子不能结婚,我这两个儿,打从一生下来我就省吃俭用啊……我只有两亩多地……收成也不好……生第二个儿子的时候,我跟老伴说,还得节约。俩儿子很困难。省吃俭用啊,冬天的白菜,人家不要了,我们拾来,把外面的扒扒,就这么着"(YYL,男,1951年出生,大儿子留村,2011年帮二儿子在县城买房,2012年进城帮二儿子照看小孩)。

二 从亲子抚育到祖孙抚育:亲代抚育链条延长

如前文所述,"抚育"是亲代为未成年子代创造衣食住行和教育

---

① A县Y小区访谈,某小区住户(男,25岁左右)语,2014年8月23日。

条件，使他们"长大成人"。从 A 县当前进城农民的生命周期来看，他们刚刚经历或正经历着"继承—交往—赡养"的家庭代际关系阶段，亲代对他们的"抚育"阶段早已经成了历史。以下，通过考察现时子代和孙代"抚育"关系的变动，以"再现"历时的亲代和子代的"抚育"关系变迁。需要特别指出的是，基层城镇化催生的子代进城的新型家庭越来越多地出现跨代抚育的现象，"抚育"已经跨越了家庭两代之间的关系，因此考察"抚育"关系时应关注"亲代—子代—孙代"的代际互动和责任划分。

在子代留村的传统家庭中，孙代年幼时一般由子代进行抚养，只有在子代父母双方同时处于忙碌的劳动生产阶段时，才由亲代帮忙短暂照看。"平时都是我看小孩，就是农忙的时候，孩子会送到他奶奶那里……有时候我去（县城里）劳务市场干活，孩子妈妈要去村里的纺织厂上班，也把孩子送过去……孩子大的时候……我们不在家时，他会自己就跑到奶奶家了。"（HWX，男，1979 年出生，留村青年）"平时都是我和孩子妈妈照顾小孩，除非非常忙的时候才让他爷爷奶奶帮着看。"（HFX，男，1984 年出生，留村青年）

与传统家庭不同，在子代进城的新型家庭中，孙代往往由子代的父母即亲代进行抚养，跨代抚养日益成为一个普遍的现象。"我儿子六个半月，他姥姥来城里帮着照看"[①]，"上幼儿园之前一直在农村老家养，一直带到两岁的时候才带过来"[②]，"现在就是孩子三五个月，就把小孩放回家去，然后叫父母带着，上学时再带过来，基本都是这样"[③]，"……老的照看小的，年轻的在城里上班……基本上是这样的"[④]，"儿子在老家，每个月放假我都回去看儿子"[⑤]。从进城的子代们看来，跨代抚养已经成为一种"都是这样"普遍化的应然行为，并形成"母乳期子代母亲哺养孙代，幼儿期亲代抚养孙代"的抚养规

[①] A 县 Y 小区访谈，ZZL（女，1982 年出生，某工厂技术员）语，2014 年 8 月 23 日。
[②] A 县 Y 小区访谈，LSY（男，1983 年出生，某饲料店销售员）语，2014 年 8 月 24 日。
[③] A 县 J 小区访谈，LCQ（男，1984 年出生，某机械厂职工）语，2014 年 8 月 28 日。
[④] A 县某制鞋店访谈，LHX（女，1988 年出生，某制鞋店店长）语，2014 年 8 月 26 日。
[⑤] A 县某制鞋店访谈，LHX（女，1988 年出生，某制鞋店店长）语，2014 年 8 月 26 日。

范。在孙代的抚养过程中，出于经济、亲情等因素的考虑，亲代、子代和孙代往往会不断地进行"城乡穿梭"。一个有待进一步验证的发现是，亲代在农村抚养孙代的阶段，子代往往并不提供孙代的生活费，这一阶段抚养孙代的经济成本，由亲代来承担。

待孙代到了学龄，其逐步开始接受教育。孙代接受教育问题的讨论，离不开国家力量对基础教育布局的改革。经过撤点并校及中小学寄宿制学校建设，学校资源越来越向城镇集中。在子代留村的传统家庭，受居住地点和教育观念等多方面影响，"在镇上上学离家近啊"（HWX，男，1979年出生，留村青年），"学习孬好不在于哪里上的，反正凭他自个儿的本事，愿意上就上，学习好了跟着上就是了，成绩不好上个大学也没啥意思"（HFX，男，1984年出生，留村青年），孙代往往在乡镇上学，并由子代提供学费和生活费，并负责接送孙代。

而在子代进城的新型家庭，孙代开始更多地去城镇求学。问卷调查数据表明，在受教育阶段，44.01%的孙代被送往城镇接受教育，仅有5.14%的孙代留在乡镇或村庄学校求学，如表3所示。义务教育越来越成为一个深刻的"离土化"体验（王小溪，2014）。之所以关注孙代接受教育地点的变更，这是因为其很大程度上影响着亲代的"抚育"行为：如果孙代留在乡镇或村庄求学，亲代往往要承担孙代上学的接送及生活费，甚至还要负担学费；如果孙代去县城求学，亲代可能要随孙代进城，和子代居住在一起，并负责对孙代上学进行照料和支持，"我来城里主要是照顾孙女的，孩子父母要寻工作，要上班，他们没有时间"[①]。

表3　　　　　　　　孙代上学地点分布统计表　　　　　　　　　单位：%

农村老家	乡镇学校	县城公立学校	县城私立学校	市公立学校	市私立学校	外市学校	无子女、子女没上学或已毕业
0.57	4.57	26.29	6.86	7.43	2.29	1.14	50.86

数据来源：2014年8月"基层城镇化动力研究"（A县）问卷调查结果。

---

① A县Y小区访谈，YYL（男，1951年出生，因照看孙女暂居县城）语，2014年8月24日。

总之，在基层城镇化进程中，农村家庭以往的"上一代管下一代"的代际规范逐步变迁为"跨代抚育"的新的代际规范，由此亲代不仅承担了历时的子代的抚育，还要在相当大程度上承担现时的孙代的抚育，亲代抚育的链条从子代延伸到了孙代。同时，"跨代抚育"表现出"母乳期子代母亲哺养孙代，幼儿期亲代抚养孙代，义务教育期亲代陪伴孙代"的时间阶段性特征和"城镇—农村—城镇"的空间转换特征。亲代和子代在"阶段性分工"和"城乡穿梭"中进行着对孙代的抚育。

三 从双向交往到单向付出：代际交往走向失衡

在家庭代际关系中，存在着一个子代抚育已完成，并通过继承得以成家，而亲代尚未年老、不需要赡养的中间阶段，即代际关系的交往期。如前文所述，亲子交往（交换）关系包括物质的、情感的、仪式的、声望的、象征的（郭于华，2001）等多方面内容，而不是完全的物质形态关系或其他可度量的关系（王跃生，2010）。准确把握和考察亲子交换关系是一个极为复杂的问题，以下仅围绕亲子之间劳动的、物质的、仪式的和情感的交往关系，并以访谈中观察和收集到的一些关键性事件及问卷调查数据为依托，尝试对基层城镇化进程中代际交往关系的变迁加以描述。

一是劳动交往关系。农村家庭亲子之间的劳动交往关系包含着诸多内容，并随着农村社会经济的发展不断变化、更新和扩充。以下仅围绕耕种田地和修建房屋两个关键事件展开论述。耕地不仅是农业的基本生产资料，还是村民的情感寄托和最基本的生活保障。根据1997—1999年落实的"三十年不变"的延包政策，拥有农村户口的居民均按照当时的农村土地承包方案，获得了一定面积土地的承包经营权。无论是否进城，A县当前的年轻子代一般仍拥有一定面积土地的承包经营权。A县问卷调查数据表明，目前近85%的进城农民在老家仍然拥有耕地，且近70%的农民拥有2亩以上土地，如图1所示。不过，随着他们向城镇迁移，原有土地的耕种形式及代际的耕地劳动交往关系发生了变迁。

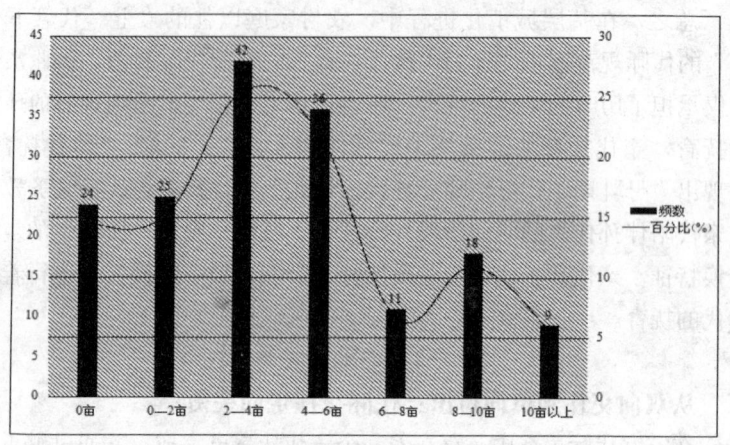

图1 进城农民拥有耕地面积统计图

数据来源：2014年8月"基层城镇化动力研究"（A县）问卷调查结果。

年轻子代进城后，其原有土地的耕种形式也日益多样化，除了原来的"自种自收"方式之外，更多情况下，土地由父母代种或转租给别人耕种，如图2所示。"家里还有16亩地，农忙的时候有时间会回家帮忙，劳动负担有点大"①，"每年农忙时节，大概九十月份回老家帮忙"②，"我的4亩多地租出去了，每年600块钱（每亩）"③。受访者所说的"农忙时节回去帮忙"，其实就是"帮收"，或者说获取土地"收成"。对绝大多数家庭而言，亲代帮忙代种，但土地的收入仍归子代所有。A县问卷调查数据也表明，81.54%的进城农民仍然从农村耕地获取一定的甚至是可观的收入，扣除掉15%没有从集体分配到耕地的村民，可以说只要在农村有耕地，绝对多数的进城农民都在源源不断地获取着来自农村土地的收入。如图3所示。

---

① A县T小区访谈，ZBH（男，1984年出生，某农资公司业务员）语，2014年8月27日。
② A县T小区访谈，CYY（女，1984年出生，在家照顾小孩）语，2014年8月23日。
③ A县Y小区访谈，LSY（男，1983年出生，某饲料店销售员）语，2014年8月23日。

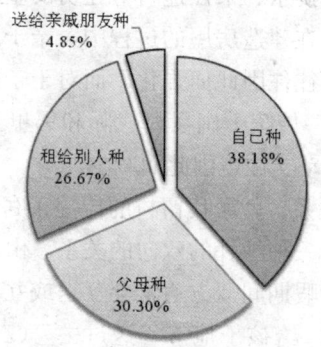

图2 进城农民原有土地耕种形式分布图

数据来源：2014年8月"基层城镇化动力研究"（A县）问卷调查结果。

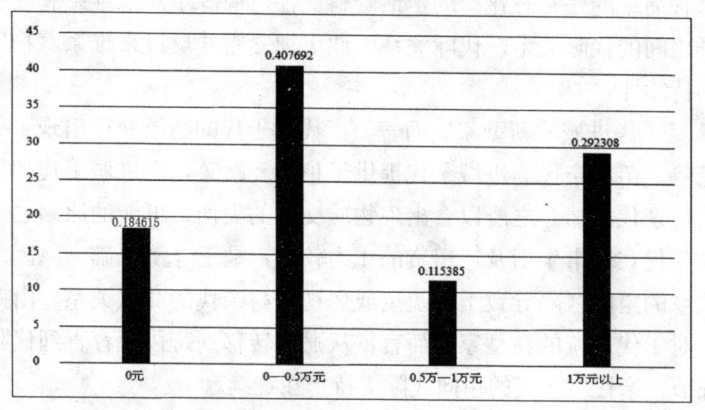

图3 2013年进城子代农业收入数额分布图

数据来源：2014年8月"基层城镇化动力研究"（A县）问卷调查结果。

此外，建造房屋也集中体现着代际的劳动交往。如前文所述，亲代为子代建造房屋关涉到子代的婚姻和家族的绵延，是整个家庭乃至家族的"大事"。在子代留村的传统家庭，建造房屋过程中亲代和子代依旧保持着高度频繁而紧密的交往和互助关系。无论是备料、开工、上梁还是建房顶，亲子两代都共同起着引导、组织和带头的作用，他们和前来帮忙的邻里亲友们一起，完成伐木、采石、运沙、运

· 31 ·

土、运砖瓦、和泥、挑水、来往递料等建房的基础劳动，以配合工匠们完成房屋的建造。在建造房屋的过程中，亲子之间的劳动交往非常密切，代际的情感也往往因此而强化。而对于子代进城的新型家庭而言，"建造房屋"这一传统中国乡村代际和邻里互助的"大事件"已不复存在，代际的劳动交往也因此而减少。

二是物质交往关系。就子代留村的传统家庭而言，亲代和子代的物质交往依旧保持着一种纯朴的双向的关系。由于亲代与子代往往生活在同一个村庄，闲暇期间双方通常会互送或互相交换一些食物和蔬菜，"今天做了烙饼，给孩子他爷爷送过去"（ZWX，女，1975年出生，留村青年，从南方远嫁至P村），"今天小孩他奶奶做了饺子，喊我们一起过去吃呢"（HWX，男，1979年出生，留村青年）。传统家庭这种简单的"常态化"的生活资料交往，源源不断地维系和增强着亲子之间的代际关系，代际关系因此更加紧密并反过来维系着物质交往的持续性。

就子代进城的新型家庭而言，亲代和子代的物质交往出现了单向的趋势。留村亲代为进城子代提供了粮食和蔬菜，但进城子代却很少对留村亲代回馈。之所以会出现物质交往的失衡，可能的原因之一是进城子代在城市生活及还房贷的压力较大，缺乏经济基础；原因之二是城乡的空间区隔导致子代疏离或忽视了与亲代的交往关系。由此看来，对子代进城的新型家庭而言，从财产转移到跨代抚育直到代际交往环节，亲代对子代的单向代际支持仍在继续。

问："每次回家会从家里带一些粮食、蔬菜之类的吗？"

答："家里老人种玉米、小麦和花生……粮食基本都从老家带来。"（CYY，女，1986年出生，在家照看小孩）

答："经常带，粮食基本都是，蔬菜和水果基本都带。"（ZNF，男，1989年出生，某母婴用品店店主）

答："每次回家就捎点菜过来。"（ZBH，男，1984年出生，某农资公司业务员）

问："那你回家会给家里人带什么东西吗？"

答:"家里也不缺啥,一般不带什么,就是看看父母。"(ZBH,男,1984年出生,某农资公司业务员)

答:"回家就是看看小孩,有时候从家里带点粮食,吃的什么的。"(LCQ,男,1984年出生,某机械厂职工)

三是情感和仪式交往关系。"有钱没钱,回家过年",过年对国人有着特殊的意义,也深刻反映着子代对家庭的认同。是否回家过年,背后体现着代际情感交往的疏密。A县问卷调查数据显示,超过70%的进城子代依然选择回农村老家过年;此外,还有不少子代把亲代接到县城过年。这表明"过年"虽然日益变为一种仪式性的节日,但"回家团聚"的精神交往意义依然存在于绝大部分子代心中。此外,每逢清明时节,绝大部分进城子代仍然回家乡扫墓祭祖;农村老家发生红白喜事,他们也多返家帮忙,"红白喜事都回家,这些事都在家里办,得回去帮帮忙"(CYY,女,1986年出生,在家照看小孩)。总之,进城农民与家乡的亲情纽带,两者之间较近的空间距离,日益方便快捷的交通条件等多方面因素,使进城子代家庭与留村亲代家庭仍然保持着较为密切的情感和仪式交往关系。

四 由子代赡养到独自养老:养儿防老悄然改变

"赡养"是子代对亲代的回馈,所谓"乌鸦反哺""羔羊跪乳",在亲代步入老年阶段,逐步丧失劳动能力乃至生活自理能力时,子代为其提供经济支持、日常照料和精神慰藉。子代赡养亲代是和亲代抚育子代相对应的家庭代际关系环节,体现着亲代和子代的双向关系。对"赡养"的考察是认识家庭代际关系变迁的重要方面。

根据笔者在A县S镇的观察和访谈所得,结合《A县县志》有关内容,按照年老亲代的居住方式,将A县子代的赡养方式简要归纳为"亲代独居,子代供养"和"两代同居,子代供养"两种类型:前者指年老亲代单独居住或"起灶":儿子负责粮食、衣服被褥和生活费等,按期交给老人;多子家庭则由儿子们分摊。后者指年老亲代和儿子不分家,吃住在一起;多子家庭又有两种形式,一种是老人"定点居住"在一家，其他几个儿子按期提供粮食和生活费，或者老人将自己的口粮田交由一个儿子耕种，这个儿子管吃的，其他儿子只摊生活费，不摊粮；另一种是老人在几个儿子家"轮点居住"即"吃轮饭"，循环周期及次序由家庭内部协商而定。

就子代留村的传统家庭而言，无论是"两代同居，子代供养"的代际"不分不离"模式，还是"亲代独居，子代供养"的代际"分而不离"模式，子代对亲代均承担着较大的赡养义务，并在赡养过程中保持着较为密切的交往和互动。"爸妈不愿让我出去了，将来（他们）还得养老……我和爸妈一起住在一起，等他们将来不种地（种不动地）了，我养着"（HFX，男，1984年出生，起初外出务工，后留村），"我爸妈就住在前面不远那个院子，当年结完婚，为了照顾爸妈，我就留在村里了"（HWX，男，1979年出生，留村青年）。这表明，亲代仍然信奉"养儿防老"的传统伦理。"这个农村他为什么要养个儿啊，他就是为了怎着，在家里方便。不像你们城市里闺女和儿都一样，反正就要一个孩。我们这不行，要一个儿，最起码一个儿子。哎，养儿子，啊，最起码啊。老传统，老观念。"（HFX，男，1984年出生，留村青年）

随着子代纷纷进城，A县农村正逐步形成"亲代独自养老"的"既分又离"模式，"独"是指亲代居住形式上的独居和"空巢"，"自"是指亲代在丧失生活自理能力之前，主要由自己供养自己，"像我们老了，随便找个地方，自己能够拉能够动一点，自己搞点饭吃……讲句不好听的话，除非是死，不死就得接着干"[①]，直到他们丧失自理能力甚至身患重病后，子代才开始履行有限的赡养义务，"老人不愿意住城里的楼房……等他们生活不能自理了，还得到城里来"[②]。

A县村民LXG的经历再现了基层城镇化背后亲代对子代"无限"

[①] A县某家具厂访谈，WYS（男，1969年出生，进城务工人员，某家具厂工匠）语，2014年8月25日。

[②] A县某制鞋店访谈，LHX（女，1988年出生，某制鞋店店长）语，2014年8月26日。

付出，到年老却陷入养老困境的图景，显示出"养儿越来越不防老"的变迁趋向。为了两个儿子的婚事，他省吃俭用数十年，甚至捡菜叶以维持生活；为了减轻儿子的负担，他经常从农村老家给儿子输送粮食；现在，他又承担起了抚育孙女的任务，而对于他的养老，却面临着这样一个令人心酸的局面。

问："您回去（农村老家）之后还打算再种地吗？"
答："回去的话我也种不了，腿疼。"
问："回去后儿子养你吗？"
答："我还能动弹，自己养自己。"
问："你回家以后住哪儿呢？"
问："我自己住，我有自己的房子，再修修就能住。"
问："房子坏了？"
答："我那个房子就是拿石头围起来一挡，水多的时候容易倒，倒了以后，我又垒起来了。那年下雨，雨老是不住，哗哗地下，屋里灌水啊，墙眼看着就倒了。"
问："是哪年建的房子呢？"
答："我都不知道，我父母都不知道，还是他们以前很老的老房子了。"（YYL，男，1951年出生，A县农民，因照看孙女暂居县城）

近年来，有村民也开始逐渐关注养老金、农村合作医疗制度和养老院的建设，这进一步表明"养儿防老"传统的改变趋向，年老的亲代开始从社会养老中寻求支持，这是一个值得关注的新动向。"像我们家一个孩子，他也负担不住啊。夫妻两个人，一个身体好一个身体差，一个还能照顾另一个人。年龄都大了，他也照顾不了啊，一个中风了，一个稍微能自理，那国家这个养老保险和这个养老院，还是靠这个东西。"①"村里给60岁以上的人发钱，一年60块钱，能有一点是

---

① A县某家具厂访谈，WYS（男，1969年出生，进城务工人员，某家具厂工匠）语，2014年8月25日。

一点儿。"①

五　本章小结

在市场经济发展、城镇化浪潮及资本下乡等多种宏观因素影响下，A县农村以农业生产为主的经济基础和以"父慈子孝""传宗接代""养儿防老"为特征的乡土伦理虽有所弱化或异化，但仍然存在并具有相当的力量。因此，A县乡土社会中的家庭代际关系虽然风雨飘摇，但根基依然顽强存在，表现出家庭财产由亲代向子代有序、有限转移，子代抚育孙代，亲代和子代交往频繁、互相支持，子代赡养亲代的传统代际关系规范。由于这一传统的农村家庭代际关系是基于土地生产和乡土伦理而形成的，笔者初步将其概括为家庭代际关系的"乡土模式"。

在农民进城安家的基层城镇化进程中，传统的农村家庭代际关系发生了较大变化，并逐步形成以亲代为子代在城镇买房，亲代隔代抚育孙代，亲代代种子代土地，亲子交往较为频繁但彼此付出不对等，亲代独自养老等为特征的新的代际规范。由于这种家庭代际关系的变动是基于农民"离土"进城，脱离了原来的土地生产，但因距家乡较近，仍和乡土社会保持千丝万缕的联系所导致的，笔者初步将这种在基层城镇化中逐渐形成的代际关系归纳为"离土近乡模式"。

如前文所述，农村家庭代际关系包含物质的、情感的、仪式的、声望的、象征的等多方面内容，并通过抚育、赡养、继承、交换和交往等关键环节来体现，这些关键环节共同构成了家庭代际的内部运作及维系机制。在家庭代际关系的"乡土模式"中，抚育和继承主要是亲代对未成年子代付出；赡养主要是子代对老年亲代回馈；而在子代成家和亲代尚未丧失劳动能力之时，亲子进行双向交往；由于"抚育"和"继承"通过延时的"赡养"实现回报，"交换"阶段双方则互惠互利，因此，整个代际关系在"抚育—继承—交往—赡养"的演进逻辑中基本实现了整体的平衡。如图4所示。

---

① A县Y小区访谈，YYL（男，1951年出生，A县农民，因照看孙女暂居县城）语，2014年8月24日。

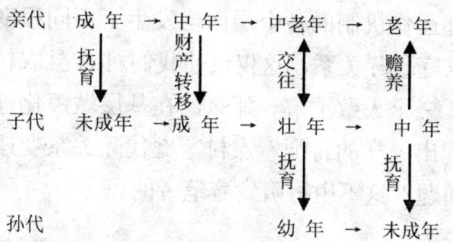

图4 家庭代际关系"乡土模式"演进示意图（1）

在家庭代际关系的"离土近乡模式"中，在抚育和继承环节，亲代对未成年子代的付出大大增加了，并产生了"隔代抚育"这一新规范，在代际的交往和交换过程中，亲代对子代的付出一般也多于子代对亲代的回馈；而在赡养环节，子代对亲代也仅承担有限的责任。由此，整个代际关系在"抚育—继承—交往—赡养"的演进逻辑中逐步走向失衡。如图5所示。

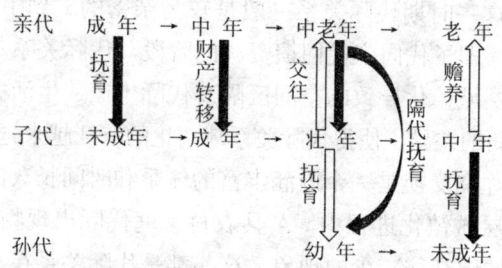

图5 家庭代际关系"乡土模式"演进示意图（2）

第四章 A县农村家庭代际关系变迁的趋势及存在的问题

第三章主要对鲁中A县农村家庭代际关系的变迁过程进行了简要的描述，在基层城镇化进程中，抚育、赡养、继承、交换和交往等家庭代际关系内部运作机制的各个层面均发生了不同程度的变化，并共同形塑出新的家庭代际关系，这仅仅使我们对 A 县农村家庭代际关系的演变过程有了一个大致了解。那么，在基层城镇化进程中，农村家庭代际关系呈现出怎样的特征？农村家庭代际关系变迁过程中又存在着哪些突出的问题？这不由得引发着笔者的思考。

一 疏离化、理性化与下位转移

在基层城镇化的进程中，亲代竭尽全力辅助子代向城市迁移，人口的生产和再生产在农村和城镇两个不同的空间完成（汪永涛，2013）。在子代进城安家后，代际关系逐步走向疏离；亲代和子代的交换交往更注重伦理，而子代却更注重理性；家庭代际关系的支配者由亲代转向子代，重心也由纵向的亲子关系转向横向的夫妻关系。

一是走向疏离。如前文所述，家庭代际关系包括继承、抚育、交换和交往、赡养等关键链条。在继承和抚育阶段，主要是亲代向子代输出资源，这一时期代际关系一般是较为亲密的；到了交换和交往、赡养等阶段，即子代向亲代回馈资源的阶段，代际关系却出现了疏离的走向。基层城镇化导致的空间区隔及代际生产、生活方式和价值观念等诸多方面的差异，使得代际关系疏离化的特征越来越普遍和明显。

代际交往和交换是一个内涵丰富的体系和时间长久的过程。前文论及，在基层城镇化进程中，A 县农村家庭代际出现物质交往失衡，劳动交往和情感交往减少的现象，这些都是代际关系在交往和交换阶段走向疏离的集中表现。

代际关系的疏离化走向还集中体现在子代对亲代的赡养环节。这种疏离不仅表现在因城乡分居导致的代际空间区隔，更体现在子代对亲代的精神疏忽或疏离。在子代进城安家、生产和生活的过程中，赡养亲代越来越偏重于物质性的支持，缺乏生活的照料和情感的沟通。或者说，传统意义上的物质支持、日常照料和情感慰藉所构成的复合赡养模式开始转变为唯物质支持的单一赡养模式，甚至在很多子代看来，赡养亲代就是给他们提供维持生存的生活费。传统的"父慈子孝""天伦之乐"似乎越来越成为农村老年人的奢求。

问:"像您去年一年在老家能住几天啊?"

答:"在老家住不了几天,回家顶多就是待一个晚上就回来,或者当天就回来。"(ZNF,男,1989年出生,A县某母婴店店主,2012年由父母出资在A县购置沿街房)

问:"那您回家看望父母的时候会带什么回去呢?"

答:"主要是给一些钱,其他的也没什么。"(ZBH,男,1984年出生,A县某农资公司业务员)

二是注重理性。前文论及,在继承和抚育环节,代际关系一般是较为亲密的;到了交换和交往、赡养等环节,代际关系却出现了疏离的走向。这种由亲密到疏离的转向背后,隐藏着代际观念的差异。在基层城镇化进程中,农村的亲代大多仍然恪守"延续香火""传宗接代""以子为荣"的传统伦理,他们终身省吃俭用,辛勤劳作,对下一代几乎承担了"无限"的责任:不仅要把子代抚养成人,还要为他们操办婚事、购买房产,甚至替他们耕种田地、抚养小孩。而子代在完成家庭财产的继承之后,却更多地从理性的角度来维持代际关系:他们减少了与亲代之间的物质交往、劳动交往、仪式交往及情感交往;而在他们需要承担赡养的责任时,他们又将很大一部分责任还给了亲代或转移给了社会,"除非是死,不死就得接着干","老了还得靠敬老院",亲代独自养老或进敬老院养老的现象越来越普遍。总之,农村家庭代际关系在A县越来越呈现出"亲代抚育子代天经地义,子代赡养亲代全看自觉"的互动逻辑,体现出"亲代注重伦理"与"子代注重理性"的代际关系对张。

在代际互动过程中,不少子代更注重亲代对他们的工具性帮助,如亲代对子代进城买房的帮助,能否给他们在城市的生活提供帮助,能否帮忙照看小孩,等等。不少子代倾向于使用"投入—回报"的经济学逻辑来实现代际互动,亲代的伦理性链条被子代用理性链条来回应。于是,代际间的超经济范畴的伦理链条就此给割断:这不仅增加了亲代的养老风险,更破坏了原有的代际关系平衡,"温情脉脉"的代际关系变成了"冷冰冰"的理性计算。子代所主导的代际关系，在很大程度上演变为范成杰（2013）笔下的"独立的个体与个体之间的关系，一种边界和利益分明的关系"。

还有一个值得密切关注的变动，当亲代的"伦理至上"观和子代的"理性至上"观发生碰撞后，有的年老亲代的思想观念也开始转换。在 A 县 S 镇农村，不少老年人都不再迷信"养儿防老"，早早和子女分家，以储备自己的"养老钱"，他们在为子女付出时也开始审时度势、"量力而行"①。在 A 县 T 小区访问时，一个年轻子代告诉笔者，"父母一直在催我买房，但只给我出首付，让我还贷款，他们还得养老"（WJY，男，1994 年出生，某物业公司员工，已有结婚和购房计划）。此外，贺雪峰等（2007）在大古村也发现，辽宁大古村父母虽为子女建造了新房，产权却在自己手中，"以防万一"，甚至有父母通过卖房子给子女（或者他人）以获得数万元的养老钱。

三是下位转移。A 县家庭代际关系表象"疏离化"、互动机制"理性化"的背后，深刻反映着家庭代际重心的下位转移。在以土地生产和传统伦理为依托的家庭代际关系"乡土模式"中，亲代仍拥有更高的家庭权威，在家庭财产的分配及转移、建房、子代婚姻、孙代抚育、赡养等方面亲代具有更高的决策权和话语权。而基层城镇化背景下逐步形成的"离土近乡模式"则使子代的生产和亲代的生产相分离，由于子代的城镇劳动收入往往远远高于亲代农村劳动收入，家庭的经济基础和结构发生了动摇和改变。基于此，家庭代际的权力结构发生倒转，亲代作为一家之长的权力和权威走向衰落，子代的权力和权利则得到了较大程度的提高。

家庭代际关系的下位转移集中体现在家庭财产的转移即继承环节，亲代的毕生积蓄通过为子代买婚房，提供彩礼和嫁妆几乎一次性地甚至全部转移到子代，父代还为子代耕种土地，土地的经济收入继续源源不断地流向子代。可以说，家庭财产的内部转移既是家庭代际关系下位转移的表现，也是促发或加剧代际关系下位倾斜的主要机制。

---

① A 县 J 镇访谈，XXT（男，1954 年出生，某手工作坊厂长）语，2015 年 1 月 30 日。

代际关系的下位转移不仅体现在家庭内部经济资源的分配和流动以子代为绝对优先,更体现在家庭内部决策权和话语权也被子代所享有,亲代在家庭事务中逐步失去决策权和话语权,甚至丧失参与权和发言权,"选择在这个小区买房是我和媳妇商量的,老的也不懂,也没问他们意见"①。

需要说明的是,有学者认为,社会转型期我国农村家庭的中心轴由纵向父子关系轴变为横向夫妻关系轴,家庭生产及生活逐渐以夫妻为主轴而展开(贺雪峰,2008;朱静辉,2010),这种观点是基于传统家庭结构的变动,即联合家庭向核心家庭转变的角度考察的,对加深认识代际关系的下位转移很有启发。

在基层城镇化过程中,继承、抚育、交换和交往、赡养等家庭代际关系关键链条的变化,共同推动或体现着农村家庭代际关系的变迁,并表现出疏离化、理性化和下位转移的变迁趋向。这一过程也暴露了几个突出的问题,主要表现在农村亲代养老风险增高、亲子代际关系紧张凸现、传统乡土秩序走向加速等三个方面。

二 农村亲代养老风险增高

赡养是家庭代际关系的有机组成环节,代表着中年子代对老年亲代的反馈。反过来讲,家庭代际关系也形塑了亲代养老的结构性条件,养老是家庭代际关系的一项重要功能。如前文所述,在基层城镇化的过程中,亲代养老呈现出个人养老和独居化养老的特点,虽然敬老院逐步在乡镇出现,但多是没有子女的老年人才被送往敬老院,家庭养老仍是农村老年人养老的主要保障。Y大爷及其转述的案例,对认识城镇化进程中亲代养老的处境很有启发。

Y大爷是A县G村人,63岁,有两个儿子,因替二儿子照看女儿,暂居A县Y小区二儿子家中。二儿子28岁,某饭店厨师,月薪3000元左右。大儿子36岁,J镇G村村民,原来是城市建筑工人,后因车祸丧失重体力劳动能力,现耕种老家的2亩农地。Y大爷的老伴2012

---

① A县Y小区访谈,LSY(男,1983年出生,某饲料店销售员)语,2014年8月23日。

年偏瘫,由大儿子赡养;Y大爷由二儿子赡养。二儿子在县城的房子为婚后购买,首付6万元由Y大爷及老伴支付,后期的分期付款由二儿子负责。

问:"您老伴当时生病时有没有看过呢?"
答:"当时在景芝,我看着不对劲,说话咬不清字了,我叫大儿子,说弄摩托车带到镇上去吧。带到镇上的时候,还会说话,住了三天,也不会说话了,也下不来了,解手得抬着。待了三天,又来县城了。在县医院待了半月,在街道卫生院又待了半月,一共待了一个月。第一天她花了1100元,不是做那些仪器吗,第二天就800元,700元,往后就是一天400元(前后大约花费近2万元),后来也没管用就回去(家)了。"
问:"那当时在县城住院是谁出的钱呢?"
答:"自己一头牛卖了,再有就是两个儿子凑的。"
问:"咱们不是有那个农村合作医疗吗,当时能报吗?"
答:"报了。县医院报得少,那个街道卫生院报得多。县医院的药好,镇上和街道卫生院没有的药它有,就是太贵了,吃不起。"
(YYL,男,1951年出生,A县农民,因照看孙女暂居县城)

在家庭代际关系中,子代对亲代的养老包括经济支持、日常照料和精神赡养等诸多方面。正所谓"养儿防老",在亲代丧失劳动能力甚至自理能力,或患重病需要医治时,子代对亲代的照料和支持程度尤其可以反映亲代的养老处境。为了支持二儿子在城中买房,在仅有两亩"薄田"的情况下,Y大爷拿出了毕生的积蓄6万元,但在老伴患大病需要医治时,却因为2万元的资金缺口不得不卖牛,而这头牛几乎是Y大爷最后的财产。在农村合作医疗制度普及和日益完善的今天,虽然老年人的大病医疗问题得到了缓解,但大病医疗仍然是老年人养老的最大难题。有的亲代在中年时为了给子代操办婚事,特别是购买婚房,倾尽全力,呕心沥血,在这一过程中,他们不会想到或者根本不在乎自己未来的养老和医疗保障。待他们步入晚年,却往往并不能得到子代悉心的日常照料和强有力的经济支持，只能从子代处获取最低限度的生活费用，甚至遭受悲惨的境遇，更遑论精神慰藉、天伦之乐了。"我有个六妈妈，80多岁了，俩儿子，仨闺女，两个儿子轮着，住在（一个儿子）这里，另外一个（儿子）就出200块钱。全指着闺女送，闺女送点馒头、干烙饼什么的，光那200块钱不够。跟我说，我也没招治啊……那阵病，早上起来跟他儿子说，我病了，儿子说，打个针吧。她是脑血栓，在家里靠啊靠的，儿子怕花钱，就说你快在家里治治吧。越来越厉害了，后来看看不行了拉到县城来，拉过来不到三四天，拉回去待一天就死了。"①

截至2014年年底，我国60岁以上老年人口已达到2.12亿，占总人口的15.5%，而农村地区的人口老龄化程度比城市高出近4%（民政部，2015），农村老龄化问题特别是老年人养老问题日益突出。因此，在当前社会养老体系尚未完善的情况下，赡养亲代作为家庭代际关系的一项重要内容不能被忽视。遗憾的是，A县经验研究的事实却是：随着子代进城和家庭生产及收入形式的变化，传统的以农地劳动为支撑的家庭养老正遭受冲击。从某种程度上讲，赡养在家庭代际关系的链条中似乎越来越成为最薄弱的一环，和家庭对继承、抚育抑或交换和交往等其他环节的重视程度难以相比，亲代在年老时往往会成为家庭代际关系的牺牲者，这一逻辑存在的合理性引人深思。

三　亲子代际关系紧张凸现

代际关系紧张是指当亲子两代中至少有一方对自己所处位置不满，并试图改变关系现状的情形，其中可能伴随着代际摩擦和冲突（贺雪峰、郭俊霞，2012）。在继承、抚育、交换及交往，赡养等家庭代际关系的关键链条中，代际紧张多发生交换交往和赡养两个环节。从家庭代际关系的生命周期来看，在前期的继承和抚育阶段，资源由

---

① A县Y小区访谈，YYL（男，1951年出生，A县农民，因照看孙女暂居县城）语，2014年8月24日。

亲代向子代流动，处于资源优势方的亲代往往毫无怨言，他们默默地为子代承担着无限的责任，较少发生代际关系紧张的状况；而到了中后期的交换交往环节和赡养环节，处于资源优势方的子代却颇有微词，不少子代只愿意理性地为亲代承担着有限的甚至降到最低点的义务，这一时期容易发生代际关系紧张的状况。上文中有关亲代养老危机的论述，也是代际关系紧张的表现。

代际关系紧张往往会隐藏在"不紧张"的表象之下和亲代"子女都很忙，哪能给他们添麻烦"（HRL，男，1953年出生，留村老人，耕种15亩田，并挖井给村民浇地），"除非是死，不死就得接着干"的话语体系之中。从本质上讲，这种表面的"不紧张"是建立在亲代降低交往和赡养标准的基础之上的，表现为亲代扩展代际关系的抚育链条，替子代抚育孙代；在丧失劳动能力之前努力保持劳动，仍然或多或少为子代输出资源；降低赡养标准，只要子代提供最基本的生活费就是"孝顺"了。

除此之外，在基层城镇化进程中，随着子代劳动方式和生活方式的变迁，子代的价值观念也在逐渐发生变化，并和亲代所持有的传统价值观念产生分歧，成为新的代际关系紧张的诱因，一个突出表现便是子代"享受生活"观念和亲代"勤俭持家"观念的对撞。从某种程度上讲，正是农村亲代的"勤俭持家"为城镇子代的"享受生活"提供了经济基础，但在城镇化进程中，"勤俭"却被不少子代视为"落伍"的价值观念。

问："您和年轻人一辈的观念有什么不同吗？"

答："我是觉得，这个东西，要节约点。吃的东西，宁叫它剩着别叫它不够。吃不了的，你得预备着到明天后天吃。要是连续下雨呢，把那干的留着点，先把湿的吃了，湿的不是爱坏嘛。年轻的他不，'吃没有了再说，管它那个'，他没有这种想法。"（YYL，男，1952年出生，A县农民，因照看孙女暂居县城儿子家中）

答："他们年轻人就是没有压力，他今天挣一千块钱，今天都把他花掉。喝的酒起码一百块钱一瓶，一百多。抽烟，在这儿二十块钱的烟是好烟，我家孩子都不抽，抽二十五块钱的金软、中华。明天的日子怎么过，他不管。不像我们，我们今天过了，还想着明天怎么过。我们今天赚了一千块钱，得把它存起来。我今天赚了钱，还不知道明天赚不赚得到。"（WYS，男，1969年出生，A县农民，因在家具厂打工暂居县城儿子家中）

四 传统乡土秩序走向瓦解

在如火如荼的基层城镇化浪潮中，不少农民出于就业、后代教育特别是婚姻等考虑，纷纷进城购房，"年轻人应该进城上班""孙子一定要去县城上学""要结婚县城必须有房"也越来越成为乡村社会的舆论主流。而子代进城买房构想的实现，往往以亲代经济能力的下降和家庭权威的降低为代价，通过"买房—结婚"的农村婚姻市场逻辑来完成。在农民进城购房的行为选择的背后，不仅隐藏着亲代财产和权力向子代转移这一代际关系重心的变化，还隐藏着农村劳动力和资本源源不断向城市转移的涌流。于是，在子代进城和亲代留村的基层城镇化逻辑中，原有的乡土秩序进一步被瓦解。

乡土秩序的瓦解，不仅体现在农村人口结构的老龄化、高龄化，空间上的凋敝化、空心化，耕地、宅基地的浪费及农业生态的破坏，还体现在乡村基层政治和宗族治理的虚空化，以及"父慈子孝""尊老养老"传统伦理观念的淡化。

问："像你们年轻的对村里的事也不关心了吧？"

答："不关心了。像村里的选举啥的，我都不回去了，父母替我投票就行，也没人爱当那个（村干部）。"（ZNF，男，1989年出生，某母婴店店主，2012年由父母出资在A县购置沿街房）

问："有没有想过年轻人都来城里了，村里以后怎么办？"

答："最惨、最不公平的就是农村，年轻人都到城里来了，农村的土地和房子就浪费了，浪费了国家资源，自己也浪费了房子，老人们一辈子的心血子女不住，就是一堆垃圾一样。"（LSY，男，1983年出生，A县某饲料店销售员，2010年在县城分期购房）

五 本章小结

在基层城镇化进程中，随着家庭结构和功能的分化和解体，农村家庭代际关系由较为亲密、注重伦理的"乡土模式"转向逐渐疏离、追求理性的"离土近乡"模式，代际关系的支配者也由亲代转向子代。在这一过程中，传统农村"父权文化""延续香火"（费孝通，1982）、"传宗接代"的乡土秩序和宗族观念所维持的家庭秩序和"乡土中国"场域被破坏，代际关系由基本平衡或勉强平衡逐步走向失衡或不平衡：农村亲代不仅要把子代抚养成人，还要为他们操办婚事、购买房产，替他们耕种田地、抚养小孩，在中老年时继续为城镇子代提供经济支持，而到了养老阶段却往往只能靠自己，"不给子女添麻烦"。可以说，在继承、抚育、交换和交往和赡养等家庭代际关系的各个环节，亲代总是承担着无限的责任，而子代往往只承担有限的义务。农村家庭代际关系越来越呈现出"抚育有余，赡养不足""亲代讲伦理，子代求理性""夫妻是核心，父母靠边站"等特征。

在家庭代际关系变迁的过程中，传统的以农地劳动为支撑的家庭养老正遭受冲击，亲代在年老时往往会成为家庭代际关系的牺牲者，存在着较高的养老风险。由于代际关系的支配者由亲代转向子代，传统的"父权文化"维持下的代际规范被打破，代际关系紧张的现象时有发生或暗流涌动，现阶段主要表现在代际价值观念的差异，并隐藏在亲代降低对子代要求的种种迹象和线索中。在农民纷纷由农村向城镇迁移的过程中，农村的劳动力和资本源源不断地向"城市流动，形成了子代进城"和"亲代留村"的基层城镇化逻辑，原有的乡土秩序进一步被瓦解。

第五章 农村家庭代际关系变迁的原因及回归平衡的可能

上文以鲁中A县的经验材料为基础，探讨了基层城镇化进程中农村家庭代际关系的变迁过程及其发展趋势，并指出了这一变迁过程中暴露的突出问题。基于此，透过 A 县农村家庭代际关系的经验材料，对基层城镇化进程中农村家庭代际关系的变迁有了一个较为完整的认识。以下，尝试从结构和文化两个方面剖析基层城镇化背景下 A 县家庭代际关系的变迁原因，并基于此探讨不断走向失衡的农村家庭代际关系回归平衡之可能。

在 A 县农村家庭代际关系中，以疏离化、理性化和下位转移为特征，不断走向失衡的"离土近乡"代际关系普遍存在。有学者认为，解释家庭代际关系变化，应将结构的解释路径与文化的解释路径结合起来，结构因素通过作用于文化因素，进而改变着家庭代际关系（赵爽，2010）。以下尝试采用"结构—文化—行动者"的分析框架，侧重从结构上的"城市侵入"和文化上的伦理传承与失范两个方面入手，并结合代际关系的四个行为主体——亲代、子代、家庭和乡土社会，来分析代际关系失衡化变迁背后的逻辑。

一 城市侵入与农民理性选择

在城乡二元体制中，城镇相较于农村的资源集聚优势，农业土地的短缺，城乡间收入和生活水平的巨大差异等多方面因素，使得城镇对农民有着先天和持续的吸引力。和老一代进城农民在城镇兼业，赚取收入维持体面的农村生活不同，新生代进城农民对现代性城镇充满向往，他们渴望在城镇就业，离开农村的生产和生活。

在城镇化进程中，城市、工业、国家和市场的力量源源不断地侵入农村，农民在寻求教育、就业和医疗资源，享受便捷交通和城镇生活，婚嫁，投资，获取"面子"等多种因素（如表 4 所示）的驱使下，开始逐步向城镇迁移。在新生代农民进城买房的理性决策过程中，"经济理性"逻辑和"社会理性"逻辑取代了老一代农民进城务工的"生存理性"逻辑。

对新生代农民而言，与大城市相比，家乡所在地的基层城镇有房价及消费水平可控，家人及亲友往来方便，就业灵活、可进可退，语言、饮食和风俗不存在适应性障碍等得天独厚的优势。同样出于"经济理性"和"社会理性"的考量，基层城镇成为绝大多数农民迁移的首选目的地。

从家庭代际关系的作用双方来看,受年龄、受教育程度、适应及学习能力等因素的影响,子代进城就业往往比亲代更具优势,而城乡收入的较大差距也使家庭的经济主动权悄然由亲代家庭转移到子代家庭。然而,仅凭子代之力很难短期内完成向城镇的迁移,由此,在亲代和子代的互动和博弈中,形成了亲代家庭留守农村,子代家庭买房进城的家际代际分工。留守农村的亲代家庭尽可能地减轻子代家庭的负担,通过家庭财产的转移,隔代抚养孙代,为子代提供粮食及农产品,独自养老等方式,来支撑子代家庭向城镇迁移。

表4　　　　　　　　农民进城买房决策影响因素统计表

	人数(人)	百分比(%)	个案百分比(%)
子女能得到好的教育	123	38.44	70.69
交通方便,生活便利	68	21.25	39.08
找工作方便	47	14.69	27.01
享受城市生活	26	8.13	14.94
结婚时对方要求	23	7.19	13.22
去医院方便	16	5	9.2
楼房住着舒服	12	3.75	6.9
投资	3	0.94	1.72
有地位、有面子	2	0.63	1.15
总计	320	100	183.91

数据来源:2014年8月"基层城镇化动力研究"(A县)问卷调查结果。

二　亲代延续香火的文化基因

基层城镇化的结构性力量之所以引发农村家庭内部的代际分工,形成并维持着越来越失衡的代际关系,其背后隐藏着深层次的文化根源和价值基础。正如韦伯(2005)所言:一个具体行为的正确因果诠释意味着行动的外在过程及动机可以被如实把握,并同时达到对其关联的有意义的理解。

农村中的亲代之所以倾尽全力甚至不惜代价地帮助子代向城市迁移,其背后依托的是"延续香火"的文化基因,这种文化基因回答了农民生活根本意义的终极追问,处理着农民个人与灵魂的关系问题,是农民得以安身立命的基础(马克思、恩格斯,1995)。费孝通(2006)在《江村经济》一书中曾把深入民间的"香火"观念作为中国注重传宗接代的象征性信念,上一代以"不孝有三,无后为大"为训,而下一代则以"荣宗耀祖"为奋斗目标。由此,家成为一个延续性的事业社群,家族的延续性对农民来说具有宗教作用(林耀华,1989;费孝通,1998;许烺光,2001;梁漱溟,2006)。为了使供奉祖先的香火得以延续,亲代往往在"不孝有三,无后为大"的祖训中体悟生命的意义,把"延续香火""传宗接代"作为最大的人生追求和人生责任。基于此,"延续香火"成为亲代用有限生命实现无限意义的本体性价值,这种本体性价值是其他一切价值存在的基础和最终依据,并构成家庭代际关系维系的基本原则。

在亲代看来,"老的过得差不多就行,关键得叫孩子过好"①,亲代为了让子代"成家立业",自己抱上孙子,就不得不超额地付出。即使子代不会给亲代足够的回报,亲代仍然终生为子女操劳,为子代买房、操办婚事、抚育孙代、代种土地,因为"延续香火"的目标平衡了父母付出的努力。在某种程度上正如贺雪峰(2012)所言,子女得以成家立业,可以在精神意义上给予父母补偿,让失衡的代际交换在这种意义上实现了"平衡",不过,这种"平衡"很大程度上只是亲代单方面虚构的一种"精神平衡"。

总之,"延续香火""传宗接代"的文化基因和本体性价值,使亲代在子代城镇化的进程中发挥着重要的辅助作用,也正是在这个过程中实现自己的终极人生意义和价值追求,而由于亲代实现本体性价值的空间从乡村延展至城镇,他们的负担成倍增加,一种不平衡的家庭代际关系也由此形成和得以维系。需要注意的是,本体性价值往往具有惯习性和往复性的特征,这也是当前亲代在社会转型期仍保留这种

---

① A县Y小区访谈,WYS(男,1969年出生,某家具厂工匠)语,2014年8月25日。

文化基因的缘由。不过,随着社会转型的逐步深入和城镇化的持续推进,新生代农民的生产、生活方式和样态正发生着剧烈变迁,他们感悟人生终极意义的现实基础是否会逐步瓦解,新的本体性价值是否会萌芽和形成,需要未来进一步的关注。

三 子代孝老观念的淡化异化

"孝,子承老也。""孝"一方面具有祖先崇拜、追求永恒的宗法观念,并因此强化着中国人的家族、宗族意识;另一方面是"善事父母"的伦理意识,体现着亲亲、尊尊、长长、贵老等伦理精神。以"孝"为核心的传统伦理价值体系,其实质是通过对家族生命的认可来实现自我生命的价值。"孝"在维系家庭代际关系平衡中发挥着重要作用,正如费孝通(1983)所言:亲子关系的反馈模式可以说是中国文化的一项特点。这个模式不仅有相当悠久的历史,很早就有许多维持它的伦理观念。儒家所提倡的孝道可以认为是这种在社会上通行的模式的反映,转而起着从意识形态上巩固这种模式的作用。

在基层城镇化进程中,子代"孝"的观念逐步走向淡化,这也是促成和加剧代际关系失衡的一个重要的文化性原因。"孝"的观念淡化是很多因素造成的:一方面,子代脱离了原有的农村土地生产,传统的以土地生产为基础的养老共识逐步弱化;另一方面,子代家庭与亲代家庭的空间距离增加,而"孝"的伦理规范很难跨越原来的乡村空间触及城镇的子代。此外,还有部分子代认为"孝"的责任主体应该让渡给社会,"孝敬老的没错,不过在城市生活压力这么大,还得上班,真的是没有时间……到时候把老的送到敬老院吧"[①]。

需要特别指出的是,传统的无条件的"孝"有异化成有条件的回报的倾向。子代"尽不尽孝",得看亲代对他们的工具性帮助,如亲代对子代进城买房的帮助,能否给他们在城市的生活提供帮助,能否帮忙照看小孩,等等。"我的家庭经济状况在农村还算可以吧,父亲在村里安有线电视,母亲是一个小学老师,他们对我接济很大……

---

① A县J小区访谈,LCQ(男,1984年出生,某机械厂职工)语,2014年8月28日。

买房的钱大部分父母给的，自己就出了两万块钱，我这几年干也没挣多少钱……我很多朋友（家庭主要收入来源是农业收入）一开始就在一个厂子里干，一天上两个班，很累很累，上两个班就为了还两个房贷，尤其是家里条件不好的……为了回家方便，我就买了一个五万多元的小汽车，今年才买的，他们（父母）出的钱。"（LCQ，男，1984年出生，A县某机械厂职工）

四　传统村庄社会的秩序再造

亲代在追求"延续香火""传宗接代"的本体性价值之外，也追求"比""面子""尊严"等社会性价值。本体性价值和社会性价值密切相关，基层城镇化进程中亲代实现"延续香火""传宗接代"的本体性价值最终往往通过"面子""尊严"等社会性价值的追求得以激发和完成。按照贺雪峰（2009）的说法：农民自己的生活，他们对自己生活质量的衡量主要在村庄语境中完成……除非甘于被排除在村庄主流以外，村庄任何一个人都不能自外于村庄面子竞争之中。A县S镇一个关于地基高低之争的故事暗含着村庄面子竞争的逻辑。2010年，HWX家计划盖南房，由于南房地基要与正房的地基齐平，这样屋檐就会比西面邻居HHL家的南房高一些。在征得邻居家同意之后，HWX家盖起了南房，大门外的地面也垫高至与南房地基齐平。虽然HHL家表面上同意，但由于自家大门外的地面变低，全家人为此很长时间睡不好觉。后来收获生姜的时候，他们用生姜上带的土悄悄地将门前地面垫高并超过HWX家门前的地面，这才舒心。

随着城镇和市场力量的侵入，乡村社会衍生出日益明显和激烈的"面子竞争"，"农村吧，还是个比的问题"（WYS，男，1969年出生，A县家具厂务工，依靠城乡兼业给儿子买房）。在一个相对封闭和熟悉的乡村社会场域中，村民无不渴望从日常的"比"中获取社会性价值，并在一轮又一轮的"面子竞争"中维持和改善着生活（陈锋，2014）。这种"比"构建了亲代为子代无限付出的村庄舆论和话语体系，裹挟了留村的亲代家庭。有学者认为，这种弥漫于村庄内部的社会性竞争，使得个体及家庭生怕落后于村庄的平均水平而被甩出结构之外（贺雪峰，2010）。A县S村60多岁的HRL老两口刚开始花了10多万元给小儿子在村里新建了婚房，后来却因为担心邻居的"笑话"，"狠狠心"为儿子在县城买了楼。老人口中的"狠狠心"，代价是老两口几乎所有的积蓄，是他们十多年来15亩耕地的辛勤劳作和很多次24小时为村民浇地的辛勤付出。2013年年末，S村传言要拆迁，HRL和村里人说，他为其尚未在城里买楼的哥哥感到担心，担心拆迁后其哥哥家没有地方住。在村里人看来，与其说HRL担心其哥哥的遭遇，倒不如说是他想炫耀自己在城里买了楼，"笑话"其哥哥没有在城里买楼。村里听到此话的HLM家，本来刚刚翻修了新房准备用作儿子结婚，后来"狠狠心"，举债给儿子在县城买了楼。可以说，亲代为子代在城镇买房，既基于亲代对子代婚事及其未来发展的谋划，也是亲代获取"面子""尊严"等社会性价值的体现，还是亲代实现本体性价值的空间延展。

"离土近乡模式"中"城乡穿梭"的子代同样受到了弥漫于乡土社会内部的"面子竞争"逻辑的影响，不过，和亲代"勤俭持家"甚至不惜代价为子代付出以追求"父以子贵"这种精神层面的"面子""尊严"不同的是，进城子代更加注重"享受生活"，并追求现时的物质层面上的"面子""尊严"。"我买过好几辆（小汽车）了，就是因为攀比心态，城里人很气人，现在的仍总想显摆什么……现在人的攀比心太重了。"[①] "就是比，现在这个家庭，你说不比吧那是假话。像我跟这个邻居，他搞得这么好，你搞得这么差，人盯人是不是。"[②] 不过，由于子代的经济能力往往不足以支撑他们进行"面子竞争"，这些负担最终仍然转嫁给了农村的亲代。

需要特别说明的是，亲代追求"面子""尊严"等社会性价值的原动力仍然是"延续香火""传宗接代"的本体性价值；而子代追求"面子""尊严"的社会性价值却主要源于"享受生活"的物质主义逻辑，且这种物质主义和理性主义逻辑有日益内化为子代本体性价值的

---

① A县T小区访谈，ZBH（男，1984年出生，某农资公司业务员）语，2014年8月27日。
② A县Y小区访谈，WYS（男，1969年出生，某家具厂工匠）语，2014年8月25日。

趋向。由此,传统农村"延续香火""传宗接代"的本体性价值在社会转型、城镇化和代际演进的过程中逐渐式微甚至异化,这一点需要进一步关注。

五 代际关系回归平衡的可能

上节从结构和文化的角度,采用"结构—文化—行动者"及"本体性价值—社会性价值"等分析框架,探讨了农村家庭代际关系何以走向失衡并得以维系。以下尝试探讨这一失衡的代际关系回归平衡的可能路径。

对回归平衡的探讨,要从何为失衡谈起。所谓失衡,主要是亲代和子代双方付出的不平衡,主要表现为"抚育有余,赡养不足"。从这个层面上讲,代际关系要回归平衡,有三条基本的路径:一是亲代减少付出,以平衡于子代较少的回报;二是子代增多回报,或减轻亲代的抚育负担,以平衡亲代的付出;三是子代回报不足的部分由社会支持所填充。

首先探讨亲代减少付出,以平衡子代较少回报的可能性。如前文所述,亲代对子代抚育责任的背后是农民"延续香火""传宗接代"文化基因的支撑力,这一本体性价值观在短期内极难改变。不过,随着城镇、市场等力量对农村的不断侵入,并受子代追求工具理性的交换逻辑影响,"延续香火"的传统伦理已出现消解的趋向,亲代"量力而行",减少为子代付出的想法和现象不断出现。

对于亲代来说,一旦工具理性逻辑的力量超越"延续香火"的伦理约束,成为新的文化规范甚至本体性价值,他们就会主动减少对子代的过度付出,代际关系也因此达成理性的平衡。不过,和传统农村家庭亲代通过抚育子代实现价值,子代通过自主赡养亲代来回馈亲代养育之恩所形成的代际平衡关系不同,这种新的平衡更加追求理性和交换的逻辑,情感性、伦理性成分越来越少。

其次探讨子代增加回报或减轻亲代抚育负担,以达成和亲代付出相平衡的可能性。这一可能性可在传统"孝道"文化的回归或新代际文化的形成中达成,也可从现代性文明和社会经济发展对子代独立、平等意识的培育中寻找线索。

子代增加回报需要传统"孝道"文化的回归或新的代际文化的形成，在家庭私人生活和村庄社会的公共秩序中重建代际的伦理秩序和道德体系，建立与现代中国社会相适应的微观社会结构和伦理价值体系，以"找回家庭"（范成杰，2013），代际由此达成了一种类似于传统农村社会的注重伦理的平衡。

随着现代性文明、社会经济的不断发展演变，子代追求经济和精神独立的意识越来越强，他们不再主要依靠父母，而是依托自己的努力来实现"成家立业"，由此，亲代的抚育责任得以大大减轻，代际可能达成一种注重独立的平衡。

最后，探讨由社会支持填充代际关系中缺失的子代回报部分的可能性。随着农村社会保障制度和农村合作医疗制度的实施和完善，农村养老院的兴起，这一可能性现已转变为一种有效的途径，并逐步推动代际关系达成一种社会支持下的平衡。

此外，城镇侵入是家庭代际关系走向失衡的结构性力量。探讨城镇化进程中的家庭代际关系失衡，离不开对当前"城镇化"合理性的探讨。在很大意义上，基层城镇化的推进是以牺牲当前这批农村亲代（以"60后""70后"为代表）的权益为代价的，他们通过经济资源的代际传递，支持着年轻子代由农村向城镇迁移的城镇化。在城镇化成为不可逆转历史潮流的情况下，寄托于现代文明和社会经济的进一步发展，以及城镇社会保障体系的不断完善，当前这批年轻子代（以"80后""90后"为代表）和他们的下一代（"00后""10后"）之间的关系能否在城镇中实现平衡，从而实现后城镇化时期的平衡，甚至向西方式代际关系的"接力模式"发生转向？这是一个有待进一步关注和考察的问题。

六　本章小结

以上，从结构上的"城市侵入"和文化上的伦理传承与失范及其赖以形成的乡土秩序等方面入手，探讨了家庭代际关系变迁的发生机制：在城镇侵入的结构性力量影响下，亲代依旧追求"延续香火"的本体性价值，而子代"孝老"观念却逐步式微；在这一过程中，代际双方又都被"面子竞争"的社会性价值所裹挟。来自结构和文化两方面的因素共同形塑并维系着日益失衡的家庭代际关系。

本章还从家庭代际关系双方付出不对等的角度，探讨了农村家庭代际关系回归平衡的可能性：随着社会经济及现代文明的进一步发展，城镇、市场等力量对农村的不断侵入，农民"延续香火""传宗接代"文化基因是否会逐步消解，子代独立、平等意识是否会逐步增强，从而使亲代和子代双方反思自己的付出方式，使得代际关系重回平衡，是一个有待进一步关注的问题。依托日益普及和完善的农村与城镇社会保障体系，替代和填充代际关系失衡的部分，是当前推动代际关系走向平衡的有效途径。此外，城镇化进程中形成的家庭代际关系失衡问题，需要真正关注农民权益的"城镇化"来推动解决。以牺牲某代人的权益为代价，或以牺牲农村社会生存和发展机会为代价的"城镇化"，并非最优选择，且很难实现可持续发展，还会引发一系列社会问题。

第六章 结论与展望

透过 A 县家庭代际关系的变迁这一个案，对"基层城镇化进程中农村家庭代际关系的变迁"这一问题进行了研究。在整个研究过程中，有以下几点发现：

（1）基层城镇化进程中农村家庭代际关系发生了较大的变迁，进城子代和留村亲代之间逐步形成了亲代为子代在城镇买房，亲代跨代抚育孙代，亲代代种子代土地，双方交往频繁但彼此付出不对等，亲代独自养老等新的代际规范。在亲子两代均留村的传统农村家庭中，代际关系仍然表现出家庭财产由亲代向子代有序、有限转移，子代抚育孙代，亲代和子代交往频繁、互相支持，子代赡养亲代的传统代际关系规范。

（2）在农村家庭代际关系变迁过程中，代际关系逐渐由较为亲密、注重伦理的"乡土模式"转向逐渐疏离、追求理性的"离土近乡模式"，代际关系的支配者也由亲代转向子代，代际关系由基本平衡或勉强平衡逐步走向失衡或不平衡。传统农村"父慈子孝""养儿防老"的宗族观念和乡土秩序所维持的家庭秩序和"乡土中国"场域被破坏，在继承、抚育、交换和交往、赡养等家庭代际关系的各个环节，亲代往往承担着无限的责任，而子代往往只承担有限的义务。

（3）农村家庭代际关系变迁过程中显露出亲代养老风险增高、亲子代际冲突凸现、乡土秩序瓦解加速等几个问题。亲代在年老时往往会成为家庭代际关系的牺牲者，存在着较高的养老风险；传统的"父权文化"维持下的代际规范被打破，代际关系对张的现象时有发生或暗流涌动；农村的劳动力和资本源源不断地向城市流动，形成了子代进城和亲代留村的基层城镇化逻辑，原有的乡土秩序进一步被瓦解。

（4）城镇力量的侵入、亲代"延续香火"的文化基因、子代"孝"观念的式微、"面子竞争"充斥的村庄秩序等多方面因素共同形塑并维系着日益失衡的家庭代际关系。在城镇侵入的结构性力量影响下，进城买房安家，从事非农业生产，享受城市生活和公共服务日益成为新生代农民家庭和个人的理性选择，并形成了亲代家庭留守农村，子代家庭买房进城，亲代家庭继续源源不断地给子代家庭提供经济支持的家际分工。文化的因素同样重要，社会转型期亲代依旧追求"延续香火"的本体性价值，子代"孝老"观念却逐步式微，代际双方又都被"面子竞争"的社会性价值所裹挟；多方面的因素使得这种不平衡的家庭代际关系得以产生和维系。

（5）代际关系回归平衡的可能性需要在代际双方彼此付出的此消彼长中寻求线索，包括亲代减少付出而实现理性的平衡，子代增加回报或减少亲代负担而实现注重伦理的平衡或注重独立的平衡，依托社会保障制度的普及和完善实现社会支持下的平衡，依托社会经济的高度发展而实现后城镇化时期的平衡等。受结构、文化等多方面因素的影响，农村家庭代际关系失衡化的发展趋势在短期内很难改变。随着社会经济及现代文明的进一步发展,城镇、市场等力量对农村的不断侵入,农民"延续香火""传宗接代"文化基因是否会逐步消解,子代独立、平等意识是否会逐步增强,"孝道"这一传统伦理是否会回归或以新的文化形式发展,从而使亲代和子代双方反思并改变自己的付出方式,使得代际关系重回平衡,是一个有待进一步关注,并需要用时间来检验和回答的问题。依托日益普及和完善的农村和城镇社会保障体系,替代和填充代际关系失衡的部分,是当前推动代际关系走向平衡的有效途径。此外,城镇化进程中形成的家庭代际关系失衡问题,需要真正关注农民权益的"城镇化"模式来推动解决。

本研究以鲁中A县家庭代际关系的变迁为个案,对农村家庭代际关系问题进行了初步探讨,这对认识当代中国农村存在的普遍性问题具有一定的代表性和启发意义。与此同时,现实空间的复杂性是开展代际关系研究必须面对的难点,超出A县的个案,地域的差异又会给城镇化进程中的农村家庭代际关系及其变迁带来哪些不同的影响呢?此外,基层城镇化催生了"离土而近乡"的代际关系模式,这种模式和更高层次城市化的"离土而离乡"的模式显然是有区别的,那么,两者之间具体的区别、显著程度及其背后的发生机制为何?再者,和基层城镇化进程中农村家庭代际关系的剧烈变迁相比,城镇家庭代际关系又经历着怎么样的一个过程,现阶段的状态及发展趋势又如何?这些都是值得进一步研究的问题。

参考文献

边馥琴、罗根·约翰,2001,《中美家庭代际关系比较研究》,《社会学研究》,第2期
蔡昉,2000,《中国流动人口问题》,河南人民出版社
车茂娟,1990,《中国家庭养育关系中的"逆反哺模式"》,《人口学刊》,第4期
陈柏峰,2009,《代际关系变动与老年人自杀——对湖北京山农村的实证研究》,《社会学研究》,第4期

陈锋，2014，《农村"代际剥削"的路径与机制》，《华南农业大学学报》（社会科学版），第2期

陈皆明，1998，《投资与赡养——关于城市居民代际交换的因果分析》，《中国社会科学》，第6期

陈皆明，2010，《中国养老模式：传统文化、家庭边界和代际关系》，《西安交通大学学报》（社会科学版），第6期

陈映芳，2003，《征地农民的市民化——上海市的调查》，《华东师范大学学报》（哲学社会科学版），第3期

仇保兴，2009，《中国特色的城镇化模式之辨——"C模式"：超越"A模式"的诱惑和"B模式"的泥淖》，《城市发展研究》，第1期

代堂平、汪雁，2008，《父慈子孝——对中国传统家庭关系的分析》，《天府新论》，第2期

杜鹏、丁志宏、李全棉，2004，《农村子女外出务工对留守老人的影响》，《人口研究》，第6期

杜鹰、白南生，1997，《走出乡村——中国农村劳动力流动实证研究》，经济科学出版社

范爱军、王丽丽，2007，《我国城镇化发展与农民收入增长的实证分析》，《山东社会科学》，第3期

范成杰，2013，《代际关系的下位运行及其对农村家庭养老影响》，《华中农业大学学报》（社会科学版），第1期

方创琳，2009，《改革开放30年来中国的城市化与城镇发展》，《经济地理》，第1期

费孝通，1982，《论中国家庭结构的变动》，《天津社会科学》，第3期

费孝通，1983，《家庭结构变动中的老年赡养问题——再论中国家庭结构的变动》，《北京大学学报》（哲学社会科学版），第3期

费孝通，1985，《论小城镇及其他》，天津人民出版社

费孝通，1986，《三论中国家庭结构的变动》，《北京大学学报》（哲学社会科学版），第3期

费孝通，1995，《农村、小城镇、区域发展——我的社区研究历程的再回顾》，《北京大学学报》（哲学社会科学版），第2期

费孝通，1998，《乡土中国·生育制度》，北京大学出版社

费孝通，2006，《江村经济——中国农民的生活》，商务印书馆

高健生、刘宁，1987，《论我国家庭亲子关系演变的趋势》，《东岳论丛》，第5期

高世伟、王亚盈，2008，《西北农村"分家"现象研究——以甘肃省白银市X乡Y村为例》，《太原师范学院学报》（社会科学版），第4期

辜胜阻、李华、易善策，2010，《大都市与中小城市协调共进的均衡城镇化研究》，《中国上海》，第7期

关颖，2010，《改革开放以来我国家庭代际关系的新走向》，《学习与探索》，第1期

桂华、余练，2010，《婚姻市场要价：理解农村婚姻交换现象的一个框架》，《青年研究》，第3期

郭于华，2001，《代际关系中的公平逻辑及其变迁》，《中国学术》，第4期

郭志刚、陈功，1998，《老年人与子女之间的代际经济流量的分析》，《人口研究》，第1期

国家统计局课题组，2002，《我国城镇化战略研究》，《经济研究参考》，第35期

韩明谟，2001，《农村社会学》，北京大学出版社

贺雪峰、董磊明，2009，《农民外出务工的逻辑与中国的城市化道路》，《中国农村观察》，第2期

贺雪峰，2007，《中国农民价值观的变迁及对乡村治理的影响——以辽宁大古村调查为例》，《学习与探索》，第5期

贺雪峰，2008，《农村家庭代际关系的变动及其影响》，《江海学刊》，第4期

贺雪峰，2009，《农村代际关系论：兼论代际关系的价值基础》，《社会科学研究》，第5期

贺雪峰，2010，《当代中国乡村的价值之变》，《文化纵横》，第3期

贺雪峰、郭俊霞，2012，《试论农村代际关系的四个维度》，《社会科学》，第7期

黄平，1997，《寻求生存——当代中国农村外出人口的社会学研究》，云南人民出版社

黄宗智、彭玉生，2007，《三大历史性变迁的交汇与中国小规模农业的前景》，《中国社会科学》，第4期

贾林州，2010，《中部农区城镇化动力机制及相关问题研究——豫南A镇案例》，华中科技大学

李富田、李戈，2010，《进城还是进镇：西部农民城镇化路径选择——对四川省31个镇、村调查》，《农村经济》，第4期

李路路，2003，《向城市移民：一个不可逆转的过程》，载于李培林主编《农民工——中国进城农民工的经济社会分析》，社会科学文献出版社

李强，2013，《主动城镇化与被动城镇化》，《西北师大学报》（社会科学版），第6期

李全棉，2004，《关注农村隔代家庭》，《人口研究》，第4期

李一平，2004，《城市化进程中失地农民利益受损的制度分析与对策》，《中州学刊》，第2期

李友梅，2015，《城市发展周期与特大型城市风险的系统治理》，《探索与争鸣》，第3期

梁漱溟，2005，《中国文化要义》，上海世纪出版集团

林耀华、金翼，1989，《中国家庭制度的社会学研究》，生活·读书·新知三联书店

刘桂莉，2005，《眼泪为什么往下流？——转型期家庭代际关系倾斜问题探析》，《南昌大学学报》（人文社会科学版），第6期

卢晖临，2014，《城镇化的动力和后果研究初步设想》，未刊稿

马克思、恩格斯，1995，《马克思恩格斯全集》（第46卷），人民出版社

玛格丽特·米德，1987，《文化与承诺——一项有关代沟问题的研究》，河北人民出版社

沈关宝，2005，《我国人口城镇化的特点及其成因探析》，《江苏社会科学》，第5期

沈汝发，2002，《我国"代际关系"研究述评》，《当代青年研究》，第1期

陶然、徐志刚，2005，《城市化、农地制度与迁移人口社会保障——一个转轨中发展的大国视角与政策选择》，《经济研究》，第12期

乔纳森·特纳，2006，《社会学理论的结构》，华夏出版社

田云飞，2012，《"多子未必多福"：农村代际关系与养老保障——豫南大山头村调查》，华中科技大学

童小溪，2014，《从"乡土中国"到"离土中国"：城乡变迁的时空维度》，《湖南社会科学》，第5期

汪永涛，2013，《城市化进程中农村代际关系的变迁》，《南方人口》，第1期

王春光，2001，《新生代农村流动人口的社会认同与城乡融合的关系》，《社会

学研究》，第3期
王树新、马金，2002，《人口老龄化过程中的代际关系新走向》，《人口与经济》，第4期
王树新，2004，《人口与生育政策变动对代际关系的影响》，《人口与经济》，第4期
王树新，2004，《社会变革与代际关系研究》，首都经济贸易大学出版社
王思斌，1997，《我国小城镇发展的制度分析》，《社会学研究》，第5期
王小鲁、夏小林，1999，《优化城市规模推动经济增长》，《经济研究》，第9期
王跃生，2008，《中国家庭代际关系的理论分析》，《人口研究》，第4期
王跃生，2010，《婚事操办中的代际关系：家庭财产积累与转移——冀东农村的考察》，《中国农村观察》，第3期
王跃生，2011，《中国家庭代际关系的维系、变动和趋向》，《江淮论坛》，第2期
韦伯，2005，《韦伯作品集7：社会学的基本概念》，广西师范大学出版社
文军，2001，《从生存理性到社会理性选择：当代中国农民外出就业动因的社会学分析》，《社会学研究》，第6期
夏征农、陈至立，2011，《辞海》，上海辞书出版社
熊凤水，2009，《婚姻支付实践变迁与农村家庭代际关系转型——基于安徽南村的考察》，《云南社会科学》，第1期
徐安琪，2001，《家庭结构与代际关系研究——以上海为例的实证分析》，《江苏社会科学》，第2期
许烺光，2001，《祖荫下中国乡村的亲属，人格与社会流动》，台北南天书局
阎云翔，1998，《家庭政治中的金钱与道义：北方农村分家模式的人类学分析》，《社会学研究》，第6期
阎云翔，2006，《私人生活的变革：一个中国村庄里的爱情、家庭和亲密关系（1949—1999）》，上海书店出版社
杨华，2007，《当前我国农村代际关系均衡模式的变化——从道德性越轨和农民"命"的观念说起》，《古今农业》，第4期
姚远，1998，《对中国家庭养老弱化的文化诠释》，《人口研究》，第5期
张孝德，2001，《中国城市化的陷阱：政府主导下的城市规模扩大化》，《改革》，第6期
张孝德、钱书法，2002，《中国城市化过程中的"政府悖论"》，《国家行政学

院学报》，第 5 期

张永杰、程远忠，1988，《第四代人》，东方出版社

张友琴，2002，《城市化与农村老年人的家庭支持——厦门市个案的再研究》，《社会学研究》，第 5 期

章铮、杜峥鸣、乔晓春，2008，《论农民工就业与城市化——基于年龄结构—生命周期分析》，《中国人口科学》，第 6 期

赵爽，2010，《农村家庭代际关系的变化：文化与结构结合的路径》，《青年研究》，第 1 期

赵友新，2004，《失地后的失衡——失地农民的就业和生活问题调查》，《中国土地》，第 6 期

周大鸣，2001，《永恒的钟摆——中国农村劳动力的流动》，载于柯兰君、李汉林主编《都市里的村民：中国大城市的流动人口》，中央编译出版社

朱静辉，2010，《家庭结构、代际关系与老年人赡养——以安徽薛村为个案的考察》，《西北人口》，第 3 期

朱明芬，2003，《浙江失地农民利益保障现状调查及对策》，《中国农村经济》，第 3 期

Geoffrey. Gore.1948. *The American People: A study in National Character*, WW Norton & Co

Mannheim, Karl. 1952. The Problem of Generation, In Mannheim, K Essays on the *Sociology of Knowledge,* Routledge & Kegan Paul

Morioka K. 1992. *Generational relations and their changes as they affect the status of older people* in Japan, In Hareven

Tan Shen.2003. Rural workforce migration: a summary of some studies, *Social Sciences in China,* 4

农村生活垃圾问题凸显的社会机制分析
——基于闽西客村的田野调查

邓霞秋　中国人民大学社会学系2013级
指导教师　洪大用

第一章　导论

  这些堆放在街角的垃圾，这些装满污泥深夜在街巷里颠簸的马车，这些令人作呕的粪桶，这些掩盖在路面臭气熏天的流动泥浆，您可知道它们是什么？它们是开满鲜花的牧场，是青青的草地，是百里香，是一串红，是野味，是牲畜，是傍晚健硕的牛群发出的满足的哞叫，是清香的干草，是金色的麦穗，是您餐桌上的面包，是流淌在您静脉中的热血。把垃圾还给大地，您就会获得富足；让平原得到营养，人类就能收获粮食。

    ——雨果（转引自卡德琳·德·西尔吉，2005：79—80）

  改革开放以来，中国的城市化与工业化快速发展，经济体量攀升至世界第二，国民生活水平明显提高。然而在经济社会发展日新月异的同时，也面临着环境污染和生态恶化的沉重压力。在付出巨大的努力后，中国的环保工作取得了一定成效。根据环保部《2013年中国环境状况公报》的数据显示，2013年全国化学需氧量和氨氮、二氧化

笔者对文中出现的访谈对象姓名及田野调查地名做了技术处理，均为化名。

硫、氮氧化物排放总量分别为 2352.7 万吨、245.7 万吨、2043.9 万吨、2227.3 万吨,同比分别减少 2.9%、3.1%、3.5% 和 4.7%[①],污染物的排放量整体呈下降趋势,但总量仍十分巨大。近三十多年来快速城市化和工业化所欠下的"污染旧账",仍持续不断地给中国的环境保护工作施加巨大的压力。在环境污染整体趋势平稳可控的背景下,个别类型和局部地区的环境问题却逐渐凸显甚至急剧恶化,譬如日益加剧的垃圾污染问题就引起越来越多的关注和担忧。2013 年全国工业固体废弃物年产生量为 32.77 亿吨,全国设市城市生活垃圾年清运量为 1.73 亿吨[②],全国 261 个大中城市生活垃圾年产生量约为 1.61 亿吨[③],"垃圾围城"现象愈发令人担忧。

　　与此同时,近年来我国农村地区的生活垃圾污染问题也逐渐凸显,"垃圾围村"日益成为公众关注的热点话题。有数据显示,当前农村每年产生生活垃圾约 1.1 亿吨,其中有 0.7 亿吨未做任何处理。[④] 事实上,对于中国农村每年到底产生多少垃圾,由于统计上的巨大困难,并没有真正算得上可靠的数据。有的学者估计每年大概有 1.2 亿吨的农村生活垃圾产生,而且多为露天堆放不做任何处理(谢冬明等,2009),也有文章认为,我国农村每年的生活垃圾总量接近 3 亿吨。[⑤] 生活垃圾已经成为农村面源污染的主要来源(单华伦等,2006),有学者对广东省 33 个县(市、区)中的 256 个行政村的调查发现:农村垃圾中生活垃圾占比 60.13%,91.5% 农户产生的垃圾主要是生

[①] 化学需氧量和氨氮排放量是衡量水污染的主要指标,二氧化硫和氮氧化物是衡量大气污染的主要指标。数据参见中华人民共和国环境保护部网站《2013 年中国环境状况公报》,http://jcs.mep.gov.cn/hjzl/zkgb/2013zkgb/201406/t20140605_276485.htm,2015 年 3 月 20 日。

[②] 数据参见中华人民共和国环境保护部网站《2013 年中国环境状况公报》,http://jcs.mep.gov.cn/hjzl/zkgb/2013zkgb/201406/t20140605_276485.htm,2015 年 3 月 20 日。

[③] 参见中国环境网《2014 年全国大、中城市固体废物污染环境防治年报》,http://www.cenews.com.cn/xwzx2013/hjyw/201501/t20150105_785992.html,2015 年 3 月 21 日。

[④] 参见新华网《未来 5 年破解"垃圾围村"》,http://politics.people.com.cn/BIG5/n/2014/1119/c1001-26050216.html,2015 年 3 月 23 日。

[⑤] 参见新浪网《人大代表赵超:重视农村垃圾问题刻不容缓》,http://finance.sina.com.cn/china/hgjj/20140304/152718400790.shtml,2015 年 3 月 23 日。

活废弃物（高海硕等，2012）。不同于城市拥有相对完善的垃圾集中回收处理体系，根据住建部统计，截至 2013 年年底，全国 58.8 万个行政村中，仅有 21.8 万个行政村对生活垃圾进行了处理，有 14 个省份超过 70% 的行政村未对生活垃圾做任何处理，有少数省份这一比例甚至高达 90%。① 同时，在很多采取措施的行政村，所谓的对生活垃圾进行的处理，方式也极为粗糙，效果并不理想，农村的土壤环境、水体环境和大气环境都受到生活垃圾不同程度的污染。

在漫长的人类历史长河中，垃圾总是以双重面目出现，有时制造烦恼，有时带来"福音"。在过往的历史中，在绝大多数的农村地区，生活垃圾基本未给农民带来太多的麻烦，甚至是农民眼中的"宝贝"，农村不仅能很好地消化自身在生产和生活中产生的垃圾，甚至还一度成为消化城市生活垃圾的重要场所。在传统的农业社会里，农民有一套系统完整的垃圾处理方式，依靠代代相传的"乡土智慧"使生活垃圾得到较为妥当的处理，农民的生产生活方式与农村资源环境比较协调匹配，总体上"农民—垃圾—环境"三者之间保持着比较均衡的状态。然而在工业化、城市化飞速发展的背景下，农村生活垃圾问题发生了质变，趋于恶化甚至失控。这一过程发展之迅速令人始料未及，同时，对这一过程的研究却非常不充分，很多研究将农村生活垃圾问题的演变过程自动忽视了，视之为"黑箱中的秘密"，即对农村生活垃圾问题凸显的社会机制缺乏分析、讨论和揭示。

笔者认为，探究农村生活垃圾问题凸显的社会机制，即探究农村生活垃圾问题的"问题化"和"议题化"过程：（1）农村生活垃圾为何变得难以处理，成为一个麻烦和问题（"问题化"过程）？（2）农村生活垃圾问题如何进入公众的视野，成为公众关注的话题（"议题化"过程）？之所以要将社会机制的分析分成"问题化"和"议题化"两个部分，是综合环境问题的社会事实论和社会建构论的考虑。农村生活垃圾问题的"问题化"过程主要分析在社会变迁的大背景下，农

---

① 参见新华网《未来 5 年破解"垃圾围村"》，http://politics.people.com.cn/BIG5/n/2014/1119/c1001—26050216.html，2015 年 3 月 23 日。

村生活垃圾如何变得越来越多而且越来越难以处理，这其中遵循什么样的逻辑，社会变化过程背后有什么样的脉络和机制；农村生活垃圾问题的"议题化"过程主要分析环境主张的生成、表达及竞争，即农村生活垃圾问题为什么会受到人们的关注，为什么会成为公众讨论的议题，环境问题本身并不能够自我表达，要成为公众关注的焦点必然会经过一个社会建构的过程（即"议题化"的过程）。所以，笔者所言的"问题化"和"议题化"过程既有区别，又紧密联系，共同构成农村生活垃圾问题凸显的社会机制。

第二章 研究文献回顾

本章对研究文献的梳理主要分为两个部分：第一部分对农村环境问题的演变过程进行简要的回顾；第二部分围绕中国农村生活垃圾污染问题对相关研究文献进行系统的整理。

一 农村环境问题的演变过程回顾

理解农村生活垃圾问题，必须结合具体的社会经济背景和农村环境问题的历史演变脉络，抽离了这些因素，就会丧失历史和实践的质感。农村生活垃圾问题既是农村环境问题的一个特定内容，也是人类社会生活垃圾问题的历史延续。就整个环境社会学的研究而言，历史的视角、历史的方法和历史的维度都是不可或缺的重要内容（洪大用，2014；张玉林，2014；包智明、陈占江，2011）。有关中国农村环境问题的文章可谓汗牛充栋，本部分无法也无意对其进行全面系统的整理，只是简要地梳理农村环境问题的演变脉络，时间跨度不长，是对历史图景的一种简单素描，以把握农村生活垃圾问题与农村环境问题的联系。

中国农村的环境问题很早就引起公众和学者的关注，但是在不同的阶段有不同的关注点，这种关注点的变化是具体问题发生变化的直观体现，也是社会经济背景深刻变迁的真实写照。

20世纪80年代以前，中国农村的环境问题主要集中表现为农村生态环境破坏问题，诸如植被破坏、水土流失、土壤沙化、水资源耗竭等等是长期困扰农民的难题（韩纯儒，1990）。事实上，此阶段对农村环境问题关注的核心是农业生产环境问题。长期以来，沉重的人口压力和落后的粮食供应能力[①]，使得粮食的生产和供应安全成为必须全力保障的政治任务，在"以粮为纲"的政策指导下，我国农业生产结构表现出"三个为主"的特征：农业以种植业为主，种植业以粮食生产为主，粮食生产又以高产作物为主[②]；这种单一粮食型结构的核心目标是为了追求粮食产量的快速增长（李成贵，1999）。很多地区将开垦开荒当作重要的政治任务，"加强领导，充分发动群众，抢时间，抓进度，把开荒生产运动推向高峰"（宋乃平、张凤荣，2006）。此外，由于长期存在的城乡二元分割结构，通过与户籍制度相配套的就业制度、食品供应制度、社会保障制度、住房制度等制度安排，限制农村人口向城市转移，使得大量人口滞留农村，加剧了农村人口与资源环境之间的矛盾（洪大用、马芳馨，2004；吕政等，2003）。紧张的人地关系和迫切的粮食生产需求相结合，造成农村土地长期处在高强度的负荷之下，生态环境脆弱的问题十分突出，农药化肥的不恰当使用更是使之雪上加霜（李水清，1983）。

20世纪80年代后，中国的城镇化和工业化加速，农村的环境问题也相应发生变化。概括地讲，有两个要点：一是"农民进城"；二是"污染下乡"。城镇化加速后，大量农村人口逐步向城市转移，另外由于农业生产技术不断改进，单位粮食亩产量大幅度提高，农村人地紧张的关系得到缓解，这种社会经济的系统变革为农村生态环境的恢复提供了有利条件。秦华的研究表明农村劳动力的转移对于农村生态环境的改善有积极的促进作用，劳动力迁移的家庭经济状况明显改

[①] 1949年中国人口5.4亿；1980年中国人口增长到9.9亿（数据来自国家统计局网站）。

[②] 1978年中国的农业生产结构为：种植业79.3%，林业15.5%，牧业3.6%，渔业1.6%；种植业结构为粮食作物80.4%，经济作物9.6%，其他作物10%（李成贵，1999）。

善，有助于缓解贫困对生态环境和自然资源的压力（Hua Qin，2010）。然而，工业化的推进却为农村制造了新的、更加严峻的环境问题，早在20世纪80年代初，工业化造成严重环境污染的负面影响初见端倪，就有人提出要阻止工业污染向农村扩散，希望"有关部门不要把有污染的车间下放到农村，教育农村干部群众不要引进污染工业"（石山，1984）。但实际上，工业扩张的潮流似乎不可阻挡，大量乡镇企业如雨后春笋般纷纷涌出，到1996年，乡镇企业产值已占农村社会总产值的2/3（孙中和，2001），同时城市重化工业也部分向农村转移。人们在享受经济快速发展的同时，也不得不承受相应的代价。在这一时期，工业"三废"污染向农村蔓延，尤其是乡镇企业点多面广、设备陈旧、工艺落后、资源利用率低、污染物排放种类多浓度大，造成严重的环境问题（刘玉凯，1994；陈阿江，2012a），甚至出现骇人听闻的"癌症村"现象。更令人担忧的是农村环保工作长期不受重视，环保力量主要集中在城市，农村被边缘化（洪大用，2000），有学者鲜明地指出农村已成为污染问题的"痛中之痛"，环保领域的城乡差距可能已经成为中国最严重的城乡差距。[①] 严峻的形势引起学者的担忧，纷纷呼吁加强农村环保工作，遏制工业污染扩散和生态环境恶化的趋势（洪大用，1999a；陈爱国，1999；段碧华、张乃明，1999）。

进入21世纪以来，农村的环境问题又添加了一项新内容：生活垃圾污染问题。这其中，有三个需要着重介绍的历史背景。首先，值得肯定的是，经过长期坚持不懈的努力，严重威胁农村环境的工业污染问题得到比较有效的遏制，环保工作取得较大进展，中国的社会主义现代化进程日益凸显环保取向，经济增长与环境保护在一定程度上呈现走向双赢的趋势，部分印证了"生态现代化理论"的一些观点（洪大用，2012）。其次，值得关注的是，2005年10月，十六届五中全会通过的《中共中央关于制定国民经济和社会发展第十一个五年规划的建议》中指出，"建设社会主义新农村是我国现代化进程中的

[①] 参见人民网《张玉林：农村已成污染痛中之痛》，http://env.people.com.cn/n/2015/0206/c1010—26519271.html，2015年3月18日。

重大历史任务",要按照"生产发展、生活宽裕、乡风文明、村容整洁、管理民主"的要求推进社会主义新农村建设。这意味着农村的环境问题上升到了一个新的高度,不再仅仅关注个别化的环境问题,而是希望通过一揽子的建设计划推动农村的发展。在该阶段,结合社会主义新农村建设谈农村环境问题的相关研究文献非常丰富(温铁军,2007;黄桂平、李素若,2006;陈群元、宋玉祥,2007;陈润羊,2008)。最后,公众的环保意识有了很大的提高。随着生活水平的逐渐提高以及环境信息日益公开且传播便捷,同时受严峻的环境形势激发,公众的环境意识进一步觉醒(洪大用,2013)。公众对环境破坏的容忍度下降,对污染说不的态度更加坚决,环境抗争事件的多发频发对社会安全稳定形成强烈冲击。而在农村发生、由农民主动发起的环境抗争事件不在少数,农民的环境意识表现出显著的提高,引起学术界的密切关注(冯仕政,2007;景军,2009;李晨璐,2012;任丙强,2011;张玉林,2010;罗亚娟,2010)。公众环境意识的提高为环保工作提供了更广泛的社会基础,也同时意味着环境问题的社会性和政治性日益得到强化(洪大用,2013)。

农村生活垃圾问题具有"生活者致害者化"的特征,千千万万的普通生活者成为环境污染的"发生源"和"共谋者",生活者在日常生活的方方面面直接或者间接地扮演了环境污染与破坏者的角色(饭岛伸子,1999:24—29)。在不同的历史时期,农村面临不同的环境问题。对于农村而言,生活垃圾污染是一个全新的环境问题,同时,长期困扰农村的生态破坏和工业污染问题依旧不容忽视,新旧问题叠加在一起,构成了复杂的局面。中国的工业化、城市化进程与发达国家相比,在时间上被高度压缩,环境问题的复合效应日趋明显,环境治理的难度较大(洪大用,2013)。

二 农村生活垃圾问题的研究文献梳理

中国的农村生活垃圾问题进入学者研究视野的时间比较迟,在中国知网(CNKI)中使用"农村生活垃圾"作为关键词按主题检索期刊文章,可以发现在2000年以前,每年发表的与农村生活垃圾问题相关的期刊文章仅为个位数。本文按照文献的研究主题、研究内容和研究方法，把涉及农村生活垃圾问题的文献划分为四种研究视角：社会结构论、社会变迁论、社会建构论和行动环保论。

1. 社会结构论

社会结构论者认为包括生活垃圾问题在内的农村环境问题产生的根源在于不合理的社会制度结构，而在现阶段的中国，城乡二元分割结构是最显著的社会结构特征，也是最受诟病的制度性分割。早在2000年，洪大用教授就指出中国特定的二元分割社会结构，是造成农村环境问题日益严重的深层次原因（洪大用，2000）。在二元分割的社会结构下，农村的环境问题长期被忽视，环保政策、资金、机构、人员和基础设施均严重不足，农民的环保意识受到抑制，缺乏对环境问题的反馈能力，诸种因素的作用导致农村的面源污染趋于恶化；同时，农村环境问题的恶化，又进一步固化中国城乡二元分割的社会结构，形成彼此联动、相互催化的恶性循环；因而大力推动中国的城镇化进程、打破城乡二元分割的结构对于控制农村面源污染有着非常积极的意义（洪大用、马芳馨，2004）。

张玉林认为中国压力型政治结构促成"政经一体化"的经济增长推进机制，在环境治理的实际过程中形成吊诡的"污染保护主义"倾向，导致国家战略目标与基层环境治理实践之间存在巨大的断裂，影响到中国社会的整体安定（张玉林，2006）。王晓毅认为环境问题不单纯是人与自然界关系的问题，背后的实质是知识与权力的关系。农村地区在开发的过程中，逐渐丧失自身的独立性，在发展的话语逻辑下，外来知识取代了农村的本土知识，攫取了农村的决策权力，使得农村的环境与资源日益成为资本所觊觎的对象，形成对外部资本、市场乃至行政力量的高度依赖，沦为城市的"附庸"，农民甚至丧失了环境保护的决策和行动能力（王晓毅，2010）。包智明强调农村生态环境不断恶化的重要原因在于城乡之间形成了"中心—边陲"的二元分割结构，农村不断承受着来自城市转移的污染；自1980年代以来，城市的环境问题不断得到重视，通过产业调整、投入加大、技术升级、管制趋严及关停并转迁重污染企业等措施，城市环境有了明显改善；但与此同时农村的环保工作却长期不受重视，高污染、高耗能企业不断向农村转移，农村生态环境急剧恶化（包智明，2014）。

以社会结构的视角考察农村环境问题很有启发，也具有比较强的解释力。然而，农村生活垃圾问题作为特殊的农村环境问题，有其自身的特殊性，与其他环境问题相比，生活垃圾问题具有典型的"生活者致害者化"特征，这意味着农村居民不仅是生活垃圾污染的受害者，同时还是施害者。社会结构论认为长期的城乡二元分割造成城乡差距拉大，导致农村生态环境恶化，主要是针对生产性污染转移而言。事实上，农村生活垃圾问题是在城乡差距呈缩小趋势的背景下凸显的，近年来城乡居民生活方式趋同化的表现越来越明显，这意味着农村居民越来越具有和城市居民一样的"垃圾生产力"，这很难说是城市向农村转移污染的问题，至少不是一种直接的转移输送关系。当然，由于城乡二元分割，农村公共服务体系的建设严重滞后于城市，在一定程度上导致了农村生活垃圾问题的恶化，符合社会结构论的理论逻辑，这在其他方面也可以找到相应的例证。

2. 社会变迁论

社会变迁论关注动态的社会变化过程对农村环境问题造成的影响，这种影响并不完全是负面的。当前中国处在快速发展、急剧变化的时代，诸多社会问题都可以和社会的转型变迁建立起逻辑的联系。早在1996年，郑杭生教授就指出："当前中国的各种社会现象无不带有转型的特点，社会成员也无不这样或那样地受到转型的影响或制约。"（郑杭生，1996：Ⅰ）在国内，洪大用教授较早地运用社会转型的视角考察中国的环境问题，他认为中国的环境问题是特定的环境状况与特定的社会过程交互作用下的产物，理解中国的环境问题必须把握当代中国作为转型社会的特殊性，脱离具体的历史情境和社会过程不能够全面地理解中国环境问题的实质，社会转型所引发的环境问题应通过推动社会变革去解决（洪大用，1999b）。

谈到中国社会的转型，工业化和城市化是不可忽视的内容。卢春天通过对一个村庄社区的深入考察，发现农民的生产生活方式已经发生了巨大的变化，工业化和城市化的因素渗透入农村生产生活的方方面面，由此带来农村农业垃圾、工业垃圾和生活垃圾数量、种类和性质方面的显著变化，农村面临越来越严峻的垃圾污染问题，同时由于"文化堕距"的存在，农民并不能很好地感知到这种急迫的形势（卢春天，2003）。社会的变迁也体现在社会文化以及人们的思想、观念、价值观方面的变化，这种变化和环境问题也有紧密的联系。陈阿江指出外源污染不仅破坏农村的环境，还侵蚀农村传统的生态价值观，使农民放弃对自然环境的敬畏和爱护，对污染形成淡漠放纵的态度，甚至加入污染环境的行列，从而引发的内生性污染触目惊心（陈阿江，2007）。人们思想意识的变化是非常复杂的过程，也有研究认为农村居民的环境关心（Environmental Concern）水平呈不断上升的趋势[①]，农民掌握的环境信息和知识大幅度增加，表现出越来越强烈的环境维权意识，与城市居民环境关心水平的差异不断缩小并走向同构（范叶超，2014：39）。值得我们关注的是，个人思想观念上的自觉并不一定导致行为方式的改变，长期以来，公众在环境意识和行为之间存在很多脱节之处（洪大用，2014）。尤其是涉及生活性污染问题时，公众对自我行为的控制能力不容乐观。

中国农村已发生巨大的变化，"乡土社会"逐渐过渡到"后乡土社会"，耕地对农民的重要性下降，农民的收入来源多样化，农村进入高度流动分化和不确定的状态之中，农民原有的社会关系网络得到一定程度的拓展，但是由于受到"城市—乡村"和"体制内—体制外"的双重二元格局的排斥，农村社会与城市社会又有着鲜明的差异（陆益龙，2010）。由于农村封闭的社会结构被打破，与外部世界的联系更加紧密，各种要素的流动性加强，长期博弈向短期博弈发展，农村的治理面临较大的困难（贺振华，2006）。有学者提出"社会化小农"的概念，以此描述当代农民的新表现、新特点，主要是指那些与外部世界联系密切、融入市场经济的程度较高但是经营规模较小的农户（徐勇、邓大才，2006）。岳立涛结合"社会化小农"理论，认为

[①] 环境关心是指人们"意识到并支持解决涉及生态环境问题的程度，或者为解决这类问题而作出贡献的意愿"（Dunlap and Jones，2002：485）。

农民生产、生活和交往方式的改变是农村垃圾问题恶化的重要原因（岳立涛，2010）。当代中国的农民与以往相比肯定发生了很多变化，但是使用"社会化小农"这样的概念是否恰当仍值得商榷。

社会变迁论的视角对于研究农村生活垃圾问题的"问题化"过程很有启发。中国农村的急剧变化，是中国社会历史性变迁的缩影，研究农村的生活垃圾问题，必须密切关注社会变迁的趋势和脉络。但是社会变迁论是一个宏大甚至可以说有些笼统的理论视角，不同的研究者需要通过关注社会变迁的不同侧面，加以理论的提炼和升华，才能用于诸如农村生活垃圾污染等具体问题的分析。

3. 社会建构论

1978年，卡顿和邓拉普（Catton & Dunlap）在《美国社会学家》（*The American Sociologist*）上发表了题为"Environmental Sociology: A New Paradigm"的文章，提倡环境社会学研究的新生态范式（New Environmental Paradigm），极大地促进了环境社会学学科意识的形成和发展。新生态范式抨击社会学研究中的人类中心主义（Human Exceptionalism Paradigm）传统，认为该传统造成了严重的环境问题，必须进行根本的学科革命（Catton & Dunlap，1978）。新生态范式的主张展现出令人印象深刻的学术雄心，也为环境社会学的发展作出了重要的贡献，但是现在看来，这种理论主张所倡导的学科变革的实际效果却非常有限（洪大用，2014）。马克思早就指出，"人们如果不以一定方式结合起来共同活动或者互相交换其活动，便不可能进行生产。为了进行生产，人们便会发生一定的联系；只有在这些社会联系的范围内，才会有他们对自然界的关系"（马克思，1972：362）。人与自然从来都是相互作用相互影响的关系，在这样的过程中，人改变了自然，自然也改变了人（洪大用，1999b：177）。

事实上，社会科学及自然科学从未停止过对人类中心主义以及这种主义的升级版—人类万能主义—的反思，基思·托马斯认为人类中心主义的传统本身早在17世纪后期就已经开始瓦解，"旧的人类中心主义的幻觉被天文学家、植物学家、动物学家首先戳穿，又由地质学家予以终结"（基思·托马斯，2009：168—171），人们不再认为世界只是因人而存在。总之,环境问题的实质是人类的生存困境问题,社会科学的研究应当避免滑向"生态原教旨主义",不从人类利益的角度出发审视历史,武断地将人类定性为危害因子,将自然而不是人作为中心,仅仅把人类怎样破坏纯自然作为研究对象,而不是把人与自然交互作用的过程作为研究对象(约阿希姆·拉德韦,2004:4)。

新生态范式是一种"环境学的环境社会学",与此形成鲜明对比的是以社会建构主义理论为代表的"社会学的环境社会学",上文所述新生态范式的缺陷恰恰是社会建构主义的特点和优长。[①]汉尼根(Hannigan)对建构主义的研究视角和环境问题的建构过程做了最为系统的阐述(洪大用,1999b:23)。汉尼根认为公众对于环境的关心并不直接与客观的环境状况相匹配,环境问题并不能物化(meterialise)自身,必须经过个人或组织的建构才会被认为是问题,科学和大众传媒在建构环境危机、环境风险和环境知识方面发挥着重要的作用(汉尼根,2009:21—35)。建构主义有强弱之分,在环境社会学领域,弱建构主义使用得比较多。[②]应当说,社会建构论研究环境问题的视角、方式和方法有独特之处,很好地发挥了社会学的优势和特长,拓宽了环境社会学的研究路径和领域。环境社会学研究的核心任务不在于确认环境问题的客观存在,也不在于简单地发现、描述和报道环境问题及其社会影响,而是深入地研究中国社会转型的运行逻辑,揭示社会与环境互动的复杂机制,这样才能彰显环境社会学的

---

① 环境学的环境社会学:比较强调环境因素对于社会系统的影响;主要采用自然科学的方法或分析框架,具有宏观的取向,试图发展具有普适性的、关于理解环境与社会关系的一般理论;对传统社会学主要持批判的态度;社会学的环境社会学:主要围绕环境问题及其社会影响开展研究;主要采用社会科学,特别是政治经济学和传统社会学的方法或分析框架,如社会冲突分析和社会建构分析;主要是中观或微观的研究取向,试图发展具有一定解释力的、理解环境问题及其社会影响的特殊理论;对传统社会学持肯定态度,采用了大量的社会学理论和概念,甚至直接运用社会学研究的具体方法(洪大用,1999b)。

② 弱建构主义:强调知识产生的社会背景和社会原因,着重于宏观社会学的把握,但并不否认客观性和逻辑性的存在,为科学及理性因素留下余地;强建构主义:认为科学知识的建构完全是社会性的,是各种利益集团协商的产物,主要在微观层次上对科学知识进行经验研究(洪大用,1999b:56—57)。

学科特色（洪大用，2014）。

不过就目前来看，国内运用社会建构论视角研究农村环境问题的文献还比较少，一些学者运用社会建构理论的视角研究了垃圾焚烧发电厂所引发的环境抗争问题，对于农村生活垃圾问题的研究有一定的参考意义。如龚文娟认为环境议题不仅是客观环境现象的持续再现，更内卷了人们对环境问题的关注、认知和判断；通过剖析某市市民反对垃圾焚烧发电厂建设的过程，可以发现环境议题呈现的社会机制包括了群体利益冲突、差异认知和主张竞争、资源和权力及策略运作等三个环节；环境议题的提出、表达和形成正逐步由"政府主导型"和"精英主导型"向"环境利益相关者共构型"过渡，市民社会成长与结构性限制之间的张力仍然持续存在（龚文娟，2011，2013）。还有学者通过对某垃圾焚烧发电厂与周边居民矛盾的研究，发现所谓的"癌症患者名单"有很大的失真，"垃圾焚烧发电厂致周围居民癌症高发"的逻辑是建构出来的结论（李琦、陈阿江，2013）。

社会建构论是研究农村生活垃圾问题"议题化"的基本理论视角。撇开环境问题社会事实论和社会建构论的分歧，我们可以觉察到，研究一个社会如何将一些环境状况界定为环境问题，无疑是一个具有重要意义的学术课题。

4. 行动环保论

在这个分类下面的研究文献数量最多，而且从研究主题来看，与农村生活垃圾问题也最为直接相关。之所以使用"行动环保论"这样的分类概念，是因为这些文献多多少少都具有一种"行动主义"倾向，关注的是如何通过技术改进、制度设计、政策支持、宣传教育、公共服务体系建设等，促进农村生活垃圾问题的解决；但不太关注农村生活垃圾问题凸显的深层社会机制，即使有所论及，也不太深入、不够全面。不可否认，这些文献各自从自己的学科优势及研究立场出发，做了一些比较具体的经验研究，有助于我们丰富和加深对农村生活垃圾问题的理解。但与此同时，也需指出，此类研究大多割裂了现在与过去、自然与社会、城市与乡村、个体与群体的联系，缺乏社会结构的想象力和历史的穿透力。

一些文献探讨了农村生活垃圾的成分和种类变化。周燕芳（2009）的研究表明由于农村经济的快速发展，农民的生活方式逐渐发生变化，导致农民生活用品的数量和种类也都发生了变化，农村生活垃圾的产生量从而大大增加而且趋于复杂，总的来说就是和城市生活垃圾越来越相似，处理难度不断加大。殷丽萍（2006）也指出在农村生活垃圾的成分中，包装废弃物、泡沫塑料、一次性用具等不易分解的垃圾越来越多。杨曙辉等（2010）认为我国农村垃圾表现出产生量增大、构成复杂化、危害严重化和城市垃圾"乡村化"等特点，指出农村垃圾污染治理在资金投入、思想认识、技术手段、政策法规等诸多方面存在不足。另有很多文献研究农村生活垃圾的种类及成分问题（单华伦等，2006；魏星等，2009；高海硕等，2012）。

一些文献分析了农村生活垃圾的处理技术。陈阿江（2012b）认为处理农村生活垃圾，不应该一味采取现代技术，应当沿用一些农村传统的处理垃圾的方法，将一些废弃物用作饲料、燃料和肥料，盲目搬用城市处理垃圾的办法，不仅处置的经济成本高、浪费大量资源，还可能会放大农村垃圾的环境问题，容易造成二次污染。江淑梅（2008）认为农村生活垃圾90%以上都是采用填埋的方式进行处理，占用大量土地，对土壤、地表水及地下水造成污染。杨荣金和李铁松（2006）分析了农村生活垃圾分类回收的必要性和可行性，必要性体现在资金投入有限的情况下，通过分类可以降低垃圾的运输和处理成本；可行性体现在垃圾回收投入少，技术难度小。还有相当多的研究文献关注生活垃圾的分类回收问题（马香娟、陈郁，2005；崔兆杰等，2006；李海莹，2008；于晓勇等，2010）。

还有一些文献讨论了农村生活垃圾的管理制度和处理模式。罗如新（2006）指出现有的农村垃圾管理模式存在问题，由于照搬城市处理垃圾的方式，造成资源浪费、成本过高等问题；而且行政包办的模式有损农民的家园意识，导致农民对公共事务漠不关心。李丽丽等（2013）认为政府主导型的环境治理模式存在缺陷，倡导建立农村环境自主治理模式，后者具有监管成本低、信息完整、机制长效等优势，可以较好地解决农村内源性污染问题。一些学者将农村生活垃圾的管理制度与农村居民的居住模式相联系,如陈蓉(2008)指出,因为农村居民居住分散,人口密度低,垃圾的统一收集处理工作缺乏规模效益,而且资金匮乏,一些基础设施设备得不到推广,农村生活垃圾的处理难度大。高怀友(2005)也建议促进农村人口的城镇化和非农化,以减小垃圾回收处理的阻力,减轻农村的环境压力。刘莹(2012)使用定量方法研究农户的生活垃圾处置习惯,指出城镇化程度、社区和谐度、村级交通条件、村庄社区布局、农户公共意识、家庭耕地面积、家庭收入水平等因素对农户是否在定点区域倾倒垃圾有影响。

第三章 田野调查与资料收集

本研究选择福建省龙岩市(俗称闽西)客村作为田野调查地点。客村是东坪镇第二大村,全村共有5300余人,1200多户,村中有曹、刘、黄、阙、梁、叶等六个姓氏。曹姓是客村第一大姓,人口最多,将近3000余人,起源始祖南宋末年入闽,始居宁化,在明朝后期(成化十四年)由七世祖携妻儿迁至客村;刘姓是客村第二大姓,有1200余人,始居邻乡,约在明朝洪武二十五年前后,由开基始祖携带家眷迁至客村;黄姓村民于清朝康熙初年从邻乡迁至客村,现有800余人;梁姓村民于民国时期从邻村迁至客村,现有人口200余人;阙姓村民于民国七年从邻村迁至客村,现有14户,人口共计60余人;叶姓村民于元朝中叶从宁化迁至客村,人丁不旺,现有人口50余人。

客村地势平坦,土壤肥沃,全村共有山林面积19000余亩,耕地3700余亩。耕地主要用于种植水稻,全年种植两季,部分耕地用于种植薯类、花生、烤烟、蔬菜等作物。村中有三条比较大的溪流,溪水原来清澈见底,可见大小鱼儿嬉戏水草,村民饮水、洗涤、灌溉皆取于此。三溪交汇处是客村的地理中心,也是客村人口比较集中的地方。客村由于地势较低,四面环山,属山间小盆地的地形,易受洪水侵袭。据该村《村志》记载，在1930年6月前后发生了三次大洪水，最大的一次洪水连成汪洋一片，房屋田地冲毁无数，民众损失惨重。新中国成立前，客村是连接杭都县和连汀县的交通要道，来往的行商走贩、访客路人络绎不绝，村中建有驿馆茶楼及多间杂货店铺；新中国成立后，杭都县和连汀县之间修建了更加方便的公路，从此两地往来的行人就不再经过客村。

改革开放后，尤其是20世纪90年代后，客村外出务工人员较多，尤以从事建筑行业的工作为首，粗略统计达1500人之众，成为客村村民重要的经济收入来源。客村与建筑行业有着很深的渊源，早在新中国成立前，该村泥水匠就远近闻名，数量众多。20多年前，该村第一批外出务工人员远赴广东从事的就是建筑行业的工作，部分善于经营者成立了自己的建筑队，成为建筑工程承包商，俗称"包工头"。这一批人在当时从全县的范围来看，也算得上是最早去外面闯荡打拼的农民企业家。他们取得了极大的成功，影响、带动和组织了一大批客村村民远赴广东等地从事建筑行业的工作，现今有四家由客村人创办的大型建筑公司，其他的建筑大户不计其数，业务范围囊括福建、广东、浙江、江西等地。

最近20年来，客村村民的生活水平发生了巨大的变化，已达到相当富足的程度。全村有将近50余户家庭年收入可达百万元以上，很多家庭的年收入都不低于10万元，当然也还存在一些生活还比较困难的村民，但是数量很少。全村90%的家庭在近10年内新建了住宅，耗资较低者需20来万元，高者甚至达到数百万元，堪称"乡村豪华别墅"。全村现共有小轿车300多辆，根据该村《村志》记载，早在2005年，客村就有卡车40余辆，小轿车100余辆，摩托车1150余辆。现85%以上的家庭拥有洗衣机、冰箱、电脑等原本在客村来说相对"奢侈"的家电；60%的家庭安装了空调。

然而，在生活水平持续提高的同时，客村的公共环境状况却表现出恶化的趋势，一度陷入垃圾的重围，每家每户似乎都有扔不完的垃圾，蜿蜒穿梭整个村庄的小溪成为村民的天然垃圾池，汇聚万千浊物,"色彩斑斓",成为困扰村民的大难题。2014年,在上级政府财政支持下,客村着手解决生活垃圾污染问题,按照十户一桶的标准,购置了120多个垃圾桶,放置在道路两旁,聘请了6个保洁员,每隔一天对垃圾桶的垃圾进行清理,将垃圾运至指定地点,由东坪镇派出的垃圾车拉走。

在确定毕业论文的选题之后,经过再三斟酌,笔者选择了客村作为研究个案,收集论文的调查资料。对于客村,笔者在开展正式的田野调查之前就对其比较了解,在高中和大学期间还曾多次造访过客村,并有短期居住的经历,与当地村民有过一些接触和交流,彼此比较熟悉,开展调查研究具有一定的人际关系基础。通过田野调查,笔者所收集的资料主要有三类:(1)访谈记录(包括普通村民、村干部、镇干部);(2)文字资料(包括《客村村志》《阙氏族谱》、客村村"两委"工作文件、东坪镇党委及政府工作文件);(3)笔者在调查期间所做的笔记。此外,笔者还对涉及农村生活垃圾问题的中央及地方政府文件做了整理。

应当说在田野调查的一开始,由于需要一个熟悉的过程,笔者主要是保持一种"作为参与者的观察者"角色,客村村民对笔者也是抱有比较强的防备心,笔者本人也有较大的疏离感。但是随着时间的推移,客村村民作为客家人热情好客的性格就表现得越明显,加上笔者本身就在农村长大,对农村的生活非常熟悉和了解,不需要适应的过程,所以笔者的角色也逐渐向"作为观察者的参与者"转化。一些好客的村民会经常叫笔者去他们家喝茶、聊天、吃饭甚至喝酒,笔者还和他们一起去镇上赶集,参加过他们的村民大会,有时还帮助他们做一些农活。在调查期间,笔者甚至还作为客人参加过一次婚宴酒席。在田野调查中,对于研究者而言,应当从当事人的视角理解他们行为的意义和他们对事物的看法,然后在此基础上建立相应的理论和假设,研究者本身就是研究工具(陈向明,1996)。

第四章 传统农村社会的生活垃圾处理方式

机梭声札札,牛驴走纭纭。女汲涧中水,男采山上薪。
县远官事少,山深人俗淳。有财不行商,有丁不入军。
家家守村业,头白不出门。生为村之民,死为村之尘。

——白居易《朱陈村》

在这种生产方式(小农经济)中,耕者不管是一个自由土地所有者,还是一个隶属于地主的农民,其总是作为孤立的劳动者,同他的家人一起生产自己的生活资料。

——马克思《资本论》(2009:909)

本章简要回顾传统农村的生活垃圾处理方式。传统农村生活垃圾之所以不会成为问题,首先在于生活系统与生产系统的无缝对接,生活资料或生产资料深深地嵌入这两个系统之中,不会轻易地被甩出这两个系统之外,可以得到充分的循环利用;其次在于传统的农村社会是一个相对封闭的社会系统,农民被深深地嵌入这个系统之中,以家庭为单位进行生产活动,对外部市场的依赖程度很低,因为生产的不发达以及市场交换的不通畅,农民自己生产各种生活所需的物品,他们对生活资料的性质有非常充分的了解,他们全程参与生活用品的制造、使用和再利用。

一 生活系统与生产系统的物质循环

按照一般的理解,在传统农村社会,生活垃圾污染问题之所以不严重,应当是农民在处理垃圾方面有独到之处。事实上这种理解虽然有一定的道理,但并不是很全面,有偏颇之处。与其说农民在处理垃圾方面有独到之处,还不如说是农民在阻止物品成为垃圾方面有过人之举。如果想要垃圾不成为问题,关键是要让垃圾不成为垃圾,就是要把垃圾充分利用起来。无论是在生活系统还是生产系统中,延长物质的循环链条,保持物质循环链条的完整,生活垃圾的产生量就会大大减少。垃圾概念的外延具有很强的伸缩性,具有时空和群体的特殊性,通俗地说就是我们眼中认为的垃圾,可能在农民眼中从来就不是垃圾,是大有用处的生产或生活资料,所以也就不存在所谓的处理垃圾的问题。

生活垃圾并不完全就是无用之物,处置得当的话可以变废为宝。早在古罗马时期,人们就把生活垃圾用瓦罐装好放在房屋一头,等待农民定期运走;在17世纪的英国,出现了一种混合肥料,将生活垃圾和泥土、植物、木屑、灰烬等混合在一起,层层堆积,任其发酵;在18世纪,巴黎郊区的农民每天进城运走混杂了大量人畜粪便的烂泥,当作珍贵的肥料,对粪便的重视程度之高,以至于在1884年,当巴黎市政委员会颁布一项决议促进粪便直接排入污水管道时,引起了淘粪工和农民的激烈反对,他们认为这是一种可耻的浪费行为(卡德琳·德·西尔吉,2005:10—77)。在宋朝,也有"倾脚头"专门为城市居民处理粪便,《梦粱录》中提道:"杭城户口繁伙,街巷小民之家,多无坑厕,只用马桶,每日自有出粪人瀽去,谓之倾脚头";"倾脚头"之间相互划分好势力范围,谁要是不守规矩抢别人的粪便,就得吃官司,"各有主顾,或有侵夺,粪主必与之争,甚者经府大讼,胜而后已"(转引自邓卓海,1986)。甚至有人依靠垃圾发家致富,《太平广记》载:"唐裴明礼,河东人。善于理生,收人间所弃物,积而鬻之,以此家产巨万。"[①] 在当代中国,垃圾同样保持着很高的价值。

这种垃圾"变废为宝"的现象在客村也曾非常普遍:

> 我们农村以前哪里有什么垃圾啊,什么东西都要用起来,用到实在不能用才能扔掉,不能浪费,家里五六个兄弟姐妹,衣服鞋子老大穿了老二穿,老二穿了老三穿,实在不能穿了,就做抹布或者剪了当补丁用,像毛衣就更好处理了,坏了可以拆了,把毛线重新织件毛

---

① 参见《太平广记》[第二百四十三卷——治生(贪附)],http://www.shuku.net/novels/classic/taipinggj/tpgj243.html。

衣。我在家里排行老四，小的时候就经常穿我几个哥哥的衣服，就没有怎么穿过新衣服，哪里像现在，衣服随便坏一点就不穿扔掉了，我的孙子孙女们现在都要穿自己的新衣服，不穿哥哥姐姐穿过的衣服。那时候每天都吃不饱，上顿吃了愁下顿，根本就没有剩饭剩菜，不像现在隔夜的菜都不吃倒掉了，真是浪费，很多人家里面也不养猪不养鸭了，剩饭剩菜人不吃也不能喂牲畜了。以前什么猪粪啊、牛粪啊都要用起来，拿去当肥料种稻子，人拉的大小便都要收起来浇菜，没有这些东西庄稼就长不好，庄稼长不好就没饭吃。

——客村村民曹达仁（男，81岁）

因而，在传统农村的生活生产中，很少有那种被彻底认定为无用的东西，不管是大用处还是小用处，总是能派上用场，可谓是物尽其用。在传统农村社会，农民从来不让任何物品轻易地脱离生活与生产的循环系统。物质的循环系统有大有小，物质循环小系统在传统农村社会特别常见，有很多典型的案例。在我的访谈过程中，刘佩娥老人给我介绍了客家妇女酿制米酒的物质循环过程：

我们酿米酒，就是用糯米，这米不是买的，都是自己家里种的，每家每户每年都会种几亩糯米稻，收割下来的谷子就拿来酿酒；酿酒的时候，先把糯米蒸熟，蒸熟后拌上酒曲，一定要多拌拌，不能偷懒，把拌好的糯米全到装进瓮里，盖上草纸，压上石板，放一两个月，再放水进去，什么时候放水、放多少水可不能乱来；放了水过段时间就可以喝了，有些地方的人直接喝"生酒"，我们这边的人爱喝"熟酒"，就是要煮开一下，那不能放在锅里煮，这样就把酒都煮坏了，要把酒抽出来，不要酒糟，把酒都抽进大瓮里，盖好口子放到院子里，四周都铺上木屑和秕谷子，要把瓮盖住，不能让它露出来，然后把木屑点着，让它和秕谷子慢慢烧，火很小烧得很慢，能烧一天一夜，这样烧开一下的酒好吃很多。

——客村村民刘佩娥（女，70岁）

令笔者感到惊讶的是，整个米酒的酿制过程（包括前后延伸的环节）几乎没有产生什么废物，所有的物质都被充分利用起来了。这个过程是这样的：第一环节，农民种植糯米稻，脱粒后的秸秆经过腐烂作为肥料重新回田，饱满的谷粒经过去壳后成为糯米，用于酿制米酒，去掉的谷粒壳粉碎成糠用来喂牲畜，不饱满的空壳谷粒用袋子装起来留作他用；第二环节，米酒酿制成后需要烧开，用的主要燃料就是之前留下的空壳谷粒，剩下的酒糟也不用丢掉，用于喂家禽家畜；第三环节，家禽家畜产生的粪便是非常好的有机肥，可以用作种植糯米稻的肥料。在这些环节中，那些我们看起来根本就没有用的东西，都被农民利用起来了（见图1）。要说农民是不是有什么"生态循环"的专业知识，恐怕他们连这个名词都没有听说过，但却时时刻刻都在践行着这种准则。这种源自于历史传承、生命体验和人生经历所形成的"生存性智慧"，是"地方性知识"，受时空限制，在存在形态、传播方式、生产和再生产的过程方面均具有特殊性；令人关注的是，"生存性智慧"中包含大量自然的元素和意识，具有鲜明的生态特色（邓正来，2010）。

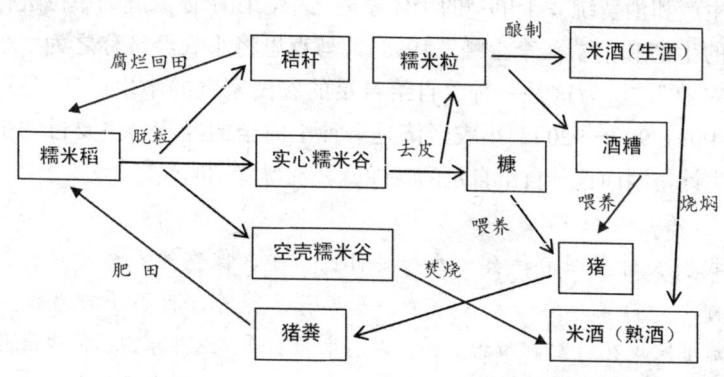

图1 客家米酒酿制过程中的物质循环

虽然很多物质都得到了充分的利用，没有让它们轻易地脱离生产生活系统，但是垃圾总是还会有一些。但是这些垃圾经过简单的处理（腐化、焚烧）后，又能很快地重新进入生产生活的物质循环系统，

· 83 ·

这跟彼时农村的生活垃圾有机质含量高有比较大的关系。但是随着农村垃圾的性质发生变化，这种简单且行之有效方法却慢慢失效了。

> 以前每户人家都会有一个垃圾堆，也有几户人家共用一个的。离房子都不远，一般都在自家院子里，或者是马路旁边，有什么垃圾都扔到那里去，隔一段时间烧一次，烧完了剩下的草木灰还挺好用，用来种菜肥田都不错。后面就不行了，这个垃圾烧起来的味道特别难闻，可能是里面的塑料多了，有些东西也烧不干净烧不着，垃圾也越来越多了，大家就懒得烧了，直接往路边往溪里扔。
>
> ——客村村民曹建国（男，51岁）

二 封闭的社区与自给自足的经济

在现代社会，社会分工的发展促成了生活系统与生产系统的分离，而在传统的农业社会里，生活系统与生产系统是紧密相连的。就客村的历史经验来看，物质循环的顺畅，得益于生活系统与生产系统的无缝对接，这也是小农经济或者说是自然经济的基本特点。小农经济把生产和消费统一于单一的个体家庭之中，以个体家庭为单位进行相应的生产和消费（李根蟠，1998）。马克思将小农经济称之为"小家庭农业"，认为这是一种"自给自足的农民家庭的小生产"（马克思，2009：909—920）。小农经济是一种小而全的经济，主要目的是维持生计，因而这种自给自足的特性就表现得特别明显。

> 我们农村人以前什么东西都要自己动手，像吃的菜都是自己种的，青菜、白菜、卷心菜、花菜、葱姜蒜，等等，自家不种就没菜吃，哪里像现在，都到市场上买，以前市场上不卖这些东西我们也没有钱去买，吃的鸡肉、鸭肉、猪肉都是自家养的，不用到市场上去买；衣服的话以前都是自己买布料做，有些不会做的就请村里的裁缝做，十几二十年前，缝纫机可流行了，很多人家里都会买，一些针线活家里的"布娘"都会；酒也是自己家里酿的，以前就喝米酒，也没有啤酒、红酒、白酒；茶叶也是自己家里做的，用的绳子都是麻绳，是自己用

稻秆搓成的，以前的房子都是泥瓦结构，夯土也得自己动手。

——客村村民刘国清（男，54岁）

当然，也不是什么东西都可以自己解决，有些比较讲手艺的活儿还得找手艺人。在客村的过往历史中，长期活跃着一批手工艺人。有剃头匠、泥水匠、陶艺匠、竹篾匠、木匠、裁缝等，村里还有豆腐作坊，所以足不出村，就可以买到各种生活用品及生产工具。但是现在这种现象已经不多见了，手工艺人纷纷放弃自己的手艺，转投他行。客村叶姓祖传陶艺为生，现在也还有三个陶艺传人，但都已经不再从事陶艺的工作。用一位叶姓陶艺传人的话说就是："我们这做苦力的，哪里干得过机器，那些机器一下子就作出几十个上百个盘盘罐罐，质量还不错，图案也漂亮，我们用手做的都卖不出去，赚不了钱了，我们就去打工了，我现在不出去了，在村里开副食店。"（客村村民叶茂才，男，57岁）同样的事情也发生在木匠身上："现在工厂里做的家具真是好看，花样多，用的材料五花八门，我以前做木匠的时候，只会做小板凳、四方桌，我自己都看不上自己做的东西了，买的那些沙发坐着舒服多了，还很洋气。"（客村村民曹保丰，男，48岁）

总体来讲，在过去，客村是一个比较封闭的社区，与外界的联系并不多。农民依靠自己的生产，或者是村中手工艺人的服务，基本可以解决生活所需。在一个长期封闭的社区中，农民的生产生活经验依靠长久以来的历史沉淀，已非常成熟而且比较系统，农民对循环在生产与生活系统的物质都非常熟悉，可以根据物质特性让其发挥最大的作用。当然，由于受生产力水平的限制，农民的生活水平是比较低的，而且非常依赖气候年成的好坏。长久以来的以地为生、以农为业，使得客村的农民对土地和粮食具有一种特殊的情感，在一些民俗节日中有具体的表现：

射山桥曹姓每年正月十一要"扛公王"，全村曹姓人以房族居住地点分为15座敬神接酒单位。每年按抽签由一酒座为值年"福首"。到正月十一日组织人员高擎云角旗、龙头、西瓜、凉伞等物品，抬着全村最崇拜的"五谷真仙"与"福主公王"出发巡游全村,按路线在各酒座前轮流暂停放铳炮,恭迎接酒。该酒座的各户男女老人到场焚香跪拜。供养的有米粿、炸豆腐及京果、饼果、水果等,各酒座接完后到"福首"那驻跸并过夜,第二天送回原宫。驻跸场所,请大人戏、木偶戏或吹手等表演,供桌上摆满白米、稻谷、菜籽等砌成的"汤碗""盘子"几十个。用豆腐渣为底作色,写上"普天同庆""田禾大熟""五谷丰登""国泰民安"等吉利词句,琳琅满目,以文艺技术摆讲究排场。各宗各户正月初十就准备好接酒、待亲友的美酒、米粮、炸豆腐等食斋物,正月十一整天宾朋满院、热闹非凡。

——《客村村志》

虽然小农经济是一种自给自足的经济,但并不是说这一种物质丰裕的经济,农民吃不吃得饱、穿不穿得暖很多时候得看"天意",这也是为何"五谷真仙"在客村受到如此崇拜。在客村,同样受到崇拜的还有土地神,逢年过节,客村村民肯定都会去土地神庙上香,在所有的宗族祠堂内,肯定都会设立土地神位。但是这种情况近来也有所变化,比较明显的就是正月十一"扛公王"的习俗不像以前那样热闹了,村里上了年纪的老人感觉"现在的年轻人对这些老规矩都不感兴趣了",事实上年轻人意识和观念的变化源自于客村生活方式与生产方式的变化。

第五章 市场扩大背景下农村生活垃圾的脱嵌

无法想象一个市场经济可以不包括劳动力市场;但是,要建立这样一种市场,特别是在英国农业文明中,就意味着是对传统社会架构的总体性破坏。

——波兰尼《大转型:我们时代的政治与经济起源》(2007:67)

本章采用社会变迁论的视角研究农村生活垃圾问题的"问题化"过程。在社会变迁的大背景下，农村社会出现了农业生产萎缩、生产专业化集中化、生活系统与生产系统相分离、农民市民化、农村生活方式城市化等现象，统摄这些纷繁复杂现象的逻辑是市场与社会分工的扩大化。经济的增长依赖于市场的扩大，而传统农村封闭的自给自足的特点不利于市场的扩大，因而打破这种封闭的结构就成为发展经济的必然选择。首先，市场的扩大需要打破农村生产系统与生活系统的无缝连接，削弱农村社区自给自足的特性，为市场的渗入打开缺口。其次，要把传统农村社会"无所不能"的农民转变为"术业有专攻"的职业工人或城市居民，这一方面使得他们不再能够自己生产生活资料，转变成为市场消费的主体；另一方面可以将他们整合进更大的社会分工体系之中，为社会生产提供源源不断的劳动力。

在市场扩张的背景下，农民从原来封闭的较狭小的社会系统中脱嵌出来，从而嵌入更大的社会系统中。客村村民已经发生高度分化，不再是清一色的以地为生、以农为业的农业生产者。从水平分化的角度来看，原来的农民已经向教师、医生、公务员、私营业主、工厂工人、建筑工程承包商等职业分化；从垂直分化的角度来看，村庄的贫富差距有一定的扩大趋势。简而言之，就是客村的村民正在经历一个市民化的过程。更为普遍的是生活方式的变化，这几乎在每一个客村村民的身上都可以找到印证。这就意味着，客村的村民已经丧失将生活垃圾整合进自身生产生活系统的能力。

市场的扩张使得整个客村发生巨大的变化，其生产性职能被削弱，大量耕地被闲置抛荒，真正从事农业生产的农民越来越少。而生产系统与生活系统相分离的趋势也越来越明显，传统小农经济自给自足的特点逐渐瓦解，农民的生产能力向村外转移，整合进更大的社会分工体系，农民的生活系统也与外部市场的连接更加紧密。概而言之，传统农村生活系统与生产系统的无缝对接、物质循环的完整链条已经被打破。变迁中的客村越来越像是个城市"生活小区"，更直白地说就是已经成为一个承接商品市场的"消费小区"。

这种转变必然导致农村生活垃圾从生活系统和生产系统中全面脱

嵌出来。现今农村的生活垃圾和以往相比已经发生了质的变化，工业制品已渗透进农民生活的方方面面。"市场化"的农民一方面在享受着这些产品给生活带来的"便捷"；另一方面对其所产生的垃圾却束手无措，因为这些垃圾根本无法重新整合进他们的生产和生活系统。

一　生产系统的脱嵌：农业生产的萎缩与社会分工的多样化

市场的繁荣要求分工的多样化，大量农民被"固化"在农业生产体系不利于市场的扩大。随着整个社会产业结构的调整，越来越多的农民从农业生产系统中脱嵌出来，从而整合进更大的社会分工系统中。一个农民一旦从传统的农业系统中脱嵌出来，就意味着他不再能够掌握自身生产与生活系统的物质流动。

在客村，真正从事农业生产的农民已经很少了，大部分村民都选择了其他的谋生手段。起初，客村土地肥沃，素有"鱼米之乡"的美称，当地村民世代以农为业，依靠土地谋生存。但是随着人口的增加，土地变得越来紧张，依靠土地谋生变得越来越困难："我们村一共有土地3700多亩，人口早在十多年前就突破了四千，一个人户口下都分不到一亩地，如果不想些其他办法赚钱，是没有办法生活的。"（客村村主任曹士宣，男，45岁）村主任曹士宣用自己的经历做了进一步的解释："我年轻的时候就没想过要种田，我1993年离开村子，去当兵，1999年退伍，退伍回来后去电厂上班，在电厂上了十多年的班，后来电厂被私人买了，我就下岗了。2003年在镇上买了块地皮，开了家餐饮店。"因为客村毗邻集镇，所以相当多的村民到集镇开店做生意，这也是客村村民除了外出务工外，另一个放弃农业生产后的谋生选择。

原本耕地就紧张的客村，在前些年因为开高速公路，有不少耕地被征收。村民刘富国（男，46岁）向笔者介绍："我家本来就三亩多地，后面开高速公路被征了两亩多，基本不剩多少了，那就不种田了。当时征收的时候补贴太少了，没有补多少，村干部还因为贪污土地征收款被抓起来了。"这件事情在村主任曹士宣那里也得到了证实:"2011年的时候,我们村的村干部出了问题,两个被抓起来判刑了,四个被免职,整个班子都瘫痪了,我就是那个时候被推选出来的,我之前也是没有做过村干部,大家信任我,所以把我推选出来做村主任。"谈及现在有多少田地抛荒,村主任曹士宣有些感叹:"现在山田基本都荒了,3700亩地,可能有一半多都没有种了。"

如果说最初因为耕地紧张,一些村民不得不离开村庄外出谋生,但是随着出去的人越来越多,耕地被闲置的也越来越多,但是留在村中的农民并没有想过要把这些闲置的耕地利用起来,还是继续外出到广东等地务工。事实上种田务农已经成为农民最不想考虑的选择。

种田有什么出息啊,现在大家都不想种田,有其他出路的人都不想种田,一年下来,从年头忙到年尾,风吹雨打日晒,收不了多少斤谷子,就算一亩地让你收到了两千斤谷子,拿到市场上去也卖不到多少钱,现在一百斤谷子价钱是130多元,一年辛辛苦苦种个10亩地也挣不到什么钱。现在什么东西不花钱啊,吃的、喝的、穿的、用的,买个电视机就要三四千块钱,买个摩托车要四五千,我儿子现在上大学,一年的学费就要一万多,加上生活费一年要两三万,我要是种田根本就拿不出这个钱。我是泥水匠,现在就去工地上干活,哪里有活干我就去哪里,家里还种了一亩多的稻子,主要是种了自己吃,自己吃的粮食还得自己种,没钱到市场上买,他们生活比较好的一亩稻子都不种,就到市场上去买米吃。

——客村村民曹振家(男,47岁)

这样的情况在很多村民身上都有类似的体现,原本自给自足的小农经济走向瓦解,农民被卷入更大范围的社会分工和市场分配。农民不再生产自己所需要的生活资料,通过市场和商品经济的力量解决自己的生活所需:"现在什么东西都可以买得到了,以前家家户户都种菜吃,现在都到市场上去买,什么蔬菜都有,五花八门的,水果也是,以前没什么水果吃,现在市场上卖的水果种类太多了,也不贵。现在有些人家里连米酒都不酿了,到市场上去买酒喝,现在的年轻人变得越来越懒了,有空就打麻将,都不去种点菜吃,也不养鸡养鸭,都到市场上去买。"(客村村民阙丰全,男,76岁)。客村村民已经越来越依赖外部市场的力量,同时也必须承认,这一力量在促进农民生活水平提高方面确实发挥了积极的作用。但也必须看到,生产系统与生活系统的分离,使原来的物质循环被破坏殆尽。客村农业生产的萎缩,使得物质不能得到有效循环,再加上农民的生活系统与外部世界的联结愈加紧密,承接来自外部的物质输送也愈加频繁。

近十几二十年来,客村抛荒的土地越来越多,农民放弃种植水稻转投他业,农村的粮食生产能力呈萎缩趋势。现今,客村大部分农户游离于村庄的农业生产之外,这意味着生活垃圾从生产与生活系统中脱嵌出来,在生活系统中产生的垃圾无法进入生产系统的循环,物质循环的链条不完整。在客村,相当数量的村民和家庭不再参与农业生产,农村的生产职能受到削弱。从这个方面看,客村越来越像是一个只生活不生产的纯粹的"居民小区"(或者说是"消费小区"),而不是一个像过去那样,是生产与生活结合在一起的"农村社区"。

二 生活系统的脱嵌:农民市民化与农村生活方式城市化

按照市场扩大的逻辑,仅仅将农民从传统农业生产系统中脱嵌出来还不能实现目标,还必须把他们塑造成为商品市场经济消费的新兴力量。在市场不断繁荣扩大、农民物质生活不断丰富的同时,一个不可避免的问题就出现了:生活垃圾越来越多而且不能得到有效的处理,从生活系统中脱嵌出来。为了更好地考察在城市化和工业化的影响下,市场如何将农民塑造成消费主体,笔者着重对当地的阙氏家族进行了比较全面的考察。

阙氏家族是客村第二小的家族,共14户60余人,与曹、刘、黄这样的大族相比,势力微弱。但阙氏家族在当地很有名气,当地人是这样评价的:"我跟你说,他们姓阙的可不得了,出了好多大学生,坐办公室领工资吃皇粮的好几个,还有几个大老板。"(客村村民曹建国,男,51岁)客家人都有编制族谱的传统,阙氏家族也有自己的族谱，上面记载了家族的发展过程。根据《阙氏族谱》记载，其祖先可以追溯到周朝："弁，周人，曲阜令本夏大夫关龙逢之后裔，徙居山东兖州府曲阜县昌平乡之阙里，遂以地为姓，妣李氏。生二子：天羽、天翼。"阙氏族人进入福建的时间大概在宋朝时期，族谱对其"入闽始祖"阙文山作此记载："阙文山，五十二世祖，字仲仁，号法敬，宋哲宗时一零八六至一零九九年仕吏部，封朝散大夫，于宋徽宗初期（公元一一零零年左右）拜相泉州，携家眷入闽赴任，为我族'入闽始祖'。署理政务三十年，后辞官迁居龙岩城内。"

而阙姓家族迁入客村更是晚近的事，族谱介绍了客村阙氏开基始祖阙宏昌的生平："阙宏昌，光绪甲申年三月二十九日亥时生，民国壬午年三月殁，享年五十九。葬林坑竹子排背山上，坐东向西。配曹秀姑，光绪丁亥年闰四月二十二日戌时生，一九五七丁酉年十月殁，享七十一寿，葬夫坟左边窝里。生六子：长阙高才（夭折）、次阙添福（出继）、三阙添禄、四阙添寿、五阙添喜、六阙保福（夭折）；生三女：阙桂莲、阙秋莲、阙秀莲。父子全家于民国七年迁至客村开基。"

阙丰全（男，76岁）老人是客村阙氏开基始祖阙宏昌的长孙，现在是阙氏家族中年纪最长者，他对家族的历史比较了解："我爷爷当年是带着我奶奶和我大姑三个人搬到这里来的，我大姑那个时候也还很小，也就两三岁。为什么迁到客村？因为这里的生活好过啊，原来那个地方生活不下去，这里田多又比较肥，好种，我奶奶姓曹本来就是客村人，我爷爷就是客村曹姓人的女婿，他们客村人也不好赶我爷爷走。"

有趣的是，当初阙氏家族之所以搬到客村，就是因为客村的耕地比较多而且比较肥沃，谋生比较容易，然而时至今日，客村的阙家人都放弃了耕种，另谋出路，生活也过得红红火火。阙丰全老人的胞弟阙丰明（男，72岁）老人给我介绍了他们家族现在的情况："我们阙氏家族在客村一共有14户，人丁60多，现在都不种田了，14户人里面一亩田都没种，都出外边去了，种田不赚钱啊，没法养家，一年打几担谷子，就够自己吃了，有时还吃不饱。现在我们家族出去做什么的都有，当公务员的，开店的，包工程的，当老师的，也有几个打工的。总的来说，生活都还不错，新房子都盖起来了，小轿车也都买了不少。就像现在我这一大家子平时都不在村里，上学的也到外面的学校去了，就我一个老头子在家，我老婆也去城里替小儿子带孩子了，我不去城里，我喜欢待在乡下。"

笔者对通过翻阅《阙氏族谱》及访谈阙氏族人，绘制了阙氏家族成员的简要情况表（详见表1），如前所述，整个家族中确实没有几个人种田了。这令笔者相当震撼，这种历史性的变化完全超越了我们以往对农村和农民的"刻板印象"。

表1　　　　　　　　　　客村阙氏家族谱系表

第一代	第二代	第三代	第四代	第五代
阙宏昌	阙添福			
		阙丰武（阙添福长子，终生务农，已过世，配偶亦过世）	阙新学（阙丰武长子，现与配偶在广东务工）	阙维骅（阙新学长子，现为公务员）
				阙维彪（阙新学次子，现为大学生）
			阙新华（阙丰武次子，现为县级卫校校长，配偶开眼镜店）	阙晓敏（阙新华长女，现为高中生）
				阙晓英（阙新华次女，现为初中生）
			阙新庆（阙丰武三子，中学教师，配偶在药房上班）	阙维钧（阙新庆儿子，现为小学生）
		阙丰全（阙添福次子，小学教师，已退休，年事已高，现和配偶一起住在县城儿子家中）	阙新富（阙丰全长子，模板工，与配偶在龙岩城区从事建筑行业的工作）	阙维林（阙新富长子，现为大学生）
				阙维国（阙新富次子，现为高中生）
			阙新宝（阙丰全次子，建筑工程承包商，配偶在机关上班）	阙晓莹（阙新宝长女，现为初中生）
				阙晓婷（阙新宝次女，现为小学生）
				阙维辉（阙新宝长子，年幼未上学）

续表

		阙新福（阙丰明长子，精神失常，久居医院，无配偶）	
	阙丰明（阙添福三子，小学教师，现退休在家，配偶在县城帮儿子带孩子）	阙新祥（阙丰明次子，建筑工程承包商，配偶为家庭主妇）	阙维雄（阙新祥儿子，现为大学生）
		阙新德（阙丰明三子，货车司机，配偶无工作随子陪读）	阙维成（阙新德儿子，现为高中生）
		阙新平（阙丰明四子，建筑工程承包商，配偶在一起工作）	阙维波（阙新平儿子，现为小学生）
阙添禄	阙丰麟（阙添禄长子，原为农民，现与配偶一起为儿子带孩子）	阙新文（阙丰麟长子，在厦门开有设计公司，配偶为运动员）	阙晓萍（阙新文女儿，年幼未上学）
		阙新武（阙丰麟次子，市级医院医生，配偶为同院同事）	阙晓竹（阙新武女儿，年幼未上学）
阙添寿	阙丰英（阙添寿长子，现与配偶在镇上开杂货店）	阙新贵（阙丰英长子，现与配偶在广东务工）	阙维志（阙新贵儿子，现为小学生）
	阙丰平（阙添喜长子，现与配偶在镇上开餐厅，并照顾大儿子的女儿）	阙新裕（阙丰平次子，现与配偶在福州做生意）	阙晓茹（阙新裕女儿，现为小学生）
		阙新彬（阙丰平次子，现与配偶在厦门开茶叶店）	阙晓歆（阙新彬女儿，年幼未上学）
阙添喜	阙丰勤（阙添喜次子，现与配偶在广东务工）	阙新国（阙丰勤长子，现为高中生）	
		阙新雨（阙丰勤次子，现为初中生）	
	阙丰政（阙添喜三子，建筑工程承包商，配偶为家庭主妇）	阙新昀（阙丰政儿子，现为小学生）	

上文提到客村很多农民到广东地区包工程，阙丰明老人的二儿子阙新祥就是其中典型的成功代表，现在是客村有名的大老板，成立了自己的建筑公司。谈起自己的孩子，阙丰明老人有很多话要说：

我家老二18岁就去广东闯荡，现在已经25年了。他也很不容易啊，刚到广东的时候也吃了很多苦，去工地上做苦工，当泥水匠，风吹雨打太阳晒，我都不忍心，跟他说外面生活不好过的话，不如回来，家里也有几亩地，吃饱是没问题的。他不听，说种田没有出息，一定要去外面闯一闯。后面他脑子活，能力强，胆子大，就自己去老板那把活接下来，自己承包，自己当老板，生意慢慢越做越大，很多困难他都扛过来了。现在他有自己的公司，外面也买了房买了车，还带了村里很多人出去跟他一起搞工程，总算之前吃的苦没白费。

　　整个阙氏家族外出务工的情况非常普遍，很多夫妻或兄弟一块出去谋生。阙氏家族的年轻人阙维骅（男，26岁）回忆了自己父母外出务工的经历："我家里很早就没有种田了，大概是我上小学的时候，爸妈就去广东打工了。我三叔先出去的，回来跟我爸讲外面的钱好赚，我爸妈就一块出去了。现在我爸妈还在广东的工地上打工，他们不去包工程，觉得比较累，风险比较大，现在我爸替老板做管理，一个月一万多，我妈在工地上做饭。种田没出路呀，要不是我爸妈出去打工，我两兄弟上学的钱都没有，我两兄弟从小学到大学，花的钱可不少。"这样的情况在客村的很多家庭中都可以看到，如果单靠种田赚钱，确实很难筹集到孩子上学的钱，其他的花销加在一起压力就更大了。

　　准确地说，整个阙氏家族已经没有几个严格意义上的农民了，向市民转化的趋势非常明显，对市场的依赖也逐渐增强。在60多号人中，部分人已经完全成为城市居民，他们从事教师、医生、公务员等职业；部分人正在向城市居民转变，他们是阙氏家族的年轻一辈，正在上大学、中学或小学，当他们完成学业后，会在城市寻找一份工作，在城市安家立业；还有部分人虽然不能成为城市居民，但也很难将其定义为农村居民，他们一年之中大部分时间都在城市里务工或做生意，他们已经放弃了农业生产；最后还有部分人，他们年事已高，居住在客村，但是已经不再从事农业生产，有的随子女到城市生活。整个阙氏家族在这近20年来的转变，就是中国城市化进程的真实缩影，是中国产业结构、经济结构和社会结构巨大转变的深刻写照。

　　这种农民市民化的过程，必然带来生活方式的转变，必然形成对市场的高度依赖。在笔者的观察中，阙氏家族在客村的生活已经非常市民化了，市场已经渗透到了他们生活的方方面面。首先，他们不再种植粮食蔬菜及圈养家禽家畜，他们食用的食物几乎都是从市场上购买，而且他们饮食的结构也已经非常丰富；就肉类来看，除了农村人经常食用的猪肉、鸡肉、鸭肉外，现在可以经常看到他们食用牛肉、羊肉、狗肉等；就酒水来看，除了客家人爱喝的米酒外，他们也开始喝上了白酒、红酒、啤酒，甚至还可以看到他们喝外国进口的高档酒；就饮料来看，牛奶、可乐、果汁、酸奶都已经很常见。其次，他们拥有和城市居民一样配套齐全的家电设施，冰箱、洗衣机、电视机、空调、电脑等等一应俱全，此外14户家庭中，拥有小轿车的有11户。最后，他们的生活习惯已向城市看齐，非常在意"健康"与"卫生"，保鲜膜、保鲜袋、垃圾袋、垃圾篓、洗洁精、爽肤水、保湿霜等屡见不鲜，剩饭剩菜也基本不吃了。

  这种生活方式的转变意味着他们将使用越来越多的工业制品，从而造成的垃圾是他们无法应对的："现在每天产生的垃圾确实多了很多，每天吃饭用掉的餐巾纸都不少，以前吃饭哪里需要餐巾纸，吃完用手抹一下嘴巴就可以了，洗发水、沐浴露、洗手液这些用完了也剩下很多瓶子，现在茶叶也是一小包一小包的，以前都是一斤两斤一包，这就多了很多包装的垃圾，喝的酒也是，以前喝米酒用自己的锡壶装，锡壶可以用很久，可以传好几代人呢，现在白酒、红酒一喝完，瓶子都没有用了。除了丢掉外我们不知道该拿来干什么，确实是没有用了啊。"（阙维彪，男，23岁）这反映了一个基本的现实：现在的农村居民除了扔之外，并没有更好的处理生活垃圾的方式，因为这些垃圾从本质上讲，已经超出了他们可以处理的能力范围。

第六章　农村生活垃圾问题的"议题化"

  对于建构主义者而言，当人们理解彼此的行为时，与其说是"发现"（discover）了社会事实，不如说是"创造"（create）着社会事实。
  ——Bell（1981，转引自洪大用，1999b：65）。

> 环境问题本身并不能自我"物化",它们必须是经个人或组织的"建构",被认定为是令人担忧且必须采取行动加以应对的情况时,才会被视为"问题"。
>
> ——汉尼根《环境社会学》(2009:21)

本章讨论农村生活垃圾问题的"议题化"过程。上文已对农村生活垃圾的"问题化"过程进行了探讨,从"问题化"到"议题化"并不是完全自然自发的过程。运用社会建构论的视角,在农村生活垃圾问题的"议题化"过程中,国家环境治理的扩大化起了非常关键的作用。进入21世纪以来,中国政府在发展战略层面发生重大转变,不断强调协调经济与环境的关系,将环境保护纳入顶层设计中,明确提出科学发展观的战略思想,追求经济发展与环境保护的双赢。在这样的背景下,越来越多的农村环境问题逐渐被纳入国家环境治理的政策议题之中,农村生活垃圾问题也从原来要求农民自理的个体问题,逐渐被界定为需要行政力量担负责任、介入处理的公共问题。在政策的制定、执行、宣传和互动的过程中助推农村生活垃圾问题成为公众关注的议题。在整个农村生活垃圾问题的"议题化"过程中,国家主导下的单向建构特征比较突出,农民作为直接的利益主体对问题的认知比较滞后,缺乏明确的诉求和积极的行动。中国的环境保护事业从一开始就表现出了政府主导的特点,有别于西方生态现代化理论中环境治理方式"去中心化"的主张,预示着生态现代化可能存在多种路径,但这也同时存在一定风险(洪大用,2012)。

一 认知滞后:客村村民对生活垃圾问题的"无能为力"

环境问题的"议题化"是多方主体共构的结果。在此过程中,参与主体的势力并不均衡,各自发挥的影响力也有所差异。作为农村生活垃圾污染问题的直接利益相关者,农民在此过程中的反应和表现值得关注。前文已多次强调,中国公众的环境意识已有显著提高,环境问题的社会性和政治性日益加强(洪大用,2013),这意味着公众不再被动地接受环境宣传的灌输、忍受环境污染的侵害,转而明确自身立场、提出利益诉求，积极参与到环保事业中。但是所谓"公众"，是一个高度分化的群体，如果引入城乡、职业、收入、性别、教育程度等诸多变量，公众的环境意识就不再表现出完整统一的图景。其中，城乡居民的环境意识一直存在着比较明显的差异，这也是学术界长期致力于研究的课题。此外，环境意识本身就是一个非常重要同时又非常复杂的概念，我们甚至很难为其下个毫无争议的定义。很多文献使用环境关心（environmental concern）概念，以描述人们意识到并支持解决涉及生态环境问题的程度及作出贡献的意愿（Dunlap & Jones, 2002：485）。有研究将环境关心划分为五个不同面向，分别是：关注环境问题程度、新生态范式（NEP）、环境危害评价、环境贡献意愿和日常环保行为（范叶超，2014）。棘手的是，这五个面向并不一定呈同向发展，有时存在相悖的情况。

在生活垃圾污染问题趋于恶化的同时，客村村民对问题的感知却比较滞后，很多村民表现出比较消极的态度，他们也基本不会将这个问题与自身生活方式恰当与否联系在一起。部分村民认为这种状况给自己造成了困扰，但仍然认为这个问题不足为虑："现在村里面的垃圾比起以前确实多了很多，但是对我们也没有太大影响，反正我们现在也不用溪水了，垃圾不倒到溪里，也没有地方可以倒啊，总不能不让人倒吧，我们农村人也没有那么讲究，现在我们家里比以前已经干净很多了，外面脏点就脏点，我们也没有办法。"（客村村民阙丰平，男，61岁）这种现象或许可以得到"文化堕距"理论的部分解释，但事实上不管农民如何感知这个问题，从本质上来说，他们都缺乏行动的能力，他们并不知道应该如何处理这些"陌生"的生活垃圾。

确实，对于一个农民或者或一个农民家庭来说，要让他们自己应对生活垃圾问题，有点强人所难。但实际上，在农村，当遇到个体无法解决的问题时，一向就有农民自我组织起来处理村庄公共事务的传统。在过去，客村农田水利设施、道路桥梁、宗族祠堂的修建，都是依靠农民的自我组织，每家每户出钱、出工、出料以实现目标，基本不需要寻求外部力量的支持。即使现在一些基础设施的建设需要寻求政府的财政支持，但是面对与自己生活息息相关的公共事务，客村村民的态度还是比较积极的："很多事情靠一家一户肯定是干不了，得大家一起坐下来商量。像修祠堂、修桥修路，那都得大家出钱出力出工出料，有钱的就多出点，没钱的就少出点，但没有一分钱都不出的。这修起来的路和桥你自己每天都要走，不出钱自己都不好意思走，大家多多少少都会出点，要干活的时候都会上前去帮忙，这个没路好走没桥可过，大家都不方便。我家门口那座桥就是大家捐钱建起来的。"（客村村支书曹伟宏，男，50岁）笔者确实注意到在村支书曹伟宏家门口50米处有座长约8米、宽约3.5米的钢筋水泥桥，这座桥是在2012年建的，桥头张贴有《捐款芳名表》，上面清楚地记载了哪家哪户捐了多少钱，有捐五百元一千元的，也有捐一百元两百元的，甚至还有捐钢筋水泥的。这表明，客村村民对村庄公共事务并不冷漠，但前提是他们认为这个事情对自己的生活会有重大的影响。

认知的改变往往需要外部因素的刺激。自从客村开始在公路旁设置垃圾桶、聘请专门的保洁员清理垃圾后，确实给客村的村民化解了一些烦恼："村里有了垃圾桶，这是好事啊，我们现在就把垃圾放在垃圾桶，有人每天清理，这在以前我们想都不敢想啊，居然像城里人一样有人专门来清理我们的垃圾，还是党的政策好。"（客村村民阙丰平，男，61岁）笔者的调查发现，客村村民对生活垃圾问题并不是很关注，而且对于政府的介入并没有多大的期待，所以当村中出现由政府出钱购买的垃圾桶时，他们都觉得是一个"意外的惊喜"。不过根据笔者的观察，自从客村放置了垃圾桶后，村民逐渐转变了对生活垃圾问题的态度，开始对乱扔垃圾的行为表现出不安和不满，也开始思索需要怎样的居住环境。

上文已述，环境意识是一个非常复杂的概念，所以作出相应的推论时需要非常谨慎。笔者认为，客村居民对生活垃圾问题的感知滞后，与其环境意识逐渐增强的趋势并不冲突，因为环境意识的增强并不意味着所有面向都得到了增强，也不意味着对所有环境问题都可以保存高度的敏感、自省和参与度。总体来说，客村村民缺乏参与生活垃圾问题"议题化"过程的意愿和能力。首先，客村村民对环境状况的感知本身就比较滞后，这种滞后制约了他们提出诉求和发起行动的可能性。其次，由于生活垃圾问题具有"生活者致害者化"的特征，意味着每一个村民都或多或少扮演了"共谋者"的角色，使得他们很难客观地对自己的生活方式进行反思，对他人的行为进行"理直气壮"的约束，而且，生活垃圾问题具有发展缓慢、潜伏周期长的特点，容易使人们产生麻痹和忽视的心理。再次，客村村民仍然延续着传统的思维，将生活垃圾的处理视为个人或者是家庭内部的事务，不会将其界定为村庄的公共事务从而自我组织起来加以应对，更加不会寻求外部行政力量的介入以帮助他们解决这一问题。最后，与感知滞后相对应的是资源的不足，客村村民缺乏推动生活垃圾问题"议题化"的能力。

二 被动执行：基层干部的行为反应

作为村庄的管理者，村干部理应在生活垃圾污染的问题中发挥积极的作用。但实际情况并非如此。在客村，村干部处在比较尴尬的位置，缺乏话语权和组织能力，在农村生活垃圾问题"议题化"的过程中，作用比较微弱，处于比较被动和从属的地位。

村干部群体通常被定义为农村的精英群体，但是农村的精英群体却远不止村干部。有学者将农村精英群体划分为两类：体制内精英和体制外精英，体制内精英就是村干部；体制外精英包括宗族精英、宗教精英、宗派精英、经济乡绅等（金太军，2002a）。体制内精英与体制外精英的界限并不是绝对的，两者经常发生转化，在很多村庄，"致富好手"和"经济能人"就经常被推举为村干部，但这种情况在客村很少发生。因为客村的"经济乡绅"有一突出特点，就是他们基本都在外谋生发家致富，长期在外工作生活，与村庄的联系逐渐弱化，对村庄的事务无心也无力顾及："我在广东生意做得好好的，怎么可能回来做村干部，当村干部没有什么意思，谁爱当谁去当，村里有什么事情，我一般也顾不上，要是公益事业，对大家都有好处的事情，我肯定会大力支持，前年村里修路我就捐了两万块。"（客村村民刘建英，男，54岁）

国家权力的进与退，直接影响了村干部在村庄中的地位、权力和声望。在很长的历史时期中，中国的乡村社会保持着封闭自治的结构，虽然一直有"普天之下，莫非王土；率土之滨，莫非王臣"（出自《诗经·小雅·北山》）的说法，但实际上封建王权和皇权基本不"染指"乡村的事务。国家权力企图进一步深入乡村社会的努力始于清末新政（杜赞奇，1994）。新中国成立后，中国共产党为了实现社会主义现代化，把对乡村社会的经济整合与政治动员放在极为重要的位置。凭借着在革命战争时期打下的组织基础，很快就在农村发起了合作化运动和人民公社化运动，实现了国家行政组织力量对基层农村社会的高度控制，形成"政社合一"的凝固化结构，行政力量以前所未有的规模和深度直接渗入乡村社会的各个角落（金太军，2002b）。彼时的村干部（或者说大队干部）在村庄中享有极高的权力和声望。改革开放后，农村实行家庭联产承包责任制，国家放松对农村的经济管制，在政治上也作出相应的转变，推行基层自治制度，在1982年通过的《中华人民共和国宪法》第一百一十一条规定："城市和农村按居民居住地区设立的居民委员会或者村民委员会是基层群众性自治组织。居民委员会、村民委员会的主任、副主任和委员由居民选举。"[①]这意味着村干部被排除在行政干部行列之外，所能调动的行政资源逐渐减少，行政系统对其的支持也逐渐弱化。

但是，村干部与行政系统仍存在千丝万缕的联系。从理论上来说，村委会与乡镇政府并不是上下级的行政隶属关系，而是"指导—协助"关系，但是在实际的工作过程中，许多乡镇政府仍习惯于把村委会当作自己的下属机构，经常使用命令指挥式的管理方式对村委会从产生到日常工作进行行政干预（金太军，2002b）。所以，村干部处在行政系统和民众系统的边际位置和利益矛盾的触发点上，政治原则要求他们执行上级命令，私人原则要求他们维护村民利益，上级指令与村民利益相互冲突的情况屡见不鲜，使得体制内精英们角色不清、

---

① 参见中国人大网《中华人民共和国宪法》（1982年），http://www.npc.gov.cn/wxzl/wxzl/2000-12/06/content_4421.htm，2015年4月23日。

立场不明,面临着村庄权力合法化的危机(金太军,2002a)。因而,在农村社会转型变迁的过程中,乡村基层组织的权力运作虽然向合法化与民主化发展,但实际上却与国家行政管理体系及普通村民的生活不断疏离,村庄基层组织的权力走向边缘化(陆益龙,2010)。

而且,近年来客村经济社会状况的变化,使得村庄的管理更加具有挑战性:首先,客村的社会结构已经发生巨大的变化,从封闭走向开放,从单一同质走向异质多元,从高度稳定走向高度流动,村庄的治理环境更加复杂;其次,由于村"两委"手上掌握的资源非常有限,组织动员能力也比较差,在村民的家庭收入不断提高的同时,村集体的收入却没有多大的变化;最后,客村的姓氏较多,宗族关系错综复杂,影响力大,制约了村"两委"发挥作用的空间。所以事实上,在处理村庄公共事务的时候,客村村"两委"的角色经常被边缘化,笔者的调查发现,无论是过去还是现在,村庄的公共事务如修桥修路、兴修水利、修建祠堂等,村"两委"一直扮演着很边缘的角色,经常被排除在外。

因而客村的村干部对村庄事务大多抱着一种"无为而治"的态度,用他们自己的话说就是"别没事找事",面对生活垃圾问题他们没有太多主动的作为:"你说村里面到处都是垃圾袋、塑料瓶,确实很不雅观,影响村容村貌,但说要村里拿钱出来整治一下,我们村里也没有钱啊,也不可能向村民收钱,大家都不愿意,村民也没有提出要整治垃圾污染,这个事情不像是修桥修路,要是筹钱修桥修路,大家都是愿意出钱的。现在上头拨了钱下来,要我们购置垃圾桶、聘请保洁员,我们就按照要求去做,反正钱都是上头出的,也不需要村里面出钱,让我们怎么做我们就怎么做了。"(客村村主任曹士宣)所以在客村,生活垃圾问题引起村干部的重视,更多的是源于上级政府对他们的指示和要求,这也反映出村民自治制度的现实尴尬处境,村干部很难起到承上启下的作用。

对于乡镇政府而言,态度略微有所变化。不同于村集体,治理农村生活垃圾问题,除了市县配套支持的资金外,乡镇政府自身也需要投入一部分资金,而且数目并不小。如龙岩市政府文件指出:"对开展建立健全环境卫生长效保洁机制试点工作,并建立行政村专职保洁员制度的行政村,保洁员工资 1 万元 / 人 / 年,按市、县、乡(镇) 1∶1∶1 的比例出资。"① 因而,对于乡镇政府而言,治理农村生活垃圾问题,不单纯是接受上级的指示完成任务,还涉及其本身对问题严重与否、治理是否必要的判断,以及如何治理的具体措施。

  农村生活垃圾的治理,好几年前就提出来了,但一直都没有得到贯彻实施。对于我们乡镇来说,没有上级政府的财政支持,单靠我们是没有办法处理这个问题的。以前就是集镇的卫生要搞好都很伤脑筋,垃圾收起来了也没有地方处理,现在好了,我们镇在上级政府的支持下建了填埋场,那里有焚烧炉,垃圾先焚烧,然后再填埋。我们现在还要做一个垃圾中转站,把垃圾压缩,然后运到火电厂,隔壁县有火电厂。现在垃圾太多,填埋场有点吃不消。农村的生活垃圾问题说实话以前我们真没想过要我们去治理,这都是农民自己的事情嘛,后来中央提出要建设社会主义新农村,省里面也要搞农村清洁工程,农村这样垃圾遍地确实不符合中央政策的精神和要求,我们有责任要把这个事情管起来。现在不是在搞"千村整治,百村示范"的建设项目吗,我们东坪镇就有两个示范村,一个村拨款 120 万元,另一个村拨款 90 万元,是专款专用,从住建部直接拨下来,让他们搞新农村建设。上级政府现在也很重视这个事情,给我们拨了不少钱,还对我们的工作进行考核,一到年底就会下来检查,我们不重视也不行,我们镇也是拿出了不少钱做这个事情。

——东坪镇村管站站长雷小宇(男,29 岁)

  因而,在农村生活垃圾问题议题化的过程中,这种自上而下的话语建构过程是比较明显的。对于农村生活垃圾是否严重、是否需要治理、应该怎样治理的判断,无论是村干部还是镇干部,都是直接受到

---

  ① 参见汇法网《龙岩市人民政府关于印发建立行政村专职保洁员实现农村环境卫生长效保洁机制实施方案的通知》,http://www.lawxp.com/Statute/s614373.html,2015 年 4 月 13 日。

上级政府甚至是中央政府的影响,在执行政策的过程中逐渐形成对生活垃圾污染问题的认知。

三 单向建构：政府环境治理的扩大

新中国的工业化肇始于20世纪50年代,改革开放以后,速度明显加快,高投入、高消耗、高污染的模式持续了相当长的时间,造成了严重的环境污染和生态破坏。近年来,中国的现代化实践,因为强调协调经济与环境的关系,确实表现出一定程度的"生态现代化"取向(洪大用,2012)。首先,进入21世纪以来,中国政府在发展战略层面实现重大转变,将环境保护纳入顶层设计,明确提出科学发展观的战略思想,坚持以人为本,统筹人与自然和谐发展,追求经济增长与环境保护的双赢；其次,中国政府注重推动环境法规的建设和环保政策的完善,1979年颁布《中华人民共和国环境保护法(试行)》,1989年出台正式的《中华人民共和国环境保护法》,目前已经形成了以《宪法》为基础,以《环境保护法》为主体,以环境保护专门法及环境保护行政法规、环境保护行政规章、环境保护地方性法规等为主要内容的环境法律体系(洪大用,2012)；最后,中国政府不断充实和加强环境保护的机构与人员,持续加大环境污染治理的投资力度,截至2013年,全国环保系统共有14257个机构,21.2万名工作人员,而在1996年全国环保系统的机构数量仅为8400个,工作人员9.5万。①

随着政府环保力量的增强,越来越多的环境问题被纳入政府治理的范畴。这种变化的发生,首先是由于现实境况的紧迫要求,环境污染与生态破坏严重威胁到公众的生命财产安全,威胁到经济社会的可持续发展,环境突发事件的多发频发,给人类盲目无节制的环境破坏行为敲响了警钟。其次,公众不断提高的环保意识,以及对生活质量更高的追求,为环保工作提供了更好的社会基础和舆论氛围,同时也强化了环境问题的社会性和政治性(洪大用,2013),这对政府的环

---

① 数据参见中华人民共和国环境保护部网站《全国环境统计公报》(1996,2013),http://zls.mep.gov.cn/hjtj/qghjtjgb/,2015年4月15日。

境治理能力提出了更高的要求。最后，因为经济的发展，政府财政实力的增强，使得政策的选择空间更加富有余地，政策工具的选择范围进一步拓宽，经济、技术、行政、法律等手段得到综合使用。

在此背景下，农村生活垃圾问题逐渐进入政府治理的范畴。应当强调的是，这其中两个逻辑在起作用：(1)政府环境治理的扩大和增强，环保工作的重要性不断得到凸显，越来越多的环境问题被政府界定为需要行政力量介入的问题，农村生活垃圾问题也成为其中之一；(2)"三农"问题不断受到关注，中央政府提倡工业反哺农业，城市反哺农村，新农村建设成为焦点话题，政策的支持力度不断加大，农村生活垃圾污染的治理也就成为新农村建设中"村容整洁"的必然要求。

从2004年开始，中央连续12年颁发一号文件，其中农村环境问题的重要性不断得到强调。不过即便如此，从一开始农村生活垃圾问题也没有得到相应的重视，在2004年和2005年的中央一号文件中并未强调垃圾治理的问题，从2006年开始，中央一号文件开始提出要"搞好农村污水、垃圾治理，改善农村环境卫生"[1]，在此后的近十年中，中央一号文件多次提出要大力治理农村的垃圾污染问题。在2015年的中央一号文件中，就明确提出要"继续支持农村环境集中连片整治，加快推进农村河塘综合整治，开展农村垃圾专项整治，加大农村污水处理和改厕力度，加快改善村庄卫生状况"[2]。中央一号文件的精神也不断体现在政府的具体行动上，如在2014年11月18日，住房城乡建设部召开全国农村生活垃圾治理工作电视电话会议，部署农村生活垃圾治理工作，提出5年内使全国90%的村庄生活垃圾得到处理，破解"垃圾围村"的困局。[3]

---

[1] 参见新华网2006年中央一号文件《关于推进社会主义新农村建设的若干意见》，http://news.xinhuanet.com/politics/2006—02/21/content_4207811.htm，2015年4月20日。

[2] 参见网易财经2015年中央一号文件《关于加大改革创新力度加快农业现代化建设的若干意见》，http://money.163.com/15/0201/19/AHD3KP9Q00251OB6.html，2015年4月20日。

[3] 参见新华网《未来5年破解"垃圾围村"》，http://politics.people.com.cn/BIG5/n/2014/ 1119/c1001—26050216.html，2015年3月23日。

在农村生活垃圾问题的"议题化"过程中,政府扮演了极为重要的角色,基本主导了议题的建构过程和发展方向,延续了环境治理不断加强、扩大和深化的态势。有学者指出现在中国很多环境议题的提出、表达和形成正逐步由"政府主导型"和"精英主导型"向"环境利益相关者共构型"过渡(龚文娟,2013),确实,在诸如 PX 项目抗议事件、雾霾问题、垃圾焚烧厂问题等近几年国内热点的环境事件中,政府已经很难主导环境议题的建构过程,是不是环境问题、危害程度多大、应该如何治理,已经无法完全由政府单向界定。但是我们看到,农村生活垃圾议题建构过程中的"政府强势主导倾向"表现出了对这一趋势的逆反。

第七章 总结与讨论

一 小结:脱嵌与再嵌入

在工业化与城镇化的持续推动下,商品市场不断扩张,越来越多的农民将会从传统的封闭的农业及农村结构中脱嵌出来,重新嵌入更大的社会分工体系中,伴随着生活方式的转变,成为市场消费的新兴力量。这一过程不仅发生在个体的代内流动中,在代际流动中表现得更加明显。所以我们现在所言的农村,实质上已经发生了巨大的变化,表现出来的特征与城市生活小区高度相似,逐渐丧失自我处理生活垃圾的能力和条件。从这方面来看,只要城市化和工业化不断推进,农村生活垃圾问题就会变得更加严峻。农民从传统的农业生产生活系统中脱嵌出来,并不是长期游离在社会系统之外,而是被整合进新的系统之中。在新的系统中,农民对市场形成了高度的依赖,他们的生活与市场实现了全方位的对接。在农民融入新系统的过程中,生活垃圾却被脱嵌出来,成为无所归依的废弃物。

因而,如何将生活垃圾重新嵌入新的生产生活系统就成为一个重要的问题。如今的农村已不可能再回到那种自给自足的封闭状态，我们也没有办法强求一个"市场化"或者说"市民化"的农民将生活垃圾整合进其自身的生产和生活系统之中。不过传统农村处理生活垃圾的方法和逻辑很有借鉴价值，关键是不要让生活垃圾轻易地从生产和生活系统中脱嵌出来，让物质在这两个系统中得到充分无碍的流动。所以工业制品在设计之初、生产之时就应该充分考虑末端处理的问题，而不是一味地追求自身的经济效益。另外很重要的一点就是应该通过公共服务体系的建设，将物质循环的链条补全。如今的农村生活垃圾问题已不是个体化的农民所能应对和解决的，必须依赖更高层次和更大范围的制度设计和系统优化，其中行政力量可以起到非常重要的作用。事实上，生活垃圾中蕴含有巨大的财富，处理得当可以产生非常可观的经济效益、环境效益和社会效益。

同时，公共服务体系的建设应当避免成为个体豁免自身责任的渠道，以及助推市场无限扩张的动力。对于每一个生活者而言，在生活垃圾污染的问题上都负有一定责任，而公共服务体系的建设容易将个体的责任转移到了政府身上，为个体继续享受商品市场的"福利"免除了"后顾之忧"，不利于个体形成更加环保的生活理念和方式。如此一来，公共服务体系的建设就成为"大量生产—大量消费—大量废弃"模式的帮凶，对资源环境造成巨大的压力。

二 反思：内生力量的缺乏与行政力量的依赖

在农村生活垃圾问题"议题化"的过程中，政府始终居于主导地位，事实上，在整个中国环境保护工作的发展过程中，政府的作用一直都处于主导地位，扮演着环境保护发起者、促进者、监督者和仲裁者的角色（洪大用，1999b：31）。客观地说，中国政府确实在环境保护方面付出了巨大的努力，也取得了较大的成绩。但是以政府为主导的环境治理模式也存在不小的局限，政府本身的理性、立场、实力和灵活度都是有限的（夏光，1993）；而且政府在经济发展与环境保护之间也面临角色紧张的挑战，不同层级之间还存在着差异化的利益需求和利益表达，所面临的行为约束也比较有限（洪大用，2012)。此外，由于政府长期以来主导环境保护工作，容易使得公众在环保意识、环境信息和环境行动上对政府形成依赖（洪大用，1999b：33）。

这种依赖在农村生活垃圾污染问题上也有比较明显的体现。在农村生活垃圾问题的"议题化"过程中，农民始终处在比较被动的位置，不能够明确地界定问题和表达诉求，依赖行政力量的介入。环境问题的解决需要凝聚全社会的力量，推动社会系统的整体变革。在农村生活垃圾问题的"议题化"过程中，农民的"集体失语"现象是需要我们给予关注的。如果缺乏农民自我的反思，不能促发其内生环保意识的塑成，笔者认为农村生活垃圾污染问题的缓解或者解决就缺乏坚实的社会基础，容易偏离方向。

但是这种担忧可能会随着时间的推移而消除。现今中国很多环境议题的提出、表达和形成正逐步向"环境利益相关者共构型"过渡（龚文娟，2013），这在一些高度敏感的环境问题上表现明显，如垃圾焚烧厂抗议事件、PX项目抗议事件、雾霾事件等，在这些环境事件中，公众就扮演了非常积极的角色。虽然我们一直强调中国的环境保护工作带有明显的政府主导特征，但是随着社会公众环保意识的整体提高，政府很难完全控制环境问题的"议题化"过程，公民社会的力量逐渐显现。实际上，政府主导的环境保护工作并不一定会造成公众对政府的依赖、对自身责任的忽视、对自身权利的漠视，还极有可能促发其环境意识的觉醒，从而自觉自主地加入环境保护的事业之中。

虽然迄今为止，我们看到在农村生活垃圾污染问题的社会建构过程与"环境利益相关者共构型"相去甚远，作为利益相关方的农民处在比较弱势和被动的位置。但是这一问题的社会建构过程远未结束，还将继续发展，我们不应该静止地看待"议题化"过程。随着对农村生活垃圾问题的讨论更加广泛和深入，以及政府政策的渗入与互动，笔者认为农民会逐渐建立起对该问题的认知和判断，在解决农村生活垃圾污染问题的过程中扮演更加重要的角色。

三 延伸：研究的不足和进一步研究的方向

本文将农村生活垃圾问题凸显的社会机制分成两个部分："问题化"过程和"议题化"过程，对于这两者之间的联系，本文有所论及，但限于篇幅，着墨不多，比较薄弱。其实这两个过程之间存在较强的逻辑联系，政府大力推动农村生活垃圾问题的"议题化"，一方面是顺应环境治理扩大的需要；另一方面也可以说是一种"自我补救"。实际上，在农村生活垃圾"问题化"的过程中，政府是负有一定责任的。为了扩大内需，为了寻找市场，政府在打破农村封闭的社会结构的过程中起到了非常关键的推动作用，这一过程将农村劳动力整合进更大的社会分工体系，使得农民放弃自给自足的生活方式，转而形成对市场的依赖，建立起"生产—流通—消费"的循环，以促进经济的增长。但与此同时，政府却没有及时跟进农村公共服务体系的建设，农村环境保护工作也长期滞后，致使生活垃圾问题日益严峻。

另外，本文对农民的生命意识、环境意识和价值追求缺乏比较深入的分析。随着生活水平的提高，以及受到环境状况恶化的激发，公众对环境问题越来越关注，也表达了极为强烈的诉求，对政府的工作也施加了越来越大的压力。但是笔者认为这是一个总体的发展方向，在具体的环境问题中，公众的反应是有差异的，譬如在农村生活垃圾污染问题中，农民的认知就表现出了很大的滞后。笔者认为这与问题的发展阶段有关，这种滞后并不一定持续存在。此外，公众本身也是一个高度分化的群体，在中国公众环境意识普遍增强的背景下，城乡居民的环境意识一直存在着比较明显的差异，这也制约着农村居民对生活垃圾问题的认知。随着农村生活垃圾的"问题化"与"议题化"过程的发展，对农民环境意识的分析将是进一步研究的重要课题。

最后，本文涉及如何解决农村生活垃圾污染问题的讨论较少，这也许是本文的不足之一。不过对于笔者而言，阐述农村生活垃圾问题凸显的社会机制已是一个非常繁重艰巨的任务，实难有更多的精力讨论其他问题。并且，笔者认为，要促进一个问题的解决，必须首先了解这个问题的演化过程，把握纷繁复杂的社会现象背后的逻辑脉络，而这恰恰是现今很多研究农村生活垃圾问题的文献所欠缺的。以本文的思路观之，大量有关农村生活垃圾问题的"行动主义"倾向的文献犯了很多逻辑上的错误，这种错误的出现就是因为对农村生活垃圾问题凸显的社会机制缺乏研究和探讨，经常表现出来的是一种"盲动主义"。笔者认为学术研究的重要意义不是代替人们做选择，而是谨慎地告诉人们每一个选择背后可能付出的代价以及可能面对的风险。

参考文献

包智明，2014，《社会学视野中的生态文明建设》，《内蒙古社会科学》，第1期
包智明、陈占江，2011，《中国经验的环境之维：向度及其限度——对中国环境社会学研究的回顾与反思》，《社会学研究》，第6期
波兰尼，2007，《大转型：我们时代的政治与经济起源》，浙江人民出版社
陈阿江，2007，《从外源污染到内生污染——太湖流域水环境恶化的社会文化逻辑》，《学海》，第1期
陈阿江，2012a，《剧变：中国环境60年》，《河海大学学报》（哲学社会科学版），第4期
陈阿江，2012b，《农村垃圾处置：传统生态要义与现代技术相结合》，《传承》，第3期
陈爱国，1999，《我国乡镇工业环境问题及其出路》，《河南社会科学》，第4期
陈群元、宋玉祥，2007，《我国新农村建设中的农村生态环境问题探析》，《生态经济》，第3期
陈润羊、花明，2008，《新农村建设中的环境问题初探》，《环境保护》，第22期
陈向明，1996，《社会科学中的定性研究方法》，《中国社会科学》，第6期
崔兆杰、王艳艳、张荣荣，2006，《农村生活垃圾分类收集的建设方法及运行模式研究》，《科学技术与工程》，第18期
单华伦、朱伟、张春雷等，2006，《发达农村生活垃圾特性调查及治理技术探讨》，《江苏环境科技》，第6期

邓正来，2010，《"生存性智慧"与中国发展研究论纲》，《中国农业大学学报》（社会科学版），第 4 期

邓卓海，1986，《宋代都城的服务行业》，《华中师范大学学报》（人文社会科学版），第 5 期

杜赞奇、王福明，1994，《现代化的陷阱——1900—1942 年中国国家政权的扩张对华北乡村社会的影响》，《战略与管理》，第 4 期

段碧华、张乃明，1999，《乡镇工业的环境问题与对策》，《北京农学院学报》，第 4 期

饭岛伸子，1999，《环境社会学》，社会科学文献出版社

范叶超，2014，《中国大陆城乡居民环境关心的差异分析》，中国人民大学硕士学位论文

冯仕政，2007，《沉默的大多数：差序格局与环境抗争》，《中国人民大学学报》，第 1 期

高海硕、陈桂葵、黎华寿等，2012，《广东省农村垃圾产生特征及处理方式的调查分析》，《农业环境科学学报》，第 7 期

龚文娟，2011，《环境问题之建构机制：认知差异与主张竞争》，《中国地质大学学报》（社会科学版），第 5 期

龚文娟，2013，《约制与建构：环境议题的呈现机制基于 A 市市民反建 L 垃圾焚烧厂的省思》，《社会》，第 1 期

韩纯儒，1990，《中国农村环境的近年变化趋势》，《生态学报》，第 1 期

贺振华，2006，《转型时期的农村治理及宗族：一个合作博弈的框架》，《农业经济导刊》，第 1 期

洪大用，1999a，《当代中国环境问题的八大社会特征》，《教学与研究》，第 8 期

洪大用，1999b，《中国社会转型中的环境问题及其对策研究：环境社会学的一种视角》，中国人民大学博士学位论文

洪大用，1999c，《西方环境社会学研究》，《社会学研究》，第 2 期

洪大用，2000，《我国城乡二元控制体系与环境问题》，《中国人民大学学报》，第 1 期

洪大用、马芳馨，2004，《二元社会结构的再生产——中国农村面源污染的社会学分析》，《社会学研究》，第 4 期

洪大用，2012，《经济增长、环境保护与生态现代化——以环境社会学为视角》，《中国社会科学》，第 9 期

洪大用，2013，《关于中国环境问题和生态文明建设的新思考》，《探索与争鸣》，第10期

洪大用，2014，《环境社会学的研究与反思》，《思想战线》，第4期

汉尼根，2009，《环境社会学》，中国人民大学出版社

黄桂平、李素若，2006，《新农村建设中生态环境问题与工作思路》，《湖北农业科学》，第6期

基思·托马斯，2009，《人类与自然世界：1500—1800年间英国观念的改变》，译林出版社

金太军，2002a，《村级治理中的精英分析》，《齐鲁学刊》，第5期

金太军，2002b，《村庄治理中三重权力互动的政治社会学分析》，《战略与管理》，第2期

景军，2009，《认知与自觉：一个西北乡村的环境抗争》，《中国农业大学学报》（社会科学版），第4期

卡特琳·德·西尔吉，2005，《人类与垃圾的历史》，百花文艺出版社

李晨璐、赵旭东，2012，《群体性事件中的原始抵抗：以浙东海村环境抗争事件为例》，《社会》，第5期

李成贵，1999，《中国农业结构的形成、演变与调整》，《中国农村经济》，第5期

李根蟠，1998，《中国小农经济的起源及其早期形态》，《中国经济史研究》，第1期

李海莹，2008，《北京市农村生活垃圾特点及开展垃圾分类的建议》，《环境卫生工程》，第2期

李丽丽、李文秀、栾胜基，2013，《中国农村环境自主治理模式探索及实践研究》，《生态经济》，第11期

李琦、陈阿江，2013，《被"制作"的肺癌高发：基于社会学的考察》，《南京工业大学学报》（社会科学版），第1期

李水清，1983，《当前的农业环境问题》，《环境科学与技术》，第1期

刘莹、王凤，2012，《农户生活垃圾处置方式的实证分析》，《中国农村经济》，第3期

刘玉凯，1994，《加强农村环境保护工作》，《生态与农村环境学报》，第3期

卢春天，2003，《一个农村社区的垃圾变迁及其思考》，《社会》，第11期

陆益龙，2010，《乡土中国的转型与后乡土性特征的形成》，《人文杂志》，第

5 期

罗如新，2006，《农村垃圾管理现状与对策》，《中国环境管理丛书》，第 4 期

罗亚娟，2010，《乡村工业污染中的环境抗争——东井村个案研究》，《学海》，第 2 期

吕政、郭克莎、张其仔，2003，《论我国传统工业化道路的经验与教训》，《中国工业经济》，第 1 期

马克思，1972，《马克思恩格斯选集》（第一卷），人民出版社

马克思，2009，《资本论》，上海三联书店

马香娟、陈郁，2005，《农村生活垃圾资源化利用的分类收集设想》，《能源工程》，第 1 期

任丙强，2011，《农村环境抗争事件与地方政府治理危机》，《国家行政学院学报》，第 5 期

石山，1984，《我国农村发展中的生态问题及对策》，《农业现代化研究》，第 3 期

宋乃平、张凤荣，2006，重新评价"以粮为纲"政策及其生态环境影响，《经济地理》，第 4 期

孙中和，2001，中国城市化基本内涵与动力机制研究，《财经问题研究》，第 11 期

王晓毅，2010，《沦为附庸的乡村与环境恶化》，《学海》，第 2 期

魏星、彭绪亚、贾传兴等，2009，《三峡库区农村生活垃圾污染特征分析》，《安徽农业科学》，第 16 期

温铁军，2007，《新农村建设中的生态农业与环保农村》，《环境保护》，第 1 期

谢冬明、王科、王绍先等，2009，《我国农村生活垃圾问题探析》，《安徽农业科学》，第 2 期

徐勇、邓大才，2006，《社会化小农：解释当今农户的一种视角》，《学术月刊》，第 7 期

夏光，1993，《论环境权益的市场化代理制度》，《中国工业经济》，第 8 期

杨曙辉、宋天庆、陈怀军等，2010，《中国农村垃圾污染问题试析》，《中国人口·资源与环境》，第 1 期

殷丽萍，2006，《农村生活垃圾问题及对策》，《云南环境科学》，第 1 期

于晓勇、夏立江、陈仪等，2010，《北方典型农村生活垃圾分类模式初探——以曲周县王庄村为例》，《农业环境科学学报》，第 8 期

约阿希姆·拉德卡,2004,《自然与权力:世界环境史》,河北大学出版社
岳立涛,2011,《小农社会化:对农村垃圾问题产生原因的重新审视》,《山东农业大学学报》(社会科学版),第1期
张玉林,2006,《政经一体化开发机制与中国农村的环境冲突》,《探索与争鸣》,第5期
张玉林,2010,《环境抗争的中国经验》,《学海》,第2期
张玉林,2014,《环境社会学的特殊性与环境史》,《江苏社会科学》,第5期

Bell. 1981. Contemporary Social Problems. The Dorsey Press.
Catton Jr. W R, Dunlap R E. 1978. "Environmental Sociology: A New Paradigm". *The American Sociologist*, 13(1):41—49.
Dunlap, Riley E., and Robert E. Jones. 2002. "Environmental Concern: Conceptual and Measurement Issues." pp. 482—524 in *Handbook of Environmental Sociology*, edited by Riley E. Dunlap and W. Michelson. Westport, CT: Greenwood Press.
Hua Qin. 2010. "Rural—to—Urban Labor Migration, Household Livelihoods, and the Rural Environment in Chongqing Municipality, Southwest China". *Human Ecology: An Interdisciplinary Journal*, 38(5):675—690.

成员权
——江苏南通"农村集体经济组织成员数据库"研究

李可　北京大学社会学系2012级
指导教师　周飞舟

第一章　选题背景和问题提出

农民参与工业化有两种资源，劳动力和土地。改革开放以来，经济体制、土地制度、社会思潮的变革促使大批农村劳动力不再守在家乡从事农业劳动，而是到城里打工或经商，这点变化是劳动力的转移，农民可以通过就业的途径来分享工业化的成果（刘守英，2000）。但是，农民手里的土地资源却不能顺利而成功地在工业化的过程中得到报偿（周飞舟，2007）。尤其是2000年左右开始的新一轮的城市化进程，由政府主导并且主要是通过面积扩张来进行。这就需要不断将城市周边的村庄吞没，集体土地变成国有（周飞舟，2010，2012）。

我们在江苏南通的调查发现，这里的农村征地地区采取了一种创新的对待被征收土地、土地收益、村集体成员收益权的机制。在"万顷良田"项目之下，这里的农民变成了不再具有承包权、上楼得到大产权房、转获城市户口的被安置对象。然而，相关各村却自发成立了"村集体经济组织成员数据库"来认定成员资格，以确保被征用土地换来的补偿费能更加符合村庄共同体"公平"概念地在成员圈子里分配，或者由于不能实际分配现金而进行量化处理。

对于江苏南通"万顷良田"个案,我们可以更加细化为对这个故事一连串的追问:所谓的"农村集体经济组织成员数据库"为什么产生?入库出库标准如何确定?特殊情况如何处理?成员权如何保障?

第二章 历史回顾、文献评述与研究方法

一 成员权

1. "成员权"的概念

"成员权"在很多研究中都被提及和探讨,它也成为本篇论文的核心关键词。杜赞奇(1988)在研究20世纪初华北农村时曾注意到,村庄有两种"排外"现象,其中更重要的一个类型就是对外村人的排斥。这种外村人被冠以不同的称呼、在保甲册中没有他们的名字、无权参加集体活动,有时甚至无权拥有房屋和土地。当外村人有获得同本村人相同的群体资格的愿望的时候,实现起来往往是很困难的。与之相对应的,一个人同样有可能丧失村庄成员资格,比如,长期在外务工或居住、过年过节时不再回村里祭扫祖坟等。传统乡村固有的封闭性在获得和失去成员资格上卡得异常严格,正说明了具有成员资格的重要性,不光是作为组织的一员,还连带有更多可以分享的互惠、福利、村庄的特殊产品等。

折晓叶(1997)在将近二十年前对乡镇企业建立时期关于"成员权"的分析,至今来看仍然有着非常深刻的洞见:以"分田人头"来确定合作集团的产权主体边界,实际上是在静态的时点上明确合作的利益和产权的所有者是"社区全体成员",但从长期来看,"社区全体成员"是一个动态的边界,包括那些尚未出生和娶入的人员,他们迟早必定要加入社区合作的范围,因而也必定对那个静态的合作制度提出现实的挑战,其实质不再是新增社区人口对"平均地权"的要求,而是对土地权收益分配权的要求,也即是对加入合作集体权力的要求。

张静（2003）在分析了多个农村土地使用规则的个案之后认为，目前我国农村中关于土地纠纷的处理方法，其实并没有确定性原则和限定性合法性声称的法律系统，这导致了在每次处理个案的时候，都是多种土地规则并存以"备"选择的状态。由此，在每个个案中，成员资格及成员权的确定、博弈的结果也随着利益、力量的变动而不确定。在后文对江苏南通的描述和分析中，我们将看到动态边界是怎样变化以认定成员资格的。

最近的学术研究也对这个概念的内涵倾注了热情。应星（2014）认为，所谓成员权，即土地集体制赋予村庄内部每个合法成员平等地拥有村属土地的权利。折晓叶、陈婴婴（2005）认为，成员权是一种建立在共同体成员身份和关系基础上的共享权利，表明的是产权嵌入社会关系网络的状态。杨磊、刘建平（2015）认为，集体成员权是基于集体所有制下的一种身份权利，是一种象征性地权。家庭联产承包责任制的出现所导致的农村土地制度的变迁实质是农民从集体社员到可以分享土地成员权。这一过程是要将原来生产队下每个成员作为集体中一分子的权利显化到以农户为单位的每个人（刘守英，2000）。质言之，它是一场在村社内部实行的重构土地资源产权合约的革命。这直接导致了农民对成员权概念的强化，以及对有关土地承包永久化的预期。另外，我国自传统社会以来对于田面权与田底权的区分，使得农民认为在包干到户之后得到的承包经营权就是田面权，是一种对土地的占有形式，因而在征地发生的时候，他们有权索取补偿。

2. 法律的修订和出台

2004年新修订的《土地管理法》中在原来的"集体所有"前加上"农民"二字，导致了在集体经济组织作为土地所有权代表的前提下，每个集体中的合法成员经由包产到户改革而获得了对土地的成员权。同上面所说的包干到户政策一起，共同刺激了农民对集体土地所有权的分享，从而提出补偿要求。

2007年颁布的《物权法》在保障所有者的物权方面更是积极有为，然而由于《土地管理法》相较滞后，两部法律之间产生了一些冲突矛盾，这些地方正是关于农村土地的归属和权利的部分，进而引发了学术界关于需要修正《土地管理法》以反映和切实保障农民权益的讨论（高圣平、刘守英，2007，2008）。

二 案例研究评述

1. 早期经典研究：广东南海模式

20世纪90年代初，广东南海非农产业高速发展，造成用地紧张，土地价值一路上升，土地的资产特性逐渐显现。南海地方政府用集体土地股份制来代替原来的农户分户承包制，在成员权的认定和股份的分配上，遵循了以下原则："人人有份"；依年龄分配股份；人口变动导致的成员权变化会得到及时修正；关于参股分配的附加条款包括计划生育、服兵役、治安维护等方面；股份具有很强的福利性质。这样的原则经过实施，强化了农民对土地成员权的观念。现在南海各个村庄已经变成了以经营土地为目的、以分配土地收益为纽带的实体，给本村村民带来了非常可观的收益，但是同时也存在法律上的漏洞和风险。刘守英（1992，2000）关于南海的文献研究从不同角度侧面描述阐释了南海作为最早最具有典型意义的案例所能带给我们的启示。由于时间的关系，20年前的广东南海同今天的江苏南通在社会政策环境背景、地缘位置、经济条件、民情习俗等方面都存在着难以忽略的不同之处，这些都会影响相似的成员数据库设计的效用发挥过程及结果（渠敬东，2013）。通过对江苏南通成员权的详细研究，对照广东南海的模式，从而发现它们之间的差异，理清差异的原因及结构机制，是这项研究存在的意义所在。

2. 近期案例研究

赵晓力（2007）探讨了外嫁女在土地权益变更过程中的维权行动，她们维权所借助的是农村土地集体所有制、男女平等话语以及妇联组织，它们都属于中国的社会主义传统，而这种社会主义传统在维护城市化过程中妇女和少数的权利上起着重要的作用。

何包钢（2012）在他的研究中探讨了外嫁女是否拥有成员权以及拥有多大程度的成员权的问题。外嫁女作为认定村集体经济组织成员资格的一种特殊情况人群，在农民的想法中有着非常模糊因而容易引起分歧争端的地位和形象。

柏兰芝（2013）同样将研究的焦点放在外嫁女上，探讨在确认股东资格的过程中催生的关于成员权的一系列争议，历经20多年的抗争，"外嫁女"终于得到地方政府的支持，同籍同权，可以得到股份分红。

但是，这几篇近期的案例研究的分析主体都在外嫁女身上，而没有关注其他有相似问题和困惑的群体，比如升学群体、服兵役群体、婚进婚出导致的户口迁移和人口出生等。而后者正是我的文章需要重点分析的对象。并且，婚进婚出正是南通地区在确定成员权方面最大的困难和障碍。解决这一问题，对理解南通地区成员数据库和村庄内部结构尤为关键。

三 研究材料与方法

2014年9月，本人作为课题组成员跟随导师周飞舟教授，参与了国土资源部与北京大学社会学系合作的在江苏南通进行的"农村新型社区建设与耕地保护的治理机制研究"。我们采用问卷和访谈相结合的调查方法，问卷主要针对被安置农民，设计问题覆盖安置前后生产生活、村庄治理等各个方面，最终得到了301份有效问卷，所有数据已经录入整合。访谈对象是发放问卷所在村的一小部分本村村民、村干部、乡镇级干部、市级相关各局领导，现场录音也已经整理成文字资料。另外，还有他们提供的相关政府文件、统计数据和报告等。本人的研究主要采用定性研究方法。

通过入户问卷和村干部访谈，并逐级向上追索地方政府文件和报告、法律法规、地方志资料以及相关新闻报道，以期对整个故事有立体的了解和呈现。

第三章 南通"万顷良田"的征地拆迁补偿标准

一 南通市"万顷良田建设工程"项目概况

江苏省国土资源厅于 2008 年提出"万顷良田"构想,向各市、县(市、区)人民政府正式发布《江苏省"万顷良田建设工程"试点方案》(苏国土资发〔2008〕290号),进行试点工作。2010年全面铺开;2013—2014年陆续在全市各区县完工。对"万顷良田"这个项目名称,江苏省国土资源厅夏鸣厅长这样解释,"万顷",就是追求土地的规模化经营;"良田",则是追求单位面积的高产出。

关于项目的另一重要方面,即对被征地农民的补偿,根据江苏省南通市土地储备中心的安排,采取两种方案,具体来讲:双置换,土地承包经营权换取社会保障,农村宅基地换取城镇住房,彻底实现农民市民化,主要实行在南通市区和部分重点中心城镇,如通州区、港闸区、如皋市长江镇;出租,由村镇土地流转机构与农户签订土地承包经营权有偿租赁协议,农户按年领取土地租金,租金标准根据当地生产水平确定,主要实行在部分乡镇,如如皋市柴湾镇、海安县。[①]

以工程规模较大的港闸区为例,港闸"万顷良田"项目区位于基本农田保护示范区内,东起秦灶河,南沿通启高速、新长铁路,西至九圩港,北隔北界河与通州刘桥镇相邻,计划总投资90亿元,是目前全省单体规模、投资总额、搬迁量最大的"万顷良田建设工程"之一。分三期实施,规划总面积3.6万亩,可复垦农村居民点及工矿用地8043亩,可新增耕地1.2万余亩。三期土地用途不同,目标建

---

① 引自江苏省南通市土地储备中心,凌晨、张竹华,"土地储备可以参与城乡建设用地增减挂钩实践"和南通市国土资源局港闸分局万顷良田专项工作网页,http://www.zgtdxh.org.cn/tdr/wslt/tdrlt_7763/qy_8194/201307/t20130710_1239236.htm,http://www.ntgt.gov.cn:83/gzfj/zxgz/content/EEAF6F1621B44740B64730ABBE373E7Agg.html.

成"一公园三基地"(城市森林公园、万亩蔬菜基地、万亩高效农业基地、苗木基地),并引进了产城一体的综合性开发项目——上海市北高新(南通)科技城,项目总占地5.24平方公里,计划总投资达350亿元,将着力打造以高端现代生产性服务业为主的城市综合功能板块,目前已有企业创想天地科技、挪信新能源、智翔信息科技、万晖科技等高新技术企业入驻。港闸区上楼农民涉及陈桥、幸福街道11个村、213个村民小组、21000户。安置工程自2010年10月开工,2014年3月完工,规划在安置点建设市北养老中心、社区卫生服务中心、中小学、菜市场等一系列公共服务项目。

二 征地拆迁补偿的基本标准及南通标准

在整个征地过程中,会有三笔钱下来作为补偿,它们是土地补偿费、地上附着物和青苗补偿费、安置补助费。第一项是交给土地所有者的,在我国农村地区,土地的所有者就是村集体,因此,这笔钱会放入村集体账户;后两项是直接交给农民个人的。根据下表,我们可以清晰地看到这三笔款项的相异之处(如表1所示)。

表1 征地补偿安置费用款项对比表

款项名称	发放对象	数额标准(国家)[①]	数额标准(南通)[②]
土地补偿费	村集体[③]	耕地被征用前3年的平均农业产值的6—10倍	耕地前3年平均年产值(标准为每亩2000元,不分粮棉田和蔬菜田,下同)的10倍计算(含精养鱼塘开挖费)

[①] 数额标准(国家)引自周飞舟:《以利为利》,上海三联书店,2012年版,209页。

[②] 数额标准(南通)引自"南通市人民政府文件 通政发〔2004〕10号"和"市政府办公室关于印发《南通市市区土地征用青苗及地上附着物补偿标准》的通知,通政办发〔2003〕186号",前者第九条还规定,耕地前3年平均年产值、土地补偿费、安置补助费标准由市政府根据经济社会发展状况、物价水平等实际情况适时调整。在此之后,2006年,南通市政府再次发文,提高补偿标准。

[③] "通政发〔2004〕10号"文件规定,征地补偿安置方案批准后,国土部门应当将70%的土地补偿费划入区财政部门在银行设立的被征地农民基本生活保障资金专户,将30%的土地补偿费支付给被征地的农村集体经济组织。

续表

地上附着物和青苗补偿费	农民	需要安置的农业人口数[①]×耕地被征用前3年的平均农业产值的4—6倍	（1）征地范围内涉及村组出资建设的附着物，根据村组投入情况和补偿时的市场价值进行补偿；（2）可以移植的苗木、花草等的补偿采用支付移植费的方式进行，不能移植的给予合理补偿或作价收购；（3）其他特殊项目的补偿标准可参照补偿时的市场价值确定，或按有资质的评估机构的评估价值确定；（4）青苗能够如期收获怠于收获的、征用土地方案预公告后抢栽抢种的，在实施土地征用时不予补偿
安置补助费	农民	由地方政府规定	按照需要安置的被征地农民人数计算，标准为每人17000元

资料来源：2014年9月9日，村社访谈，南通市港闸区陈桥街道仁和社区。

通常而言，村集体会按照规定而不将钱款以现金方式分给村集体的成员，取而代之的是，它作为集体资产，会长久放在村账户中。村干部说："集体经济组织不能撤，集体资产必须保持增值。"既然不能及时发放现金，村委就必须担负起保护和管理钱款的任务。保护的基本要义是要求钱款不能被某个人或团体盗用，农民的眼睛会一直盯着这笔钱款，丝毫的风吹草动都会引起轩然大波，促发村内争端，尤其是村干部要长期忍受村民对其私自挪用甚至暗中中饱"大伙的钱"的怀疑和指责。保护的另一层含义在于，这笔钱款如果不能升值的话，至少不能贬值。由此，运用它进行投资是不能被农民接受的，因为投资就意味着风险，虽然农民期待钱生钱的高回报，但决不能忍受缩水的悲惨结果。可以想象，土地补偿费处于一个尴尬的境地，成了村干部们急于脱手的烫手山芋。那么，脱手给谁呢？首先要排除的是上楼之后的新建社区居委会，原因在于南通还迁的大产权房性质，让其可以自由交易买卖，而社区居委会是向社区业主负责的。在农民拿到新房之后，转手卖掉轻而易举且合理合法，居委会的业主就具有了极高的流动性和不确定性，不再是一个固定的群体，当然也更不再是原来的村集体下的农民。一旦农民卖了房子，就失去了分享土地补偿款的

---

① 需要安置的农业人口数＝被征收的耕地数量／征地前被征收单位人均耕地占有量。

资格，显而易见这是没有道理的。此时，上一级政府和银行无疑是最好的选择。当上一级政府面对村集体上缴的这笔钱款的时候，为难的境况一定同村委如出一辙，解决方案的可选项目也是同样贫乏。这笔钱款无论是否经过乡镇政府，最终都会进入银行，仿佛冻结在那里，每年孳生一点利息——名为"分红"——作为这笔钱款还一直存在并且没有缩水的证据，发放给村集体的成员。土地补偿款在三类补偿费用中数额最大，自然吸引众人极大关注。当巨款从天而降，没有人会不动心。而贯穿整个征地拆迁运作过程、几乎每进行一步都要问到的问题就是："谁有资格来拿/分这笔钱？"或："谁有资格得到新房？"进一步地，我有资格而你没资格的道理是什么？答曰，村集体的成员资格。

[被访者]原来我们在村的时候，村财乡管，村里面的财由乡里面记账。就是我们村里的集体资产，由街道管理，村里面用一分钱要去那里打报告，去那里批。原来大家老觉得村书记多么了不起啊，其实我们要动一分钱都要去乡里面打报告。同意你用你才可以用。不过这也有一个好处，就是还给了村干部一个清白，就是说也出事了好得多啊，好多村里也有挪用集体资产这个事情，把它用掉，但是我们这个钱其实你搞不到。①

第四章 "村集体经济组织成员数据库"的运作过程

一 论"村集体经济组织成员数据库"的必要性

港闸区征地拆迁与一般而言的征地拆迁的一些不同之处上面已经说明，在此，还要谈另外一个影响到成员权确定和土地补偿发放、管

---

① 资料来源：2014年9月10日，村社访谈，南通市港闸区幸福花苑社区。

理的特别之处，即要回答这样一个问题：为什么要建立"村集体经济组织成员数据库"？

南通10号文件在各个向度上圈定了征地补偿和发放被征地农民基本生活保障的范围，对于如何在村庄/村民小组内部产生此次拆迁名单，也规定了程序和方法（第十八条）：国土部门根据公安部门提供的被征地农村集体经济组织成员人数及各年龄段人员比例，确定征地需安置的各年龄段被征地农民人数，被征地农民的名单由被征地的农村集体经济组织半数以上成员同意提出，经乡镇（街办）审核后，由区政府确定，被征用土地的原承包经营者享有优先权。名单确定后，区政府应当在被征地的农村集体经济组织公示，并报公安部门核减。

这一条规定之所以出现在文件中，是因为南通地区的征地拆迁不是一个一次性结束的浩荡工程，而是细水长流的一连串电影慢动作，需要分批次、跨年头进行。此次"万顷良田"项目从2010年到2014年历经五年，不仅是试点工作花费时间，更是全面铺开之后各个县级单位几乎每年都有需要征地拆迁的任务，从而在整体上形成了遍地开花、齐头并进、批次众多、工程漫长的效果。

上述项目的宏观结构设置给村民小组带来了严重的问题，即某村民小组的所有土地并不能在一次征地拆迁中全部被拿走，相对应地，该村民小组的所有农户也不能在一次征地拆迁中全部被划为上楼对象，从而被剔除出"村集体经济组织成员数据库"。每当上级政府下达征地拆迁任务，村民小组都要进行一次土地和人员的分割，土地的范围、面积、地块等指标由上级政府安排确定，村民小组及其成员没有太多的发言权；而人员的分割，即这次谁将上楼、这次将谁剔除出"村集体经济组织成员数据库"。以后各次，如是反复。当最后一次该村民小组的所有土地都被征用，同时所有的村集体组织的成员也被剔除出成员数据库的时候，这个成员数据库里就只有由征地拆迁以前的集体资产、各次征地提留30%的土地补偿款构成的村集体资产了。

为了廓清上述过程,我们在此假设:2000年,A村民小组有100亩土地,"村集体经济组织成员数据库"内有50名成员。2001年第一次征地拆迁的时候,有10亩土地被征,减去了10%的土地面积,相应按比例就有10%的成员(即5个成员)需要被剔除出成员数据库,这5个人的征地补偿安置费用个人账户将得到70%的土地补偿费、100%的地上附着物和青苗补偿费,以及以新房为形式的安置补助费(可能发生多退少补的情况,此处忽略不计)。在此后的9年间,每年发生一次征地拆迁,每次都同第一次一样,征用10亩土地,并将5个人剔除出成员数据库。直到2010年的时候,最后一次征地拆迁结束,A村民小组所拥有的100亩土地全部被征用,村集体经济组织成员数据库中的50名成员全部被剔除出库并上楼,A村民小组的征地拆迁工程至此全部结束。

在上一段的假设叙述中,对于每次被剔除出数据库的成员,只做了人数上要匹配土地亩数的要求,而政府文件上的规定则远为苛刻(10号文件第十八条):"被征地农民四个年龄段人员的比例,应当与征地前被征地单位各该年龄段人员的比例相当。"这条规定无疑让已经难以开展的征地剔库工作雪上加霜。

即便A村民小组已经完成长达10年的征地拆迁、农民上楼任务,其村集体经济组织成员数据库仍不能就此消亡,在后续的农民生活中还有极大用处。10号文件第十二条规定:"土地补偿费支付给农村集体经济组织的部分,纳入公积金管理,必须用于集体经济组织发展生产和公益性事业,以及解决历史遗留被征地农民的生活问题,不得挪作他用。"所以,此库是A村民小组所有成员的集体资产的寄存处。此时A村民小组的集体资产,仍旧属于全体村集体成员共有,也仍旧不能立时以现金方式分配到村集体成员个人手中,按照前述的逻辑,只能存放在银行里,村集体成员每年获得利息作为分红。

以上对"村集体经济组织成员数据库"的解说,是要澄清一个基本的因果关系——"村集体经济组织成员数据库"的存在是为了保证在库成员个人的成员权得到全面落实和完整保障。无论是每一批次分配土地补偿款、安排新房，还是后期股权量化、获得收益，成员唯一能够证明自己索取合法性的，就是自己的成员身份，进一步地，就是自己在"村集体经济组织成员数据库"里待过（曾经入库，而后出库）这个事实。

二　入库：进入"村集体经济组织成员数据库"

对于农民来说，"村集体的成员资格"的界定，变成了从开头到结尾可能纵贯几年的征地拆迁过程的核心步骤，它将人分为三六九等，让一切补偿尘埃落定。在其他省份，"村集体成员资格"的确定绝没有如此引人注目，原因只关乎补偿款的多少。南通经济发达，财力雄厚，旧房换新房的政策又是如此大方惠民，平均每户拆一套旧房可以换得2.5套新房甚至更多，补偿标准高得令来自北京的调查员几乎不能相信。

[访谈员]这是分开的吗？补偿的钱和买房的钱。

[被访者]分开的，但是有一点就是保证你买得起安置房。我比较了解，是因为每一批拆迁我都做了工作组组长，包括下去跟老百姓谈。一般来讲，楼房的补偿标准不会低于1800元，2000多元的也有，平房不低于1600元。但是我们这安置房的标准只有1420元。

[访谈员]那他自己能挣钱了？

[被访者]是啊。①

农民对补偿款的渴求和预期被它的锚定作用一下子吊起，再也不能下降。既然拥有成员权如此重要，进入"村集体经济组织成员数据库"如此重要，那么，怎样才算是入库了呢？

这要从1997年第二轮土地延包开始说起。当时，只要具有在村里"承包土地的资格"，就可以入库。需要注意的是，入库的标准不是看某人是否在二轮承包土地之时有没有实实在在地分到土地，而是

---

① 资料来源：2014年9月9日，村社访谈，南通市港闸区陈桥街道仁和社区。

是否具有承包土地的资格，用被访村干部的话来说就是"资格还是跟着户口走"。承包土地的资格等于农业户口在本村，只要具有从属于村庄的农业户口，就拥有承包土地的资格。即某甲的农业户口在本村，他就拥有承包土地的资格，他有选择在事实上是否要承包土地的权利，但这并不妨碍他成为成员数据库的一员。

[访谈员] 什么叫库？

[被访者] 就是一个集体经济组织成员资格认定，因为户口这事呢，按照二轮承包土地的时候，只要你有土地承包资格，我们就把你进这个集体经济组织成员库，安置的人都是按照集体经济组织成员库里面进行安置，有的人是农民户口，但是你不搭界，你不是这个库里面的人。①

[访谈员] 就是因为他有承包经营权就算我们集体经济组织成员？

[被访者] 对啊，他是二轮承包有经营权的。我们这里的二轮承包，是说1997年9月15日，只要是这个时期之前死的，就不好享受，但是只要是在这个日期之后死的，就可以享受。因为你有承包经营权，这是法定时间。②

有一种例外可以入库的情况，就是上大学。比如1997年的时候，该村某乙正在外地上大学，虽然他的户口已经迁出本村、迁入大学，但只要某乙在上大学期间没有工作，某乙还是具有"承包土地的资格"的。

还有一种例外不可以入库的情况，就是在1997年以前，村里曾经盖过工厂，这些工厂占了村里一定范围的土地，正好需要在此范围内的农户搬迁以腾出土地，彼时会对其发放一笔补偿款。村民某丙如果曾经有过此类经历，即使他仍然拥有在村的农业户口，也不能入库

---

① 资料来源：2014年9月10日，村社访谈，南通市港闸区唐闸街道横河社区。
② 资料来源：2014年9月10日，村社访谈，南通市港闸区幸福街道幸福花苑社区。

而成为成员。这样的设置安排的道理在于,不能让一部分村民拥有享受两次补偿的机会,否则对其他村民来说是不公平的。

1997年年末,南通二轮土地延包结束,当时没有引起村民对自己失去承包资格后将来会发生什么的重视和思考,只认为是对土地承包权的再次确认而已,没有引发纠纷和争论。从村干部对于当时的情景并没有十分深刻的记忆就可以想见。1997之后,村中成员由于结婚、生子而自然扩张,相应地,由于老人离世、参军入伍、高等教育、买到城市户口后放弃农业户口而缩减,不过总体趋势是扩张的。

进入2000年后,全国各地都在进行大规模的城市建设,南通市政府敏锐地注意到了即将面临的棘手境况,先见之明地2004年在"南通市人民政府文件通政发〔2004〕10号"[①](以下简称10号文件)中,印发了《南通市市区征地补偿和被征地农民基本生活保障试点实施办法》的通知。该通知第五条明确提出,在崇川区和港闸区要建立"村集体经济组织成员数据库",并由公安部门实施动态管理。同时,将2003年10月15日作为入库的最终期限,出列了可计入和不计入"村集体经济组织成员数据库"的具体标准,如下:

(一)下列人员可计入农村集体经济组织成员数据库:

1. 户口在农村集体经济组织、依法享有农村土地承包经营权并承担相应义务的常住人员;

2. 入学、入伍前符合第1项规定条件的在校大中专学生、现役义务兵(不含现役军官和志愿兵);

3. 入狱、劳教前符合第1项规定条件的服刑、劳教人员;

4. 父母一方符合农村集体经济组织成员条件、本人户口在本农村集体经济组织的16周岁以下人员。

(二)下列人员不计入农村集体经济组织成员数据库:

1. 历次征用土地已进行安置的人员及撤组改居人员;

---

① 在线阅读请移步国土部地方法规专栏 http://www.mlr.gov.cn/zwgk/flfg/dflflfg/200506/t20050601_638089.htm。

2．户口在农村集体经济组织的国家机关或事业单位在编工作人员；

3．户口虽在农村集体经济组织，但属经有关部门批准离退休、退职并领取离退休金或养老保险金的人员（含因子女顶替，本人户口回乡的离退休、退职人员）；

4．因其他原因将户口迁入本农村集体经济组织的寄住人员、暂住人员。

总体来说，考虑到上述特殊情况后，全村村民基本入库，此后只要是作为库里的成员而"带入"的其他同样具有农业户口的其他村村民，也算作是正式入了库，具有成员资格。在南通，由于婚姻状况的变化而导致不断有人进入成员数据库，基于最一般普遍的事实，我们在这里假设一个关于本村土生土长的小伙某丁结婚生子的故事，并把它与入库出库的流程的时间、事件穿插，从而梳理入库出库标准、条件、时间节点之间的关系（具体解说见后几页文字和图表）。

入库出库规则图解

1．成员数据库故事梗概：

小伙某丁是A村人，拥有在村农业户口。

1997年，小伙某丁拥有二轮土地承包权；

2003年，根据南通10号文件，村里建立"村集体经济组织成员数据库"，某丁入库；

2010年，A村开始征地拆迁，但没有轮到某丁出库；

2011年，某丁出库；

2014年，A村征地拆迁结束，股权量化。

2．某丁婚姻故事梗概：

小伙某丁与姑娘某戊恋爱，后结婚，婚后先后生育女儿小戊和儿子小丁。

3．将两故事结合，时间、事件穿插，说明入库出库标准、条件、时间节点。

4．图例：男性用方框表示；女性用圆圈表示。在库用灰色底色表示；不在库用黑色底色表示。如图1所示：

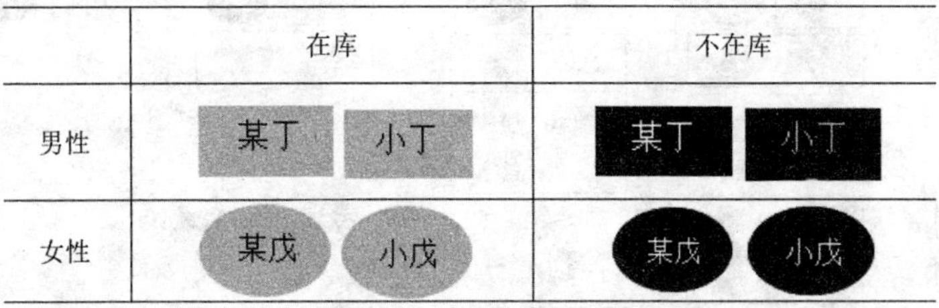

	在库	不在库
男性	某丁　小丁	某丁　小丁
女性	某戊　小戊	某戊　小戊

图1 图例

某丁家庭范围用黑色外框表示。如图2所示：

图2 某丁家庭范围

该图表示，现在，某丁家有某丁、其妻某戊、女儿小戊三人，某丁和小戊在库；某戊不在库。

图3中，共有四列，代表当某丁的婚姻故事和A村征地拆迁故事相交叉所得到的四种情况。某丁每一次发生家庭成员变动或入库出库变动，在图中均画图表示，从而在每一列都形成六个故事节点（以下用①②③④⑤⑥表示）。我们现在详细解释一下这四列各自的含义。

第一列，某丁是A村土生土长的小伙，拥有在村的农业户口。① 2003年前，没有建库，自然不存在入库的事情。此时某丁在和邻村姑娘某戊谈恋爱，某丁家中只有他一人。② 2003年建库，某丁入库，他还没有和某戊结婚，因此某丁家中只有他一人在库。③ 2003年之后，某丁同某戊结婚，后者成为某丁的家庭成员，同时某戊的户口也迁入本村，她随同丈夫某丁而入库。④⑤婚后，某丁和某戊的女

·129·

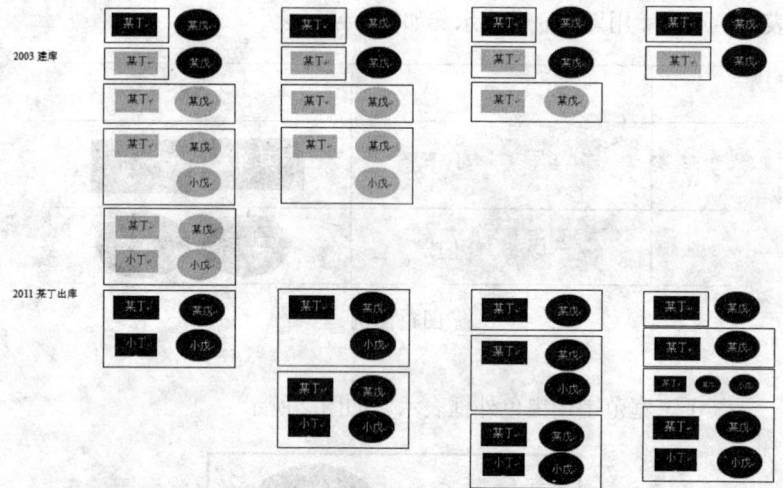

图3 双农业户口入库出库图（若某戊是另村姑娘，拥有农业户口，两个故事交叉共出现四种情况）

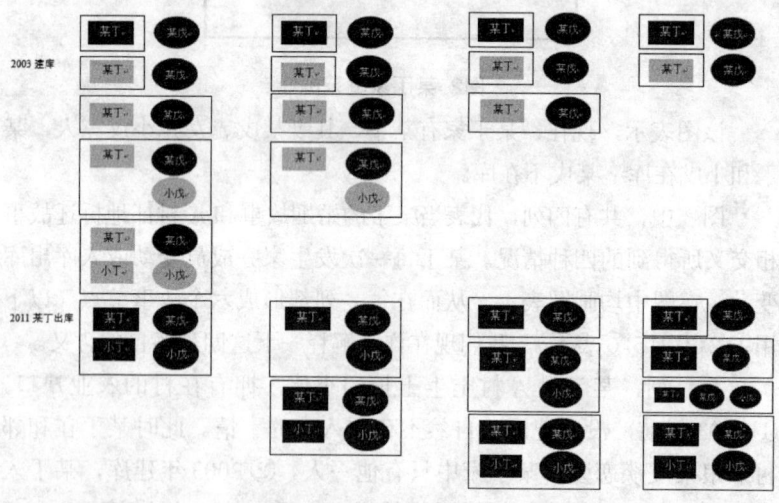

图4 单农业户口入库出库图（若某戊是南通市区姑娘，拥有城市户口，两个故事交叉共出现四种情况）

儿小戊和儿子小丁先后出生，出生后立即入库。⑥2011年，征地拆迁，A村决定这年某丁出库，某丁所在家庭的全部成员出库，即一家四口此时全部出库。

第二列，某丁是A村土生土长的小伙，拥有在村的农业户口。①2003年前，没有建库，自然不存在入库的事情。此时某丁在和邻村姑娘某戊谈恋爱，某丁家中只有他一人。②2003年建库，某丁入库，他还没有和某戊结婚，因此某丁家中只有他一人在库。③2003年之后，某丁同某戊结婚，后者成为某丁的家庭成员，同时某戊的户口也迁入本村，她随同丈夫某丁而入库。④婚后，某丁和某戊的女儿小戊出生，出生后立即入库。⑤2011年，征地拆迁，A村决定这年某丁出库，某丁所在家庭的全部成员出库，即某丁夫妻和女儿小戊三人出库。⑥出库后，某丁的儿子小丁出生，但由于父母已经出库，小丁不再能入库。

第三列，某丁是A村土生土长的小伙，拥有在村的农业户口。①2003年前，没有建库，自然不存在入库的事情。此时某丁在和邻村姑娘某戊谈恋爱，某丁家中只有他一人。②2003年建库，某丁入库，他还没有和某戊结婚，因此某丁家中只有他一人在库。③2003年之后，某丁同某戊结婚，后者成为某丁的家庭成员，同时某戊的户口也迁入本村，她随同丈夫某丁而入库。④2011年，征地拆迁，A村决定这年某丁出库，某丁所在家庭的全部成员出库，即某丁夫妻二人一起出库。⑤⑥2011年后，某丁和某戊的女儿小戊和儿子小丁先后出生，但由于父母已经出库，小戊和小丁不再能入库。

第四列，某丁是A村土生土长的小伙，拥有在村的农业户口。①2003年前，没有建库，自然不存在入库的事情。此时某丁在和邻村姑娘某戊谈恋爱，某丁家中只有他一人。②2003年建库，某丁入库，他还没有和某戊结婚，因此某丁家中只有他一人在库。③2011年，征地拆迁，A村决定这年某丁出库，某丁所在家庭的全部成员出库，此时只有某丁一人出库。④⑤⑥2011年后，某丁与某戊结婚，女儿小戊和儿子小丁先后出生，但他们三人均因某丁已经出库而不再能够入库。

图3与图4的故事逻辑一致，不同之处仅在于姑娘某戊拥有南通城市户口，因而从头到尾都没有入库资格，而其与某丁结婚后生育的女儿小戊和儿子小丁可以依靠父亲的在库成员状态而得以入库。

三 出库：剔除出"村集体经济组织成员数据库"

在2003年10月15日这个具有法定意义的时间点之后，南通市开始了"万顷良田"的工程谋划布局，虽然对于农民来说，这项工程距离他们还非常遥远，无论是从时间上看，还是从想法上看。

2010年，"万顷良田建设工程"开始试点，以"村集体经济组织成员数据库"为依据进行所有征地拆迁安置工作，一下子将这些在库成员惊醒，他们突然发现，原来因在库而拥有的成员资格如此重要，关系到补偿、社保，乃至以后半辈子的生存状态和生活状态。"村集体经济组织成员数据库"也就是在这时，从默默无闻的后台，辗转登场。

在"论'村集体经济组织成员数据库'的必要性"一节中，我们已经详述了南通地区零星分阶段的征地拆迁过程。这样的工程安排导致的后果是每次都要有在库成员出库，得到各类征地补偿，并视地区的不同得到或不得到社保。当一次征地拆迁任务从上层政府下来进入村庄，作为两条线，要征的土地和要出库的成员最为紧要。根据要征的土地面积数，A村这次出库的人数是一定的，而究竟谁要出库则变为所有村集体成员争论的焦点。10号文件在这件事上采取了含糊的立场（"被征用土地的原承包经营者享有优先权"），并将产生征地拆迁人员名单的责任下放给了村民小组全体在库成员（"被征地农民的名单由被征地的农村集体经济组织半数以上成员同意提出"）。

虽然10号文件规定了诸种情况的属性类别，仍不能穷尽村庄中或隐或显存在着的搞"擦边球"、例外状况、特殊处理和投机行为。正是这些构成了政府文件言而未至的灰色地带，也使"这次谁要出库"这个问题成为村干部最为头疼的工作内容。文件中规定的"被征地农民的名单由被征地的农村集体经济组织半数以上成员同意提出",也就是说村干部在确定名单这件极为重要的事情上是没有最终决定权的。此外,10号文件中的规定还要求按照村民小组内部的四层年龄结构来产生比例基本一致的拆迁征地人员名单。这些错综缠绕的要求、条件、规定、考量,让名单产生工作异常复杂、牵绊难解。

在整个征地拆迁项目中,村干部的地位十分特别,三重身份加于一身。他既是上一级乡镇政府的代理人,负责将项目入村之后的一切事情搞定摆平;他也是村庄的成员,具有同村民一样的想尽可能多地得到补偿款的想法;他还是整个村庄的领导者,对村民有着保护和代表整个村庄的利益向乡镇政府等高层国家权力讨价还价、提高整体报偿的传统义务。在内心深处,村民对村干部也有同样的期待,可以说是村干部被赋予了某种责任。严格按照政府文件做工作并不能佐助工作顺利而安全地进行下去,杀伐果决的"一刀切"和"一言堂"显然也不符合地方伦理。有鉴于此,兼顾人情和面子、游走于政府文件模糊空间的变通创新工作方法和处理方案应运而生。

且先放下村干部的变通工作方法,我们先来看一看对于村庄中不同的角色而言,出库这件事的利益增加值来源和活动空间到底在哪。

以我们对成员数据库的知识,成员数量与利益分配存在着一个悖论:在库中每增加一个成员,就意味着多一个人来分固定的补偿款,平摊之后每份变小,这是平均意义上的每个成员都不愿意见到的;而村民的意识中所考虑的出发点是整个家庭,只要家庭所获得的全部收益增加,即使每个人获得的平均收益降低一些,也被认为是更好的选择。在库成员数量的增加是个自然的过程,但同时万万不可忘却的是,它也是个人为的过程。

从村民的角度考虑,家庭总体收益最大化是每个家庭的终极目标。那怎么才能使收益最大化呢?理论上,将自身家庭生命周期与名单产生的批次、时间完美契合,才能使收益最大化,而这又与四个年龄段的划分及其基本生活保障标准息息相关,如表2所示。

表2　　　　　　　　　基本生活保障分年龄段给付政策[①]

年龄段		保障标准	数额标准	
男	女		2004年	2006年
第一年龄段	(0，16)	不纳入基本生活保障体系，到达就业年龄后，按照城镇新成长劳动力进行管理。按第一年龄段人数提取的安置补助费全部进入社会统筹账户。该年龄段人员，从统筹账户中一次性领取6000元生活补助	无	无
第二年龄段	[16，50)	[16，45)	从农村集体经济组织交付土地的当月起，按月领取就业培训生活补助费，期限2年；到达养老年龄时，按月领取养老金	140元/月	160元/月
第三年龄段	[50，60)	[45，55)	从农村集体经济组织交付土地的当月起，至到达养老年龄时止，按月领取生活补助费[②]；到达养老年龄时，按月领取养老金	120元/月	150元/月
第四年龄段	[60，∞)	[60，∞)	从农村集体经济组织交付土地的当月起，按月领取养老金	170元/月	210元/月

第一，在每次的补偿一定的情况下，60岁以上的老人是所有家庭都想优先被剔除出成员数据库的，因为处在养老年龄段的村集体成员可以直接获得每月的保障金而不必像年轻人那样要经过漫长的等待期。第二，即将结婚和即将生育的在库家庭成员此次最好不要被剔除出库，否则新妇和新子都将因男方出库而不能入库，进而享受不到补偿。第三，16岁以下又接近16岁的小孩此次也不能出库，稍等几年或许可以进入第二年龄段，获得更多补偿。如此推理下去，还会得到更多理性结论。

我们走访的社区居民，向我们介绍了一些他们的经验和见闻。根据产生名单的时间节点这个"具有弹性的硬性要求"，在时间节点之前尽快增加家庭人口数量，是最直接也最有效的扩大家庭征地拆迁收益的方法。由此而致的途径有很多，比如，正在谈恋爱的青年小伙迅

---

① 资料整理自"通政发〔2004〕10号"文件，第三章基本生活保障。
② 生活补助费和养老金标准每三年调整一次，此处仅举2004年和2006年为例说明。

速与女友结婚,将后者纳入自家户口范围;已经结婚的年轻夫妇迅速怀孕生子;等等。其次,根据拆旧建新要按房屋面积来计算而非宅基地面积的制度,在自家别墅上"种房"也是一种可以突击以致功效的好方法。最后,一个成员较多的家庭户马上分家,形成几个成员较少的家庭户,以期在安置新房的套数上获得累积。

从村干部的角度考虑,这项工作由地方政府层层下压,到了村干部这里,已经是最底层,虽然避之唯恐不及,但已经没有了推诿的对象。依据10号文件和村干部的为官经验,在关切到重大个人利益且需要大家合议来作出决定的关口,村里往往长期吵闹不休、无法达成共识。在我们调查所及的绝大多数村民小组里,村干部还是具有一定权威的。对于这项工作,他们仍旧苦不堪言。产生征地拆迁人员名单,绝不是一件轻松愉快的工作。里面有着复杂的弯弯绕绕,需要平衡的人情世故,稍有疏忽就会得罪村中父老,引发不满和怨恨。

村干部需要思虑的问题有很多,比如哪天作为产生名单的最后期限,比如除了安排具有优先权的在库成员出库外,哪些成员是目前最适宜出库的和哪些是最不适宜出库的;再如怎样的处理划分建议更能维护其在村内的声望和地位,而不至于使其因此事件而"晚节不保"。

现在我们来看一看,事实上到底发生了什么样的故事,让"兼顾人情和面子、游走于政府文件模糊空间的变通创新工作方法和处理方案"落地。

首先,根据"被征用土地的原承包经营者享有优先权"的条文,村干部一般会选择让享有优先权的家庭出库一人,而其他出库人员指标暂且留下,看村里是否存在符合年龄层段又愿意出库的在库成员。村干部也细心考量优先出库家庭的现实条件,为其寻找降低损失的办法。原祖望村的村干部在这件事上颇有感想:

[被访者]就是这个事,最难搞。上面有规定,这10个人里面,上面的指标也是分年龄段的。打个比方说,第一年龄段1个;第二年龄段3个;第三年龄段4个;第四年龄段2个。你必须要按照这个指

标来进行安置。但是呢,有的农户不愿意去,第一年龄段啊,拿钱少啊。最好的是,60岁以上的,一出去就拿钱。零星征用的,我们对这个是最头疼的……我原来也不是祖望村的,我是平西村的,安置这些事情,一个组要开五六次会议也定不下来。打个比方,你家里要安置两个人,肯定要去一个小孩吧,安置一个老的,一个小的。但是一安排到下面,农户的小孩不去啊,就家里的两个老人一起上去。这是最头疼的。谁都希望出去就直接拿钱。第二个问题,特别像第一年龄段的,安置以后,享受了这个待遇,他后来结婚了,老婆的户口过来了,但是老婆也不好进成员了,将来小孩也不好进成员了。……安置以后,你就不属于集体经济组织成员了,你就不在数据库里面了。安置以后就是非农户口了,比如你老婆是农业户口,你结婚,老婆户口迁过来之后自然而然地变成了非农户口。就不好再享受成员数据库了。①

名单产生和确定,不是一个上级行政命令的死杠杠,它可以前后岔开一段时间,而这段时间成为大有可为的活动地带。在下面的对话中看到,曲尽人情、为他着想是个饱含情义的技术活。

[访谈员]咱们这个组100亩地被征用的时候,就是以这个时间点,之前生的小孩,娶的媳妇都算,之后都不算。

[被访者]对的。如果真的遇到这种情况的,比如差个把月来不及安置的,我们为了照顾这个东西呢,我们的会就压着开,不开。最后等她生了我们再开会。②

对于在库成员的一些投机行为,只要不明显侵犯到其他在库成员的利益,村干部都是采取愿意成全甚至是帮助成全的态度,在行动上也为其实施庇护。因其在整体上增加了村庄的收益,间接地巩固和维

---

① 资料来源:2014年9月10日,村社访谈,南通市港闸区幸福街道幸福花苑社区。
② 资料来源:2014年9月10日,村社访谈,南通市港闸区唐闸街道横河社区。

护了村庄的团结,村干部也捎带经营了自己的形象。另外,非农业户口的在村家庭成员也不是绝对地没有得到补偿的权利,"打折"的办法既照顾了这批村民的感情,也让具有完全在库成员资格的村民不至于觉得被严重冒犯以致反对和否定这种处理方法,反而会在感情上对非农户口村民抱有同情和恻隐,对村干部的解决感到公道和讲情义。在港闸区横河社区和幸福花苑社区都存在这种情况。

横河社区:

[访谈员]他为了换这个楼,有没有重新分家之类的事情啊?

[被访者]有的。打个比方说,家里两个儿子,财产原来是老人的,这两个儿子是村里面的集体经济组织成员,就好分成两户了。分成两户以后,家里面的老人得100个平方,拆迁补偿是按照100个平方来进行补偿,安置是安置你的现有人口,1—2人,3—5人,1—2人的话安置110平方,3—5人的话安置190平方。这个是全部是集体经济组织成员,如果家里面有非农户口,这个是要打折的。家里有一个农业户口,有两个非农户口,要打九折,就是享受170平方。如果家里是全非户的话,只好享受152平方。

[访谈员]这样会造成他分家是吧?他可以要两套110平方的是吧?

[被访者]兄弟两个,财产是老人的,分成两户,家里三个人,就可以安置190平方,他家里也可以安置190平方。①

幸福花苑社区:

[被访者]我们这边是拆一还一。比如你原来三口人是一百六(平方米)。那政府现在规定三口人是一百九(平方米)。那就给你安置面积一百九(平方米)。

[访谈员]那么多呢?三口人能到一百九(平方米)?

---

① 资料来源:2014年9月10日,村社访谈,南通市港闸区幸福街道横河社区。

［被访者］对。但是这必须是农业人口，如果非农的话就要打八折。

［访谈员］那现在户籍取消之后？

［被访者］不不不，原来没有啊。因为这个非农人口指的是数据库成员。他是农村集体经济组织数据库成员。

［访谈员］如果我是上学把户口迁出去了，就得打八折。

［被访者］对对。①

以上，村干部和在库成员面对市级地方政府文字严密、逻辑清晰的地方法规，不是面面相觑和束手无策，取而代之的，是花样繁多的变通和层出不穷的手段，颇有一种道高一尺魔高一丈的感觉。其实，"钻法律的空子"从不是百姓的恶劣天性，也不是显示法律法规疏漏甚多的明证。理解所有被访的村干部的解释话语、体会他们综合考虑的诸多方面、设身处地地感受他们扎根的乡土社会及其内生的人情关联网络，更重要的是发现所思所虑遵循的原则和信条——守望相助的乡村伦理、父老兄弟的民情风尚。当这些都被打通，村干部和村民的行动逻辑便不再难以理解，并且真切地触摸到名为"人情"的东西。

四 村集体资产的处置和股权量化

无论如何，几年不绝如缕的矛盾交织、争吵扯皮、开会商讨全部结束之后，A村的所有土地都已被征完、所有在库成员都已出库，此时库中已经什么都没有了。成员数据库的使命至此还远未终结，下一步的股权量化就是从成员数据库中脱胎而来。在村镇访谈中，港闸区唐闸街道横河社区的原村干部这样解释成员数据库和股份制之间的关系："如果组里面还有土地没有被分（完），这样的情况用数据库，全部征用之后就用股份制。……对啊，所以每个小组的土地征完，所有

---

① 资料来源：2014年9月9日，村社访谈，南通市港闸区陈桥街道幸福花苑社区。

成员全部安置完,然后这边接着股份制。"①

正如村干部所言,成员数据库和股份制是前后相承的关系,那么,股份制的关键点在于,股份制出现并代替成员数据库的意义和道理是什么?让我们回想一下南通的土地补偿款发放政策:它分成两部分,70%直接进入出库成员的个人账户;30%进入村集体经济组织账户。每一次土地补偿款的30%都将划归集体资产,A村征地拆迁安置工作终结后,经过多次累计"30%土地补偿款"变成了人尽皆知的数额巨大的集体资产组成部分,在有的村庄,该笔款项可达几百万元。

在村中总有一些村民,按照10号文件的"可计入"和"不计入"标准,由于这样或那样的原因,他们从来就没有进入过成员数据库,政策文件将其同在库成员完全区隔开来,任何东西都得不到。但他们确实又是/曾经是村庄的准成员,比如外嫁女、大学生、买了城市户口而依然在村里居住劳动的人,等等。在村集体资产内部,会审度权衡其具体情况,给予一些按照其他道理的补偿,当然,这要取得具有成员资格的村民的同意,还要在村集体财力的能力范围内量力而行。

[被访者]剔出去之前你是农业户口的啊,比如说上学了,户口转走的,就不好享受经济组织成员了。但是有一块,把他们统一处理了,就是土地征用费,有30%是留组的,70%是进入个人账户的,给你进行安置,享受退休待遇的。这30%留着干什么呢?就是用来处理那些,原来是农业户口,二轮承包的时候有承包经营权的,承包经营权之后他的户口变了性质,他的户口不在这里了,他也不好参加安置,这些人我们对他们进行一次性处理。

[访谈员]怎么处理呢?

[被访者]处理就是按照他在二轮承包的时候的承包地,打个比方,你家里有两亩地,生产小组如果人均是1.5亩的话,我就在最后

---

① 资料来源:2014年9月10日,村社访谈,南通市港闸区唐闸街道横河社区。

按照 1.5 亩进行一次性补偿给你。

［访谈员］我已经转成非农业户口了，地你集体收回去，按照什么标准进行补偿呢？

［被访者］70%是到个人账户啊，你的处置也不能超过70%，就是30%的钱当中的70%用来处理这个事。

［访谈员］30%的70%？那就是21%来处理这个事。

［被访者］对，但是我们有一个规定的，就是处理这事的最高标准不得超过50%。就是留组30%的部分里面，最高不得超过50%。

……

［访谈员］这个比例都是怎么定下来的啊？逐渐摸索出来的吗？

［被访者］对啊。

……

［访谈员］这个钱是什么？用于公益事业，留组，组里面要办公益事业吧。

［被访者］留组的钱的名义是要办公益事业，不是为了安置这些人的，安置这些人是为了照顾他们的人情。人性化操作就是照顾他们的，如果说30%的留组，处理这部分人的时候全部处理掉，到时候办公益事业的时候怎么办呢？没有钱了啊。①

村干部在话语中透露出的权衡难定，以及经过"摸索"而确定下来的一次性处理用款占30%总土地补偿款的比例，此般村规民约极其耐人玩味。很多人说，这其中的道理在哪里？为什么这样处理能够落个左右不得罪的好收场？"体察人情"这种概而言之的说法始终显得雾里看花，却也更为贴合事情本身的逻辑。将此事的处理过程作为一种经验推而广之，以求机械模仿，往往得不到想象中的良效。"体察人情"具有一种抽象的普遍性，它要求通盘思考事件的来龙去脉、枝干条理。比如，村民某庚是地道的本村人，后来他买了城市户口出去，但人还和以前一样在村里种地，力役之征也从不狡猾脱逃。按照

---

① 资料来源：2014年9月10日，村社访谈，南通市港闸区幸福街道幸福花苑社区。

规定他拿不到一分钱土地补偿款,因为他不是在库成员,较起真来他是不能有什么站得住脚的理由来要求补偿的。但如果真的一分钱都不给他,作为村中父老,又总会隐隐于心不安。村里的在库成员,大概也会认为其聪明反被聪明误。因此,上面村干部在留组的 30% 土地补偿款中拿出一部分来一次性处理这些处于特殊情况的可怜人,才能得到在库成员的同意或至少是默许。

在处理完特殊人群之后,村集体资产仍所余甚多,如上所述,村干部面对这笔钱款左右逢难,多种处理方案都被否决,存入银行是最安稳的选择。出于对曾在库成员的公平考虑,将这笔叠加而成的土地补偿款以股份制的形式进行固化,是合情合理、最少争议的处置方式。接踵而至的问题就是,如何股权量化?搜罗整理我们对村镇干部的访谈,可以总结出一些分配股权的原则:首先,只要村民某己曾经是数据库中的成员,按照征地拆迁补偿的有关规定走完了流程,就能顺理成章成为股份制的股东,不看村民某己的年龄、性别、现居何处等其他个人指标。在访谈中,村干部对股东的定义和范围界定更加清晰:

[访谈员]认定股权分了多少股权?按户还是按人?
[被访者]按人头。大概 100 人左右。
[访谈员]这 100 人,比如说,1 岁的小孩和 80 岁的老人都是一个股吗?还是有更加细化的规定?
[被访者]都是成员算,只要是安置了,成员都有的。
……
[访谈员]咱们集体可能以后每年有很多收入,可能要分红,要分红的人必须要严格限制在资格库里面?
[被访者]是的。
[访谈员]那转社区之后呢?
[被访者]转到别的地方,成了别的地方的成员了就不享受了。
[访谈员]不管你住在哪个社区,只要你是这个集体经济组织成员资格库里面的,每年都可以享受到分红?

[被访者]住在哪里不重要,只要你有这个资格。①

在此,股份制采取"固化"的方式,与动态的成员数据库相区别。股东人数就是从第一个出库的人到最后一个出库的人的数量,一个不能落下。

[访谈员]等于是说我股份化的时候,我是按照这个村开始安置第一个人之前村集体经济成员来股份化,而不是按照新的成员来股份化,就是说你曾经是我集体经济组织的成员你就是股东,尽管你很早就被安置了,但是你享受股权。

[被访者]你老婆2004年安置的,我是2013年全部安置结束,拆组成立股份合作社,就是2004年第一个安置的人也可以享受股权。只要你是集体经济组织的成员就可以享受股权。②

第二,关于曾在库成员现今已经去世的情况,会得到如下处理:曾在库成员某辛走完了征地拆迁安置流程后离世,即使当时村组还未进行股份制改造,也要将其股份资格保留,待到进行股份制改造之时,某辛得算作一股东。其股份可以由其直系亲属继承,不可买卖,不可转让、赠予,不可由其旁系亲属继承。

[被访者]从第一个被安置的人开始,到最后安置结束,所有的集体经济组织成员,所有的安置人员都可以享受股权,包括死亡的。打个比方,这个人是2004年被安置的,2014年去世了,这个人也是安置的,他同样享受股权,这个可以给他的家庭成员。③

在此,需要注意成员资格与股权的区别:

---

① 资料来源:2014年9月10日,村社访谈,南通市港闸区唐闸街道横河社区。
② 资料来源:2014年9月10日,村社访谈,南通市港闸区幸福街道幸福花苑社区。
③ 资料来源:2014年9月10日,村社访谈,南通市港闸区幸福街道幸福花苑社区。

［访谈员］股权和资格有什么区别啊？是资格不能继承吗？
［被访者］是。
［访谈员］什么时候看资格，什么时候看股权啊？
［被访者］比如说一个组的房子全部拆完了，我们就把这个组拆掉，拆掉之后，组里面的集体资产就量化为股份，股份就按照当时（出库时）有多少活着的人就有多少股份，不再增加，也不减少。
［访谈员］股份是按照当时的资格数吗？
［被访者］是啊。
［访谈员］股权数也不改变了？
［被访者］对，分红数也不改变了。子女可以继承。[1]

第四，股权量化伴随着所有在库成员上楼，由前所述的村集体资产全部存入银行升值。每年年底现在的股东都能拿到将利息均分而来的分红。虽然村集体资产看上去硕大无朋，但在我们的入户问卷中，农民回答每年可以得到多少分红的时候，总是显得些许无奈和凄凉，每年100多块的分红实在是没有什么存在感。

话说回来，在农民眼中，不管钱多钱少，钱总归还是钱，而钱也不仅仅是钱。当上楼之后彻底离开了地理意义上曾经存在和生活于其中的村庄，在村里的生活会变成一种回想，越来越缥缈遥远，连同关于村组的印象日趋模糊，村庄在各个意义上都消解了。然而，有一个力量阻止这种境况的出现，每年年底的分红将散落在不同社区甚至远到五湖四海的股东再次集结，昭示着他们曾经同住一村、曾是父老兄弟的历史。分红作为一种纽带，将隐藏在其身后的股份制和每个曾在库成员紧绑在一起，并定期加强这种本在不断退化衰变的联结。使曾在库成员们一直都会记得，我曾经是A村的村民，我现在是村集体股份合作社的股东，我每年拿到的分红就是证明。由此，基于原来村庄的认同感不会随着上楼时间的增长而迅速衰亡，尽管村庄

---

[1] 资料来源：2014年9月10日，村社访谈，南通市港闸区唐闸街道横河社区。

在地域上早已不复存在,却在村民的脑海中深深扎根。集体和成员,是一体两面,集体正是靠笼络成员才得以存续;有集体才有成员,无集体就无所谓成员。哪怕这个集体只是悬在半空,但绝不是名存实亡。

[被访者]集体资产不量化到老百姓身上去,不分掉,永远是村里面在管,永远是和原来的村民有牵连。

[访谈员]而且这里的情况是村民有可能把房子卖掉直接走了。

[被访者]走了分红也要给他啊。因为他是股东啊。……是啊,永远牵住了,就是我们以后到居委会来工作了,但是永远被村给牵住,被原来的村民牵住。经济上就是这样的。[1]

第五章 上楼安置后的社区生活

一 生计和生活成本

农民上楼后面临的头一件大事,莫过于生活成本上升与生计来源变更之间的矛盾。从我们在全国各地以往的调查来看,生活成本的上升是肯定无疑的,地方差别在于上升的幅度。就南通问卷所反映的数据,这里的生活成本上升约50%,是个不小的数字。上升的缘由在我们的问卷中有详细的分类问题,农民的回答不外乎承包地种植业产出的丧失、自家菜园子和养殖业空间的消亡、楼房必需配套设施开销这几项因素。农民的应对之法层出不穷,各地都有奇闻出现。南通村干部曾举例说:

[访谈员]农民住上来,他不能种菜,不能养鸡啊什么的。

[被访者]这不允许,但是有的他把绿化弄掉,他种菜嘛。

---

[1] 资料来源:2014年9月10日,村社访谈,南通市港闸区幸福街道幸福花苑社区。

［访谈员］你管吗？
［被访者］这个管不了。现在农民也开始有意识了，最多就是种点葱。
［访谈员］葱还挺像草的。
［被访者］是啊，而且农民也经常照顾。①

刚住进还迁楼，农民在生活方式和生产方式上的不适应是正常的、可以理解的。有的人认为靠时间的力量和周围的社区环境可以慢慢改变农民的生活习惯，农民可以和城里人一样，不仅是住楼房，还能具有城里人的思维、惯习、行事做派，从内到外脱胎换骨。但村干部们并不这么想，而且没有稳定未来预期和足够保障的农民上楼生活，对年纪稍大的农民群体来说，单就生活开支论，就可能前景黯淡。

生活开支上升到一定的前提下，如果生计来源同步扩大、收入提高，也能在一定程度上抵消生活开支的压力，有些情况下还可能过得更好。关键是看在南通的还迁社区里，农民有没有可能开拓出新的收入较高的生计来源。

为了方便分析，我们将拆迁居民按年龄划分，如10号文件中的四个标准格式。16岁以下的小孩，只有教育支出压力，这种压力的实际承担者是整个家庭。第二年龄段和第三年龄段的还迁居民在工作类型和性质上基本相同。南通地方有离村但不出市域谋生的传统，工种多为建筑业、小生意等。拆迁没有对他们的职业选择造成影响，工作状态与之前无异。我们可以将他们看成是可以不为生计发愁的群体。进入第四年龄段后开始享受每月社保，上楼前可以从事的传统种植业、自家小菜园和小型养殖都因地域限制而无法开展。有的人转而投向小规模来料加工，作为家庭副业贴补家用；"万顷良田工程"项目也创造了一些从事农业劳动的机会，他们也乐于接受。

［访谈员］九华农庄就是"万顷良田"的一个公司吗？

---

① 资料来源：2014年9月9日，村社访谈，南通市港闸区陈桥街道仁和社区。

［被访者］不是，它在边上。它本来就是个农业区，不在拆迁范围内。

［访谈员］它主要是做农产品粗加工是吗？

［被访者］它里面多了，有养殖的，有种植的。还有农校的也到那边做实践，是个实践基地。

［访谈员］离这很近是吗？

［被访者］对。

［访谈员］这些老头老太太去那边干活，你觉得行吗？我觉得老头老太太干不了这些事。

［被访者］都很简单。一天二三十块钱。反正在家也没事干。

［访谈员］这是典型的过密化，闲着也是闲着。

［被访者］还有原来社区里面也需要人。搞保洁的，保安的。[①]

……

［访谈员］那这些人搬过来以后，他们的生计呢？主要的收入来源是什么？

［被访者］一般我们这边的农民，种地的都是年龄偏大的人，年轻人都是在外面打工，所以你只要把老年人的问题解决好了，年轻人都可以自食其力。[②]

比较来看，南通地区拆迁上楼后的生计压力比其他内地省份小很多，原因就在于这里的人口职业结构和分布没有受到剧烈冲击，以致过于走样，青壮年劳动力大军维持着同以前一样的职业，并没有改变。

二 红白喜事

众所周知，红白喜事在农村是天大的事，农民忙忙碌碌一辈子都是在为这两件事操劳。生活居住在村里，红白喜事的操办自有一套讲究，热闹、排场、喜庆，都是农民追求的目标，认为这样才能脸上有

[①] 资料来源：2014年9月9日，村社访谈，南通市港闸区陈桥街道仁和社区。

[②] 资料来源：2014年9月10日，村社访谈，南通市港闸区唐闸街道横河社区。

光,在村里抬得起头来。足够大的场地、大宴宾朋、锣鼓喧闹是实现上述目标的必要手段。村庄可以提供容纳和负荷这样的操办形式和压力,反观上楼进入社区,此诸种条件存而不全。具有现代都市气息的祭扫、酒席处理方式至少在上楼的头几年里,根本没有立足之地。农民还维持着故有的传统和习惯。与新社区的氛围格格不入,主事者自己也觉得环境掣肘。

[被访者]其实我们中国呢还是个农业社会。不说这,就说城里面有些拆迁户,在小区里面搭一个棚子做祭事。二七、五七做丧事。

[访谈员]我想问问这个。

[被访者]有的是在公墓上办。有的人就不愿意到公墓去,要给钱,就在社区里面办。找一块空地,车库前面。

[访谈员]咱们这有吗?

[被访者]有啊,多了。

[访谈员]允许吗?

[被访者]这是风俗啊,你管的话要被骂的。①

[访谈员]比如说他家里死了人,我要请客,有在这院子里,搭棚子的吗?

[被访者]有,每个星期都有。居民也都能理解。

[访谈员]但是你新来的买房子的就不能理解。

[被访者]这你得适应。他们都很注意的,晚上十点以后都不敲了。

[访谈员]咱们这是办几天啊?

[被访者]两天,连头带尾的。第一天哭啊,第二天敲啊。

[访谈员]那就是时间短。上个月我去重庆的一个小区,正好赶上他们在办事。

[被访者]你们上个星期来,在这也能碰到。公墓这边也有这种服务,收费虽然不是很高,但是场地有限。

---

① 资料来源:2014年9月9日,村社访谈,南通市港闸区陈桥街道仁和社区。

[访谈员]殡仪馆是吧?

[被访者]不是,它是一个殡葬服务中心。我们这边也有,三楼就是惠民餐厅,就是为老百姓红白喜事。有人愿意租,有人不愿意租,就自己搭棚子。

[访谈员]有没有专门的地方让他们搭棚子,还是他们在空地上哪搭都行?

[被访者]没有,他们自己在车位上面。

[访谈员]车位太小了吧?

[被访者]不是一个车位,是一大片,都连在一起的。都是商量好的。你办的时候你占,我办的时候我占。有个默许是的,谁家都有这种事。这个习惯起码得两代人。

[被访者]有拆迁户的地方就有这种事,纯商品房的地方应该没有。

[访谈员]喜事也是这么办吗?

[被访者]喜事不是,一般都是去饭店。

[访谈员]你发现了吗,红白喜事是有差别的,喜事就是要去饭店。

[被访者]我们这有这个风俗,为什么要敲这个丧事呢,不敲不孝顺。如果你不搞这个东西,老人在的时候你对老人再好没用。老人死的时候你天天供饭,这是孝顺。不这么弄的话,人家要骂的。①

对于孝顺的理解,村干部的回答展示了传统观念深入人心的力量。场面恢宏、来者众多,这些捧场的行为和场景现在常被指斥为浪费奢靡。倘若我们深究一下为什么要在形式上如此要求铺张,就会看到场面只是这个故事最为浅显的表层,埋在下面的村庄文化网络和彼此相互交织的个人生活本就需要用这样的方式来呈现、加固、调整,不经由此路便达不到效果。村中的同宗长辈、住在邻村的母党妻党、生意上的客户、一起玩耍的朋友,多种人际关系借着红白喜事的名头聚集,同时又能生成新的关系。相互信任、亲密的关系就是在这种频繁而隆重的互动中维持。

---

① 资料来源:2014年9月9日,村社访谈,南通市港闸区陈桥街道仁和社区。

三 "大排号选房"机制和多村混居的村委会代管过渡制度

港闸现在的幸福街道,我们的调查涉及的还迁社区分别叫作幸福人家、幸福花苑、幸福新居和幸福世家;金沙街道分别叫作天霞、天虹、天玺和天晖;陈桥街道分别叫作仁和和天和。每一组社区名字乍看上去未免觉得过于相似,仿佛族内同辈兄弟。

事实正是这样,南通上楼的分房过程采取"大排号选房"机制进行,何谓也?邻近的几个村庄(如A、B、C、D、E五村)在征地拆迁中划为一个小的组,同其他较远的村庄分开,这几个村庄的新建还迁房的地址被绑在一起,分为几个社区(如1、2、3、4、5社区)。在每次征地拆迁中,都会同时涉及这五个村子,来自该五村的所有被拆迁农户称为"一期"。"一期"之内的农户会被安排在五个还迁社区进行选房,选房的时间先后顺序按照"谁先签字,谁先选房"的原则排列。南通地方风俗尚东尚南,想要地理位置好的房子,人同此心。于是尽快结束旧房丈量、价值核算、具结签字,成了挑到楼层、朝向、面积、户型都满意的房子的前提步骤,形成了加速前期工作的效果,客观减轻了村干部动员村民拆迁的难度,同时缩短了讨价还价的时间。

这种制度设计的另外一个更要命的后果在于,五村映射到五社区的还迁打乱了原来村庄的内部秩序,构成了多村混居的不同以往的社区内部结构。居住于一个社区里的人来自不同村庄,楼上楼下可能彼此从不相识;原来的一个村庄分散到五个社区,空间上的距离变大、密度变稀。紧接着的社区管理问题浮出水面,原来的村干部班子在这里变得不再适用。如何处理这样的交叉分布格局,促使建制既要整合又需新立。

目前南通的地方实践采取了一种叫作"村委会代管社区"的过渡制度,这项制度的要旨在于指派原来五村的村委会各自认领一个还迁社区来管理,实行两块牌子一套人马。如安排A村的村委会要代管3号社区,尽管该社区中只有少量原A村村民。代管村委会的职责仅限于新建的还迁社区的物业、维修、店面,原村庄的集体经济仍按原村设置来进行管理。还迁村民遇到问题也多选择找本村村委解决,而不是代管的别村村委。交叉管理模式不仅将上下管理关系搞得复杂,还衍生出新的问题,比如村际矛盾激化、人为迅速消解村庄、社区认同建立困难等。

　　[访谈员]这个社区管理压力也很大啊。不像原来大家都认识。比如说咱俩是隔壁村的,原来俩村就有矛盾。住到一个社区里面,可能这个矛盾又延续下来了。
　　[被访者]我们要是调解不了的,还得把原来村里面的人找回来,让他们出面调解。
　　[访谈员]就得把原来两个村的老村长都找过来,再加上你,才能把这个事摆平。
　　[被访者]尽量我们能调解的,就社区解决。不行就找老人,因为他们都认识。实在不行就找街道,街道有调解中心。①

可以看到,社区一旦出现大矛盾,调解起来十分不便,需要动用多种来源的力量,既有正式的现代科层组织,又有非正式的传统集体。

　　[访谈员]这个比如说,沙南村的老百姓和东西厂的有矛盾,找咱们居委会解决喽,不找原来的村里?
　　[被访者]对,就是除非我们居委会对一个人不是很熟,需要原来的村长进行协调,能解决的都自己解决。除非出现房屋的问题,楼上的房子把楼下的房子弄得一塌糊涂了,那这个属于大型的经济纠纷了,房屋质量问题啊,这个要进行全面的协调。一般的每个楼道都设有楼长,社区弄一两个有威望的、党员啊去搞定。②

---

① 资料来源:2014年9月9日,村社访谈,南通市港闸区陈桥街道仁和社区。
② 资料来源:2014年9月11日,村社访谈,南通市海门县海永街道永北社区。

村代管社区的模式终究是个过渡模式,需要建立正式的组织体系架构进行代替,才能在管理范围层面尽量减少交叉管理带来的麻烦。然而现在只有一个,其他的还在探索之中。

[访谈员]这个在行政上是怎么划分的?它现在不是混居吗?
[被访者]行政上没有划分,管理上划分了。……
[访谈员]这是一个多村混居的,管理模式是,经济归原来的村管,然后其他文化调解的社会事务是归社区重新建立一个党支部,也不叫居委会?
[被访者]对。就叫社区党支部,它合法合理的就叫党支部,其他说法都不合理。
[访谈员]社区就不合理对吧,社区它算什么呢?
[被访者]现在就是说整个讲社区,它只不过是个概念,不是个一级行政的机构。只有居委会是个行政的。[①]

农民上楼,将农民的所有鸡毛蒜皮的生活琐事一并划归到政府辖下。农民只要一出事,就会找政府。在他们看来,是政府叫我上楼的,我上楼了就没了土地、菜园子、鸡棚、牛圈,还横生出各种不可避免的生活开销。我的日常生活,政府理应负责。由此,政府被农民期待为一个保姆,而农民的要求政府也不能置之不理。在二者的互动过程中,"保姆型政府"的应管范围越来越大。以至于即便南通农民上楼得到的是大产权房(城市中所说的商品房),物业费的收缴也成了村干部的大困难,迫使其寻找其他途径解决。社区中为数不多的门面房房租,可以弥补上楼农民不缴纳的物业费,然而还有更多的类似问题潜在水下。被动地等待问题出现再寻求解决之道,在根本上不是长久之策。探寻一个合理的制度设计,契合这些还迁社区的民情生态、复杂关系,才是求稳良方。

农民上楼也不光为难了村干部,还对自己多年以来的身份认同提

---

① 资料来源:2014年9月11日,村社访谈,南通市海门县海永街道永北社区。

出了挑战，进而波及对"集体"或"组织"的感情。自己到底是农民还是居民？自己所归属的组织是村集体还是社区？一方面，与村集体在经济上割不断的联系让农民无法在内心剥离对原来村集体的认同；而另一方面，对新建还迁社区的认同则被多村混居形式所阻碍，难于建成。加之村代管社区的制度在一定程度上强化了原有村"两委"的地位和作用。农民既不能彻底抛弃村集体的时代旧影，也不能将自身归属到类似城市的新建社区。于是，只能站在二者之间，踯躅徘徊。

四 集体收入

征地拆迁前，村庄靠着自身拥有的集体土地，曾经盖厂房出租，每年能得到一笔租金收益。2000年前，海门街道振邦村的个体户小作坊红火一时；"万顷良田工程"项目开始后，落在村里的花卉厂、镀锌厂、裁纸厂纷纷搬走或者闭门转产，村里的租金收入没有了，现在所拥有的村集体财产只由小作坊还在时交过的租金和不到30%的土地补偿款构成。即便上楼后因村民居住分散而没有什么公益事业好办，这种变化还是威胁到了村庄对于村民的心理存在感。

[访谈员]那现在拆迁安置，这些企业也都拆了？

[被访者]对啊。现在说壮大集体经济，怎么壮大啊？原来村里面好歹还有个集体资产吧，有个老学校，有个老仓库可以租出去，现在仓库拆掉了，老板都走掉了哪来的收入啊？原来有老板过来，给块土地，给个租金。现在的集体资产不是壮大了，而是削弱了。

[访谈员]比如说咱们村里的厂子，是私人办的，现在拆迁之后，这个厂子是搬到工业园区去了吗？还是说就消失了？

[被访者]工业园区有规模的，小企业是进不去的。

[访谈员]那怎么办啊？就拆了啊？

[被访者]拆就拆了啊。如果有关系的话，可以去其他的地方弄一点土地，像去通州那个地方，这些企业全部走掉了。像我们幸福街道的原来的工业园区，都迁到那边去了。不管怎么样，有个企业在这里，税收是你这里的吧？

［访谈员］对啊。现在你的统计指标上有经济收入就是无地企业的税收是吧？

［被访者］是啊，就是无地企业。现在乡里面考核经济，原来的企业属于街道管的，还有属于当地村管的，现在把这些企业都划分到各个居委会了。分三四个厂给你，让你去管，就考核你这三四个厂。

［访谈员］这就是为了考核你呗。你也管不了它们啊。

［被访者］是啊，管什么东西啊？安全生产，出了安全事故属地管理。外来人口的计划生育，这是你管的。但是生产经营状况不好的，要我们去沟通，我跟老板怎么沟通啊？他们是凭着其他关系过来的。如果是我们找来的企业，打个比方，我找了你，我们毕竟有一层关系啊，没关系你也不可能到我这里来啊，也带来很大的难度。①

村干部努力增加村集体的收入来源，通过朋友关系拉来一些企业，然而没有土地的事实障碍了这些企业的落地，只能将厂址落在别的地方，而将注册交税放在村里，村干部称这种招商形式为"无地招商"。面对日益缩窄的村经济，村干部使出浑身解数其实也是无能为力的。

在新建社区里，一些门面房的租金还可以稍微纾解财政之困，不过力度十分有限。有建设之心和头脑的村干部想在社区里建一些类似厂房的建筑，用以留住以前驻扎在村里的小企业。社区和村庄的区别让这种设想举步维艰，空间上的局限和规划上的屏障，都使其付诸实施遥遥无期。城市化的浪潮将南通这些不必要被吞噬的村庄卷入洪流，征地、上楼的"一夜城镇化"，破坏了原始村庄的经济生态和伦理秩序，未被赋予城市人资格、技能、观念的上楼农民，用迷茫的双眼看着自己村庄的消失，高楼拔地而起，那又能怎么样呢。

---

① 资料来源：2014年9月10日，村社访谈，南通市港闸区幸福街道幸福花苑社区。

第六章　"万顷良田"的现状和未来

"万顷良田工程"项目在经过了上面一系列步骤之后，政府终于拿到了大面积的连片土地，真正实现了良田"万顷良田工程"。政府在项目规划之初信心满满称要建成"高标准农田，优化区域土地利用布局"，那么，怎样利用才能优化布局、建成高标准农田呢？

我们访谈的村干部从头到尾跟进了"万顷良田工程"项目在自己辖区内的进展，对这个问题有清晰的了解。在通州区金沙街道和海门县海门街道，村干部向我们描述的"万顷良田工程"项目现状框架几乎一模一样："万顷良田工程"项目的安排是，省里主推、区里出资具体落实、乡镇经营，总之和农民没有关系。土地经由政府统一经营，模式是首先进行土地整理、铺盖基础配套设施，健全之后对外发包。发包的对象是一些承包能力在 500 亩以上的大型二级承包户，首选对象是国营农场或自带销售网络的种植大户，它们既能体现规模效益又产出稳定，与之合作基本毫无损失之忧。每片土地的承包商数量尽可能要少，以 3 个为上限。承包之后，规定不允许二级承包商进行二次发包，以保证政府对实际使用土地者的直接控制，防范风险；同时，也为防止再次承包后土地被分割得过小过碎，违背集中连片土地的初衷。二级承包商在盘走上千亩土地之后自己经营，内容一定是多种混杂，比如海门县海门街道的二级承包商中有一个是华东地区最大的销售水果经纪人，承包了海门"万顷良田工程"项目 4900 亩土地中的 3000 亩，里面种植了草莓、油桃、大棚蔬菜等不同作物。由于"万顷良田工程"项目耗时长久，截至调查结束时，这些承包商的种植经营刚刚起步，周期不够，还未能显现出十分明显的经济效益。

另一方面，南通的"万顷良田工程"项目所整理出来的土地都没有改变农业用地的用途，也就是说，种植业的主流地位不曾动摇。南通的地理条件同费老对开弦弓的描述几无二致，沟渠河汊芜杂交错，即使进行过水系整治，也不方便开展大规模的农业机械化。在大部分农业生产环节直接依靠人力，是自然条件所限的必然结果。那么，这些二级承包商所使用的农业劳动力从哪里来呢？村干部有详细的了解：

　　［访谈员］那他的劳动力是？

　　［被访者］劳动力，我们这边好多原来的农民，就是原来种地的农民。

　　［访谈员］咱们这边的工资，你像这种老头，去干一天，他是按天算么？

　　［被访者］不是，一天是六七十，多的有八十。

　　［访谈员］六七十或者八十。

　　［被访者］平均下来就是八个小时。八个小时60块钱。算下来大概是7块钱，多的是9块。按小时工。比如说今天做4个小时，一个小时几块钱，就乘以几，就这样。

　　［访谈员］他一般的，你说的这个，他包了3000亩地，得用多少劳力啊？就是忙的时候。

　　［被访者］这个，因为……

　　［访谈员］我理解是这样，他需要劳力的时候，就临时来村里找。

　　［被访者］是的，他那边有记录的，要是一直在那边干活的话，他就会找。他有电话的。本地人优先，不用外地人。①

　　上面节录对话中的重点内容表明，大型土地承包商的雇佣劳动力来源就是这些上了楼的农民，其中老年人居多。历时四五年的征地整理工程，在劳动力的构成上依旧停留在原来的水平，改变微小。农业雇佣劳动力同大工业雇佣有所不同，对偷懒、"浪荡工"、农活质量不高、早退的察觉难度太大、监视检查成本又太高，总是处于无办法可想的窘境，这早已被集体化时期的经验所证明。当农民不是为自己的农田劳作的时候，这些想法就开始滋生，承包商几乎无

---

① 资料来源：2014年9月11日，村社访谈，南通市海门县海门街道振邦社区。

法保证自己的承包地产出能远远高于家庭联产承包责任制之下的小农经济,即使承包商大量投资于高科技的种子、化肥、农药、技术设施。况且,农业生产对于自然条件的依赖极强,凶札年景根本无力回天。就算中央政府有倾斜农业的政策和补贴,终不足以抵抗多重不利因素给承包商农业生产带来的极大风险和不稳定性,要想赚回承包土地时交付的租金已经不易,更不要说在纯粹的农业经营上大赚一笔了。

理性的承包商一定不会做折本的买卖,一定会想方设法将风险转嫁出去,要么不再经营农业,要么自己当一回二地主,把土地再发包出去。无奈两条道路都被政府堵截,承包商的农业经营命运看上去不那么乐观。

第七章 "成员权"的历史变迁比较

1949 后,新政权由于政权下伸直面农民、将治理所依靠的主力和对象集中于农民身上而与历史上其他王朝判然有别。20 世纪五六十年代的在农村开展的集体化和人民公社运动是这个政权首次同时同步在全国范围内将农民变成集体下的成员,加之运动高歌猛进的暴烈进行方式,将"集体"与"成员"这一对相互对照的概念迅速植入农民生活和头脑,成为最常连在一起使用的词汇。20 世纪 90 年代初在广东南海,出现了将家庭联产制度分配承包给小农户的土地集中到村一级后进行股权制改造的事件和制度创新。2014 年在江苏南通的调查经历,我们了解到整个附丽于"万顷良田"项目之下的被征地村庄采用了成员数据库和股权量化相承接的方式,来解决征地拆迁补偿款下发带来的集体与成员间经济关系的问题。

集体化和人民公社时期、20 世纪 90 年代的广东南海、2014 年的江苏南通,姑且将它们称为个案。对于成员和成员权的界定,都各自有标准,这些标准的不同条目之间存在着蛛丝马迹的关联,或者大相径庭的对立。我们希望通过纵贯历史地查证和梳理三个个案关于成员权的说法，来理解当今的成员是谁的成员，集体又是哪些人的集合。这些标准背后的道理在哪里，界定这些标准时考虑了哪些重要因素。

下面的分析将基于我拣选的几个因素和特征，它们对于从不同向度理解成员权有所助益（如表3所示）。

表3　　　　　　　　　　成员权个案要素比较表

	集体化和人民公社	1990年广东南海[①]	2014年江苏南通
进入原料（把什么交给集体/集体财产由什么构成）	土地改革中分到个人名下的土地、自家农具和农用牲畜等所有生产资料	村集体原有财产和土地、农民的土地承包权	农民的土地承包权、宅基地及其上建筑
集体标准（谁是集体）	以村民小组作为生产小队、以行政村作为生产大队、以乡作为人民公社	行政村	村民小组
成员标准（谁是成员）	所有拥有本村农业户口者	1. 行政村内常住农业人口 2. 现役义务兵享有同等股权 3. 大中专学生在校期间保留股权，毕业后分配股权，第二年取消，回本村的保留股权 4. 因征地安排"农转非"的，享有同等股权	[成员数据库阶段][②] 1997二轮土地延包时具有承包资格的拥有本村农业户口者；由于与前者结婚而将户口迁入者；第一款之婚生子；在校大学生。历次征地已进行安置者、撤组改居者、户口迁出本村者失去成员权。 [股份制阶段] 曾经入库且出库者都成为股东
成员量化标准（成员与成员之间在成员性上是否有差别）	所有成员一律相同	股份量在人人有份的基础上依据成员年龄、计划生育执行情况、服兵役、犯罪违法行为而增减	所有成员一律相同

---

① 各村庄在细节上略有不同，此处以夏西三联村为代表。
② 此处的标准仅取其要点列出，完整详细标准请参照第三章引用的南通10号文件。

续表

成员收益（成员能从集体得到什么）	参加集体劳动（包括农业生产劳动、村庄管理等），量化评定为工分，以粮食等实物方式结算，年底发放	出自对建筑在上缴土地上的厂房收取的租金的58%，按照成员各自股份多少（由资源股和物业股构成）而数额不同，年底发放	出自30%土地补偿款利息的分红，成员一律相同，年底发放；以还迁房形式实现的安置补助费；地上附着物和青苗补偿费；社保，不同年龄段在数额上不同
成员权的人际间变动	因不可能变动而无所谓变动	符合一定条件的村民可以购买股份；股权不能继承、转让、赠送、抵押、抽走	可以直系亲属继承，不得旁系亲属继承、转让、赠送、抵押、抽走

表3中，"成员标准"（谁是成员）是我们要关注的核心条目。在集体化和人民公社时期，所有的农村户口持有者都是成员，无一例外，只不过是所归属的集体不同而已。它的标准来源在于户籍制度的城市、农村二分法。这样做的目的是，要将所有农村人口固定在农村里，固定在土地上，以期在农业上产出更多的粮食，在思想上将自己上交给集体。在1990年的广东南海，成员标准脱胎于第一个个案，又将一些人排除在外，排除主要看两点，一是户口是否迁出本村；二是由结婚带来的人口变化。在2014年的江苏南通，排除原则着眼于二轮土地承包时是否具有承包资格，其实质还是看户口性质。

综合来看，户口一直是界定某人是否拥有成员权的中心原则。在三个个案之下，以户口为最基本的条件，各自又有不同的地方界定标准，主要是要解决一些村内特殊身份的人口。这些被称作"特殊人口"的群体，除了在户口上的差别，还因为什么被排除或被纳入呢？服兵役者、大学生、因政策而"农转非"者，广东南海承认这三类人的成员资格。细分一下，服兵役者和大学生，由于他们目前的职业所具有的性质要求他们迁出户口，在可以预见的几年之后，这两类人是非常有可能再回到村庄的，同时也是被期待再回到村庄的，那时户口也要迁回本村。即是说并非他们完全出于自愿地将户口迁出了，村庄在确定某个个体是否可以拥有成员权时，户口迁出的原因和动机是需要考虑的内容。那些为逃避农业税负而花钱买个城市户口的本村人，他们的动机无疑是会受到村庄伦理鄙视、让同村村民瞧不起的。如果这些买了城市户口的人还能得到股东资格，就挑战了村庄中老实人的利益和情感，这些"油滑势利的小人"不仅没有受到来自村庄集体的惩罚，反而又一次溜回来占尽集体和其他全体村民的便宜，天下哪有这样的好事？相比照，服兵役和大学生身份显然具有被给予成员权的道德合法性。第三类，因政策而"农转非"的群体，同样是迫于来自国家政权的压力而转变户籍，责任不在"农转非"者本人。更何况，他们还一直长期居住、生活在本村，作为村庄一分子应尽的义务都没有短缺。故此，这类人可以得到成员资格。在2014年的江苏南通，对服兵役者、大学生的理解应与广东南海相一致。而"历次征地已进行安置者、撤组改居者"被划为不计入成员数据库的原因，则是考虑到他们之前的经历已经使其得到过国家或集体的赔偿，若此次赋予其成员资格，则意味着他们在未来的某个时间一定会得到国家或集体的补偿。这对于村中其他没有享受过之前补偿的村民来说，前者是占了公家的便宜；在这次的补偿分配中，也正因为他们的加入，摊薄了质量一定的饼，对具有成员资格的村民造成了二次侵犯和伤害。这种有违乡村和农民公平观念的事情，是不应该发生的。

以上，我们发现，处理"特殊人口"的标准不再是僵化地只看户口，还结合了村庄伦理中的公平观、作为村民对村庄是否有感情有付出，以及他们迁出户口的动机、再次迁回的可能性。

在"进入原料"条目之下，土地是成员与集体之间发生联系的永恒起点和连接点。一切后续的故事都导源于农民将自己对土地的权利上交，不管上交的是哪一种权利，都是在将土地向上集体化的过程中使农民与土地发生分离，有可能是权利上的分离，也有可能是地理空间上的分离。千百年来，传统乡村社会的核心就是土地，经过翻天覆地的运动和改革，土地对处于城市化和现代化进程中的农民来说，仍占据心头最重的位置，土地越发重要，不仅是生产资料，更是后半辈子的养老保障。从集体角度来看，从农民手中上收土地可以集中操作、连片使用、得到报偿，这些自不在话下，然而土地及附着于其上的农业生产和粮食安全的长期命运却是模糊不清，甚至是不能预料的。

村庄像一个俱乐部，每个成员都享受俱乐部的优惠待遇和特殊保护，"成员量化标准"（成员与成员之间在成员性上是否有差别）和"成员收益"（成员能从集体得到什么）两条目显示的就是成员从集体所得。三个个案之间在成员收益的分配上有着明显的差别：首先，在"成员量化标准"条目上，集体化和人民公社时期与2014年江苏南通的量化指标相同，在具有成员资格的群体内部没有继续进行分等排列，而1990年的广东南海则在附加条款中追认一些情况需要核减村民股份，分别是成员年龄、计划生育执行情况、是否服兵役、犯罪违法行为。这样规定的道理在于规范村中既定结构秩序、继承敬老尊贤传统，对破坏村庄整体架构和个人不检行为进行惩罚，劝谕村民懂得礼义廉耻、遵守村规乡约。如果说"成员量化标准"条目是在做减法的话，那么"成员收益"条目就是在做加法。在实际的分配集体财产增量部分上，集体化和人民公社时期按照劳动量进行分配，但到后期出现了普遍的消极怠工和浑水摸鱼，成员与成员之间在劳动上的差别几乎被抹平；2014年江苏南通分配的是同成员自身劳动、生活没有太大关系的银行利息，基本与成员的个人生活、在社区表现完全脱钩，集体对成员没有约束力；1990年的广东南海也是靠着股东各人股权量的多少来分配租金收益，将约束条件放在上一条目中，已经可以达到预期效果，故此不必重述。两相结合，我们可以看到，在集体化和人民公社时期与2014年的江苏南通，集体利益的成员分享只具有福利的性质，发放钱款的多少只与集体资产的产出部分有关，与成员个人行为无关，集体的意义是每到年终的一笔回报，大大削弱了集体对成员的教化、凝聚能力。1990年广东南海的集体利益分配方式始终动态追踪成员私人生活，形成强大的舆论压力和现实的经济压力，半迫使地导人向善，集体对成员个人生活的管控无处不在。两种集体利益分配方式的不同，直接造成了集体在成员心中形象和地位的差异，对集体又敬又怕的复杂感情是广东南海村民所独有的。

"成员权的人际间变动"条目是关于股权/成员权在成员个人间流通的规则设定，则涉及村庄的封闭性程度和集体资产增值部分的具体来源。集体化和人民公社时代无法流通和变动的情况自不必多言。1990年广东南海的规定最大限度地将集体资产和成员权利限制在村庄内部，而且还是目前一直在世的成员，可以说是封闭性极强的约定。该制度实行几年之后，学者发现它们与当地的土地使用方式存在着矛盾，即吸纳外部资本入村，对村庄发展是极有帮助的，而现行的成员权制度限制了这种情况的发生，进而阻碍了集体经济的壮大和成员享受福利的提高，试图突破村庄的旧有界限又会给村内股东的利益带来潜在的威胁，这种两难的困境是南海所必须面对和解决的。2014年江苏南通规定与1990年广东南海的不同在于，股权可以直系亲属继承，对那些已经离世的股东仍然不忘其初。

第八章 结论与讨论

以上我们完整地勾画了在"万顷良田工程"项目之下，江苏南通"村集体经济组织成员数据库"从头至尾的工作过程。贯穿其中的核心问题就是成员权。概略来讲，在江苏南通，拥有在村农业户口的村民可以进入成员数据库，享受作为成员的福利。等到征地指标和出库指标分派入村，村干部组织全体在库成员，依照南通10号文件的有关规定，确定每一次的出库人员名单，按流程上楼进社区。出库后伴随而来的土地补偿款中的70%进入出库成员个人账户，30%进入村集体账户，成员数据库在全部征地剔库工作完成之前行使着管理30%土地补偿款的职责。当全村的土地被征用完毕、在库成员全都出库之时，"村集体经济组织成员数据库"被"股份制"取代，所有曾经在库而后出库的成员都平等地成为股东，每年获得由30%土地补偿款存入银行带来的利息分红。上楼后，农民过上了社区生活，然而"大排号选房机制"造成的多村混居的居住格局让社区管理和村集体经济管理交叉并行，产生了很多不便。村集体经济在村庄被连根拔起之后无所依附。政府整理出来的万顷良田承包给了大型农业经营承包商，未改变土地的农业用途。

经过"万顷良田工程"项目之后，南通的农民对于"集体"这个概念的认识又发生了变化。南通的故事，让农民眼中的"集体"，又一次发生了颠覆性的变化。集体在空间地域的维度上消失了，农舍、田亩、麦浪远离了农民的生活，集体中的成员四散在不同社区，彼此往来互动大大减少。集体通过整个征地拆迁过程转化为一笔躺在银行里的土地补偿款，对农民的意义则变成了年底分红。这样形式存在的集体，无论是同大集体时代，还是同包干到户时代，都出现了明显的断裂。土地不再是集体的物理表征，也不能再对农民构成极强的束缚力。而农民自己也已经注意到这些变化，集体悬浮在半空，落地就是分红，农民自己各为生业。当我们问农民，原来的村庄是否还存在、你现在是农民还是居民的时候，他们回答起来非常困难，好像是看到了一个四不像的怪物。农民失掉了对原来集体的触感，而新的社区集体还没有成型。

成员拥有成员权，成员权来源于成员资格，成员资格的被赋予来源于集体。集体包含村干部和所有村民。在我们讨论成员资格和成员权的时候，一直需要把握的是，村干部认为谁是成员、农民认为谁是成员及其背后的道理，对于那些游走在红头文件所确立的标准的边缘的人群来说，才是具有判定意义的标准。单纯依靠法律、制度来框定成员身份归属，不仅没有切近现实，而且中伤村庄道德。成员权是个产权概念，更是个社会学概念。

从历史中缓慢来到今天的成员和集体，虽然已改变了最初的僵化形象，其内在核心仍旧未易，要害就是农民的身份。第七章个案比较中的"成员标准"和"进入原料"构成了农民身份区别于城市身份的两大核心：在村农业户口和土地承包权。近几年来，中央的政策以照顾、反哺"三农"为重中之重，不断增加对"三农"的补贴和项目投入。而江苏南通及四川等西南省份地区却将农民与两个核心要素——剥离，让农民变成"城市人"，从此农民得到国家宏观政策保护的依据和来源就彻底消失了。户籍制度改革先声已起，农民身份的失落为期不远。

然而农民还是希望在外表可爱的洪水猛兽来袭之前紧紧抓住自己本就不多、本就不占优势的最后一点东西——城乡二元户籍制度给农民的不光是差别性国民待遇，还有农民的保命资本。在我们的访谈中，村干部解释现在的农民为什么不愿意转城市户口：原来农民都是争着转户口,都是买户口,以前我们这里好多人都买了城市户口啊,当时是小孩子要到城里面上学,户口要迁过去,小孩就方便上学报名。但是这个事呢,你户口一旦迁出去了,你就被剔除出库了。所以老百姓就觉得吃亏啊,你像一个组,他们的安置费用多少啊?一个人11万元,夫妻两个户口一走就是22万元跑掉了。[①]农民当然知道城市户口的诸般好处,也心向往之,然而放弃农村户口的机会成本也是巨大的,这是目前农民对于自己的农村户口还恋恋不舍的一个重要原因。

土地是农民不愿放弃的另外一物。在农村青年一窝蜂地涌入大城市寻求工作机会的时候,他们的父辈祖辈留在农村耕种整个家庭的承包地,长者并不十分依赖远在他乡的儿孙可以时不时地汇钱回家,种地所得已差不多能够维持他们在乡土社会中的日常生活。像国家一样思考,土地是要命的资源,尤其是进入新千年后城市的扩张趋势不断吞噬农村土地,就连远郊区与城市化不搭界的村庄也不能幸免。对土地的争夺向来不是个公平的竞争,农民的弱势地位早已注定。就连村里的公墓现在都要"集中居住",更何况活着的人。这多少显得有些丧心病狂,再继续下去就是病入膏肓。

小农家庭对土地的承包和经营,带来了粮食高产和社会稳定。土地集中后的规模化经营情况,在农村生产现状、科技手段发展阶段、农民传统心态、农业生产本身的外部依赖性的合力之下,未免不会落入几十年前集体化时期的怪圈。无怪乎村干部感喟道:中国这个经济呢,一家一户种着就没事,你非要弄一些其他的……[②]

户籍制度及其改革、农业生产的规模化经营这些与成员权关联紧密的问题,我同样十分关心。但在这篇文章中无力过多讨论,期待未来能有好的研究,也期待未来农民能过上好日子。

参考文献

柏兰芝,2013,集体的重构:珠江三角洲地区农村产权制度的演变——以"外

---

① 资料来源:2014年9月10日,村社访谈,南通市港闸区幸福街道幸福花苑社区。
② 资料来源:2014年9月10日,村社访谈,南通市港闸区幸福街道幸福花苑社区。

嫁女"争议为例,《开放时代》,第3期
杜赞奇,2010,《文化、权力与国家》,凤凰传媒集团、江苏人民出版社。
高圣平、刘守英,2007,《宅基地使用权初始取得制度研究》,《中国土地科学》,第2期。
高圣平、刘守英,2008,《〈物权法〉视野下的〈土地管理法〉修改》,《中国土地科学》,第7期。
何包钢,2012,《协商民主和协商治理:建构一个理性且成熟的公民社会》,《开放时代》,第4期。
刘世锦、刘守英、许伟、邵挺,2013,《南海的流转交易平台、基础地价体系建设经验》,《东方早报》,2013年12月10日,第6版。
刘守英,1992,《共同财产问题研究及其对土地制度研究的启示》,《经济社会体制比较》,第6期。
刘守英,2000,《土地制度与农民权利》,《中国土地科学》,第5期。
渠敬东,2013,《占有、经营与治理:乡镇企业的三重分析概念——重返经典社会科学研究的一项尝试》,《社会》,第1期。
杨磊、刘建平,2015,《"混合地权"的制度分析及其实践逻辑:基于Z村村民小组的个案分析》,《社会》,第2期。
应星,2014,《农户、集体与国家——国家与农民关系的六十年变迁》,中国社会科学出版社。
张静,2003,《土地使用规则的不确定:一个解释框架》,《中国社会科学》,第1期。
赵晓力,2007,《外嫁女、村规民约与社会主义传统》,载于黄平主编《乡土中国与文化自觉》,生活·读书·新知三联书店。
折晓叶,1997,《村庄的再造:一个《超级村庄》的社会变迁》,中国社会科学出版社。
折晓叶、陈婴婴,2005,《产权怎样界定——一份集体产权私化的社会文本》,《社会学研究》,第4期。
周飞舟,2007,《生财有道:土地开发和转让中的政府和农民》,《社会学研究》,第1期。
周飞舟,2010,《大兴土木:土地财政与地方政府行为》,《经济社会体制比较》,第3期。
周飞舟,2012,《以利为利》,上海三联书店。

村落共同体生活中的互济互惠
——基于福建省G村互助会的研究

王大伟　北京大学社会学系2012级
指导教师　马凤芝

第一章　导论

一　研究问题

虽然我国农村社会保障的覆盖率越来越高,但保障水平还相当薄弱,是一种低水平、差等性的保障安排,远未达到能普遍帮助农民抵御社会风险的水平。研究发现,家庭和社区等非正式保障仍然在农村居民生活中发挥着重要的作用(童星、张海波,2005;尚晓援,2006;宋梅,2013等)。这种通过家庭、社区等非正式福利来弥补国家正式福利不足的模式,在学界被称为"东亚福利模式"。张海川(2007)认为,东亚国家存在着丰富的传统保障方式,它们建立在富有东亚文化特色的大家庭文化或者说泛家庭文化基础之上,直到今天仍发挥着难以替代的保障作用,如邻里互助、行业互助、同乡互助、宗族共济等,这些传统的保障方式很多已经采取了适应现代社会的形态,只是学术界尚存在相应的理论真空,没有形成系统的研究与总结,或是直接笼统地冠以非正规制度的名称。

笔者生长于福建省东南沿海G村,这是一个小渔村,村中的"互助会"是伴随着笔者长大的、与笔者个人和家庭生活最息息相关的社区组织。互助会,又称"会""合会""标会"等,在一些西方的研究文献中被称为"轮转储蓄和信贷协会"(Rotating Savings and Credit Association),是一种建立在血缘和地缘关系基础上的经济互助组织,长期流传于我国农村,至今在东南沿海的浙江、福建、广东等省份仍非常盛行。互助会产生于传统农业社会物质极为匮乏、生活极为拮据的时代,在帮助村民解决生活和生产困难中发挥了重要作用。当前,人们遇到家庭生活和生产困难时,仍会以组会的方式向其亲戚、邻里等村落共同体成员求助。童星(2004)认为,互助会作为一种具有原生性和非制度化特征并长期存留于民间的互助组织,是人们抵御各种风险的一种非正式社会保障机制。当今社会正逐步走向现代化和市场化,家庭规模日趋缩小、传统的共同体日趋瓦解、利益因素在人际关系中越发重要。那么,作为传统社会村落共同体成员间的互助方式,G村的互助会是否仍然发挥着非正式社会保障的作用?在市场经济条件下,在经济理性日益影响并渗透于人们生活和生产中的现实情况下,村民发生生活和生产困难时,为什么仍以互助方式来解决问题,而非求助于正式的经济组织?G村互助会存在的社会基础是什么?从保障生活和生产角度来看,互助会扮演了什么角色,具有什么功能和特点?它对参与者个人、家庭,以至村落中人们的社会网络和生活产生什么影响和作用呢?其运行和实践的内在逻辑又是什么呢?本研究试图系统地描述G村互助会的面貌,力求揭示互助会在现阶段村落生活中所发挥的功能和存在基础。

二 理论

"东亚福利模式"或"东亚福利体制"等概念,是一些学者鉴于东亚不同于西方福利体制的差异,用以指称东亚新兴工业化国家或地区在社会福利发展方面所具有的某些共性,这些共性是西方福利国家模式所不具备的(林卡、赵怀娟,2010)。在20世纪90年代西方福利国家普遍面临赤字的背景下,东亚国家的福利模式却在较低的财政福利支出下获得了相对较好的社会效果。在国家正式福利支出不足的情况下,家庭、社区等非正式社会网络在个人的日常生活中扮演着重要的角色,这就是"东亚奇迹"的发生原因。东亚社会所具有的福利特征被概括为"福利东方主义",其核心观点认为亚洲人所具有的强大纽带关系、儒教价值观、传统的政府非介入与非福利官僚制度直接有效地承担了福利(曹兴植,2007)。其中,家庭是社会福利的中心单位,社区作为扩大化了的家庭也在福利供给中扮演着重要的作用,而诉诸政府的社会安全手段通常是在家庭与社区无法解决困难之后的最后措施(Jones,1993;Croissant,2004)。人际互助、家庭照顾和邻里互助等非正式和自愿性的福利也就成为东亚福利最重要的特征。G村的互助会是一种依托血缘和地缘关系而形成的社区组织,当人们在家庭生活和生产中遇到困难时,以组会的方式向其亲戚、邻里等村落共同体成员求助,邻里间基于家庭和共同体意识通过互助的方式帮助其解决问题,具有非正式和自愿性的福利特征。因此,本研究将以东亚福利模式作为研究的理论视角,尝试从东亚社会所特有的社会结构和文化因素去分析和解释互助会存在的社会基础和功能。

"发展性福利"也是东亚福利模式所具有的另一个重要特征。传统的社会政策学家通常是基于西方工业国家的社会政策规范偏好把社会福利模式划分为剩余型福利模型和制度型福利模型(Wilensky & Lebeaux,1965;Titmuss,1974;Gosta Esping Anderson,1990)。梅志里(2007)认为在不断追求经济发展以及寻求社会政策与经济政策相整合的发展中国家,剩余型和制度型视角都不能准确地描述其社会政策。东亚福利体制的政策设计和发展战略具有明显的生产主义倾向(Holliday,2000)。类似的说法还有Kwon(2005)提出的"发展型福利国家"概念。在Kwon看来,他所说的"发展型"和Holliday的"生产主义"概念是一样的(林卡、赵怀娟,2010),都在强调东亚社会政策深受经济发展考虑的影响,国家把有限的社会福利资源多投向于生产性的项目。这种发展主义的视角把东亚福利研究的焦点从"儒家福利国家"所强调的非正式的、自愿性的福利,转移到国家在构筑亲发展型福利体系方面的作用(林闽钢、刘璐婵,2012)。梅志里和谢若登作为发展性社会福利的主要倡导者,他们寻求一种新的理念使社会福利的再分配功能得到更加合理的理解,即将社会资源分配于具有生产性和以投资为导向的社会计划,进而提高社会成员的经济参与能力，实现社会的和谐和可持续发展。在宏观层面上，发展性社会福利强调经济政策和社会政策的相互促进；在微观层面上，投资于社区资本和资产是发展性福利重要的发展策略。发展性福利关注社区居民的合作，认为社区有组织起来的内在能力，能够解决社会问题、创造发展机会，满足社区居民的福利需求。投资于资产也是其重要的策略，资产指的是财富的储蓄和积累，它在长期内会产生消费以外的重要经济、心理和社会效应（谢若登，2005：117）。互助会是人们遇到生活和生产困难时通过向家人和邻里求助而建立的，通过会员间共同筹集大额资金来帮助他解决资金困难，社区成员间的经济互助是互助会最明显的特征。因此，互助会所具有的非正式保障功能不能仅从传统的剩余型福利来进行解释，也应以发展性理论为研究视角去解释互助会所具有的功能特征。

互助会是人们遇到生活和生产困难时通过向家人和邻里求助而建立的，家庭和社区成员间的互助符合东亚福利所具有的非正式和自愿性的特征，但如果仅从剩余型福利的角度来讨论互助会又不能很好地突出其所具有的经济功能。因此，本文以东亚福利模式和发展性福利为理论视角，对互助会的建立、标会活动和实际功能进行系统的研究，来分析和总结互助会的存在的社会基础和功能。

第二章 互助会的相关文献研究

据学者王宗培在《中国之合会》中推测，互助会大约起源于唐宋时期的庙会活动，在中国已有1000多年的历史。关于互助会的定义，学者们都是在强调其互助性，代表性的有：互助会为我国民间的旧式经济合作制度，救济会员相互间的金融组织（王宗培，1935）等。董研（2013）从社会功能的角度指出，互助会是熟人社会中建立在彼此熟悉的人际网络基础上的互助合作组织。早期研究互助会的人类学家阿登那（Ardener，1964）则从互助会的运行模式对互助会进行了完整的定义，认为互助会是由一群个人组成的团体，该团体的成员每隔一定时间需要捐献一定数额的资金以形成一笔基金，然后轮流将汇集起来的基金（全部或部分）交给团体中的某个成员，这一过程不断重复，直到每个成员都得到这笔基金后（而且仅有一次），该团体宣告解散。互助会每轮的得会者是通过轮流或投标等方式来确定，其中，协商排定的称为"轮会"、投标确定的称为"标会"、摇骰子确定的为"摇会"。其中，以"轮会"和"摇会"为代表的互助会并不计利息，每个会员都有获得同样数额会钱的机会。而以"标会"为代表的互助会是计利息的，其特点就在于除首轮会钱归会头外，以后每轮都采用竞争投标的方法来决定得会者，由会员依据近期是否急需资金打算让多少利，以及让多少利才能中标来决定投标的数额。

一 互助会的功能

总结已有的文献研究，发现互助会具有三大基本功能：保障功能、经济功能和社会功能。其中，保障功能可能是互助会最初所具有的功能（Bouman，1995）。随着经济的发展，互助会的经济功能逐渐凸显出来并占据了重要的位置。同时，作为一个组织，互助会既是社会化的产物，也是社会化的工具，社会功能也是互助会的应有属性（Geertz，1962）。

1. 保障功能。为了减少生活中面临的不确定性，人们必须自行组织起来，通过互助的方式来保证生活的安定，这就是互助会最初成立的根本目的（Bouman，1995）。胡必亮、刘强和李晖（2006）在项东村实际调查中发现，村民主持或参与标会的主要目的不是为了获利，而是为了互相帮助以解决家庭生活中因种种原因急需用钱的现实困难。Calomiris 和 Rajaraman（1998）特别强调了投标方式互助会的保障功能，尤其在应付突发事件的方面的作用。当成员面临庞大的意外支出时，他可以通过投标方式使自己得到基金的顺序安排在前面，缓解眼前的支付危机。Klonner（2003）通过模型建构的方式，指出正是标会里的竞标为面临收入不确定的会员提供了一种保险机制，他认为个人可以同时参加几个会来满足风险分散的要求。

2. 经济功能。Geetz（1962）认为互助会在本质上是一种具有储蓄和借贷功能的互助组织。（1）购买大宗耐用品论。经济学家 Besley、Coate 和 Loury（1993）用正式的经济学模型（B-C-L 模型）研究互助会，认为互助会的作用在于帮助无法得到外部信贷市场支持的个人进行共同储蓄，以购买大宗耐用品。（2）投资论。Kovsted 和 Lyk-Jenson（1999）则提出 K-L 模型，认为个人参加互助会的目的是筹集资金用于不可分的投资项目，该模型用博弈论的方法证明了无论哪一种会都能提高成员的福利水平。（3）强制储蓄论。Gugerty（2003）认为个人参与互助会的可能动机是为了得到储蓄的动力，因为互助会提供了一种帮助他们实现自我控制的集体约束机制。以上几种关于互助会的经济学研究，都基于理论假设构建模型的方法论述了互助会的经济功能，帮助我们更加理性地理解互助会对于我们生活的影响。

3. 社会功能。刘民权、徐忠和俞建拖（2003）在总结国外已有的 ROSCA 研究发现，互助会的社会功能主要表现在以下三方面：（1）增加团体的凝聚力；（2）教育功能，互助会作为一个以互惠为原则的互助性团体，宣传和培养了一种友爱互助的道德准则；（3）有利于妇女经济地位改善，提高妇女在家庭中的经济支配权。董研（2013）也认为农村民间互助会具有增强团体凝聚力的功能，同时，互助会还具有整合社会资源、监督约束、文化传承等功能。而且，互助会是一种旧式的社会救助保障，是人们所能依赖的一种重要的社会资本（邱建新，2005：141）。

二 互助会的运行机制

关于互助会的运行机制，经济学和社会学为我们提供了两种不同的解释视角。经济学把互助会作为一种非正式的金融组织，来研究它的经济运行机制、金融效率和风险等，以及相比正式的金融组织和民间借贷其所具有的优势与局限。而社会学的研究多从社会结构、文化和信任等角度为我们理解互助会的形成基础提供了一个有效的解释因素。

1. 在经济学方面，信息机制、交易成本、利率与效率等是互助会研究的主要方面。第一，信息机制。互助会的成员一般都是由亲戚、邻里等熟人组成的，因此互助会很自然就具有一个信息的汇集机制，相比于正规金融市场，其具有的信息优势能防止因信息不对称而引起的逆向选择和道德风险的出现（张翔，2006）。第二，交易成本。因为互助会的操作比较简便，无须专门的办公地点和用具，主要由女性利用业余时间参加，而且标会活动还可以根据实际情况进行灵活调整，使得交易成本低（刘民权、徐忠、俞建拖，2003）。第三，利率和效率。相比于正规的金融组织和民间借贷，标会作为一种投融资机制在利率层面是有效率的，参与者可以根据自身的资金需求情况、外部借贷市场的利率环境以及彼此之间的亲近关系进行投标决策（陈德付、戴志敏，2005）。农村金融供给和需求的矛盾是互助会组织生存的原因之一，互助会极具竞争性的利率水平是其兴起的主要原因（张兴国，2008）。柯荣住、叶敏（2006）也认为合会具有投资、储蓄、平滑收入的功能，通过独特的集会机制和利率形成机制，来甄别信息。而在同一会的内部，Besley、Coate 和 Loury（1993）指出较早得会的会员支付的高额会款相当于支付利息。所以，在同一个会中，先前的利息可以被视为那些未得会人的保险费（Ardener，1994），而对于那些先得会的人来讲虽然得付出利息，但这会钱解决了他目前的困难，同时这利息也低于民间借贷，因此互助会的利率是有效的（胡中生，2011；蒋晓平，2012）。

2. 相比于经济学的模型分析，社会学对于合会的研究主要是从信任、社会资本和社会网络、文化等视角为互助会研究带来了新的活力，将社会因素、文化因素作为研究互助会运行机制的重点。

信任理论。以格兰诺维特为代表的"嵌入性"理论强调具体的关系以及关系结构能产生信任。他运用"嵌入性"观点，把人际关系连带与信任相结合，发现关系网络和道德观念承担着维持非正规金融组织运行的功能（邱建新，2005：12）。因此，人际关系的信任可以转化成金融借贷的信用。基于熟人社会的血缘和地缘关系而形成的特殊信任就是互助会存在的基础（邱建新，2005）。胡必亮（2004）根据"嵌入性"理论将村庄共同体和信任与互助会研究相结合，提出了

"村庄信任"概念,即在村庄共同体框架下,村庄里的每一个个体通过一定的与当地文化紧密相联系的社会规范与社区规则嵌入村庄系统中而相互之间产生对于彼此的积极预期的一种社区秩序,正是这种村庄信任使互助会经久不衰。

社会资本理论。以科尔曼和亚历山大·波茨为代表的西方社会学家常把互助会作为研究海外华人社区人际关系和社会资本来源的案例,以说明海外华人社会民间互助会的社会资源与联系的力量。在科尔曼这里,将社会资本作为一个分析工具,来分析传统社会中的互助会的信任机制,是社会学研究的一个极重要的视角(邱建新,2005:144)。"社会资本"概念是法国社会学家皮埃尔·布迪厄(1986)首次提出的,他认为社会资本是实际的或潜在的资源的集合体,这些资源是同对某种持久性的网络的占有密不可分的,这一网络是大家共同熟悉的、得到公认的,而且是一种体制化关系的网络。在布迪厄看来,社会资本就是个人或群体凭借制度化的相互交往、彼此熟悉的关系网而积累起来的实际或潜在资源的总和。相比于其他形式的资本,科尔曼(1990)把社会资本看作是处于人际关系中的个人拥有的社会结构资源,其特征表现在:首先,它存在于人际关系的结构中,是社会结果的一个部分;其次,社会资本只为结构内部的个人行动提供便利。总之,社会资本就是行动者在行动中获取和使用的嵌入社会网络中的资源(林南,2005:24)。普特南(2001)认为社会资本主要表现为信任、规范以及网络,它们能够通过促进合作行为来提高社会的效率。互助会是个人依托血缘和地缘的社会关系网络来获取解决生活问题的资金,因此社会资本是其存在的基础。

三 互助会的发展

关于互助会的发展,学者们基于不同的立场也有不同的观点,各国家对于互助会的政策态度也是不一样的。首先,关于互助会的发展,格尔茨(Geertz)从金融演化论的视角出发,认为以互助会为代表的民间金融都只是向现代金融制度进化的过渡现象而已;普特南也认同该观点。但是罗家德通过台湾地区民间金融借贷与台湾地区的现代化历程联系起来考察，认为类似"标会"这样的民间借贷活动不会因为社会的现代化进程而自动退出民间市场，而且还会与市场化进程形成良性互动，反驳了格尔茨为代表的金融进化论。其次，由于各国在政治、经济和文化背景上存在着巨大差异，政府对于互助会的态度也是不同的。在印度尼西亚、日本等国家，互助会的发展得到了政府相关管理部门的认可，政府甚至对互助会专门颁布了相关的法令，促进它逐渐转变成为正规的金融机构。我国政府对于互助会的打压主要是出于金融监管部门对于民间金融机构的限制，因为以互助会为代表的民间金融存在着以下问题：与正规金融机构争夺储蓄来源，影响国家金融调控和货币政策的效果；互助会自身经营管理体制不善，容易酿成金融风险，破坏社会信用、不利于社会稳定（张震宇，2002）等。但是，近年来学界也越来越认识到互助会对于农村经济和社会的重大作用，所以倡导政府在有针对性地加强监管的同时，应该允许各种非正式金融的存在与发展（胡必亮，2004；王少国、马陆，2014）。

可以看出，目前已有的互助会研究多是从非正式金融组织的定位来对互助会的经济功能展开研究，社会学的信任和社会资本理论为理解互助会的形成机制提供了一个更为有效的解释力，但目前已有的研究对于互助会的社会保障和社会福利功能的描述比较有限。所以，本文将从互助会的本质功能——非正式保障的角度对互助会进行研究，借鉴经济学对于互助会的机制研究来讨论互助会的具体机制运行，同时在东亚福利模式和发展性福利理论的视角下去分析和总结当前村落共同体中互助会所具有的特征和实际功能。

第三章 研究方法和研究框架

一 研究方法
1. 质性研究法
本研究的目标在于对真实情境中的互助会进行全面的剖析和深入

的描绘,试图归纳出有经验支撑的研究结论,因此本研究采用了质性研究法。质性研究是以研究者本人作为研究工具,在自然情境下采用多种资料收集方法对社会现象进行整体性探究,归纳分析资料和形成理论,通过与研究对象互动对其行为和意义建构获得解释性理解的一种活动(陈向明,2000:12)。相比于量的研究而言,质的研究擅长从微观层面对事物进行细致、动态的描述和分析,擅长在时间的流动中追踪事件的变化过程,对特殊现象进行探讨,以求发现问题或提出新的视角。本研究的目的在于对互助会进行全面和深入的描述分析,对G村互助会的形成原因、组织方式和功能进行解释,进而去总结和建构现阶段G村互助会的运行和实践的内在逻辑,这些都需要对人们的日常生活进行细致的观察和分析,才能理解研究对象的行为意义。

2.研究过程

本文以笔者家乡——福建省G村的互助会为研究对象。通过笔者自身深入G村实地,尽可能在自然情境下对互助会的日常运作和会员的"日常世界"进行研究。互助会是从小伴随着笔者长大的社区组织,从小就看着长辈们参与其中,所以笔者对于G村互助会的运行规则和地方性知识是熟知的,能更好地理解和解释被研究者的生活故事和意义建构。

笔者利用2014年的国庆假期进行了第一次的研究资料收集,后又在2015年的春节假期进行了第二次的研究资料收集。本研究主要通过参与观察和无结构访谈的方法来收集资料,并通过查阅当地媒体的新闻报道以及政府部门的有关文件和地方志、档案资料等来获得更多信息。首先,参与观察是本次研究采用的方法。笔者作为G村人,同时本人母亲也是秀莺[①]的1000元互助会的会员,因此跟随母亲实际参与了3期的互助会标会活动。其次,对互助会成员的无结构访谈也是本研究资料收集的重要方式。笔者从身边最为熟悉的人开始,利用强关系,逐步找到熟悉研究问题的人,笔者共访谈了18名互助会成员(见表1),其中会头3名,会脚15名。由于在G村,基本上每个

[①] 本文中出现的所有人名,都是当地的方言叫法,都是匿名,并不是其真实姓名。

家庭都有入会,且入会多在2个以上,为了能获得更具代表性的研究资料,本文对秀莺的1000元互助会进行个案研究,所选取的15名会脚都是参加秀莺的1000元互助会,希望能提高本次研究的效度。因为在村里1000元的互助会是最多的,参与的人群范围较广,具有代表性,能更好地反映互助会的实际情况。在G村,家里管钱的大多是女性,男性主要负责在外赚钱,所以参会的多是女性。由于互助会涉及的是家庭的经济隐私,所以本次研究并没有采用录音的方式,而且当面笔录带来的副作用比较大,所以大部分的访谈资料都是等访谈结束后,笔者进行回忆记录,也有部分是通过微信语音的方式来获得。

表1　　　　　　　　　访谈对象基本情况

编号	姓名(匿名)	角色	入会数量①	每月会钱总支出(元)
HT1	秀莺	会头	3	3000
HT2	金娇姨	会头	2	2000
HT3	爱丁姨	会头	3	4000
HJ01	莫阿姨	会脚	3	2000
HJ02	陈艳姨	会脚	4	3000
HJ03	李嫂	会脚	5	4500
HJ04	王阿姨	会脚	4	3000
HJ05	守雄嫂	会脚	3	2000
HJ06	王爷爷	会脚	3	2000
HJ07	文章嫂	会脚	6	6000
HJ08	文辉嫂	会脚	2	2000
HJ09	守鹏嫂	会脚	7	7000
HJ10	大朝嫂	会脚	2	2000
HJ11	起寿嫂	会脚	3	3000
HJ12	香娇姨	会脚	2	2000
HJ13	彩云姐	会脚	3	2500
HJ14	友华嫂	会脚	2	2500
HJ15	林婵姨	会脚	1	1000

---

① 指目前正在参加的会。

通过深入观察和访谈获得资料后，更重要的是对这些资料进行整理和分析。首先，访谈结束后立刻进行回忆，记录形成文本资料。整理完资料后，先进行初读，获得整体性印象，找准自己挖掘资料的着力点。然后，根据会脚和会头的角色进行分类汇总，将3个会头的文本资料归纳出的所有主题提取汇总，同样，将15个会脚的文本资料进行主题归纳和汇总，进而去获得全面性的分析。同时，笔者作为G村人，在平时的生活中，也有意识地了解和收集互助会的相关情况，对于不理解的地方经常通过微信或电话的方式寻求解释。而参与观察也是本次研究的方法之一，后文对于互助会运行机制的描述是以笔者的个人陈述为主，这些都是通过参与观察而获得的实际资料。

二 研究框架和相关概念界定

1. 研究框架

本研究在对理论和以往文献的研究基础上，沿着"描述—解释—建构理论"的逻辑思路，提出以下研究框架：

第一，描述和分析互助会的缘起和组织架构。通过对会头组会和会脚入会的原因分析，去解释互助会的形成原因，并呈现互助会的组织架构，进而去分析互助会存在的社会基础。

第二，描述和分析互助会的标会运行机制。通过对秀莺的1000元互助会的案例描述来呈现互助会的标会机制，分析和解释互助会是如何通过组织运作来实现会员们互助的目标，尤其是在市场经济条件下，在经济理性日益影响并渗透于人们生活和生产中的现实情况下，村民们的互助行为又会具有什么样的特征呢？以及互助会作为一种非正式组织，它又是如何对会员的行为进行约束呢？这都是互助会的运行机制所要讨论的内容。

第三，描述和分析互助会的实际功能。通过对互助会成员标会用途的描述和分析来解释互助会在组织成员日常生活中所发挥的作用，并在发展性福利理论的指导下从经济和社会两方面去解释和总结互助会的实际功能。

第四，总结研究发现和得出结论。通过对前面三个部分研究的分析,来总结和建构现阶段G村互助会运作和实践的内在逻辑,最后通过对东亚福利模式和发展性福利理论进行讨论来进一步提升整个研究的理论解释。

2.相关概念界定

由于互助会历史悠久且分布广泛,各地关于互助会的名称及相关术语差别很大,为讨论方便,本文在此对互助会的相关术语进行界定。

会单:指互助会合约的书面形式。

互助会成员:互助会的参加者,包括会头和会脚。

会头:指互助会的组织者,又称"会首"。

会脚:指互助会中除了会头以外的成员。

会金:代表互助会的资金额度,也称"会费",如1000元的互助会,会金就是1000元。

会钱:指互助会成员每期需要交给会头的钱。会钱的计算方法根据会脚是否已得会而不同,具体的计算方法见后文表5。

得会:指标会时某一成员获得其他成员缴纳的全部会钱,即获得了当轮互助会的资金借贷权。

标息:指会脚为获得当轮会钱所承诺付出的名义货币或实物代价,又称"标金"。具体而言,就是指得会者为获得该轮互助会的会钱,承诺在得会次月每月除会金外付出的出标利息。标息分为贴现标和贴水标两种,贴现标指未来的利息在所收会款里立即扣除;贴水标则指未来的利息是以贴水的方式在将来每期支付。本研究的G村互助会标息形式是贴现标,具体而言就是,1000元的互助会,会脚1为得到会钱出标100元,则说明他愿意承担100元的利息,其他未得会者只要拿出900元即可。

倒会:指因某些合会成员无法按时缴纳会钱而导致互助会无法继续运转的情况,可分为会头倒会和会脚倒会等情况。

第四章　原始性社会资本：互助会形成的基础

一　互助会：乡邻间互助互济的方式

在本次研究中，所有受访对象的家庭都有参加互助会，平均每户参加3个互助会，平均每户每月要缴纳会钱3000元，多则甚至参加了7个互助会，一个月缴纳会钱7000元（见表1）。会头秀莺认为村里90%的家庭都有参加互助会。目前村里大概有30个互助会，会金有500、1000、2000、3000元不同规模，以1000元居多，500元次之，3000元的会最少，各会每轮会钱的总额在3万—10万元，且大部分都在5万元左右。村民根据自身的家庭经济情况和入会目标选择参加不同金额的互助会，当生产经营或生活中发生重大困难时，他们就会通过标会来解决问题，这就是互助会在G村村民日常生活中所扮演的角色。

为什么G村村民大都会去参加互助会呢？互助会又是如何产生的呢？但是在G村，笔者无法找到与互助会相关的历史文献，所有受访对象都表示他们出生时村里就已经有会了，他们都是遵循着传统做下来的。村里德高望重的王爷爷认为会就是农业社会中乡邻间的互助互济而产生起来的。

"会这东西，从我出生时就已经有了，就是我们乡邻间的互助互济。以前我们这是偏远的渔村，大家基本上都吃不饱饭，遇到困难时只能找亲戚朋友帮忙。以前家家户户的条件都差不多，只能是每个人帮一点，你家给点吃的，他家给点用的，帮助他们渡过难关。等到情况稍微好转了，为了表达谢意，这家人也会在别人需要帮忙时出面帮忙，或者通过其他方法表示谢意，互助会就是这样发展起来的。"（会脚王爷爷）

历史上我国一直都是个农业社会，长期面临着人口过剩、资源匮乏的窘境，大多数家庭总是生活在饥饿的边缘，而且一直以来社会都处于各种动荡不安之中，或遭天灾，或遇人祸，国家根本无力进行有效的救助，更别说有其他的福利需求。所以，个人只有通过自身的社会关系网络才能获得生存资源，家庭是人们寻求庇护和合作的首要场所。但是由于家庭规模过小，资源获取和积累的能力都十分有限，当所面对的困难是整个家族都无法应对时，人们需要在更广阔的范围内通过互助互济来抵御天灾人祸和生老病死带来的各种困难。因此，家庭成员间的"亲亲之爱"就扩展到以地缘为中心的共同体成员间的"守望相助"，家庭和共同体成为处于饥饿或社会压力中的人们应对困境的主要力量。"我家有困难时，出来请个会，到时等别人家有困难时，我们也会去入会帮助别人。"（会脚王爷爷）互助会就是源于这种"缓急相济，有无相通；有往必来，有施必报"的乡邻间的互助互济。所以，互助会就是在这种资源总量匮乏的大背景下人们不得不依靠家族和共同体力量来获得生存资源的产物，早期的互助会因此也就具有了救助保障的功能（邱建新，2004：143）。

在国家正式福利缺失的情况下，乡邻间通过互助会实现了互助救济，帮助家庭解决了很多困难，因此互助会就得以延续至今，成为G村人最基本的生活经验，不假思索去参加它，成为G村人乡邻间互助互济的一种方式。那么，互助会是如何组织建立的呢？

三 互助会的组建

为清晰地呈现互助会的组织过程，本文以G村秀莺的1000元互助会为个案，具体描述互助会的组织形态。首先是会头决定要组会后，她就会去邀会，会脚邀齐后，互助会就宣告成立，标会活动也就随之开展，直至所有会员都获得一次借贷权后，互助会就自然结束了。本节主要是描述和分析互助会的组建。

1. 会头组会：为解决家庭经济困难

一个互助会得以建立首先是需要会头出来组会。如表2所示，解决家庭生活或生产的经济困难是会头组会的主要原因。会头金娇姨认为，"很多人遇到困难需要用钱时就通过组会来寻求帮助，每年村里都会有人出来组会，都是为了解决家庭经济困难，如盖新房、儿女婚嫁、看病、还债以及发展生产等需要用钱"。会头秀莺就是因为家里没有足够的资金帮助丈夫投资买采沙船,就想到了通过组会的方式来筹集资金。

表2　　　　　　　　　　会头组会的现实目的

会头	组会目的	会金（元）
秀莺	帮助丈夫筹钱合股买采沙船	1000
金娇姨	给儿子筹钱结婚	1000
爱丁姨	还女儿治病所欠下的债	500

那么会头为什么会通过组会的方式来筹集资金呢？在家庭急切的资金需求的压力下,会头愿意去组会就是看重了会头具有免息使用第一笔资金借贷权的机会,这笔资金的利息是低于民间借贷的,而且这笔钱是分期还给其他成员的,这不仅解决了眼前的困难,而且分期还款的方式也减轻了家庭的负担。所以,对于会头来说,组会能有效地解决其当前的困难。在 G 村,并没有出现学者们所说的"职业会头",通过投机的方式去赚取会钱。研究发现,做会头的主要是村里家庭条件一般的家庭妇女。因为做会头需要挨家挨户去上门收会钱,是个"辛苦的工作",还要承担风险,甚至要给人垫付,所以大部分人是不愿意通过组会的方式去筹钱的。

2. 会头邀会：有良好声誉和稳定收入的熟人

组织成员是一个组织得以形成和持续存在的基础,是构成组织的首要因素。互助会的成员包括会头和会脚两种角色,会脚是通过会头邀会或者自己主动入会而产生的。当会头决定要组会后,他便会在自身的社会关系网内发布起会的信息,包括会金、参会人数、起会日期、开标方式等。会头虽然是互助会的组织者和管理者,但是互助会能否成功的运转完全依赖于成员自觉地履行义务。所以,组会之初选择合适的成员是互助会能够成功的前提条件,会头会根据关系的亲疏远近来选择邀会的顺序,那些有良好声誉和稳定收入的熟人就是会头的邀会对象。

"互助会能不能顺利开展,关键就是会脚好不好,如果遇到几个

坏会脚,那么整个会的运转就会很不顺,会头的压力就很大。所以得找那些声誉好、收入稳定的熟人才比较稳妥。"(会头秀莺)

第一,熟人是基础条件。研究发现,会头会依据关系的亲疏远近来选择邀会的顺序,以血缘关系为基础的亲属群体是会头寻求帮助的第一目标;然后是关系很近的拟亲属群体;最后就是关系一般的同村人。首先,亲属群体是会头最先求助的对象。研究发现,在G村人眼中,亲属关系是指血缘和婚姻关系形成的家庭关系网络,主要包括双方的父母和兄弟姐妹以及姑姑阿姨之类的近亲亲属,他们会根据血缘的亲疏和关系的远近来作出是否要求助的决定。其次,拟亲属关系群体也是主要的求助目标。"有些朋友和邻居关系很密切,比亲戚都走得还近,这种人肯定是邀会的目标。"(会头秀莺)秀莺口中这种"关系密切"的非亲属群体,就是指"拟亲属关系",包括关系密切的朋友、邻里和同学等非亲属群体。然后,就是那些关系一般的熟人。一个互助会的组建不光是会头去邀会,那些与会头关系密切的亲属群体和拟亲属群体也会在自己的社会关系网帮助会头来邀约会脚。但不管是会头自己还是通过亲戚朋友帮忙邀到的会脚,都是与会头生活在共同的地域范围内的熟人。因为是相互熟悉,这些人才愿意去帮助会头,更重要的是能相互了解而相互信任。

第二,有良好声誉和稳定收入是重要的条件。会头在邀会过程中,并不是见了熟人就去邀会的,她会对这些人的条件进行理性的分析,而会脚的声誉和家庭经济情况是会头关心的两个主要问题。"会最重要的就是会脚的家庭经济情况和声誉,如果他们没有能力保证能够按时交清会钱,那么这种会脚我是肯定不敢让他加进来的,这个风险是很大的,就怕因这些人而倒会。"(会头秀莺)良好的声誉可以让他人相信其有履行好相关责任的品质,家庭经济情况代表了其是否有能力去履行好相关责任。因此,能选择让他人入会或者入他的会都是个人基于对她人声誉和家庭经济条件的认可。在前面已经分析过,互助会成员是互相熟悉的熟人,因为熟悉,所以彼此都充分掌握他人的信息,进而对他人是否有能力成为会员可以作出理性的判断。

首先,家庭经济情况代表了其支付会钱的能力。一定的家庭收入

· 181 ·

并不是说有严格的家庭收入线的控制。一般意义上,有收入来源的家庭基本上都是可以入会的,所以这已经把村里大部分的正常家庭都已经包括在内。会头们会根据会钱金额来判断他是否有能力支付会钱,所以会脚是否有入会的权利是每个会头基于自身互助会的会钱金额和自身做会经验作出的经验判断。

其次,相比于家庭经济情况,良好的声誉更为重要。对于互助会来说,就怕有人为了私利而不履行相关的责任,存在着欺诈逃会的风险。在村民眼中,声誉主要是指这个家庭平时在村里的为人处世的品质,那种有不诚信经历、平时与他人关系不好、经常赌博借钱、好吃懒做的人就是声誉不好的人。那种好吃懒做、家里没有稳定收入来源、经常赌博、投机的人是会头最为忌讳的会脚情况。

通过上述分析可以发现,会头的邀请行为具有明显的差序格局特征。在邀请过程中,会头会依据关系的亲疏远近来选择邀请的顺序,以血缘为基础的亲属群体成为会头寻求帮助的第一目标,然后再是关系很近的拟亲属群体,最后就是关系一般的同村人。这是会头依据关系的亲疏远近来判断对方是否愿意去帮他,那些关系亲近的人是他认为能去帮助他的对象。但出于互助会未来能够成功运转的理性考虑,那些有良好声誉和稳定收入的熟人是会头理想的邀请对象。

3. 会脚入会:帮助会头和实现自身利益

对于会头的邀请,会脚们也有着自身的判断标准和入会原因。并不是所有的会头来邀请,会脚们都会答应入会,他们也有着自己的选择标准。研究发现,会脚们的选择标准跟会头是相似的,"有良好声誉和稳定收入的熟人"同样是他们的标准。首先,会脚们更加看重会头的声誉。对于会头来说,最大的责任就是保证互助会的正常运转,会头是最早借到会钱的,而且每轮的会钱都是由会头来收缴,所以良好的声誉可以让成员们相信其不会公款私用而损害了大家的利益,这是尤为关键的。其次,相比于会头,会脚对于经济方面的考虑不仅要考虑会头的情况,更要对自身家庭的经济支出作出理性地考虑和规划。

研究发现,会脚们所谈及的具体入会原因主要有以下四点:因为是亲戚所以帮助会头、出于人情而帮助会头、以后遇到需要用钱能去标会、赚取利息。其中,第3、4点原因都是会脚们入会能实现的利益。在15名受访的会脚中,表示出于亲戚关系而帮助会头的有40%;出于人情而帮助会头的有60%,"以后遇到需要用钱能去标会"和"赚取利息"是每个会脚都有的入会原因。

出于亲属关系而帮助会头。当会头急需组会来解决家庭困难时,出于亲属关系而有责任去帮助会头,即使是自身并没有入会的需求,也会选择去入会而帮助会头。亲戚们不仅自己入会,而且也会通过自身的社会关系网去帮助会头邀会。

出于人情而帮助会头。对于那些没有直接亲缘关系的会脚来说,当会头主动上门邀会时也会出于人情而选择去帮助会头。"大家都是一个村的,虽然跟他没有直接的亲戚关系,但是毕竟都是熟人,他确实有困难,前几年我组会的时候,他也帮过忙,所以他上门邀会时,我得还这个人情。"(会脚王阿姨)人情是指人与人之间的关系,也就是人与人相处之道(金耀基,1992)。这种相处之道就是社会互动和交换中的互惠原则,也就是中国人际交往互动的礼尚往来原则(马凤芝,2010,32)。礼尚往来包括情感的交换,是以人情作为馈赠交换的社会资源,具体表现为实质及经济性的交换行为所产生的、附加在这种交换行为中的情感性人际义务(朱瑞玲,1989)。曾经你帮过我,回头我也会帮你,入会是G村人乡邻间一种重要的人情因素。

以后遇到需要用钱时能去标会来解决问题。"以后遇到需要用钱时,就能标会拿到钱来解决问题,这是参会最看重的原因。"(会脚王阿姨)通过参加互助会,每个成员就有一次平等的资金借贷权,等需要用钱时就能从互助会中借到一笔钱,及时帮助家庭解决现实的困难,这就是农村人愿意把家庭收入存入互助会的最现实原因。对于是以经商为主的G村人来说,未来生活充满了不确定性,而标会能提供低成本的资金信贷,极大增强了个人应对突发性事件的能力,客观上实现了对未来生活不确定性的保障。另外,为解决确定性的家庭问题而入会也是会脚们切实的原因。在访谈中发现,一大部分会脚表示在入会时对于会钱的使用就有明确的计划,有的为了还债,有的为了盖房子,有的为了投资做生意,等等。

赚取利息。当被问及"入会是否为赚利息"时，会脚们都表示认同。原因更是出奇地一致，就是能让钱"更值钱"。"我儿子今年年底准备结婚，我每个月存几百，我是会快结束时标会的，标息很低，我标回来的钱肯定是比我交进去的钱多，钱就值钱了，这就是通过会赚的利息，把所有问题都解决了。"（会脚王阿姨）通过对会脚王阿姨的访谈可以看出，会脚入会确实存在着想赚利息的考虑，让自己有更多的钱为家庭所用。会头秀莺认为虽然入会能赚点利息，但是肯定比不上放高利贷，所以很有钱的人基本不去参会，有些甚至都开了民间借贷的钱庄。

"出来组会都是家里有困难的，加他的会一是为帮他；二也可以给自己买个保险，等自己家里有需要钱了就能标回来，而且还能赚点利息，所有入会对每个人来说都是有好处，不会亏。"（会脚王阿姨）

可见，会脚入会是一种综合性的考虑，不仅有出于感情因素而去帮助会头，也有为实现自身利益而作出的理性选择，在帮助会头和实现自身利益之间并没有存在着非此即彼的关系。因此，入会是种兼具情感性和工具性的选择。

四 互助会的组织架构

1. 会员的权利和义务

当会脚人数达到会头要求时，会头就会结束邀会，互助会也就宣告成立了。互助会作为乡邻间自发组织起来的非正式组织，其组织架构是很简单，就是会头和会脚根据传统的做会经验和惯例来开展标会活动。一个互助会大概有 50 名会员，包括会头和会脚两类成员，只有一名会头，其余的都是会脚。会头作为互助会的组织者，他得要担负起会钱收缴、组织标会、风险预防和垫付资金等责任，而其享受的权利就是能无息获得第一轮资金借贷权（见表3）。为此，他通过自身的社会关系网向亲戚、朋友等熟人邀会，这些熟人同意入会后就成为了该会的会脚。在互助会运行过程中，会脚承担的义务就是按时交付会钱，直至互助会结束，每个会脚都有竞标的机会，并有唯一一次使用资金借贷权的机会。

表3　　　　　　　　会头和会脚的权利义务

成员	权利	义务
会头	无息获得第一轮资金借贷权	负责组会、制定会单、组织标会、收缴每期的会钱、风险预防和垫付资金等
会脚	获得竞标的机会，并有唯一一次使用资金借贷权的机会，即获得全部会钱的机会	按时交付会钱

从会员的权利和义务，可以看出，在互助会中大家是互济互惠的，每个人都能有标会的权利，同时每个人也得履行好交会钱的义务，你在获得他人帮助的同时，其实你也帮助到了他人，急用钱的会脚先借了钱，后面还回利息，不急用钱的会脚先交了钱，后面吃回利息，你在帮助我的同时也获得了好处，"互不相欠"，这就是互助会所具有的互济互惠，人与人之间是互利互惠的。

2. 会约：传统规范

当会脚人数达到预期目标后，会头组会就已经成功，会头会根据约定俗成的惯例制定会单，规定会约（"会规"）。会头制定会约的过程是与会员沟通交流的过程，特别是开标方式（即一月标会几次）受到参会会员经济状况的制约，会头需要广泛征求会脚的意见后才能最终确定。对于其他有关标会运作的一般规则，会头通常参照当地标会的传统习惯来定。会头会在起会当日把会单分发给每一个会脚，会脚按会单要求进行与标会有关的各项活动。会单内容包括了参会人姓名、标会日期和会约。会约会对起会日期、开标日期、开标地点、开标方式、权利义务等做明确规定。由于标会的规则都是约定俗成的经验，在村民眼中，这些都是日常生活中的常识。所以，绝大部分互助会的会约中并没有对具体的规则做很明确的说明。

3. 互助会形成的基础：原始性社会资本

由前文的分析已经知道，会员们会对组织成员进行理性的考虑和选择，有良好声誉和稳定收入的熟人是共同的选择标准。在秀莺会（见表4）中，会员主要是她的亲戚和朋友，分别占了26.7%和40%，还有 20% 的会脚是通过她亲戚朋友介绍来的熟人。所以，86.7% 的会脚都是与会头有着直接或间接社会关系的人，只有 13.3% 的会脚是与会头没有直接或间接关系的社会关系，据秀莺反映这些人也都是本村人，一般都是家庭条件比较好的人，是会头自己主动上门邀会的，也算是具有地缘关系的熟人。因此，互助会是基于血缘和地缘关系而形成的熟人间的组织，是一个以会头为核心的熟人关系网络。

表4　　　　　　　　　　秀莺会的会脚情况

关系[1]	人数[2]（人）	比例（%）
亲戚	20	26.7
朋友	30	40
亲戚朋友介绍的熟人	15	20
其他	10	13.3
总数	75	100

科尔曼（1990）认为原始性社会资本是由家庭、村社等原始性社会组织提供的，它使个人在遇到困难或需要帮助时可以得到必要的社会支持，包括物质支持和感情支持。这是一种基于人际间的亲属关系和信任关系基础之上的社会资本，表现为相互关心和相互信赖关系，需要在较稳定、封闭的社会网络中通过较长期的互动形成道德观、文化观的共识（李猛，2006：172）。这种原始性社会资本具有社会保障和社会福利的功能，而且是人力资本和物力资本所无法替代的。本文在此所讨论的"原始性社会资本"就是以科尔曼的定义为准，指当个人需要帮助时能从家庭和社区得到的社会支持。当会头遇到困难时，他通过组会的方式来向自身的社会关系网络寻求帮助，他所组建成的

---

[1] 该关系是由会头秀莺向笔者提供的。

[2] 有会脚则是一个人入了两名以上会员，入 N 个会员就有缴纳 N 份会钱的责任，也就有 N 次得会的权利。由于涉及的人数较少，为讨论的方便，在此我们都以入会的会员数量作为会脚的数量进行计算，不考虑是否同属于一个人。

互助会就是他所能有效调动的关系网络的规模，互助会就是会头能够拥有的社会资本。而这种社会资本就是来源于家庭和社区网络，由于长期生活在一起，他们具有共同的文化观和道德观，乡邻间互帮互助是保留至今的传统经验和村落文化，他们都遵循着传统的做会规范和经验来组织标会活动。因此，这种以会头为核心的互助会关系网络其实质就是种原始性社会资本。所以，原始性社会资本是互助会能够形成的基础。

五　本章小结

研究发现，在村落生活中，互助会是乡邻间互助互济的一种方式，遇到困难的会头通过组会的方式向家人和乡邻求助，会脚们则作为会员为帮助会头和当自己遇到困难时能够得到乡邻的帮助而入会，这使得互助会得以组建。组会是会头家庭生活或生产遇到经济困难后而选择的求助方式，而会脚们入会也是为了当自己遇到困难时能够得到乡邻的帮助，这就是会员们想通过互助的方式来实现自我保障。因此，互助会的组建就是乡邻间为了减少家庭生活和生产所面临的不确定性而组织在一起，想通过互助的方式来筹集资源以保障生活的安定和家庭的发展。这种当个人需要帮助时能从家庭和社区得到的社会支持是一种存在于村落中的原始性社会资本，它是互助会形成的基础。

第五章　理性的经济互助：互助会的标会机制

经济理性是"经济人"在选择经济行为时所运用的理性，追求效用最大化是其根本目标。互助会作为一种社区经济组织，是村民们想通过经济互助的方式来应对未来生活中可能遇到的风险，这是村民们沿袭着传统而保留至今的共同经验，那么这种建立在情感联结基础的经济组织是否具有经济运行所该有的理性特征呢？本章主要是对互助会的标会机制进行描述和分析，以此来呈现会员们是如何通过互助会来实现自身的目标。任何组织的运行都脱离不了其背后的规范和约束机制,互助会作为一种非正式组织,它的约束机制又具有什么样的特征呢?这也是本章所要讨论的主题。

一 标会机制:竞标

互助会有 N 名会脚,就会持续 N 轮标会,直至每个成员都获得一次资金借贷权后,该会就自动结束。在 G 村,所有的互助会都以竞争投标的方式产生得会者。到了约定的起会日期,标会活动就开始了,第一轮会钱都是由会头得到的,每个会脚都需交等于该会会金的会钱,会头无息得到了第一期的全部会钱。例如,在秀莺 1000 元的会中,每个会脚第一轮都得给秀莺 1000 元会钱,她就获得了 7.5 万元会钱。从第二轮开始,每轮都是通过竞标的方式来产生得会者,竞标的原则是:谁出的标息(或"利息")越高,谁就能得会。到了约定的标会日期,会脚会根据当时的家庭资金需求来决定是否要去标会,对于那些有资金需求的会脚就要在约定时间来到会头家中标会,会头负责组织标会。竞标规则如下:来标会的会脚需要各自在白纸上写下其愿意出的标息,折叠好后交给会头,会头会当场统一公开各个会脚的标息,看谁出的标息最高,谁就是该轮的得会者。竞标结束后,会钱由会头负责收缴,收齐后交给当轮得会者,这一轮的标会活动也就结束。而对于这个已得标的会脚来说,以后各轮的会他就无权竞标了,该互助会对于他来说就是"死会"了。而未得会的会员在将来总有一次得到会钱的机会,对于他们来说该会是"活会"。通过竞标的方式,直至全部会脚都获得过会钱后,互助会就自动宣告结束。

Klonner(2003)认为正是标会里的竞标为面临收入不确定的会员提供了一种保险机制。当会员在生产经营或重大生活中发生困难需要用钱时,他们就会去标会。互助会通过竞标的方式可以使每期会钱都放到最需要的人手中。因为标息能够很好地反映出成员的偏好,越是急用资金的会脚,其愿意付出的利息越是最高的。Callier(1990)指出,加入互助会对于成员来说是明显的帕累托改进,因为通过这种安排能使某些成员的处境变得更好,但没有一个成员因此而变坏(刘民权、徐忠、俞建拖，2003）。对于得会者来说，资金的借贷帮助其解决了眼前的困难；而对于未得会者来说，每轮交出家里的闲钱，并不会导致其处境变坏，所以互助会能够促进组织成员整体福利的提升，达到帕累托最优状态。

二 互助机制：联合储蓄和轮转信贷

每轮标会结束后，会脚都需向会头交清当轮会钱（会钱的计算方法见表5），包括会头自身在内，这是每个组织成员都必须承担的义务。每轮会钱并不是相同的，它跟该轮标息的大小密切相关。对于那些已得会的会脚来说，从他得会起，以后每轮交的会钱是一样的，会钱是该会的会金，如1000元的互助会其每轮都得付1000元。而对于未得会的会脚，她每轮要交的会钱是不一样的，根据每轮的标息而定，当轮会钱＝会金－当轮标息，如1000元的互助会，若当轮标息为100，则当轮会钱＝1000－100=900。直至该会脚得会了，就变成了已得会的会脚，以后各期会钱都是该会会金。而会头的角色都等于未得会的会脚，每轮所交会钱也是不一样的，为"当轮会钱＝会金－当轮标息"。

表5 会钱计算方式

角色		应缴会钱
会脚	已得会的会脚	从她得会起，以后每轮交的会钱是一样的，会钱为该会的会金
	未得会的会脚	他每轮要交的会钱是不一样的，根据每轮的标息而定，当轮会钱=会金－当轮标息
会头		其角色等于未得会的会脚，每轮所交会钱也是不一样的，为"当轮会钱=会金－当轮标息"
当轮全部会钱		全部会脚和会头所交会钱的总和

研究发现，互助会标会机制的实质就是：利用成员间联合储蓄的方法积聚资金，然后将积聚的资金在成员间实行免息或低息的轮转信贷。每个成员按时交会钱其实就是实现了成员间的联合储蓄，集小钱

为大钱,从而积聚了资金。而每个成员都拥有唯一一次资金借贷权,这就在成员间实现了资金的轮转信贷。因此,互助会本质上是一种具有储蓄和借贷功能的互助组织(Geetz,1962)。

首先,互助会通过成员间的联合储蓄实现了资金积聚。经济学家Besley、Coate和Loury(1993)通过经济学模型(B-C-L模型)研究了互助会,认为会的作用在于帮助无法得到外部信贷市场支持的个人进行共同储蓄,以购买不可分割的耐用品。正是互助会提供了这样一种共同储蓄的资源汇集方式,依照会约每个成员定期进行储蓄,对于会员个人来说,这其实是对于未来生活不确定性的事先防范,而对于组织整体来说,那些不急着用钱的会员把闲钱拿出来低息借给那些急需用钱的成员,这就实现了资源的整合和优化利用。

其次,互助会通过轮转信贷使每个成员都享有平等的资金借贷权,具有小额信贷的功能。学者格尔茨就指出,循环信贷协会这类组织,对于积累小额资本极有效益,它们为发展经济提供了重要帮助(邱建新,2005:143)。互助会将所有成员缴纳的会钱构成标金,通过标会的方式以低息借给该组织内的成员,成员获得这笔钱时不需要有任何的财产抵押和担保,从而实现互助会的小额信贷功能。

互助会作为一种村民间自发的经济组织,通过组织成员联合储蓄的方法积聚资金,再将积聚的资金在成员间实行低息或免息的轮转信贷,通过这种制度化的经济互助方式帮助成员解决个人资金困难,这就是互助会的标会机制。资金的积累是在互助的性质下完成,互助是以资金借贷的形式实现的(胡中生,2011)。正是通过组织成员间的互助才实现了联合储蓄,又通过轮转信贷的方式使每个组织成员都享有资金的借贷权,达到了互助的目的。

三 互惠机制:标息

互助会从成立至今,互助互惠一直都是其最根本的原则。早期互助会仅限于亲属群体间和拟亲属群体间的互助,规模很小,在请会成功后不仅会办会酒来谢大家,同时互助会会以轮会的形式继续下去,这次收了大家多少钱,轮到还时再如数拿出来。亲密社群间尚且需要互惠以维持互助合作，其他非亲密社群的关系维护更需要互惠的利益交换。在当前互助会规模已不断扩大的今天，非亲密关系以外的成员成为互助会的主要人员，那肯定需要更多的互惠互利才能有吸引力。大额的资金借贷权和赚取标息就成为当前互助会互惠的实现产物。其中，每个组织成员都享有平等的大额资金借贷权，这在第二节中已做过大量相关的论述，在此主要分析标息对于互惠的意义。

在标会机制中，标息指的是会脚为获得当轮会钱所承诺付出的利息，它不仅决定谁是得会者，而且也关系着会钱的数额。通过表5可知，对于那些付出高利息而获得会钱的会脚来说，在整个标会过程中其实际上是亏钱的，付出的会钱是多于其得到的会钱，那些以低标息获得会钱的会脚则能通过标会来赚钱。一般情况下，越往后面标会的会脚，其拿到的会钱就会越多。据村民反映，G村互助会借款利息最高不超过1分[①]，三年期的互助会折合下平均年利率低于6.7%，维持在5%左右，借款利率远低于民间借贷（利息2分左右），跟银行贷款利率差不多（一年期贷款基准利率是5.35%）。由于互助会并不涉及第三方管理，所以存借款的利息都是一样的，平均为5%，高于正式的金融组织存款利息（一年期存款基准利率是2.5%）。所以，通过入会来赚取标息对成员来说是具有吸引力的。

正是因为标息所具有的吸引力，才能使更多人出于自身利益而选择入会，感情因素不再是入会的唯一原因，互助会的规模扩大才得以扩大，更为关键的是成员间的多样性也会增强。这可以有效地实现资源的整合和优化利用，同时也分散了风险，有助于互助会保持稳定。首先，对于这些资金相对充裕者来说，标会实质就是零存整存，最后所得为本利并收，标息是她们理应获取的投资回报。在G村，很多家庭都希望通过入会的方式来赚取标息，他们根据家庭的收入情况做好入会的计划，每个月除去基本的生活开支，剩下的钱都会拿来做会钱，甚至有些家庭省吃俭用以减少家庭开支就为了能多入几个会以赚取标息，所

---

① 由于每个会脚得会的标息不同，互助会的利息是随之变化的，每个人都不太一样。"最高1分的利息"是访谈中村民所说，是他们根据做会的日常经验判断得出的。

以，在互助会借款利率不高的情况下，标息是他们理应获得的投资回报，是其通过储蓄而实现的资产积累和投资，可以用于家庭的进一步发展。其次，对于那些急需资金的会脚来说，标会实质就是整借零还，虽然先得标往往标息比较高，导致所得会钱就比较少，但这确实帮助她解决了眼前的困难，起着救急的作用。同时，由于受到通货膨胀率的影响，互助会成员间的净收益也随之减少（李勤、张元红，2011）。

虽然互助会中的大部分人是出于自身的利益诉求而入会，但在实际上其确实也起到了帮助他人的效果。而对于那些最初是为了帮助会头而入会的会脚来说，其在标会的实际过程中也获得了个人利益，他们也并没有牺牲自身利益。这就是互助会所特有的互惠性，它是种利他主义和利己主义的混合体，是遵循社会规范和追求个人利益的混合体，具有"短期的利他"和"长期的利我"相兼容的特征（邱建新，2005：110）。正是这种互惠机制使组织内的所有成员都能通过标会而获利，才能使人们真正愿意持续去参加互助会，因为入会不仅能帮助他人，也能使自己获益。

四 制度规范：特殊信任机制

在互助会标会机制中，将所有会员缴纳的会钱构成标金，通过标会的方式以低息借给该组织内的会员，会员获得这笔钱时不需要任何的财产抵押和担保。那么，一个互助会大多要运行2—3年，在这么长的时间内组织又是靠什么来规范好成员的做会行为呢？乡土社会的信用并不是对契约的重视，而是对一种行为的规矩熟悉到不假思索时的可靠性（费孝通，2008：38）。从小在村庄中长大的村民，耳濡目染，日日熏陶，遵守有关互助会的乡规民约，并逐渐内化为每个人的自觉行为。"我们这很少倒会的现象，把钱放会里大家都比较放心。"（会头秀莺）正是这种对于互助会的信任，人们遇到困难时就根据做会惯例组织起互助会，每个成员自觉遵守着传统规范，一旦有成员失信"跑会"了，其并不会得到法律的惩罚，惩罚的方式通常都是集体性的舆论压力和孤立。那么，这种互助会的信任又是如何产生和规范着她们的做会行为呢？

1. 因熟悉而产生特殊信任。通过前面的分析，可以知道，组建互助会时，会头与会脚之间存在双向的选择机制，有良好声誉和稳定收入的熟人是选择成员的标准，其中，熟悉是最重要的前提。这种熟悉是指成员间对彼此的情况比较了解。"让他加入互助会是因为相信他能做好会脚或会头"，这种"相信"就是对他人的信任。而这种信任是生成于熟悉（邱建新，2004：114）。由于熟悉，村民间实现了信息共享，而这些信息也成为村民是否给予他人信任的重要依据。韦伯将信任分为特殊信任和普遍信任，特殊信任是指建立在血缘、亲缘与地缘基础之上，并以道德、意识形态等非制度安排为保证的信任关系。在G村互助会中，成员大多都是同村落的熟人，成员因生活在同一村落中而互相熟悉，进而产生信任，这其实就是种特殊信任。因此，成员间因为互相熟悉而产生特殊信任，对他人能作出符合互助会规范的期待。

2. 面子是信任的内在约束。能够加入互助会，是他人给予的信任，是他人对于自身行为能符合互助会规范的期待。对于这种外界的行为期待，那么个人又是如何能遵循好做会的规范呢？"在农村生活最看重的就是做人的面子，做会时如果不守信，那么这人的声誉就不好了，就没面子了，以后出来做事都不容易。"（会脚王爷爷）那种为了私利而没有遵守标会规则的人在村民眼中就是丢了面子，丢了面子这对于农村人来说就是失去了做人的尊严。在熟人社会中，每个人都处于与自己熟悉的人所形成的社会关系中，靠的就是人情面子（邱建新，2004：117）。"有面子"是社会给予的正面价值，"失去面子"就是失去了原有的生活特权，也等于被社会所排斥（马凤芝，2010：31）。虽然对于那些跑会的会脚来说，并没有受到正式法律的制裁，但是其会遭到社区成员的集体报复和惩罚，可能被排斥出社区成员的圈子，处于孤立状态，丧失将来参与互助会或其他集体活动的机会，损失将是惨重和长期的。所以，没有人愿意因为一次互助会中的不守信行为使自己失了面子，守住面子成为互助会成员在标会活动中的内在约束力。

3. 定栖产生制度信任。乡土社会中的人们世居一地，安土重迁，很少流动，人们生于斯，长于斯，死于斯，常态生活是终老是乡（费孝通，2008：6）。虽然现在越来越多的青年人到国外去发展了，但是他们的父母仍然生活在这里，他们赚的钱仍然是寄回来供家里交会钱，他们在国外的生活圈仍然是以同村人为核心。所以，在这种较为封闭的社会关系中，人们长期生活在一起，定栖使互助会中的博弈由有限次变为无限次。由于高昂的失信成本，合作共赢成为参与者最佳的策略选择。因此，重复博弈使建立在特殊信任关系基础上的人际互助得以反复成功地运行，使信任得以内化。当人们在反复的成功的互助会实践过程中越来越多认可互助会经验时，经验转变成了一种成功的非正式制度，影响着共同体中越来越多的参与者，互助会最终成为当地人熟悉到不假思索的可靠性行为，由此产生了对互助会的制度信任。即使到了市场经济发达的今天，互助会仍然在当地人的日常生活中发挥着正式制度所替代不了的功能，人们在家庭和社区生活中习得了标会经验，不假思索地遵循着他们自幼熏陶其中的传统行为方式，并在现代的社会环境中继续应用、完善和拓展。

互助会通过特殊信任关系，绕过了国家的正式制度，成为一种"没有法律的秩序"（邱建新，2004：148）。在互助会中，成员们入会虽然不需要任何形式的担保，人们基于血缘和地缘关系的特殊信任而组成互助会。由于人们长期生活在一起，标会活动无形中成为永久性的博弈，一次的失信行为会使自己失了面子，可能会被排斥出社区成员的圈子，处于孤立状态，高昂的失信成本使合作守信成为互助会参与者最佳的策略选择。最后，人们通过一次次成功的互助，使人际信任得以内化，标会经验也就转变成了一种成功的非正式制度，互助会最终成为当地人熟悉到不假思索的可靠性的日常生活规矩，由此产生了对互助会的制度信任，互助会就得以长期保存下来。所以，互助会就是通过特殊信任机制规范着组织成员的标会行为。

五　本章小结

为了实现会员间互助的目标，互助会依托会员间的特殊信任，通过竞标的方式产生每轮的得会者，当会员需要用钱时就可以去投标，这就使每轮会钱都能放到最需要的人手中。互助会利用会员间联合储蓄的方法积聚资金，然后将积聚的资金在成员间实行免息或低息的轮转信贷，直至每个成员都获得一次资金借贷权，通过这种制度化的经济互助方式帮助成员解决个人资金困难。互助会成员在帮助他人时自己也能获利，最终达成互惠的目标，这种标会机制反映了基于经济理性的组织运作理念。具体而言：第一，互助会的竞标机制为会员提供了一种保障机制，当会员在生产经营或重大生活中发生困难需要用钱时，他们就会去标会。谁出的标息越高，谁就是当轮得会者，通过竞标的方式可以使每轮会钱都放到最需要的人手中，实现了组织的帕累托最优状态；第二，每轮竞标结束后，每名会员都得交一定数额的会钱，会头把所有会员的会钱汇总起来后交给该轮得会者，这实质就是利用成员间联合储蓄的方法积聚资金，然后将积聚的资金在成员间实行免息或低息的轮转信贷，通过这种制度化的经济互助方式帮助成员解决个人资金困难；第三，在当前经济理性日益影响并渗透于人们生活和生产中的现实情况下，互助会的标会机制使每个成员都享有平等的资金借贷权和赚取标息，成员在帮助他人时自己也能获利，最终达成互惠的目标，这才能使人们真正愿意持续去参加互助会，互助会的规模才得以扩大，成员的多样性才会增强；第四，互助会是通过特殊信任机制规范着组织成员的标会行为。

第六章　保障与发展：互助会功能特征

在宏观社会政策层面，发展性社会福利理论强调社会和经济的协调发展，认为经济和社会发展是不可分割的组成部分，要确保社会与经济的协调发展，使发展的成果惠及所有的阶层。在微观层面，这种社会福利的发展视角关注社区居民的合作，认为社区有组织起来的内在能力，能够解决社会问题、创造发展机会，满足社区居民的福利需求。另外，投资于资产也是其重要的策略，资产是指财富的储蓄和积累,它在长期内会产生消费以外的重要经济、心理和社会效应(谢若登,2005:117)。前面两章的分析已经发现,互助会是G村人为了减少家庭生活和生产所面临的不确定性而组织在一起,通过互助会的标会机制实现了制度化的经济互助,那么这种经济互助是否能实现社区成员自我保障的福利需求呢?以及作为一种经济组织,互助会在村落生活中又会具有哪些功能呢?本章将从会员们的标会用途来对互助会的功能进行描述,并借助发展性福利理论对互助会的功能进行分析,试图对互助会的功能特点进行总结。

一 会员标会用途:自我保障

会头们通过组会来筹钱是为了解决家庭经济困难,而作为互助会的另一类成员,会脚们的主要标会用途又是什么呢?通过会脚标会用途(见表6)分析,发现只有莫阿姨是为了赚取利息而选择最后标会,而其他14名会脚,都因为家里各种原因需用钱而标会,占到了93%。其中,儿女婚嫁、家人出国谋生、还债等是受访对象标会的常见用途。研究发现,会脚们主要出于以下三类用途而去标会。

表6　　　　　　秀莺互助会的部分会脚标会用途

会脚	标会用途	性质	会脚	标会用途	性质
王爷爷	儿子出国谋生	家庭的问题	守雄嫂	女儿出嫁	家庭的问题
大朝嫂	盖房子	家庭的问题	友华嫂	给公公治病	突发性问题
李嫂	丧事	突发性问题	守朋嫂	扩大养猪场	发展性问题
王阿姨	儿子结婚	家庭的问题	林婵姨	还债	家庭的问题
彩云姐	丈夫做生意失败	突发性问题	文章嫂	投资办厂	发展性问题
香娇姨	儿子出国谋生	家庭的问题	起寿嫂	丈夫出国谋生	家庭的问题
陈艳姨	丧事	突发性问题	文辉嫂	还债	家庭的问题
莫阿姨	赚利息	发展性问题			

1. 家庭的突发性问题。像疾病、意外事故、丧事等，是每个家庭发展过程中都会遇到的，这些问题由于发生得比较突然，需要大额资金支出，如果没有预先的防御，很容易使家庭陷入困难，甚至会使正常的家庭生活难以维系，这类问题都属于"家庭的突发性问题"，访谈中表示用于解决家庭突发性问题而标会的占 26.7%。

2. 家庭的重大性问题。家庭的重大性问题是指因在家庭生命周期所遇到的重要性问题，需要家庭大额资金支出才能加以解决，比如择业、小孩上学、儿女的婚嫁、盖房子、还债等。受访会脚中，用于解决家庭重大性问题而标会的占 53.3%。而给家人置业和儿女婚嫁是最常见的两种问题。

3. 家庭的发展性问题。标会作为一种村民重要的融资手段，对于家庭的进一步发展有着重要的帮助。像投资、扩大生产等问题，都属于"家庭的发展性问题"，是指那些涉及家庭未来进一步发展但并不影响当前正常生活的问题。其中，会脚为家庭的发展性问题而标会的占 20%。

"一般会脚们找我标会，都会跟我提下标会的用途。给老公和儿女发展事业是最主要的，比如出国的费用、投资等，然后就是儿女的婚嫁、盖房子和装修房子，还有就是还债、给小孩交学费也常见。标会肯定都是为了给家庭发展用的。"（会头秀莺）

通过上述分析发现，会脚标会的主要用途是为家庭生活中因种种原因而需要钱的经济困难。当会员在生产经营或重大生活事件中遇到经济困难时，通过标会来解决资金困难，实现了互助会成员的自我保障。急需资金的会员获得了可用于解决困难的资金支持，保障了家庭生活的稳定，资金富余者获得了投资回报，保障了未来家庭的更好发展。因此，在 G 村，互助会实践是具有发展性的特征，这是通过资产积累而产生的福利效应。那么除了保障功能之外，互助会还具有哪些作用呢？接下来本文将从经济和社会两方面来分析互助会所发挥的作用。

二 互助会的经济功能：储蓄和借贷

互助会是集体储蓄和借贷的机构（费孝通，1997：224）。前面的分析已经发现，所有成员每期交纳会钱，类似于进行定期储蓄，同时把所有成员的分散资金集中起来作为借贷资金的来源，再借给组织内的成员。从经济层面看，它确实具有储蓄和借贷的功能。

1. 互助会有效地鼓励和促进了家庭储蓄。通过对标会机制的分析已经知道，互助会提供了一种共同储蓄的机制，要求每个成员定期交清会钱，这类似于定期储蓄。作为互助会的组织成员，家庭储蓄无形中就具有了"强制性"，这极大地促进了家庭的储蓄，实现了资产的积累。

2. 互助能满足家庭一次性大额消费的需求，起到了平滑消费①的作用。如表6中所列的婚丧嫁娶、严重疾病、建新房等都属于家庭的一次性大额消费，会员们通过互助会不仅能够在短期内以较低成本的方式筹集到较大数额的资金，而且这笔资金是预先支取、分期返还的，将本期大宗消费平滑到未来各期，这无疑能够极大地增强人们应对生活困难的能力。案例中会头秀莺通过组会借到了 7.5 万元钱，这笔钱被分为三年还清，每个月还 1000 元左右，这极大地减轻了会员的还款压力。

3. 互助会可以有效地低息融资。互助会的最明显的功能是促进小规模的资本形成（Ardener，1964）。福建省东南沿海是个商品经济发展相对较快的地方，G 村人多以经营小生意来谋生，需要大量的流动资金，互助会由于借款方便和利息低，就成为他们最重要的融资方式。银行虽然贷款利息低，但是贷款的门槛高、限制多，把大部分农村家庭都排除在外。而民间借贷虽然门槛低、借款方便，但是利息很高。而互助会的借款利息远低于民间借贷，跟银行贷款利率差不多，同时借款也方便于银行。所以，互助会就成为当地人最主要的经济互

---

① 平滑，是指一种机制，人们在收入一定并且立即支付存在困难时，能够通过这样一种机制将支出分摊到未来各期，从而实现消费的平滑。

助组织。

4.互助会能满足成员的投资需求。G村里有一部分像会脚莫阿姨这种资金较充裕的家庭，想通过入会来赚点利息，满足他们的投资需求。互助会的存款利息高于正式的金融组织的存款利息，所以成员通过互助会来定期储蓄的投资积极性就更高。

研究发现，互助会由于存借款利息都比正式的金融组织有吸引力，所以互助会取代正式的金融组织，成为G村居民经济生活中的互助组织。互助会提供了一个熟人间联合储蓄的机制，通过制度化的方式让成员参与储蓄实现了资金的积累，并通过轮转信贷使成员拥有了大额资金的借贷权，不仅能满足家庭一次性大额消费的需求，起到了平滑消费的作用，也可以有效地低息融资，满足成员的投资需求，从根本上满足了家庭经济和生产的发展，最终促进了社区的经济发展。因此，互助会作为会员经济生活中的互助组织，不仅保障了基本的家庭经济生活，而且还能促进经济和生产的发展，具有发展性的功能特征。

三 互助会社会功能

根据资产建设理论可以发现，在互助会中，会员入会其实质就是进行资产积累，等家庭遇到困难需要大额资金时，他们就会去标会来解决问题，这就是会员通过入会而实现了自我保障。研究发现，互助会作为会员实现自我保障的一种有效机制，它不仅发挥着社会救助的功能，也能满足会员家庭个性化的发展需求，弥补了正式福利的不足。而且，以人际互助为基础的互助会促进了会员间关系的发展，维系着以社区共同体为中心的社会网络，促进了社区资本的形成，有利于实现社区团结。

1.弥补正式福利的不足

一般意义上，社会保障是指政府通过公共行动而向社会成员提供基本生活保障的政策体系，是通过制度化的方式使社会成员在因年老、疾病、失业、生育、死亡、灾害等原因而丧失劳动能力或生活遇到障碍时，能够从国家和社会获得基本生活保障（关信平，2004：242）。作为现代国家构建的社会安全网，社会保障的主体是国家政府,是通过国家立法强制实施,保障公民的基本生活需要。而互助会是乡邻间自发组织起来的社区组织,通过互助的方式来筹集资源以保证生活的安定,所以它不同于正式的社会保障机制,是人们抵御各种风险的一种非正式社会保障机制(童星,2004)。

互助会自我保障机制发挥着社会救助的功能,保障了家庭的稳定。第四章已经分析过互助会早期是产生于乡邻间的互助救济,在国家正式福利缺失的情况下,乡邻间通过互助会而实现了互助救济,帮助家庭解决了很多困难,因此得以延续至今。由于当前我国农村的社会保障水平较低,当村民在日常生活中遭遇到各种突发性的风险时,仍然主要依靠自身的力量来解决。会员们通过参会获得了资金借贷权,当家庭生活或生产遇到问题时,会脚们通过标会就可以获得解决问题的大额资金,而且是以分期的方式来还款,能有效地避免家庭因还款而再陷入生存困境。在这种情况下,互助会就扮演着社会安全网的角色,发挥着社会救助的功能,保障了家庭的稳定。

互助会自我保障机制能满足会员家庭个性化的发展需求,增强了未来生活的信心。目前我国的社会福利模式是以适度普惠为目标,面向全体社会成员提供基本的福利服务。这种适度普惠型的社会福利发展模式,工作的重心是提高福利覆盖人群的数量,所提供的社会福利是以保障全体公民的基本生活需求为主,更多的是一种生存性的福利保障。以养老保险为例,一个月85元的养老标准对于经济较为富裕的G村人来说能带来的帮助实在不多。而通过前面的会脚标会用途的分析,在G村互助会成员标会主要为解决家庭的突发性问题、家庭的重大性问题和家庭的发展性问题三类问题,而这三类问题基本上都不涉及家庭最基本的生存困难,更多是为了满足家庭的各方面发展需要,以子女的婚嫁、择业投资、建房为主。这种满足家庭个性化的发展需求是当前我国社会福利所提供不了的。人们可以通过自身的储蓄来获得互助会的资金借贷权,这不仅为未来不确定性的风险进行了事先预防,而且也能获得家庭个性化发展所需的资金支持。

在国家正式福利供给已经占主导作用的今天,互助会由于能够帮助会员有效地筹集资金,从而对会员的日常生活发挥着保障的作用,满足了家庭个性化的发展需求,弥补了正式福利的不足,与正式的国家福利制度一起构筑起居民生活的安全网。

2. 促进社区资本的形成

社会资本具有再生产性,它的重要特征就在于它可以被重复使用,并且不因使用频率的增加而减少,相反会由于不断地使用而增强(邱建新,2004∶145)。前面的分析我们知道,互助会产生于乡邻间的互济互助,这种周而复始的互助关系进一步强化了社区成员间的情感联系。曾经你帮过我,回头我也会帮你,这种建立在人际信任基础上的互助,通过成功的互助合作又进一步强化了成员之间的信任,使得共同体中成员之间的关系更为牢固。更为关键的是,由于长期成功的互助会实践,使人们产生了对互助会的制度信任,参加互助会成为G村人熟悉到不假思索的可靠性行为,这样人与人之间、家族之间、代际的互助变成了一个不断强化、周而复始的循环过程,这样的循环不会在一次"施与报"完毕后就结束,而是会转为新一轮的"施与报",你来我往,一来二去,各种关系在不断的互助中得到强化和牢固,个人在不知不觉中逐步被编织进关系网络中,社区由此聚合成为一个牢不可破的整体。因此,普特南(2001)将互助会的组织实践视为共同体成员投资于社会资本的一种表现,他敏锐地指出轮转信用组织不仅是一个经济制度,它还是加强全村团结的一种机制(邱建新,2004∶146)。总之,以人际互助为基础的互助会促进了会员间关系的发展,维系着以社区共同体为中心的社会网络,促进社区资本的形成,有利于实现社区团结。

因此,互助会不仅具有储蓄、信贷和投资的经济功能,更为重要的是还能发挥社会救助的功能和满足家庭个性化的发展需求,弥补了正式福利的不足,同时还维系着以社区共同体为中心的社会网络,促进了社区资本的形成,实现了经济和社会功能的协调,因此具有发展性的功能特征。

四 本章小结

当会员在生产经营或重大生活事件中遇到经济困难时,通过标会来解决资金困难,实现了互助会成员的自我保障。互助会作为会员经济生活中的互助组织,不仅具有储蓄、信贷和投资的经济功能,在保障会员基本的家庭经济生活的同时,还能促进家庭经济和生产的发展。更为重要的是互助会作为会员实现自我保障的一种机制,它不仅发挥着社会救助的功能,也能满足会员家庭个性化的发展需求,弥补了正式福利的不足。在社区生活层面,以人际互助为基础的互助会促进了会员间关系的发展,维系着以社区共同体为中心的社会网络,促进了社区资本的形成,有利于实现社区团结。因此,互助会实现了经济和社会功能的协调发展,具有发展性福利的功能特征。

第七章 互济互惠:村落社区福利内卷化

一 研究结论

1. 互助会自我保障机制

本文是以福建省G村互助会为研究对象,系统地呈现、描述和分析互助会的形成原因、组织方式和实际功能,从东亚福利模式和发展性福利的理论视角出发,分析了这种富有东亚文化特色的传统社会组织的社会基础和功能。研究发现,互助会是村民在生产经营或重大生活事件中发生困难时以经济互助的方式来渡过难关时的应对措施,具有非正式社会保障的功能。

(1)原始性社会资本是互助会形成的基础

研究发现,在村落生活中,互助会是乡邻间互助互济的一种方式,遇到困难的会头通过组会的方式向家人和乡邻求助,会脚们则作为会员为帮助会头和当自己遇到困难时能够得到乡邻的帮助而入会,这使得互助会得以组建。组会是会头家庭生活或生产遇到经济困难后而选择的求助方式,而会脚们入会也是为了当自己遇到困难时能够得到乡邻的帮助,这就是会员们想通过互助的方式来实现自我保障。因此,互助会的组建就是乡邻间为了减少家庭生活和生产所面临的不确定性而组织在一起,通过互助的方式来筹集资源以保障生活的安定和家庭的发展。这种当个人需要帮助时能从家庭和社区得到的社会支持是一种存在于村落中的原始性社会资本,它是互助会形成的基础。

(2)互助会是一种理性的经济互助组织

为了实现会员间互助的目标,互助会依托会员间的特殊信任,通过竞标的方式产生每轮的得会者,当会员需要用钱时就可以去投标,这就使每轮会钱都能放到最需要的人手中。互助会利用会员间联合储蓄的方法积聚资金,然后将积聚的资金在成员间实行免息或低息的轮转信贷,直至每个成员都获得一次资金借贷权,通过这种制度化的经济互助方式帮助成员解决个人资金困难。互助会成员在帮助他人时自己也能获利,最终达成互惠的目标,这种标会机制反映了基于经济理性的组织运作理念。具体而言:第一,互助会的竞标机制为会员提供了一种保障机制,当会员在生产经营或重大生活事件中发生困难需要用钱时,他们就会去标会。谁出的标息越高,谁就是当轮得会者,通过竞标的方式可以使每轮会钱都放到最需要的人手中,实现了组织的帕累托最优状态。第二,每轮竞标结束后,每名会员都得交一定数额的会钱,会头把所有会员的会钱汇总起来后交给该轮得会者,这实质就是利用成员间联合储蓄的方法积聚资金,然后将积聚的资金在成员间实行免息或低息的轮转信贷,通过这种制度化的经济互助方式帮助成员解决个人资金困难。第三,在当前经济理性日益影响并渗透于人们生活和生产中的现实情况下,互助会的标会机制使每个成员都享有平等的资金借贷权和赚取标息,成员在帮助他人时自己也能获利,最终达成互惠的目标,这才能使人们真正愿意持续去参加互助会,互助会的规模才得以扩大,成员的多样性才会增强。第四,互助会是通过特殊信任机制规范着组织成员的标会行为。

(3)保障和发展是互助会的功能特征

当会员在生产经营或重大生活事件中遇到经济困难时,通过标会来解决资金困难,实现了互助会成员的自我保障。互助会作为会员经济生活中的互助组织,不仅具有储蓄、信贷和投资的经济功能,在保障会员基本家庭经济生活的同时,还能促进家庭经济和生产的发展。

更为重要的是互助会作为会员实现自我保障的一种方式，它不仅发挥着社会救助的功能，也能满足会员家庭个性化的发展需求，弥补了正式福利的不足。在社区生活层面，以人际互助为基础的互助会促进了会员间关系的发展，维系着以社区共同体为中心的社会网络，促进了社区资本的形成，有利于实现社区团结。因此，互助会实现了经济和社会功能的协调发展，具有发展性福利的功能特征。

2. 村落共同体生活中的互济互惠

许多社会学家把"传统"和"现代"视为社会结构对立的两极，但滕尼斯认为现代社会是一个包含着原始的、传统的和现代的多种因素的复合性结构。研究发现，互助会作为一种嵌入在特定社会结构和文化中的组织，组织形态受到社会结构和文化的变化而变化，也会具有传统和现代的复合性结构特征。当前互助会既保持了传统社会所具有的某些特征，也采取了新的组织形式来适应现代农村社会生活的需要。首先，互助会保持了传统社会结构和文化所具有的某些特征，表现为以情感联结为基础的生活中的互助互济。在正式福利不足的情况下，当个人遇到困难时还是首先求助于家人和乡邻，家人和乡邻基于情感因素而去帮助他，这就是村落生活所具有的原始性社会资本，这是传统社会所具有的非正式和自愿性的福利。其次，在现代化、市场化和城市化的影响下，我国的家庭规模日趋缩小、传统的共同体日趋瓦解，经济理性正渗透到农民生活的各个领域，如何继续维持家庭和邻里间的互助直接关系着东亚社会非正式福利的发展，而以情感联结为基础的互助会通过理性的经济运作实现了会员间的利益互惠，很好地适应了现代农村社会生活的形态。本文通过结合费孝通的"差序格局"理论和相关人际关系的研究，在此将现阶段G村互助会运作和实践的内在逻辑总结为一种"村落共同体生活中的互济互惠"（如图1所示），认为在正式福利不足的情况下，互助会使乡邻间依托原始性社会资本实现了互助，以制度化的经济互助方式形成了集体共担机制。

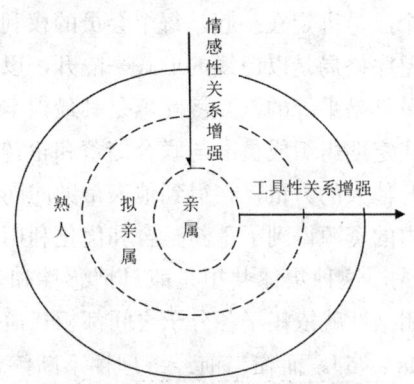

图1 村落共同体生活中的互济互惠

（1）互助会使乡邻间依托原始性社会资本实现了互助。在村落共同体中，乡邻间是彼此熟悉而相互信任的，这种信任不仅是对他人的信任，更是对于他人具有共同文化观和道德观的信任。一方面，在村落共同体中，乡邻间是互相熟悉、密切交往的，亲属群体和拟亲属群体间不仅具有良好的情感基础，更有互助互济的道义责任。在正式福利不足情况下，当会头有困难时家庭和社区共同体仍然是其求助的最主要对象，会头根据关系的亲疏远近来选择邀会的先后顺序、会脚们出于亲情或人情而入会帮助会头，这种通过互助会而形成的非正式社会支持网络并不是西方社会意义上的社会群体，不具有独立于社会结构的意义，而是从属于会头个人的关系结构中，是以情感为关系的基础。另一方面，长期生活在村落共同体中，乡邻间具有共同的文化观和道德观，家庭成员间的"亲亲之爱"和共同体成员的"守望相助"都是传统社会人们所遵循的文化观和道德观。互助会作为G村乡邻间互助的方式一直保存在当地人的记忆中，并内化为日常生活的习惯。这种乡邻间基于共同的文化观和道德观而形成的互帮互助关系就是村落生活所形成的原始性社会资本。而会头就是把这种来源于家人和乡邻的原始性社会资本组织起来建立了互助会，以实现会员间的互助互济。

（2）互助会以制度化的经济互助方式形成了集体共担机制。虽然基于情感联结的原始性社会资本是互济互惠的基础，但是经济理性的标会机制把每个成员绑定在一起，每个会员的权利和义务都是一样的，因此圆中的差序格局是以虚线的形式来隔开，以说明在互助互济的过程中所有会员都是平等的，互济互惠是其最根本的原则。互助会通过制度化的方式定期组织成员参与联合储蓄和轮转信贷，各成员利益的实现都离不开他人的力量，在得到他人帮助的同时你也在帮助他人，村落共同体内的资源得到了重新整合和优化利用，形成一个集体共担的机制。首先，这种集体共担是兼具情感性和工具性的互助互济。亲密社群的团结性就依赖于各分子之间都相互地拖欠着未了的人情（费孝通，2008：75）。而在当前经济理性不断渗透到农民生活的各个领域，经济上的互利已成为社会联系的重要纽带。因此，从中心的格局向外，成员的情感性关系逐渐减弱，工具性关系就会增强。这种集体共担机制融入了利益因素，感情因素不再是互助的唯一原因，更多人出于自身利益而选择与他人合作互助，互助的规模才得以扩大，多样性才会增强。其次，这种集体共担是互利互惠的。儒家文化强调受恩必报是做人的道德，人际关系在"施与报"中得以建立和维持。亲密社群间尚且需要互惠以维持互助合作，其他非亲密社群的关系维护更需要互惠的利益交换。充满经济理性的投标机制使每笔钱都能放到最需要的人手中，急需用钱的会员就能通过标会来解决问题，对于那些暂时不需要用钱的会员来说，这既帮助了有情感关系的他人，自己也能获利，整个过程是互利互惠的，实现了整个组织的帕累托最优状态。这种制度化的集体共担机制使村落共同体中的互济互惠更具理性化和长效化，互助互济才具有生命力。

3. 村落社区福利内卷化

东亚福利模式强调以家庭和社区为代表的非正式社会关系网络对于个人福利的重要作用，家庭成员和乡邻间的互助是东亚社会最主要的非正式福利来源，这极大地弥补了正式福利的不足。马凤芝（2010）把转型期我国社会福利的实践特点归结为"社会福利的内卷化"。Greets（1963）认为"内卷化"是指一个系统在外部扩张受到约束的条件下内部的精细化发展过程（刘世定、邱泽奇，2004）。而社会福利的内卷化则是指在社会总体福利资源有限的情况下，个人、家庭和社会系统利用传统文化的遗产，整合家庭的内部资源，将本应由国家以社会福利（社会保障）制度来解决的问题，转到了由家庭内部以降低生活质量的方法来维持社会成员生存及需要满足的实践过程（马凤芝，2010：325）。互助会是一种形成于以家庭为单位的村落共同体中，共同体中的各家庭出于未来生活的不确定性而自发组织在一起，通过互济互惠的方式来实现自我保障，当会员在生活或生产遇到经济困难时，通过标会解决家庭个人资金困难，实现了互助会成员的自我保障，这就使社会福利内卷化不再局限于家庭内部的互助，扩展成了社区内各家庭的互助，产生了村落社区福利内卷化的效果。

互助会通过理性的经济运作实现了成员间的互济互惠，由于每个成员只需在每期交一定数额的会钱，所以成员不仅不会因帮助他人而使自身的生活质量下降，而且还能通过标息来获利，所以这种通过互助会而实现的村落社区福利内卷化是不同于社会福利的内卷化，并不是以降低家庭的生活质量为代价的，这有效地降低了家庭的负担和风险。同时，这种村落社区福利内卷化也能弥补非正式社会支持的不足。非正式社会支持多是日常生活中的互帮互助，多是临时性的，缺乏制度化的机制，不能承担长期实质性帮助的任务。而互助会依托制度化的方式实现了会员间的资金整合和优化分配，形成长期的实质性的经济互助，这也很好地弥补了非正式社会支持缺乏长期性和稳定性的不足。

这种通过互助会而实现的村落社区福利内卷化是具有发展性的特征，这是其区别于社会福利内卷化的另一个地方。发展性福利理论强调的是经济和社会的协调发展，在宏观层面强调社会政策和经济之间的相互促进，在微观层面发展性福利理论关注社区居民的合作和个人资产的发展，认为社区有组织起来的内在能力，能够解决社会问题、创造发展机会，满足社区居民的福利需求。互助会作为村落成员经济生活中的互助组织，它是人们在遇到家庭经济困难后而出来组织建立的，村落社区的成员出于帮助会头和当自己有困难时能获得乡邻间的帮助而入会，它通过联合储蓄和轮转信贷的方式让所有会员都参与了经济互助，帮助会员解决了个人资金困难，这不仅可以帮助那些因经济困难而陷于困顿中的家庭,也能帮助那些想获得更好发展的家庭。更为重要的是这种互助不仅没有使那些给予帮助的家庭牺牲了自身利益,而且还能获得一定的利益,这实现了他们通过储蓄投资来获得更好发展的目标。所以,对于互助会中的所有会员来说,参会都实现了更好发展的目标,在促进家庭经济发展的同时,也促进了社区资本的形成,因此具有发展性的功能特征。

总之,村落社区福利内卷化是指在正式福利不足的情况下,互助会作为一种村落共同体生活中的互济互惠组织,它把社区内各家庭组织在一起,通过制度化的经济互助方式实现了各家庭的自我保障,互助会成员在帮助他人的同时,也能实现自身利益,最终促进了各家庭的发展。而互助会的发展性功能是对传统发展社会政策的有益补充,它是在非正式的社会关系网络上实现的,这在微观实践层面达成了非正式福利和发展性福利的统一。因此,G村互助会的实践很好地把东亚福利模式和发展性福利两个理论融合起来,以具体微观的实践故事为原本宏观结构性的理论提供了经验范本。

二 讨论与不足

本文是以福建省G村互助会为研究对象,系统地呈现、描述和分析互助会的形成原因、组织方式和实际功能,从东亚福利模式和发展性福利的理论视角出发,分析了这种富有东亚文化特色的传统社会组织的社会基础和功能,在研究上具有一定的创见。由于个人研究能力和客观条件的限制,本研究也存在诸多的不足。首先,在研究方法上,本文最大的局限是如何从微观的典型个案延伸到更大范围的讨论。互助会是个极具地方性知识的研究对象,各个地方具有不同特点,所以个案的互助会经验和感知是一种相当于个人的生活体验,而且访谈对象对于互助会所作出的描述也是基于其自身经验的讨论,主观性很强,能否从有限的个案研究推广到更大范围的讨论,事实上存在着很大的效度危机。因为笔者所研究的G村互助会利息是相对较低的,并不是学者邱建新所讨论的投机性标会,投机性标会已经偏离了互助会最本质的互助性,并不具有本文所讨论的自我保障功能,虽然各个地方的互助会运行方式差不多，但在功能属性上存在本质的差别，这就是本文中存在的最具争议的地方。而且，本文主要是以G村秀莺1000元的互助会为研究个案，并没有专门去分析那些低收入家庭参与互助会的情况，使得讨论也存在着一定的缺陷。其次，在理论研究上，本文是以东亚福利模式和发展性福利理论为研究的理论视角，由于东亚福利模式和发展性福利理论本身只是福利类型划分的理论学说，并没有完善的理论体系建构，同时受自身研究能力和理论积累的限制，本文在理论上缺少深入的挖掘和讨论，这是本文最大的不足。以下是后续可以进一步研究的问题：

1. 互助会的福利性

在福利经济学中，个人福利常常被定义为个人所获得的满足。阿马蒂亚·森认为，传统的福利经济学一直都把福利等同于收入来进行讨论，这种效用并不能充分地代表福利，他认为福利最终是一个价值评价问题，把福利看作是"获得有价值机能的能力"。与森的观点相一致的，在社会政策领域，以周弘为代表，认为福利是指能给人带来幸福的因素（周弘，1997：2）。本文所研究的G村互助会由于标息相对较低，虽然不是纯粹意义上无偿性的福利，但笔者认为其还是具有广义上的福利性，即"能给人带来幸福的因素"，只不过是这种互助更趋于经济理性化。因此，在利益因素愈发重要的现代农村生活中，笔者认为目前这种标息的存在更有利于乡邻间的互助，这种兼具利他和利己的互惠性使互助更加持续性和制度化。但是，互助会本身并没有固定的利息，随着当地经济和社会的发展而变化着，而且由于每个会脚的标息不同，其所付出的利息也是不同的，在多大范围内的利息能保证互助会的互助性是个难以计算的问题，但可以肯定的是如果标息过高，那么参会的投机行为就会增强，其最基本的福利性和互助性就无法保证，很容易就发生倒会的危险。所以，笔者认为互助会标会利息的高低直接影响到了互助会的福利性，那些利息水平跟民间借贷差不多的互助会从本质来说已经偏离了福利性。

2. 互助会的普适性问题

互助会纯粹是依靠熟人间的特殊信任来达成互助合作，共同的做会经验和地方性知识是其存在的基础,那么这种基于特殊关系而建立的互助形式,是否具有普适性、能否扩展到其他农村社区或城市社区呢?其次,互助会成员是理性选择而产生的,有良好声誉和稳定收入的熟人是其通行的标准。虽然对于良好声誉和稳定收入并没有很明确的标准,但是对于那些声誉已经很差、家庭收入不稳定甚至是没有任何收入来源的家庭来说,基本上是没有入会的可能性,他们想通过入会来实现自我保障就缺少了渠道,而这一部分的家庭只能是依靠国家的社会保障制度和家庭成员间的帮助,能否借鉴资产建设的理论来帮助这部分人群进行资金的配比或者担保是可以继续讨论的问题。最后,笔者认为相比于金融服务的需求,农村居民参与互助会更多是实现自我保障的目标,政府能否基于社会保障的视角对互助会的存在和发展进行重新定位,政府或非政府组织能否从这种产生于本土社会和文化中的社区组织中发掘出新的思路和措施,去更好地发展适合我国农村社会的保障和福利形式,这也是本文写作的初衷。

参考文献

陈德付、戴志敏,2005,《标会的投融资效率研究——来自温州市苍南县的一个案例分析》,《财经研究》,第 9 期

陈向明,2000,《质的研究方法与社会科学研究》,教育科学出版社

滕尼斯,2010,《共同体与社会》,北京大学出版社

费孝通,1997,《江村经济——中国农民的生活》,商务印书馆

费孝通,2008,《乡土中国》,人民出版社

关信平,2004,《社会政策概论》,高等教育出版社

胡必亮、刘强、李晖,2006,《农村金融与村庄发展——基本理论、国际经验与实证分析》,商务印书馆

胡中生,2011,《融资与互助会:民间钱会功能研究——以徽州为中心》,《中国社会经济史研究》,第 1 期

黄光国、胡先缙,2010,《人情与面子——中国人的权力游戏》,中国人民大学出版社

蒋晓平,2012,《人类学视角下的福镇标会合法性与存续机制研究》,《湖北民

族学院学报》(哲学社会科学版),第 6 期
金耀基,1993,《中国社会与文化》,牛津大学出版社(中国)有限公司
科尔曼,1999,《社会理论的基础》,社会科学文献出版社
李金铮,2000,《借贷关系与乡村变动——民国时期华北乡村借贷之研究》,河北大学出版社
林卡,2008,《东亚生产主义社会政策模式的产生和衰落》,《江苏社会科学》,第 4 期
林卡、赵怀娟,2010,《论"东亚福利模式"研究及其存在的问题》,《浙江大学学报》(人文社会科学版),第 5 期
林闽钢、刘璐婵,2012,《东亚福利体制研究:何以可能与何以可为》,《社会保障研究》,第 2 期
林南,2005,《社会资本——关于社会结构与行动的理论》,上海人民出版社
刘民权、徐忠、俞建拖,2003,《ROSCA 研究综述》,《金融研究》,第 2 期
刘世定、邱泽奇,2004,《"内卷化"概念辨析》,《社会学研究》,第 5 期
马凤芝,2010,《转型期社会福利的内卷化及其制度意义——城市下岗失业贫困妇女求助和受助经验的叙述分析》,北京大学出版社
马戎,2007,《"差序格局"——中国传统社会结构和中国人行为的解读》,《北京大学学报》(哲学社会科学版),第 2 期
谢若登,2005,《资产与穷人》,商务印书馆
朴炳铉、高春兰,2007,《儒家文化与东亚社会福利模式》,《长白学刊》,第 2 期
邱建新,2005,《信任文化的断裂——对崇川镇民间"标会"的研究》,社会科学文献出版社
尚晓援、刘浪,2006,《解析东亚福利模式之谜——父系扩展家庭在儿童保护中的作用》,《青少年犯罪问题》,第 5 期
王宗培,1935,《中国之合会》,中国合作学社
袁方,1997,《社会研究方法教程》,北京大学出版社
翟学伟,1994,《面子·人情·关系网》,河南人民出版社
张海川,2007,《现代社会保障的由来与走向——基于家庭文化的视角》,《宁夏社会科学》,第 6 期
张秀兰、徐月宾、梅志里,2007,《中国发展型社会政策论纲》,中国劳动社会保障出版社

Ardener, S. 1964. "The comparative study of rotating credit associations", *Journal of the Royal Anthropological Institute*, Vol. 94, No. 2. pp. 201—229.

Besley, T., Coate, S., and Loury, G. 1993. "The economics of rotating savings and credit associations ", *American Economic Review*, Vol. 83, No. 4, pp.792— 810.

Bouman, F. J. A, 1995. "Rotating and accumulating savings and credit associations:a devlepment perspective", *World Development*, Vol. 23, No. 3, pp.371— 384.

Calomiris, C.W. and Rajaraman, I. 1998. "The role of ROSCAS:lumpy durables or event insurance?", *Journal of Development Economics*, Vol. 56, No.1, pp. 207— 216.

Geetz, C. 1962, "The rotating Credit Association:a middle rungin development", *Economic Development and Culture Change*, Vol.10, No.3, pp.241— 263.

Klonner, S. 2003. "Rotating savings and credit associations when participants are risk averse", *International Economic Review*, Vol.44, No.3, pp.979— 1005.

Kovsted, J. and Lyk—Jensen, P., 1999. "Rotating savings and credit associations:the choice between random and bidding allocation of funds", *Journal of Development Economics*, Vol.60, No.1, pp.143— 172.

精英范畴的重构
——一所重点中学[①]教育改革实践的研究

李芊　清华大学社会学系2012级
指导教师　郭于华

中国的教育改革是一个历时长久，涉及层面复杂的大型工程。而在其中，学校改革又被视作是教改当中至为重要，也至为艰难的一个环节。其中，一个最大的困扰就是如何在满足社会对学校升学的诉求的前提下，进行一个内涵不清晰的"素质教育"的改革。

而在这样的常态下，部分有所"作为"的学校的经验显得更为独特。机缘巧合，笔者于2014年上半年进入一所作为学校改革的"成功"案例的中学实习。在这个过程中，笔者观察到了一系列颇具颠覆性的改革措施。而本文试图将这一中学的改革实践作为个案，通过梳理其改革策略与内容，试图回答以下问题：

面对内涵空洞、行之无效的"素质"诉求与无法规避的"应试"刚需，这所学校是如何进行其改革？它为什么选择以这样的方式以及为什么能够以这样的方式进行改革？以这些问题为引，笔者试图将这所学校的改革放置回社会转型与我国教育制度的背景中，从教育社会学的角度对其作出有意义的理解。

[①] 虽然在制度设计上这一称呼已被取消，但不管是人们的观念还是教育制度的实践，这一概念还名亡实存。同时，对于理解A学校的改革而言，这是个极为重要的概念。因此在本文依旧保留这一称呼。

第一章　导论

一　文献综述

1. 中国学校改革研究

以往关于学校改革的研究，大多集中在教育学领域。而在这些研究当中，按照分析的视角与关注的重点的不同，笔者将其中最为常见的两种范式初步总结为学校改革研究的阻力范式与破—立范式。

其中，阻力范式的研究倾向于将改革视为应有之义，改革本身成为这一行为的最大合法性来源。在肯定这一改革取向的正当性后，剩下的问题就是学校如何完成或者应对了。因此，他们将学校改革视作一个不断寻找阻碍因素、克服阻力的过程，希望从纷繁复杂的影响改革的要素中找寻到对应的目标，并进行一一突破。

在这类研究当中，最为常见的切入视角是从行动主体出发，将重点集中在改革实践中的主体，以讨论他们在学校改革中的行动。涉及的主体包括校长、教师、学生、家长，甚至是学校的行政人员，他们都可能是阻力的来源以及学校改革困难的原因（代洪臣，2005；姜良娜，2013；胡春光，2011；谢翌、张释元，2008；张新海，2011）。而除了主体外，学校组织自身也被视作阻力的来源（韩登亮，2012；王海英，2009；柏成华，2008）。

不过，不管是主体的阻抗，还是学校组织自身的运作逻辑，他们都将学校改革困难的原因归结于学校自身，将学校视作一个"封闭的组织或系统"。同时，这类研究带有相对强烈的应用色彩。然而对于学校所面临的改革内容与诉求究竟为何、为什么这类诉求会与实践产生冲突这一问题上，却鲜有回答。

区别于阻力范式，另一部分学者则将学校改革视作一种教育模式向另一种教育模式的转轨。而在这一过程中，学校原有的运行逻辑与改革诉求互动或冲突使得转轨也成为"破"与"立"的。

应该说，大部分的研究者都认为当前学校所面临的是一个来自外部的改革诉求。作为由上至下进行的教育改革工程的一部分，学校或出于执行政策，或出于希望"被发现"从而获取发展资源，其所进行的改革均与国家教育改革宣扬的"素质教育""创新教育"与"自主发展"等息息相关（马维娜，2011）。因此，破—立范式中的部分研究更关注学校是否能够以及如何完成这一外部（通常表现为国家推动）的改革诉求与执行教改政策上。

除此之外，破—立范式中还有部分学者将焦点集中在我国当前的教改当中这种所谓"应试教育"向"素质教育"转轨中所存在的问题。正如郑也夫所言，素质教育作为改革的诉求，在内涵上流于空洞，实践上也行之无效（郑也夫，2013）。而高水红也认为，素质教育这一概念，虽然以本身的不确定性给予改革以空间，然而反过来说，也正因为其空洞与无效，无法解决改革所面对的问题（高水红，2007）。与这一内涵空洞，或者说"未完成"的"素质"理念相对应的是一套我国学校教育自身的运行逻辑。学校的运行逻辑是其作为一种制度化的组织长期与社会与教育制度互动的产物。这意味着，改革在将其作为"破"的对象时，必然面临着牵一发而动全身的桎梏。而部分学者的实证研究，也恰恰证明他们的推断（罗小茗，2012；柯政，2007，2011；庄西真，2006）。由此，一方面，学校受困于"应试教育"的制度逻辑；而另一方面，作为改革诉求的"素质教育"理念则内涵空洞，或干脆处于未完成的状态。无法"破"，也无从"立"，学校改革由是陷入了进退两难的境地，最终只能原地踏步。

2. 以往范式的适切性

然而，如果仔细斟酌过往的改革研究范式，会发现不管是阻力范式还是"破—立"范式，更多的还是将学校作为一个一般意义上的组织，讨论它的组织运作与公共政策执行。诚然，组织的确是学校的一种存在形式。但在现代社会中，学校还意味着更多。进入现代社会以后，学校逐渐取代家庭成为教育的主要单元。而随着现代社会制度的形成，社会对于教育提出了包括使个体社会化、实现社会整合等在内的更多的要求。学校教育逐渐成为社会整合、社会化以及实现社会控制的主要工具（吴刚，2004）。从这个角度出发，学校应如何改革、进行怎样的教育这类问题远不仅仅只是学校自身的问题。

因此，对 A 学校而言，其自身设计的改革实践的内涵究竟为何？为什么这类改革能够在这所学校进行？其重点中学的身份对其改革又有着怎样的影响？这些问题都不能仅仅只是简单地从组织运行的视角进行考虑。这要求我们将学校改革重置回社会与教育制度的背景当中。而在这一方面，教育社会学的相关研究为我们提供了视角的借鉴。

3. 教育社会学的视角：作为分类范畴生产机制的学校教育

学校改革如何进行，在某种程度上，也即在问学校教育应如何进行，而这也是教育社会学中的一个核心问题。

教育从来便不是象牙塔里的闭门造车，学校也并非超脱尘俗的乌托邦，这是教育社会学一贯的共识。作为第一个确切意义上的教育社会学家，涂尔干曾这样对教育进行定义，"教育是年长的一代对尚未为社会生活做好准备的一代所施加的影响。教育的目的就是在儿童身上唤起和培养一定数量的身体、智识和道德状态，以便适应整个政治社会的要求，以及他将来注定所处的特定环境的要求"。由此，他得出教育是将年青一代系统地社会化的过程这一结论。在他看来，每个人身上都有个体与社会两种存在，而教育的目的则是在每个人身上形成这种社会存在。而在不同时代、不同社会，其对下一代的教育都不尽相同。这不仅仅是因为不存在超越时间地点的"理想的教育"，还因为教育中的社会性会因应着其所处的社会而发生变化。从这个角度讲，学校教育的改革远不仅仅只是某种更为"正确"的教育理念实践的场所，也不是单纯的政策执行过程，它还与不同的历史阶段与相应的社会背景密切关联（涂尔干，2001）。

由此，社会与教育的关系成为教育社会学的核心论题。而这两者究竟是如何作用于对方，也成为众多学者争论的焦点。其中，帕森斯（1959）提出班级，或者说学校，作为一种社会系统所具有的社会化和选择分配的重要功能。在他看来，学校一方面作为一个社会化的机构,能够帮助培养儿童在将来社会中可能扮演角色所需的能力和责任感。另一方面,随着社会结构分化的普遍趋势,它也逐渐成为一个选择的主要渠道。在学校内部,学生开始进行分化,而这种在小学期间依据能力水平、中学期间表现为能力类型的分化,也直接影响到学生将来社会角色的分配。

不过帕森斯关于学校教育的论述更多是基于自身理论关怀,将其视作维系社会整合与稳定的机制。因此,有学者认为他对学校功能的分析是在为"能人治国"的秩序观进行辩护。在这一秩序观设想的社会模式中,学校是英才选择的主要工具,而通过教育"加冕"的英才将在社会阶层中处于较高的位置(吴刚,2004)。但其关于学校社会化与选择两个功能的论述以及学校教育与社会分层的关联,成为教育社会学研究学校教育的一个重要面向。

"赋能"与"再生产"

在关于学校教育与社会分类系统的关系讨论中,有着两个相互对立的观点,有学者将这两类观点总结为"社会再生产"与"绩能主义"(刘精明,2014)。在某种程度上,"绩能主义"的论点与"能人治国"的主张极为相似。这一论点认为,学校教育与个人社会经济地位的获得有着密切关系,而这一教育获得更多取决于个人的能力而非家庭出身(Sewell、Haller、Portes,1969;Featherman、Hauser,1996)。从这一观点出发所理解的学校教育,是一个较为中立的存在。它通过为学生提供相应的能力培训与公平的竞争机制,使个体能够实现社会流动。换言之,学校教育所进行的是一个"赋能"的过程。

而与之相对的,则是批判教育社会学所提出的"再生产"理论。这一理论认为,学校教育更多是在进行当前社会结构分层的再生产。如 Bowles 和 Gintis(1976)的符印理论在对美国资本主义社会的教育进行分析的时候,便认为学校教育所进行的正是一套与社会分层严格"对应"的教学内容——"教育中的社会关系是工作等级分工的复制品,这种等级关系反映在从管理者到教师,再到学生的权力垂直线中。"同样的，伯恩斯坦（2007）对语言与符码系统的讨论、精致型符码与封闭型符码的划分以及布迪厄与帕斯隆（2002，2004）对于文化资本、场域与惯习的分析，也导向了类似的学校教育再生产的结果，只是对再生产方式的分析上存在区别。

不过，不管是"赋能"还是"再生产"，对于学校教育分析的逻辑是相似的，即都从分类系统结果出发对学校教育进行讨论。诚然，这的确揭示了现代社会学校教育的部分本质，但学校教育并非全然就是社会分类系统的映射，它也存在自主行动的空间与可能性。同时，学校教育也并不必然就能够导向其所设定好的分类结果。关于前者，伯恩斯坦对于教学机制的论述与布迪厄对法国高等教育的分析也进行了相关阐述。而关于后者，威利斯对于工人阶级反学校文化的论述也恰好印证了学校教育的非预期结果。

Meyer的合法化理论

而在某种程度上，Meyer的合法化理论对于理解学校教育提供了一个新的角度与切入点。Meyer（1977）在对分配理论与社会化理论的观点进行修正统整与补充的基础上，进一步将学校，或者说教育制度的作用发展成一种制度解释，提出了教育制度的合法化（legitimate）理论。区别于以往通过分析关于教育与社会分层之间确切且能够被实证数据证明的关系，直接在学校教育与社会分类系统这一社会实在之间建立起关联，合法化理论认为，教育制度对社会最大的影响，在于它构建与合法化了一份关于个人与知识的分类范畴，并通过对社会成员进行选择、社会化与分配使其持续运行。这套分类范畴也重新建构了大众所理解的现实，包括对受教育者与未受教育者、精英与大众的认知等。学校教育作为这一过程的一个基本运作单位，并不仅仅只是进行教育分配，同时，也在进行这套分类范畴中相应部分的生产与合法化。正如其在文章中所言："学校的合法化效应重构了每个人的现实。"

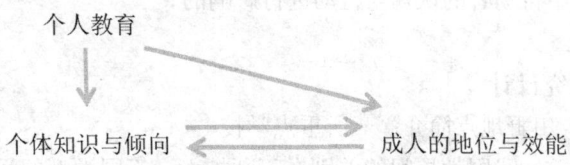

其中，Meyer 将以往理论中出现的学校教育与社会分层的直接对应视作教育的分配，即"在现代社会，成人的成功是依据他接受教育的年限和类型进行分配的"。但除此之外，他认为，个人所接受的教育实质上是扩展的知识与能力以及扩展的现代价值与倾向的社会化，而学生也倾向于采纳那些学校特许分配给他们的位置所相适应的个人与社会品质；而早年接受的更高级别的知识与能力还有现代价值观与倾向的社会化则使得成人获得更高的地位和能力，相对应的，成人也倾向于采纳那些他们的教育地位分配给他们的角色与期望相适应的能力。

而上述过程也被视作教育的制度化。在这一过程当中，教育不仅定义了并合法化特定人群对专业化与精英位置的占有，也形塑了集体事实中被视为理所当然的构成内容与管辖范围，其中便包括对于不同社会角色（如精英与大众）及其相应的品质的定义。

合法化理论并非旨在否认学校教育与社会分类系统之间的关联，它所否认的是，这种关联是一种决定作用。为此，分类范畴这一概念被作为话语中介嵌在了学校教育与社会分层之间。这不仅仅为教育的非预期结果提供了解释空间，也回应了对于布迪厄过分从社会系统出发理解学校教育的文化符号意义这一批评，阐明了学校教育的相对自主性——除了合法化外，学校教育也同样在进行分类范畴的生产与构建。

教育社会学关于学校教育的这些讨论对于我们理解 A 学校的改革实践提供了一个新的视角——在现代社会，学校教育所进行的正是这么一套作用于行动者意识与认同的社会分类范畴的生产。因此，在我们分析 A 学校如何进行改革的时候，应进一步考察 A 学校的改革措施与其背后的分类范畴的关联：A 学校的改革构建出的是一套怎样的分类范畴？这套分类范畴又是如何与社会环境进行互动与回应，并对组织当中行动者的认知与行动进行影响的?

二 研究设计

1. 田野地点简介：一所重点学校

当前，我国学校间的差别在不断扩大。不同类型的学校，因其在社会与教育制度背景中所处位置的不同，其所采取的改革策略也会有所变化。而试图理解 A 学校的改革策略，也必须从其重点中学的实际出发。

甫建校始，A 学校便被赋予了提高高中教学质量以为大学提供优质生源的使命。当时，为了解决大学与中学的衔接问题，同时也为了向大学提供优质的生源，提高大学与中学的教育质量，A 大党委第一书记、校长提出了"小学、中学、大学本科、研究生院四级火箭"的构想，A 学校作为 A 大学的附属中学，由此应运而生。而在随后的学校发展中，A 学校在精英培养上也取得十分优秀的成绩。在 1978 年，A 学校被评为市重点中学。而历年的高考成绩、北大清华人数以及学生竞赛成绩上，A 学校也一直是名列前茅。

基于 A 学校重点中学的实际，不得不对重点学校制度进行简单说明。在我国，重点学校这一制度的设立初衷，便是国家希望通过集中力量培育精英，迅速为国家建设输送人才。这一制度虽在"文化大革命"期间遭到破坏。但随着改革重建，也与高考制度与教育分流制度一道被重新恢复。虽然学界大多对于重点学校制度保持有批判的态度，认为其设置严重损害了国家的教育公平，在导致恶性竞争的同时，进一步拉大贫富、城乡间的教育差距，成为阶层固化的"帮凶"，是精英主义在基础教育领域当中的一种体现（杨东平，2005，2006；吴愈晓，2013；金生鈜，2000）。但不可否认的是，这一制度的设置已经成为一种社会事实。哪怕取消了重点学校的设置，依旧有"示范校""星级校"等的新瓶装旧酒。而其对我国教育分流体制以及教育分层的影响也使得进入高等教育的竞争，提前成为初升高的竞争。中等教育的重点与否，不仅关系着个体能否进入高等教育的重点序列，也对职业获得有着重要影响（吴愈晓，2013；王威海、顾源，2012；

梁晨等，2013）。

可以说，重点学校不管从制度设置还是现实结果，都成了生产精英的重要场所。换言之，在当前我国教育制度所构建的分类范畴当中，重点学校成了精英范畴的构建与合法化的场所。而作为重点学校中的佼佼者，A学校的改革实践也正出于此。而这也为我们理解A学校的改革提供一个基本的前提。

2. 研究过程与资料收集

本文主要采取民族志与文献法进行资料的收集。

民族志作为人类学研究的经典方法，向以包括参与观察、深度访谈等在内的操作方法以及对田野地点长期深入的扎根要求闻名。虽然更多地应用在社区研究当中，但这并不意味着它不具备宏观的视野。早在这一方法诞生之始，它便强调将田野观察所得与作为整体的文化与社会相联系，对其进行分析理解。而正是基于民族志所具有的宏观的视野、历史的向度、建构理论的抱负与反思的力量，郭于华提出在社会学研究中，应当将民族志的洞察力与社会学的想象力相结合，以帮助我们更好地理解中国的社会转型和文化变迁（郭于华，2012）。

民族志作为一种研究方法也被教育社会学与教育人类学的学者广泛应用。其中最著名的莫过于保罗·威利斯的《学做工》。在这部研究工人阶级子弟的作品中，威利斯使用民族志，对"家伙们"的文化实践进行了生动的描述。通过理解他们的反抗与"洞察"，威利斯不仅仅对工人子弟为何子循父业这一实际问题进行了解释，更进一步揭示了实际情境中文化的生产与实践过程。在他看来，民族志方法对文化生产与再生产实践图独特的洞察力对于学校研究而言，有着先天优势。正是因为学校是"文化生产与洞察的领地"，他提出了运用民族志方法对学校进行研究的呼吁（威利斯，2013）。

在2014年2月底，笔者以一名实习老师的身份进入A学校，进行了为期一个学期的民族志观察。此时正是新校长实行改革的第五年，也是新一轮改革实行的第一年。就笔者观察所得，A学校新的组织架构与制度还十分不稳定，无论是学生还是老师都在努力适应学校新的变化。然而就在学期末，校长又掀起了新一轮的改革。此次改革的幅度与一年前相仿，都涉及学校组织架构的重新调整。同时，一些在A学校实行数年的制度也被推翻，并被另一套思路截然不同的制度所取代。随着组织和制度的改革，内部人事也面临调整。可以说，笔者较完整地经历了A学校改革从一个阶段迈向新一个阶段的过渡时期。

同时，笔者所处的部门在学校主要承担学生综合实践活动的组织、管理与评估，以及相关学生活动与学生团体的管理。从某种意义上讲，这个岗位的工作职责使得笔者与部分老师和学生（尤其是活动方面较活跃的学生）能有充分的接触。这也为调研提供了相当的便利。在此期间，笔者不仅深入参与了部门的日常管理运作，负责了部分学生活动，还积极地参与学校的日常生活，旁听教师的课程、列席学生活动及相关会议，以及参与学校组织的教师培训与教师大会等。利用这些活动的契机，笔者积极地与相关的教师、学生交流，了解他们对改革的理解及感受。而在这个过程中，笔者的参与观察所得、田野笔记与对学生、老师的深度访谈也成了论文资料的重要来源。

文献法也是本文资料收集的一个重要方式。在调研期间，笔者尽量阅读与收集所能接触到的文档资料，包括学生作业、学校部分制度文件以及网络社区的讨论与文章。在这些资料中，互联网成了本文一个非常重要的资料来源。A学校的改革中一个非常重要的举措是加强校园的信息化建设，这导致在教学与校园生活中，网络成为行动者交流的一个重要途径。学校官方、学生社团乃至许多非正式团体都建立了各自的网站或者社区，并于其上进行持续的互动与交往。而笔者在调研期间，也参与了其中的个别团队，观察到了他们在网络社区的一系列互动。另外，还有一些用以校内公共事务讨论的半公开的网络平台，在上面也能够观看到许多学生、老师与家长关于校园公共事务的讨论。而这些也为笔者理解A学校的改革实践提供了进一步的参考资料。

3. 研究思路

在研究思路上，本文主要参考过程—事件分析与拓展个案法，对于收集到的资料进行处理与分析。

作为反思性科学在民族志当中的应用，拓展个案法通过参与观察，把日常生活重新放回到超地方、历史性的情境当中，以实现"从'特殊'中抽取出'一般'、从'微观'移动到'宏观'，并将'现在'和'过去'连接起来以预测'未来'"。虽然并非这一方法的最初提出者，但布洛维在《阶级的肤色》中关于这一方法的运用为我们对这一方法进行了解提供了极佳的例证。在书中，作者通过对实践的观察，总结出了"掩盖赞比亚化"与"阴影赞比亚化"两种策略。而这两种策略之所以得以实施，是由于更广泛的利益格局中非洲人公会、政府、赞比亚继承人、工业公司主管、非洲民族资产阶级等各类行动者自身的考量与"理性"的行动。而在这背后，还隐含着世界经济体系的影响与殖民主义的历史遗迹。通过将个案中各个行动者实践放置于更宏观的背景与历史的进程当中，布洛维实现了有意义的拓展（布洛维，2007）。

而孙立平的过程—事件分析，与个案拓展法颇有同工之妙。只是与强调延伸拓展的后者不同的是，前者更强调在过程的事件当中社会行动的微观基础、社会事实的动态变化以及各个行动者间的互动。一言以蔽之，"关注、描述、分析这样的事件与过程，对其中的逻辑进行动态的解释，就是我们这里所说的'过程—事件分析'的研究策略和叙事方式"。而其中，这一方法论最基本的一点在于将研究对象转为"由若干事件所构成的动态过程"（孙立平，2000）。

这些方法与思路对笔者无疑是一个巨大的启迪。在田野调查时，笔者常常面临着这样的困惑，所谓学校的改革，究竟变了什么。比较传统的方式是将改革的过程切割成几个时间点，从不同时间点截取改革的横截面。这当然是一种可行的方法。但是这种阐述方式无法解释各个行动者在改革过程中的遭遇，也无法揭露除了明显的结构性变化之外的存在。而过程—事件分析的策略是，将其改革视为一个从2010年起在A学校这一场域所发生的一个事件性过程。它并不是一个一蹴而就的前后比对,而更像是一个由许多事件构成的过程。而将观察的焦点放置在过程当中的诸多事件,观察其中行动者的遭遇以及他们所采取的策略,能使我们对学校改革这一事件性过程有着另一种观看的视角以及理解的方式。

而拓展个案法则进一步提示我们,将学校改革的过程放置在更广阔的背景,去理解其中的实践逻辑与机制。正如保罗·威利斯所言,"学校将成为新的社会结构和社会认同的专属地",它不仅是教育工具,更是文化生产和洞察的领地(威利斯,2013)。因此,有学者将教育社会学的研究对象总结为关注"教育活动如何对作为社会赓续和潜在性断裂,或再造依存和创造新生源头的社会化进程作出有意义贡献"(蒙罗、托雷斯,2012)。如果我们同意这些学者的判断,那么对于这所中学改革的理解绝不应该仅仅局限在某种先进教育理念的实践或是某个标新立异的特例。在其中,不管是校长的推动、老师的参与或旁观,还是学生的支持或反对,都不能够脱离中国的转型、过往的教育实践与在中国学校与社会的关系这些改革图景的重要组成而单独进行理解与解释。

第二章 学校主要改革举措

A学校的一系列改革起源于2010年年初新校长的到任,至今已近六载。除了初期几个较为重要的措施外,A学校的改革更多是以不断试错的形式进行的。这也直接导致在A学校开始改革至今的五年间,学校的组织架构与制度已经进行了三个版本的更迭。关于这一相对频繁的改革,改革的主要策划者之一将其视为"演化",认为这是一个必然会发生的产品升级换代的过程。因此,每当新一轮的改革发生时,他们均以新旧更迭、版本升级的思路将改革本身进行合理化。这也直接体现在了名称上——在A学校领导层面,将A学校迄今为止的改革按时间与主题,分为1.0版本、2.0版本与3.0版本。

尽管改革的过程中，许多传统的组织形式被一一废除改写，不同版本的学校制度间似乎也不尽相同。但仔细分析，还是可以观察到其中部分改革的一致性。而其中，尤以学生组织层面和教学制度层面的变化最为典型。

一 学生组织层面

在学生组织层面，A学校经历了从改革前的年级—班级的组织架构，到1.0时期的"七单元"、2.0时期的"五学院七书院"以及3.0时期的"七书院"的变化。在这一变化中，不管是最初的"废除班级制"，还是后期单元向学院—书院与书院的转型，都一以贯之地实践了学生组织行政功能与教学功能的分离。

在以往的班级制当中，学生的校园生活基本被限制在班级这一物理空间与制度框架之下。换言之，班级是学生学习、社交等活动的主要发生场所。而在初期单元制的改革实践下，A学校首先试图打破的正是班级制的这一特性。将以往班级承担的教学功能与行政功能分化，并重新建构新的组织制度以分别承担各个部分的功能。而单元，则是分化后班级行政功能的承担载体。

在废除班级制的同时，A学校也对以往划分年级的管理方式进行了改革。高三年级独立出来，更名为预科部，专门进行应试的训练。而原高一高二则连通起来，统一被划分进了七个单元，这也就是其所谓的"无年级化管理"。其中各单元按学生的毕业去向与学业规划进行分类。一单元至三单元为理科生；四单元为文科生；五单元为竞赛班；六单元为出国班；七单元则是原来的国际部学生。

在2.0时期，单元被易名为书院。一单元至七单元改名为格物、致知、诚意、正心、元培、博雅、道尔顿书院。同时，原本关于学生升学去向的分类被进一步体现在了新设置的四个学院（行知、元培、博雅与道尔顿）之间的区分。在3.0时期，这一升学去向的划分被进一步划归到课程教学领域，而与学生组织无涉。书院的性质则进一步被明确为了与课程无关的"学生自治团体"。至此，学生组织至少在制度层面上实现了行政与教学的完全分离。

与这一组织演变配套的是班主任制度的变化。在废除班级制的同时，传统的年级主任—班主任制度也被导师制与单元长制度取而代之。其中，导师主要针对学生的生活与学习进行指导，一个导师带15名学生，每周和学生有固定的见面时间。而单元长则主要负责单元的事务，引领学生实现社区自治，指导协助学生进行与单元相关的团队建设等。导师与单元长都由教学教师兼任。除了在名称上有所变动，这一制度一直沿用到了3.0时期。在这一阶段，导师不再由教学老师兼任，取而代之的是书院导师与专职导师的存在。这两类导师由新招聘的人员全职负责。

二　教学制度层面

　　在教学制度层面上，A学校也进行了一系列与学生组织改革配套的举措与实践。在以往年级—班级的组织形式中，学校教学主要以班级授课、固定课表与教室的形式进行。而A学校在废除班级制的同时，也在教学制度上进行了走课制、专业教室以及学分选课制的变化。

　　走课制与专业教室的设置可以视作在物理空间上分离以往班级的教学功能的具体体现。没有了集教学与生活于一体的教室，学生每节课需走课至相应专业教室上课，而非在教室中等待不同科目的老师前来教学。

　　而与走课制配套的学分选课制也在三个版本的更迭中逐渐被建设落实。从初期的"先走起来"，即学生依旧与同样一个单元的同学上同样的课，到了2.0期间的分学院限选，即不同学院的学生按照不同的升学去向在相应的课程上进行选择，再到3.0期间的全校通选。

　　同时，在课程建设上，与选课制度一致，在不同阶段也进行了相应的变化。从改革前的按照年级与科目开设课程，到中期的由新成立的艺体部以及各单元科目组开设课程，到3.0时期的按照中心与学院开设课程。

第三章 以升学之名——分离、分化与断耦

如此改革究竟为什么能够在一所面临着升学压力的中学发生，这是使许多人疑惑的一点。但仔细梳理其改革内容会发现，A学校的一系列改革并非完全忽视我国中学的这一项重要功能。相反，它采取了一种分离、分化与断耦的策略，将学校的改革同其割裂开来。通过重新定义升学与应试的内涵为何，它在可以操作的范围之内，对这一应试的内涵进行分类与再解读，以为自己的改革预留出足够的空间。在对与其直接关联的核心部分，不做过分的逾越和处理的同时，在外延处另辟蹊径，建构出学校的改革图景。

一 作为行动背景的"应试"与"升学"

不管是在社会关于学校改革的讨论当中，还是在大部分学者的分析当中，都习惯性地将"应试教育"作为当前基础教育的弊病以及需要改革的对象。然而关于这一概念的内涵究竟为何，却缺乏一致的定义。然而，如果我们抛开学理辩论，将"应试教育"视作是对于当前我国学校教育中部分特点的概括，会发现在这一现实判断上，大部分学者是存在共享之处的，如对于"片面追求升学率""单纯升学教育"等的现象的概括与描述（王策三，2001，2004；钟启泉，2005；李耀宗，2005）。

在这些关于"应试教育"所共享的描述中，隐藏着一个非常重要的关键词——升学。而在台湾社会也将类似的教育弊端称之为"升学教育"。杨国枢与叶启政认为，在台湾之所以出现这一现象，一方面是源于中国传统观念中对读书的强调以及现行的考试与取才制度。另一方面，则来源于工业社会对"文凭""资格"的过分强调以及这两者制度化后所导致的僵化（杨国枢、叶启政，1978）。

这一分析同样适用于大陆教育中存在的"应试教育"现状。学校教育之所以由"片面追求升学率"变成了"单纯的升学教育",其背后所显示的整个社会对升学的热望并非事出无因。杨志勇(2004)在对山东菏泽的升学主义现象分析时提出,行动者对于升学的追求并不完全是非理性的,民间观念和国家制度共同约束与形塑了个体的行动。其中,正式制度表现为国家学制设计为学生所提供的升学序列以及不同时期国家的升学政策。而非正式制度则体现为在文化、教育价值观方面的民间支持。而 Kipnis 则发现,地方政府与国家也在积极拥抱甚至助长这一"对于教育的热望"(educational desire)。地方政府对于政绩的追求、计划生育政策、教育与经济发展的关联乃至素质教育的推广,这些都起着推波助澜的作用(Kipnis, 2011)。

类似地,郑也夫也认为,应试只是吾国教育病理的病症表现,导致这一症状的真正病因在于在升学上的军备竞赛(或称地位—竞争理论),即"教育所承担的两种功能——提高能力和提高社会地位之间的关系,在激烈竞争的情况之下,渐生抵牾,后者最终压倒前者"(郑也夫,2013)。对此,王策三也有相似的论述,"在中小学教育充分普及,而中等教育分流不畅,高等教育不能相应大众化的情况下,必然发生追求升学率的现象"(王策三,2001)。

这些学者的分析提示我们,在学校改革中被称为"应试教育"的弊病,实际上是深植于我国的制度与文化背景与当前的教育制度之中。它是当下学校改革所必然需要面临的一个行动背景。既然无法通过学校改革解决这一问题,学校能够考虑的只能是如何尽可能地减少这一困境对于自身的影响。

对于 A 学校而言,考虑到我国现阶段的教育制度与政策以及其在这套升学序列中的特殊位置,情况更是如此。正如前文所述,自其设立伊始,A 学校的目标便十分明确:为高等教育提供优质人才。因此,区别于其他基础教育阶段的学校,A 学校的设置便是为了帮助学生在地位—竞争中获胜。从这个角度讲,升学教育与升学率是 A 学校最大的合法性来源。因此,不管学校进行何种改革,都不能够对这一部分进行动摇。对于 A 学校的改革实践，学生的升学需求始终是悬在其改革头上的一把利刃。

那么，A 学校为什么能够进行前期那一系列改革实践？笔者认为，在前期，A 学校主要是通过一套分离、分化与断耦（decouple）的策略，以应对社会对升学的合法性诉求。

二 分离："应试"与"教育"

A 学校改革在组织架构上一个比较重要的举措，就是将高三从高中部中独立出去，单独成为一个名为"预科部"的存在。顾名思义，"预科部"专门进行高考应试的训练。而高一和高二年级以及毕业去向选择出国的高三学生，则被纳入"高中部"。

这一分离并不仅仅只是组织架构上的划分。同时，在任务设置上，两个部门之间也存在着本质的区别。在制度设计当中，预科部专门用以进行应试的训练，并通过延长时间（一周六天、晚自习）、小班教学、高强度备战高考等方式，专门用以进行"应试教育"。

学校的这套组织架构划分，将考试与学习进行了分离，并在改革期间反复的说明与解释当中，在话语结构上将几个概念进行了这样的分类与关联：

预科部—考试—应试技巧训练—应试

高中部—学习—课程学习—教育

且不论效果如何，都不可否认，这套话语系统为如何处置困扰当下高中改革的一个最大的障碍——"高考"提供了话语基础。同时，在 2013—2014 学年度，A 学校甚至专门设计了一套新的高三备考制度，一方面是为了表示自己对这部分的重视；另一方面也是试图使备考效果最大化。

由此，通过在组织形式与话语论述上将"应试"从高中教育中分离，并将其交由高三一年完成，学校得以在其分离出来的"高中部"进行一系列的改革。

三 分化[1]：从单一走向多元

在高中部的改革中，A学校在前期通过将单一的升学渠道分化为出国、高考与自主招生等"多元发展"方向，在满足大部分人常规升学诉求的同时，以其他升学方向为由，为自身的改革腾挪出试验与实践的空间。

在3.0版本之前，A学校虽然取消了原有的班级制，但学生并非就完全成为自由的"学校人"。尽管在A学校制度设计的理念里，单元（后称书院）作为行政班级与教学班级分离后的产物之一，更多只是作为"学生自治"的一种学生行政组织。但在前期的实践上，它并非与学生的课堂教学毫无关联。严格来讲，直至学校改革的第三个版本中彻底放开限制、实行所有课程自由通选之前，学生在课程方面的规划更多是跟着这一行政组织走的。即使在彻底放开通选之后，这一延续了将近五年的分类多少还留存在学生的自我认知与选择策略之上。[2]

在前文，笔者曾对A学校学生组织层面的变化进行了简单描述。关于学校的学生行政组织分类，在改革过程中有过三个版本的变化：单元、学院—书院、书院。其中，在前两个阶段中，学生的升学去向一直是学生组织分类的一个重要标准。其中，最为突出的是2.0时期学院这一组织层次的设计。在这一时期的学院制度设计当中，学生所归属的书院被划归到了按照升学去向分类的行知、元培、博雅与道尔顿四个学院之下。这四个学院的定位当中，行知学院主要面对国内高校升学；元培学院作为拔尖创新人才培养课题项目基地，定位国内、国际升学多元选择；而博雅学院作为高中多样化特色发展的项目基地，以出国留学为方向；道尔顿学院作为A学校中外合作项目，也以出国留学为方向。

---

[1] 这一部分所论述的学校对于学生分化的教学安排只是学校前期的一个操作，在2014年9月第三个阶段的改革当中，学校彻底放开选课限制，不同升学去向的学生在课程选择上都拥有同等权限。

[2] 不过笔者的田野调查止于第三阶段的改革初期，无法对后续的发展进行观察与论证。

也就是说，在改革前期，学校制度通过分类与课程建设，将原本高中单一的高考升学方向进行了分化。通过为不同升学去向的学生提供不同的教学安排，满足学生尤其是"高考党"对于升学的诉求。不仅如此，学校对于不同升学方向的划分，在为其他升学方向正名的同时，也在以它们的名义来开展自身的改革。

1. "高考"：改革的底线

对于学校的大部分学生而言，通过国内高考升学仍然是他们的第一选择。虽然这一人数近年来呈现逐年下降的趋势。但从绝对数字上说，这部分学生仍然是学校的主要构成。

在改革的第一阶段，这部分同学更多只是在学生行政组织上进行了重新划分与归类。在教学方面只是"先走起来"，即只实行了走课制，但课程表与教学班的概念并没有完全打破。学生在入学的时候，可以按照自己的意愿选择一个单元。单元间的区别最主要的是在升学方向上。如果确定了将来是走高考方向的学生，则进一步进行文理科的选择。文科选择4单元，理科选择1—3单元。但在教学上，这几个单元之间并没有明显的区别。

而在每一个单元的内部，划分为若干个班（一般为三个）。这个班级主要按照成绩划分而成，在教学班级的内部，在主科上仍然是共享一个课表。只是在艺术、体育等选修课程上面享有一定的自主权，这点与新课程改革下对学校的期望以及部分学校的改革并无二样。与其他学校最大的区别仅在于他们并非在一个固定的教室，而是每节课"走课"至相应的专业教室上课。

在第二阶段，1—4单元被划归到行知学院之下。而学生选修课的范畴也被进一步扩大，但是在主要的课程上按照教学班级排课这一点并没有发生太大变化。这个阶段的教学班级采取双线排课的安排。按照入学考试中英语和物理的成绩，各排一个班。其中按照英语成绩分的教学班共享文科课程的课表，按照物理成绩分的班共享理科课程的课表。而在选课方面，行知学院的学生只有在艺术、体育课程和学校公共选修及学院选修课程上，才可以根据自己的兴趣和意愿选择。

由此可见，为了保证学生中的主要构成部分——"高考党"的升学，在前期，学校并没有对于他们的教学安排进行过大的改革。在某种意义上，这也显示出"高考"作为改革所不可触碰的逆鳞这一微妙位置。

2．"出国"：改革的试验田

除了选择高考升学，A 学校中还存在着另一种升学选择，即出国就读高等教育。在 A 学校，这部分学生主要[①]分布在 6 单元，也就是第二版本中的博雅书学院。对于这部分学生而言，由于其升学方向与课程的弱关联，使得学校在关于这部分学生的教学安排上具备极大的自主空间进行改革实践。这也使得"出国党"们遭遇了与其他学生相比更为频繁的改革举措，是 A 学校诸多改革的直接承受者。这一方面意味着他们享受了诸多改革带来的便利与权利——由于其所选择的课程与最终升学考试并没有直接的关联，使得他们能够最大限度地按照自己的兴趣进行选择。然而在另一方面，由于在改革过程中制度设计的不完善，他们也承受了许多改革带来的不便。

在改革的第一阶段，在诸多"高考党"还只是"先走起来"的时候，他们已经开始可以进行自由选课。而对于经受的改革的第一届 6 单元学生，甚至可以享受到额外的开课福利，在开设课程与任课教师方面都拥有更大的自主选择的权力。

不过，这一阶段由于课程开设的数量与每班的人数限制，自由选课并没有想象中进行得那么顺畅。正如前文所述，在第一阶段开课的时候，学校的主科课程还是按照教学班级进行排课。这意味着每门主科课程上学生的数目是相对固定的。而由于学校改革中很重要的一个举措是实行小班教学制，因此每门课程的人数有着一个上限规定。因此，在 6 单元的学生选课的时候，很容易遇到这样的状况，即希望选择的课程人数到达了上限，无法选择。同时，也并非所有的课程都可

[①] 之所以是"主要"，是因为在学校中还有国际部的设置。这部分学生在招生计划与教学上采取的都是与 A 学校其他学生完全不同的方案。在某种程度上，无法完全将其纳入 A 学校的改革中进行讨论。

以专门为他们开设。不过初期因为人数较少（仅有十余人），这一问题并没有造成太大困扰。

在第二阶段的改革中，学校的选课制度变为限选。将学校的课程分为行知课程体系与元博道课程体系，并分别设置了相应的教导处。而学生们只能在自己所处学院所在的课程体系之下选课。这意味着，对于"出国党"而言，他们不再能够像之前那样选择行知学院的课程。选课范畴的大幅缩减，以及可供选择课程的不适切性，也给学生带来了困扰。不过这些困扰在第三个版本的改革当中，随着选课限制的彻底放开，基本得到了解决。

除了在学分选课、走课等方面先行一步外，在开设课程上，博雅学院也同样充当了学校部分改革举措孵化器的功能。如2014年所推行的语文课改，最早便是在博雅学院进行。虽然由于学院教师不足，开设的课程有限，前期能够提供的实践经验也相对有限。但也为学校完善相关的课改理念提供了重要基础与借鉴。

3. "元培"：改革中的"精英"[①]形象

如果说，"出国党"在升学上的选择，为学校摆脱"应试"的教学提供借口的话，另一类学生的存在则进一步为学校的改革提供了资源与基础。这类学生或在入学考试上名列前茅，通过了专门的选拔筛选，或是在初中的时候便参与衔接班的项目直接升学。在考试成绩与学习能力方面，无一不是一时之选。也正因如此，一所学校如何教育这部分学生，可以视作其所希望培育的学生形象的具体体现。

在Ａ学校，这类学生被专门归为一处，划分进了原称5单元、后改为元培学院的学生行政组织之中。在关于这部分学生的教学安排上，Ａ学校经历了较为波折的变化。在学校改革初期，5单元的学生主要来源于原来的实验班，同时，因为这部分学生通常会接受学科竞赛的培训并有参加竞赛的要求，因此，当时的5单元又被称为"竞赛单"。前文提及，Ａ学校改革的第一步便是从废除班级制开始做起，

---

① 此处的"精英"一方面意指初期元培学院的学生都是在成绩上Ａ学校较为拔尖的一部分学生；而另一方面也意指Ａ学校所希望培育的精英形象。

当时所有的学生都采取走课操作。但恰恰正是在这个单元，依旧采取传统的做法，没有废除班级，还是在固定的教室上课。在此期间，这一单元的学生除了日常教学外，还有一个任务便是参加竞赛。对于竞赛单的学生而言，每个人都必须选择参加一个学科竞赛，并在平时的放学后与周末，接受专门的竞赛课程与教师的训练与指导。

不过这一保留坚持了大概一年，便随着校领导层面的换届而不复存在。随后，五单元也进入到了改革的队列当中，并在2012年成为新一轮改革的主要对象。

作为北京市"拔尖创新人才培养"项目的实验基地之一，在第二阶段，元培学院与"出国党"一致被赋予了更大的选课自由度。他们不仅不需要像行知学院一般，按照教学班进行主要科目的学习，学校还为他们开设了一系列课程——包括与A大联合的通识课程[①]、综合实验探究课程、领导力培训课程等，从而进一步扩大了他们选课的空间。学校在校内也陆续招募了部分老师专门进行元培课程的设计。这些被招聘进来的老师虽然依旧从事其原本的科目的教学。但学校鼓励他们摆脱国家课标及教材，按照自己对学科的理解与认知，重新进行教材学案的编撰以及课堂的教学。而在开设的课程中，按照科目类型的不同，老师所研发课程的类型也不尽相同。除了一般意义上的必修、选修课程外，在第二阶段，元培学院开设的课程主要有几下几种类型：

在英语、数学、物理、化学、生物课程上，学院在原有的课程基础上开有"高级荣誉课程"，相当于难度更高的进阶课程。同时，在部分科目上开有大学先修课程，为对特定领域感兴趣的学生提供更深入的教学。此处的深入则与高级荣誉课程中的深入不同，而更注重为大学进行提前的专业学习。在学校第二阶段改革所公开的课程表上，这类课程包括中国古代文化、微积分、电磁学、大学化学、地球科学概论、中国通史—古代部分等。而在历史、地理和政治课程上，则开设有教师自主研发的课程。另外，还有跨领域的知识理论与综合科学

---

① 不过这一课程设计实施不久后便因执行效果不佳被取消。

实验等课程。

在某种程度上，对于这部分学生的教学安排，学校出现的转变，即从"竞赛单元"这种最传统的精英培养模式到最为贴近我们对于改革的定义与想象的"元培"学生，背后所反映的是两种精英形象在学校改革过程的冲突与争夺。

在"竞赛单元"时期，学校对于学生精英的定义仍然停留在学业成就层面。因此，唯恐这批学生高考与竞赛成绩受影响，而并没有让其进入改革的队伍。的确，如果单就提高学业成绩而言，原本的班级制度是最为有效的管理模式。这种管理方式能够对学生的时间与精力分配进行管理与控制，以督促学生将全副心思放在学习之上，从而实现最大的产出。

而随后的"元培"所反映的则是一个更为独立自主的学生精英形象。学校不满足于仅仅只是在学业成绩上表现优异的学生，而更希望学生能够在相应的专业领域上做到精深。因此，在这类学生的课程科目上，不仅仅涵盖有竞赛与高考相关的学科与必要知识点教学，还在此之外增添了更多学习内容。而关于这些增加科目的设置，一方面强调广博，如知识理论、综合科学实验等跨学科领域的课程以及在人文社科上教师的自主开发课程。这些课程的开设无不旨在为学生提供高中课程与科目以外的学习与阅读。另一方面则强调精深，如部分科目的荣誉课程设置，以及大学先修等课程。尤其是后者的设置，已超脱高中阶段对科目的粗略划分，而引入大学专业的概念。这些在广度与深度上都远超以往设置的课程在某种意义上意味着对精英培养更高的要求。

而另外，对于这部分学生在选课上的自由与开放，则进一步为其专业化提供了基础。相比起以往机械的"全面发展"即各科优秀，学分选课的设置为学生在特定领域的深入发展提供了可能。同时，因为这一过程的"自主性"，也使得学生能够根据自己兴趣进行选择。而在诸多教育理论里，兴趣作为创新与钻研的基础，经常被视作"钱学森之问"在基础教育领域的回答。而这些也构成学校在此类改革上对自身合法性构建的基础。

不过，不能忽略的是，学校之所以能够如此操作，必须建立在满足升学诉求的前提之上。这一批学生是经过精心挑选出来的、在学习与考试能力上都相当出色的学生。这一基本前提保证了这批学生在升学上的优势。同时，其在课程上的改革依旧保留有升学需求中规定的相关科目以及必要知识点的教学，并在此之外增添了更多学习内容。这意味着，这批在学业成就上本就占据优势的学生，在这两年间需要付出更多的时间与精力完成这些课程的学习。而且，从不同课程的改革幅度与方向上看，教学内容与升学考试关联度更高的科目，更多选择的是在应试的基础上进行精深挖掘。而关联更弱的科目提供给教师自由发挥的空间更大。不过，这些课程的开设也从另一角度为学生的升学提供了帮助。在这些升学方向里面，不仅有高考、出国，还有重点大学的自主招生。尤其是后者，对于学生能力的要求更为苛刻，也恰为学校在这些课程上的开设提供了借口。

四 断耦：课堂教学的合法范式

A学校的改革中，对于升学诉求的回应，还体现在课堂教学领域的"断耦"策略当中。

"断耦"（decouple）是 Meyer 与 Brian 对美国教育组织教学实践的一种形容与描述。对于美国分权的政经环境与多元的文化背景而言，其教育无法适应集权、统一的教育形式。为了满足地方需求，它在教育实践必须采取一种更灵活的形式。然而，教育组织对于合法性的诉求，使得它又必须在形式上表现对教育制度的遵从。因此，为了追求这种合法性，他们采取一种断耦的手段，将其与实际发生的教学活动分离开。而只要教育组织在表面上还维持着对其遵从，那么基于信任的逻辑，外界也就默认他们的确在这么做，并尽量避免对实际课堂教学等方面的查看。"断耦"这套策略听上去颇有些"表里不一"的意味，但事实上，Meyer 想表达的教育组织合法性的重要性。即使必须采取断耦的策略，教育组织也必须选择遵从以获取合法性（Meyer & Rowan，1978）。

而对于A学校而言，对于课堂教学领域实质性的改革的迟滞与缺位也正是校方在改革前期使用断耦策略的一种表现。在 A 学校的课堂教学当中,存在着一套关于课堂教学应该如何进行的教学范式,即关于课堂应该如何进行、由怎样的老师以怎样的方式教授怎样的内容等问题的回答。这套教学范式并非意指在课堂之上教师们就的确完全按照其进行教学。它更多地体现为一种大家习以为常的观念以及视作理所当然的做法。平时,这套范式作为共识隐没不现,但一旦遭遇"变故",各种问题便会接踵而至。

而 A 学校在 2014—2015 学年度第一学期进行的语文课改正是这一"变故"的典型例证。从课改措施观之,此次语文课改直接指向当前我国学校教育的课堂教学领域。然而,由于在教学方式上其倡导的改革方向与大部分学生、家长与教师所视作惯常的教学范式背道而驰,使得这一阶段的语文课改仅仅只是进行了一个学段,便遭遇了来自学生、家长与任课教师的多方质疑。最终,只能以受挫告终。

而语文课改的受挫,也恰恰显示出在课堂教学领域一直被视作惯常并实践着的是一套怎样的制度逻辑与范式。下面,笔者拟从来自家长、学生以及教师中关于此次教改最常见的几类批评中,试图梳理出这套教学范式的内容。

1. 应试图示

对于大部分的学生、家长与教师而言,学习语文固然有各种各样的原因,但其中绝对无法绕过的一个目的还是应对高考。因此,在以往的教学当中,虽然并非所有老师都将其视为主要目的,但在教学范式当中,或多或少会对这一诉求有所回应。应试图示也成为其中一个比较重要的构成。而在对此次课改的反对意见中,绝大部分均是针对其无法帮助学生更好地应对高考这点提出的。而其所阐述的具体面向在某种程度上折射出他们教学范式中应试图示的构成。

其一,应当锻炼学生考试需要考察的能力。

虽然学校通过高三与高中的分离,将对应试技巧的训练定义为高三的主要任务。但这并不代表在高一与高二,教师在课堂上便完全只是进行与之无关的教学。只是对于 A 学校的语文教学而言,更多是从能力的层面对其进行讨论。在他们的分析当中,语文高考主要考察学生的两种能力——阅读能力以及写作能力。在以往的语文教学当中，一方面通过对教材及外延读本的学习，对学生的阅读能力能够有所训练；另一方面，教师也会定期进行对学生进行专门的写作训练，以作文的形式提交。然而，在此次课改当中，虽然能够对前者有所回应，但是读书报告能否对学生写作能力有所提高，是让许多人疑虑的。

这一疑虑的背后，还反映出对于教学如何锻炼应试能力的一种预设，即对该项能力的锻炼应当是更加直接、有针对性的。因此，为了对这一图示进行回应，在家长会上对于第二学期语文课程的介绍中，不少教师对写作训练作出了不同程度的强调。

其二，应与高考知识点直接关联。

对于应试教育一个非常显著的认知与期望是，其学习的内容与考试要求应当是严丝合缝地对称。只有这样，才能够最高效地将所有的学习时间用于准备考试，如此也能够避免在考试当中出现自己没有学习过的内容。因此，在应试图示当中，对教学的一个要求与预设便是，教学内容与高考知识点的完全一致。

在此次语文课改中，一个最大的变化就是，不再使用国家教材，而变为原典阅读。不再使用教材的语文教学能否满足高考对语文要求掌握知识点的需求，是此次课改中最为困扰学生和家长的一个问题。尽管遭人诟病，但传统的以教材为纲的教学范式的确能够最大限度地满足应试图示中的这一要求。而长期实践下建立的教材—考点联系一旦被打破，也带来关于这一课改合法性的质疑。这也是学生与家长最为关心与疑虑的一个问题。

但关于这一诉求，在教师层面的表现形式却有些不同。由于在教师群体内部，其实多少已经形成一个共识，即必修教材与高考的弱关联。因此，对于不再使用教材这一改变，并没有引起教师过大的反弹。但不代表教师不重视所谓高考知识点的重要性。只是他们的表达方式是在课程设计上，对文本的选择如何回应高考相应的考点上进行更详尽的考量。

因此，在语文课改之后，教师内部重新对经典进行了选择，作出了如下课程设置：

高一：文言文类（经、古典散文）、文学类（现代文学类、外国文学类）

高二：诗歌类（中外古代、现当代）、小说戏剧类（中外古代、现当代）[①]

而这些文本类型与高考板块的对应，也从另一方面体现出知识点—考点联系的重要性。

其三，学习时间合理化。

此次语文课改一个非常重要的要求便是学生必须在课前完成文本的阅读与理解，课堂并非用于进行文本的传授解读，而更多只是用于互相讨论交流，以对文本做更深入的理解。这便需要学生大量课余时间的投入。不同于以往课程的预习，由于将课堂定义为讨论交流，而非讲读传授，对于课前阅读的完成度与完成质量的要求也相应有所提高。而此次课改中另一个与教学范式相冲突的地方在于，它要求学生投入的时间过大，以至于不是一个合理的需求。

一方面，这一"不合理"来自于绝对时间的判断，即实际投入的时间。对于许多学生而言，或出于选择的文本较为艰涩（这点在古文阅读中尤为突出），或出于阅读压力过大，大多需要花费较长的时间在课前的阅读之上。

另一方面，则来源于对相对时间的判断，即与应该投入在语文学科的时间相比，有些超过接受的界限。一个人的时间是有限的，在语文课程上过多的时间分配，必然导致在其他科目上的时间减少。对于部分学生与家长而言，还有更多其他需要投入时间与精力的学科与活动。因此无法接受在语文学科上的过高投入。这也能够解释为什么有家长在家长会上作出"学这么多的东西干什么"的责问。

其四，则来源于有效时间的判断，即这部分时间的投入并不能够获得被认为是"合理"的收获（主要体现知识的获取）。由于课改中

[①] A学校课程委员会，语文（经典阅读）课程手册，2015年1月19日。

大部分老师对于这种课堂讨论形式的把控都不太有效，课堂上无法完成有效的学习。因此，这也导致学生对前期的投入乃至对课堂教学的过程产生无用的感想。

2. 身份图示

在课堂教学上，关于教师，大家也存在有默认的要求，即他应当掌握教学技巧，并最好具备相应的教学经验。

在此次的语文课改中，由于希望开设的课程数量较多，学校聘请了 A 大中文系的研究生兼职开课教学。A 大中文系作为国内首屈一指的专业，其研究生质量不可谓不高。但即便如此，这些新教师也遭受到了来自学生和家长的质疑。

之所以如此，源于存在于这套教学范式中对于教师的身份要求的图示。正如 Meyer 所言，大家理所当然地认为，课堂教学里应当有一个"被认定有资格的（certified）老师"。而这个教师经受训练后，应当掌握相对应的教学技巧，以更好地进行知识传授。

而这一身份图示的进一步表现，则是对教师资格证明的要求。这原本是作为一个缄默的前提，大家理所当然地认为 A 学校的确一直有在如此操作，便也不做进一步的监督与查看。但此次课改中对在校研究生的引入打破了这一信任，也使得社会将这一要求重新提出。不过仅就教师资格证而言，A 学校作为拥有相对独立人事权的学校，的确从未在此作出要求。在家长会上，负责主持的一名拥有多年教学经验的特级教师明确表示，她本人便没有这一资格证。而许多名校附中在招聘的时候，为了能吸引优秀的师资，也没有对此作出严格要求。不过这一过程更多隐藏在了学校的运作过程当中，以断耦的方式运行。但此次课改的大规模变动，使得这些隐含的冲突浮出表面，而关于学校教育的合法性讨论也重新进入大众的视野。

3. 教学图示

所谓教学图示，在柯政的总结中，即为在课堂上一定要有师生的教与学，并在此过程中有知识传授发生（柯政，2011）。这也是此次课改中，新旧教学范式最大的矛盾。在语文课改的要求当中，希望采取"翻转课堂"的形式，对传统教学中师生之间的关系进行改变。由原本的老师教、学生学,变成学生互相讨论、教师指引(或者在部分反对教师的理解中,教师只是一个与学生完全平等的参与者)这样的课堂方式,也就是所谓的"学习者中心"。这点在上文介绍课改模式的时候也有叙述。

然而,这一形式与教学范式中的教学图示产生了极大的抵牾。对于此次课改的意见当中,在学生与家长当中,均存在这样的认知,即没有通过教师的教学而学到知识等同于在学习的过程中没有任何收获。

不过,学生和家长更多是从结果的角度上定义"理应如此"的教学图示,即必须学到知识。而在教师内部,则更为关注教师在教学过程中的作用。对于A学校的语文教师而言,在其以往的教学过程中其实本身采取的就是一个更为灵活的教学方式,而非如此次语文课改对旧模式所批判的"满堂灌"或者"教师的个人秀",也自认在授之以渔还是授之以鱼上做到了很好的平衡。而在部分教师看来,此次语文课改甚至想把教师基本的指引作用也完全抹消,这也成为他们反对此次课改的一大原因,并导向到了此次课改后的更正与复归,即"翻转课堂,努力翻转,但是翻转最后是要讲的,是需要讲授知识的"①。

4. 学校教育的合法性

从教育社会学的角度理解,关于新旧教学范式的争论其实并不存在一个"正确"的答案。而对于实践中的行动者而言,选择何种范式,更是与自身所嵌入的制度与社会背景密切关联。

在我国,教育的分类范畴、升学的标准化序列与考试选拔制度是紧密相连的。从这点理解,我国高中教育的一个重要合法性来源便是其与这套教育分流制度的相连。在A学校这一个案中,大部分学生与家长对于A学校最大的期望便是,通过在这所学校接受教育,学生能够在升学竞争中获取一个好的成绩,从而进入质量更高的高等教育院校。而获取这类高校的文凭,则意味着获取更高社会经济地位的可能性。威利斯的《学做工》中,也对课堂教学与教育制度中的分层序列

---

① 访谈编码20141218TGX。

间的联系进行了相关的论述。在其笔下,"家伙们"对学校教育的洞察恰恰包含着学校教学范式。而学校教学范式的背后,是一套教育交换的逻辑:用知识换取尊重,用指导换取控制。而知识之所以能够成为稀缺商品,恰恰在于它可以用以换取文凭,文凭换取报酬,报酬再换取商品与服务(威利斯,2013)。

在此,升学诉求再次出现在了 A 学校的改革当中。以往的改革之所以能够较为顺畅地进行,更多是因为并没有以集体的名义,将改革的矛头直接指向课堂教学。尽管在组织制度上进行了大规模的改革,但在课堂教学领域的教学范式上却没有太大的动作。大家也默认原有的这套教学范式持续存在,并通过回应升学诉求,以获取学校教育的合法性。

由此,各方得以维持一个较为微妙的平衡,达成这样的默契——既然在学校核心上并没有过分的变动,那么在其他领域的改革也就采取默许、甚至是乐见其成的态度。

第四章 以个性之名——学校生活的重构

在上一部分,笔者对 A 学校如何通过一系列的策略回应来自于组织内外的对于升学的诉求进行了描述。然而,学校之所以如此行动,并非仅仅只是为了尽量减少这一制度背景对学校教育的负面影响。如果仅仅只是如此,那么 A 学校的举措远无法称之为改革。实质的变化在 A 学校的改革当中确有发生。只是,不同于更常被人提及的所谓"应试"与"素质"之变,A 学校的改革的核心部分更多所指向的是涂尔干所言的学校教育中社会性的一面。

仔细梳理 A 学校三个版本中的各项变化,有那么一条线索贯穿始终,即从"班级制"向"单元制"的转轨。笔者认为,这一转轨在某种意义上,正是 A 学校改革的核心。在进行了分离、分化与断耦之后,学校一方面对升学教育进行了重新解读;另一方面,这一系列的策略也在学校教育中隔出了一片"飞地"——学校生活。而班级制向单元制的转轨,其主要作用对象便在于此。

一 班级作为一种制度

1. "班级制"

从最广义的意义上理解,班级本质上只是一种将学生按照某种分类原则组织在一起进行教学活动的场所与组织方式的存在。从这个意义上讲,A学校依旧存在这样的班级。而本文所提及的"班级制",其所直接针对的是一套自新中国成立以来一直延续至今的名为"班级"的学校组织制度。这套制度,虽然没有从文件上对其进行硬性要求,却一直被视作理所当然地继续使用,哪怕历经数次教改,依旧很少有人对其存在进行质疑。而不可否认的是,正是这套制度决定了当代中国学校教育的大致框架。

一般认为,关于班级这一按年龄阶段划分的组织方式,最早出现于15—16世纪西欧国家的古典中学。而随着现代社会中家庭教育的衰落,学校教育逐渐成为社会成员社会化的主要场所。班级这一组织形式在国家管理的大众教育系统中,有了新的意涵。如古德森(2013)在梳理英国教育史的时候,发现在19世纪以前英国的学校是不存在正式的班级制度的。虽然当时部分公学有年级,也有课程模式,但是不存在教师,也没有科目。换言之,并不存在现代意义上的班级制度与系统。而随着19世纪晚期英国国家学校教育体系的成立,"班级系统"才开始被制度化。从这个意义上讲,班级系统的制度化,或者说班级作为一种制度的出现与扩散,是为地方以及国家政府管理大众学校教育服务的。而这套制度本身也是一种标准化的发明,"因为它本质上限制了更具特性和个别化的学校教育形式的发展"。因此,威利斯(2013)这样评论学校的组织方式,"在这个意义上,学校是一个极权主义制度"。

而在我国,最早开始出近现代意义上的班级组织是在1862年的京师同文馆。在新中国成立以后,在对学校教育进行重新建制的时候,"班级"逐渐成为我国学校教育的主要组织形式,并与班级授课、班主任等构成了一套独特的"班级制"。与之配套的还有班委会和班干部的设置。

这一时期"班级制"的设置,受着苏联教育思想的影响。一方面,在组织建设上,强调"班集体"的概念。基于此,班主任的基本任务则被定义为"按照德、智、体全面发展的要求,全面教育管理学生,对学生进行思想品德教育,教育学生学好功课,向学生进行劳动教育,指导学生课外活动,关心学生身体健康"(中国教育年鉴编辑部,1984)。而在班级教学方面,则强调"标准化的统一课堂教学"。

从这些描述中,不难发现,不管是"班集体"概念的提出,还是对班级教学和班主任的要求,都将班级为一种实施集体主义教育与社会主义理念的工具,将学生视为被管理的对象,并强调学生于其中的服从以及对共同价值观等的遵从。

新中国成立至今,我国历经数次大规模教改,教育体制、课程框架与教学教研等方面都有了不同程度的变化。但班级制度却一直没有太大的变动。在如今大部分的中小学里,依旧是与当年所描述的相差无几的场景:在学校里,学生被组织进到一个个班级里。在教室这一物理空间里,进行几乎所有与学校教育相关的活动,包括教学、人际交往、休闲娱乐等。学校对学生的所有管理与教学活动都通过班级以及班主任这一中介得以实施。学生按照一套固定的课程表进行班级授课。基本上,可以说学生被限制在这个独立性极强的封闭组织里,很少机会与班级以外的教师、学生进行交往(程天君,2008)。

应星(2009)在讨论当代中国的新德治的时候,认为中国学校对学生的社会化,一方面是使这些尚未社会化的成员长期处于单一的环境、鲜明的节奏、烦琐的仪式和严密的纪律中,以这样的方式来规训他们的身体与心灵;另一方面,也通过建立"政治表现"与未来出路的关系,鼓励甚至是驱使学生采取符合这套德绩考核标准的行为。这点在舍克和陈佩华的研究中,均有相当详细且精彩的说明(Shirk, 1980;陈佩华,1988)。时至今日,德绩主义的考核标准随着改革后教育分流制度、高考制度的恢复,不再成为学校教育的选拔依据。但是学校组织方式中对于学生身体与心灵的规训依旧在以相似的方式持续运行。通过这套班级制的组织方式，学校对学生的社会化依旧是一个"去自我"的考验技术、生产"驯顺的身体"的纪律技术实践的过程。而从这个意义上讲，如此社会化过程中生产出来的个体，必然呈现着高度的同质性。

2. 从"班级制"到"单元制"

在对"班级制"进行梳理之后，再重新审视A学校一些主要的改革，不难发现，A学校教育其改革举措很大一部分正是将传统的"班级制"作为了靶子。

在校方介绍自身模式特色的相关说明中，如此对传统的班级制进行评价：一方面，它先肯定了传统班级制所发挥的作用，如"学生在人员数量和个体属性方面呈现稳定性特征，学生之间容易形成密切关系；学生的归属感强，班集体观念突出，统一整齐，便于班主任进行日常管理；大班额均衡，师生关系稳定"。而另一方面，这种"整齐划一"也被赋予了对学生负面的影响：缺乏选择性、多样性、层次性、差异性和成长性，不利于拓展学生交往（王铮，2013）。

通过这样的评价对比，A学校进行了包括"单元制"在内的一系列制度改革。而这些改革，恰恰与传统班级制的核心构成一一对应。大致如下：

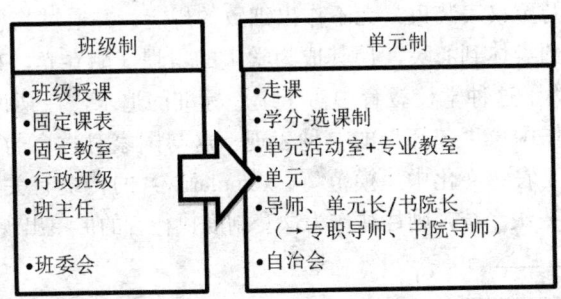

在日后的实践证明，这一基本组织制度的转变也带来了学校生活的根本性变化。

二　标准化的脱嵌

1. 流动的自由

班级制度的废除，使得学生从以往关于时间与空间的标准化的制度安排当中脱嵌开来。

没有了一个固定的教室同时进行教学与日常活动，学生活动的地点有了更大的可能性。他可能在自己单元的活动室休息，也可能在某一个专业教室上课，又或者在图书馆自习，这些都是比较常见的可能性。原则上，只要不是必须出席的上课考勤，他可能按照自己的选择出现在校园的任何一个角落。①

而时间上，因为不再有一个统一的固定课表，而采用了学分—选课制，学生也有了更大的自由。学生可以根据自己的需求，选择自己想上的课程。②这意味着他们对时间有着一定自由支配的权力。之所以说是一定，是因为对于不同学生而言，其所需的毕业学分和选修课程是不一样的，因此，对于部分学生而言，可能在一个星期里面将所有需要选择的课程修习完毕已经占据了他的大部分时间。但即便如此，他也能够在一周的日程中空出自习的时间和选修课的时间，而这部分时间个人完全可以自由支配。

2. 规则的定义

在以往关于我国学校生活的研究中，倾向于认为学校通过一套事无巨细的规章制度对学生进行规训。这套制度从学生的日常行为、言行举止乃至仪表装束，无不作出细致的规定，并通过奖惩与强制，将其内化到身体到心灵，使其成为学生的习惯（胡春光，2011）。而Kipnis认为，这种学校教育中对于统一标准的追求，在某种意义上，也可以视作国家"统怀"的一种表现。这与国家对教育的诉求以及植根于东亚农业文化中"模范"（exemplarity）的传统有关（Kipnis，2011）。而班级系统，则往往作为这套制度执行者的形象出现。

---

① 但是不可以离开校园。事实上，A学校有一套严格的校园出入时间表与制度。这在一般学校，是司空见惯、极为正常的一套制度。但是在A学校，却经常因为校园的进出问题，学生与校园保卫发生冲突。

② 在前期，选课并未完全开放，对于不同的学生来说还存在不同的限制。后在第三个版本中，选课限制被彻底放开，实行通选。

然而在 A 学校，这套细致入微的规章制度在改革中已不复存在，取而代之的，是学生手册中的几个原则性的说明。在 A 学校，并不存在传统意义上的"中学生行为守则"，学生可以不穿校服，自由装扮，也可以谈恋爱，对相熟的老师不使用敬称……唯一存在的约束只有一套"学生行为指引"。但在这一指引当中，除了部分"决不能犯"的规定外（如抄袭及具体制度的遵守与违反），更多只是一种方向的指引。而其表述的含糊性为学生对其的解读有了更大的空间。

同时，随着班级制的废除，学校内部不再存在一个能够有效对学生进行管理与奖惩的组织。单元更多的是学生的自治组织，随着单元长这一教师担任角色的退出，它彻底成为了学生组织。但此时的单元内部并没完全建立起一套有效的运行机制。这意味着，在其中没有任何人有足够的权力对违规者进行惩罚。导师制度的变化更使得其对学生更多只是一个生涯规划的指导，而与日常生活无关。对于课堂而言，教师只在与教学相关的事务上有一定的考核权力，如考勤、成绩等。而在更广阔的学校生活中，学生以一种更为自由甚至是无序的状态存在。

三　选择的资源

学生有了流动与选择的自由，也必须有相应的平台与资源供其选择。在这点上，A 学校也进行了一系列配套的制度改革。

1. 课程的提供

关于课程的选择性，早在 21 世纪初在全国推行的新课程改革方案中就已经有所体现。区别于以往一致的教学大纲与科目内容，在高中阶段，新课改通过学分制管理和科目的模块化设计，希望通过允许并鼓励开设地方课程与校本课程，扩大课程的选择性。

A 学校在这点上更往前推了一步。在选修课的开设上，在改革的前期，学校增设艺体部，后拆分为视觉与表演艺术中心、体育与健康教育中心，专门负责开设艺术与体育方面的课程。承担类似功能的组织的还有信息与通用技术中心。此外，学校还鼓励校内的其他主科老师从事相关选修课程的开发，其内容不仅只是局限在艺术、体育与信息、通用这类国家规定的选修课程，还包括心理学、外教口语等。

除此之外，前文所述的学院制度也进一步增加了学校课程的多元与异质性。在3.0时期，学院彻底变为课程开设单位。而这一制度的最终确立也为应试范围以外的课程开设提供了借口与空间。

在这套课程分类体系下，学校进一步将开设课程的自主权下放给教师，不硬性规定教师必须教授怎样的课程，而是给予一个大致的框架，希望教师在这个框架之下自由发挥。同时，取消原有按照学科划分的教研组的设置，在教室的课程管理上，初期实行首席教师的制度，即以具体课程为单位，对教师进行划分，并在课程教室内部设置首席教师。而后，这一制度也被取消，变为课程的研发岗位和实施岗位，进一步提高了教师在课程设置与教学上的自主性。现如今，教师被划分在学院的管理体系下，仅对其所在的学院长负责。

同时，在扩展课程类型、加大教师自主权的同时，学校还进行了小班化的改革。所有课程从以往的50人左右的大课转变成30人为上限的小班教学。这一小班化改革的直接后果是，学校应当开设的课程数量进一步提升。这也进一步为学校课程的异质化提供了数量基础。

而这些课程体系与教学制度的完善，也为学生的选择提供了更多的可能性与空间。

2. 社团的建设

学生社团作为我国学校教育课余生活的主要构成，被视作是学生发展自身兴趣爱好的主要场所。而在20世纪80年代，随着教育改革对课外活动的重视，各大高校与部分中小学的社团出现了较大的增长。随后，因应国家素质教育的改革诉求，社团活动作为帮助学生"全面发展"的一种重要教育形式，更是得到了学校的重视。不过在我国，大多数的中学生社团都是由学校出面组建的，如校合唱队、管乐团等。而这些社团的成立更重要的一个任务，还是帮助学校在相应的赛事中获奖。因此，很难将其完全定义为基于学生兴趣自发组建的社团（赵瑞情，2008）。

而在A学校的改革当中，通过社团分类建设，学校将学生社团主要划分成了几个部分：中心/学科社团、注册社团与自发社团。这一分类从权利与义务角度对社团进行了初步的分类。对于中心/学科社团而言，他们一方面可以享受学校提供的在资金、场地与指导上的支持；另一方面，则必须承担学校的任务，如参加比赛、活动表演等。这一分类更贴近于传统意义上的中学社团。但除此之外，学校还专门将另外一类社团单独分类，即注册社团与自发社团这类社团在行动上享有更大的自由度，学校无权要求他们完成任何任务，但相对应地，其所享有的资源也不及前者大。

这一划分为学生的课余生活提供了更多选择与行动的空间。相比于中心/学科社团，注册社团与自发社团的成立门槛极低，这为学生内部趣缘群体的形成提供了极为便利的条件，这也反映在学校社团的数量上。在2014上半学年，便有30个的注册社团在社团联盟理事会进行了登记。其中，社团的种类与涉及领域与历年相比愈发多样，成立的目的也不仅仅只限于对兴趣领域的共同钻研。学生的校园生活在兴趣领域上拥有了更多选择的机会，而学生的兴趣也不再受到应当如何的规限。

四 场域的变化

废除班级制这一项举措，的确实现了学生从以往学校教育标准化的教育模式中的脱嵌。但选择与自由的获取也带来了新的场域变化：不管学生是否愿意，不再有那么一个全能式的班主任存在对其进行呵护与管理，也不再有那么一个固定的班集体，能够与他/她一起通过长期在一个固定的空间受教育的经历而培养起患难与共日久生情的同学情谊。在不再被管理、走向独立自由的同时，学生也离开了以往班级的庇荫，走向一个更广阔却也可能充满风险的未来。因此，这一场域的变化将学生导向一种强迫且义务的自主的心智结构与性情倾向的形成。

之所以是强迫的，因为除了自主以外，你别无选择。以往的传统班级制度已然消逝，惯常的行为模式也无从寻觅。没有一个一套已经设计好的路径供你选择。不管是课程内容、教师还是业余社团，都需要你从众多的选项中进行选择。在这个过程中，或许有人可以提供咨询，但是最终的选择只能由自己作出。

这种自主本身也是一种义务，是成为学校认为的理想的学生所必须踏出的第一步。学生在拥有了自主选择的权利的同时，也有义务承担选择可能带来的风险。

1. 班主任·导师·专职导师：独立与无援

在改革的过程中，一个明显的变化的是，教师的作用在班主任到导师再到专职导师三个版本的变化中，在不断地被削弱。

在传统班级制度当中，班主任是极为重要的一环。在最开始的制度设计中，便已有一套关于班主任日常职责的详细说明。关于班主任工作任务，在国家颁布的文件中陆续有进行相关的规定，其中包括："向学生进行思想政治教育；认真抓好'中学生守则'的教育；协助学校领导提高学生学习质量；抓好中学生正确对待升学和就业的教育；要负责联系各科教师，全面关心学生的学习和成长，注意减轻学生的作业负担。"（中国教育年鉴编辑部，1986）

随后，虽然学校秩序在政治动荡中遭到了破坏，但在恢复了正常的教学秩序后，班主任等学校制度设置也很快被重新恢复。而且对于其工作任务，国家还发布相关文件进一步提出了更详尽的要求。这些要求与规定无不详尽细致地定义了班主任在我国学校教育中的重要角色与作用。对于学生而言，班主任的角色大致可以总结为三个 M：Mother，Maid，Master。一言以概之，班主任在班级制中可谓是一个全能型的角色存在。这也是为什么以往关于班级管理的评论大多从教师权威与管制的角色理解班主任的存在，认为他们在学校对学生的规训中起着极为重要的作用（程天君，2008a；程天君，2008b）。

当然，这一全能型角色并不完全是以强硬的权威角色出现。在 2014 年的一篇讨论班主任身份认同的文章中，作者认为在后毛泽东时代，教育的国际化趋势和国家的社会经济改革给教师和国家的关系带来了根本的改变。这也影响到了班主任对自我身份的认同。相比起管理者或者国家工具这样的表述方式，如今的班主任群体更多将自身角色定位在照料者（caregiver）的形象上，并在情感与价值层面上，强调自身职业对学生的重要性以及师生关系的和睦对学生的正面影响（Zhao，2014）。而这些班主任角色中的情感意涵以及"照料""指导"的功能也为班级制度赋予了温情脉脉的一面。这也在 A 学校的部分教师的回忆与表述中也有所体现。

如果从这个角度理解 A 学校的改革，取消班主任以及后面的一系列改革，某种程度上，也意味着教师作为关怀者、照料者角色的弱化,甚至消亡,以及师生关系的改变。

在改革初期,班主任一职被分化为两个职位,即导师与单元长。其中,一个导师大概负责 15 个学生,每周有固定的见面时间。后来,这一固定见面的时间被取消,改为导师和学生自行决定约见时间。

在关于导师职责的字面描述上,这一职位设置与以往班主任的部分工作职责没有太大差异。但在实践上,情况却更为复杂。首先,以往关于班主任职责的设立,是基于他长期与这个班级的学生进行接触的前提。班主任本身便是学生的科任老师之一,且对于其他的科任老师有着较为清晰的认知。因此,他/她能够更便宜地了解学生的学习、生活等状况。但是,在实行选课制后,大部分导师与学生之间并不必然具备这样的联系,因此,需要花费在了解学生的时间与精力较之以往有增无减。其次,每个导师所导学生相对有限,因此对导师数目的需求也相对较大。导师队伍人数增加,相应的培训与教师经验却相对匮乏,使得导师的功能无法得到很好的实现。

而在导师与学生的日常相处之中,主动性是非常重要的一环。首先,在取消固定见面时间后,师生的见面主要依靠导师的主动约谈,但是这个频率也是因人而异的。见面之后,不同导师所进行的交流方式也不尽相同,有的可能采取单独会面的方式,逐个了解学生的近况,但有的导师则采取集体见面的方式,在见面之时,或讨论学生的近况,或者就某一主题导师发表讲话或是学生进行心得分享。

由此可见,导师这一制度的设计,其对于学生的指导作用只能在两种情况下起作用:其一,导师主动性极强;其二,学生主动性极强。然而,这两类存在毕竟还是少数。最终,这一制度的执行只能换来学生的一句"导师导了些什么"的疑问。

而随着 3.0 专职导师制度的出现,师生之间在课业外的交流进一步减少,导师功能被进一步弱化。

所谓专职导师,在字面上规定的工作职责上与以往没有太大差别。其最大的不同在于,此次的专职导师不再由教学老师兼任,而是由 8 位新聘人员全职负责。这样平均下来,每位导师大概跨年级指导 80—100 名学生。而在执行过程中,新的问题也涌现出来:1 名专职导师负责百余名学生,基本上能够分摊给各个学生的时间和精力都极为有限。而且这些专职导师与学生没有任何课业或其他方面的接触，唯一的接触就是固定的见面时间。然而，在这短暂的见面时间里，学生是否能够充分表达自身的需求，导师是否能够对学生进行充分的了解以为其提供指导，这些问题都是令人心生疑虑的。

然而，这些评价大多建立在这么的一个前提之下，即导师应当通过对学生各方面的充分了解，以对其进行全方位的指导。这种了解不仅仅应该停留在学习层面，还涉及个人生活、情感甚至是家庭等。这也是许多"负责任"的老教师在担任导师的时候试图做到的。只是新的专职导师的设置意图并不在此。在校方看来，专职导师更多只是帮助学生进行生涯与职业规划指导，而并非如以往一般全方位的关怀。

而在这样的变化下，师生关系与教师角色发生了彻底的转变。学生能够从教师处获得的指导被进一步削减。教师的指引与照料逐渐变为了学校提供的一种资源，只有在学生足够主动并且目标清晰的时候，他们才能够为学生作出锦上添花的协助。但更多的时候，学生只能依靠自己，从脱嵌后自由无序的校园生活中寻求方向与意义。此时，他们所面临的是一个全新的"风险学校"。

2．"风险学校"：自主选择、个体能力与责任承担

在A学校，自主不仅意味着选择与行动自由这一权利的获得，也意味着相应义务的履行，即自己承担这一选择可能造成的后果。换言之，自主不仅意味着资源与能力的提高，还隐含着风险。

传统的校园生活固然封闭，个体也没有足够的行动空间与自由，但却相对稳定与安全。学生在里面只需要按照规定的课表，在固定的教室，等着被安排好的教师在固定的时间点给自己上课即可。高中三年，唯一需要考虑的只是如何提高自己的学习成绩，以在高考中取得好名次。就连日常的穿着、行为举止，都已经有一套完整细致的模板供己模仿。的确，这是一种毫无自由的状态，但与此同时，它也是一种稳定与安全的状态。学生无法进行选择的另一面，也意味着他不必承担选择带来的风险。以往的学校不是没有风险，对于学生而言，成绩的下滑、同学之间的不睦乃至对未来的担忧，这些都同样存在。但是这些风险并不需要学生承担全部的责任。成绩是科任老师的事情，同学关系与未来不确定，这些班主任也需要负责。在每一个步骤都被

设计好的情况下，个体只有当他试图越轨与破坏这套轨迹的时候才会被责备以及要求承担后果与责任。而在更多的时候，学生并非选择这一权利与义务的主体。

然而，当既定的轨道与监管人消失，学生的选择空间扩大的同时也意味着风险的提升。选择一门课程，有着不适应教师风格或者教师水平较低之类的风险；选择一门社团，有着社团活动内容不感兴趣或者社团活动太过繁重之类的风险；选择参加书院自治会，有着占据过多个人时间或者投入没有回报之类的风险；什么都不选择，有着放弃了学校能提升自我能力的丰富资源、与他人相比不进则退的风险；选择太多，有着顾此失彼耽误学业竹篮打水一场空的风险……

而与扩大的风险相伴的，是个体而非他人对其义务的承担。朱雅特认为，在A学校盛行一种"选择就要承担"的行动逻辑（朱雅特，2014）。这一逻辑的形成在某种程度上也可以理解成是"风险学校"环境下的产物。在改革的过程当中，旧制度接连被废除，师生被动员投入新制度的建设，而在这种"主动"投入过程当中，这套逻辑也被内化到行动者的意义世界中。在A学校，不乏这样的表述——既然选择是自己作出的，那么就应该自己承担责任。而背后还隐含着这样的逻辑——选择不当是个人的自主管理能力不足，而这一能力不足所导致的后果只能归咎于自身。

不过在学校内部，也存在着对这一逻辑的质疑。其中，有被迫裹挟进改革潮流而感到强烈不安全感的学生，也有持强烈批判态度的教师。而在这些争论的背后，其实隐含有一个更大的问题：学生是否是一个有能力作出独立自主判断的个体？学校教育对学生监护的界限何在？而这些问题其实正是涂尔干在讨论教育的时候所希望回应的。在他看来，教育是一个在学生身上形塑社会性的过程（涂尔干，2001）。而这一社会性背后所隐含的正是个体与社会的关系。而A学校的改革中所面临的关于个体与学校权责的讨论，也正是在社会转型的当下，个体与社会的关系发生转变所必然产生的结果与在学校场域迟来的表达。

另外，学校建立起的选择—责任—能力这几者的逻辑关联还带来了另外一个非预期的结果——对选择进行个体能力的归因。这一归因逻辑因为学校生活中选择情境的增多被逐渐扩散，并在部分学生的观念层面形成了精英主义的评价标准。当这一评价标准与"风险学校"相结合,则带来了对部分学生的认知的非预期影响。如在学生内部,对改革后的学校生活便存在"残酷和高要求的优胜劣汰"一类的描述与感想。

从这一角度观之,前文所述的语文课改并不仅仅是在试图对传统的教学范式进行挑战。在其改革中将语文学习任务大部分交予学生个体、减少教师的介入与教授的变化只是学校改革过程中对教师权责的定义、学生能力要求的一个体现,其背后同样隐含着这样的逻辑:学生必须且有义务在缺少以往全方位的教师看护的环境下,主动投身其中,一旦能力足以应对环境的要求会得到更高的回报,而如果能力不足以应对则可能遭受更大的损失。这一适应与不适应背后对应结果的巨大差异,在缺少"保障"的情况下使学生产生了关于教育获得"马太效应"的评价。

3. "全人"还是"专才":个性化发展的一种解读

在资源与平台提供的过程当中,A学校也有意无意地实行着一套专业化的逻辑。

实际上,在前期,这一专业化的思路与做法已经体现在了学校的改革当中。一方面,它对学校的各项工作进行尽可能的分工与功能细化,然后将其分与专门的人员负责承担。另一方面,它也要求在各项工作上,负责人员能够尽可能专业地将其做精做深。

这一专业化的思路的一个表现便是学校在第二个阶段所提出的课程化概念,即将学生活动进行课程化的建设。将部分学生活动变为课程,不仅仅是对这些活动的正名,也是为对其进行专业化的指导做准备。其中一个非常典型的体现便是戏剧节与舞蹈节专业课程的开设。戏剧节与舞蹈节是学校从2011年开始每年定期举办的学生活动。最早,它们只是作为丰富学生校园生活的一种选择。随后,因应学校改革中活动课程化举措的需要,这两个活动被定位成校级活动,并为其开设了一系列专业课程。其中包括剧本创作、戏剧表演、道具与灯光操作等专业课程,并专门聘请中央戏剧学院、北京舞蹈学院的研究生作为课程教师与活动指导老师。这些也表明了学校对其专业化的要求与建设思路。

同样被加以专业化要求的还有学校的社团。前文，笔者曾提及社团的分类建设。在中心与学科社团方面，学校则希望对其进行更专业化的建设，如聘请名校专业高材生与专业人士担任指导教师，定期组织前往国外学校优秀社团进行交流学习等。类似的还有俱乐部的建设。

而在课程上，也鼓励教师对课程进行精深化的建设，这点笔者在前文论述元培课程特点的时候也有提及。

在不同领域的专业化建设不仅仅意味着学校能够提供的资源水平质量的提高，也意味着学生一旦选择这些课程或者社团，需要投入更多的时间与精力去适应其要求。换言之，在有限的时间与精力约束下，这种制度设计天然地不鼓励学生走马观花与浅尝辄止，而是希望他们能够选择相应的领域然后于其中钻研与提升。这是一种区分于"全面发展"、更贴近于"专才"的要求。

另外，A学校对于专才类型的定义也更为开放，而不仅仅只限于以往对于学业成绩的强调。在一次学生社团组织的脱口秀中，主持人邀请了数位学生中的风云人物进行现场访谈。其中，有在某一艺术领域有专长的学生，如独唱团团长、学生乐队鼓手与戏剧社社长，也有在篮球比赛中较为突出的学生，即便是其中的"学霸"，也同时拥有其他方面的特长。这在某种程度上表明，在学生内部，不再仅仅只有学业成绩一种评价标准，在不同领域上的专才都能够得到他们的肯定。

从这个角度理解，学校所谓的"个性化发展"其实表达的是对这样一个学生的形象的期望，即能够基于自身兴趣出发而选择的领域精深钻研。兴趣是前提，精深钻研是要求。

第五章 结语：精英范畴的重构

不管是通过分离、分化与断耦对"升学"诉求的满足，还是通过进行班级制往单元制的转轨以对学校生活进行的重构，都并非无的放矢。在现代社会，学校教育逐渐成为社会分类范畴的一种生产与合法化机制。而A学校作为一所重点学校，其所对应的正是对于精英范畴的生产与合法化。因此，A学校的一系列改革，与其说是教育改革这一公共政策在学校层面的实施，或者一种教育模式向另一种教育模式的转轨，更重要的是在当前的社会转型当中对于学校应培养怎样的教育精英这一问题作出的回答与尝试。通过将学校改革中"应试"与"素质"的矛盾，转化成学校所生产的精英的范畴的不同面向，A学校在前期较为顺畅地完成了一系列的改革，并初步重构了一套关于精英范畴定义。这套精英范畴一方面回应了我国社会与教育制度中存在的对于教育精英和社会分层的社会认知；另一方面也扩充与再定义了其中的部分内容。

其中，以升学之名回应的是精英范畴当中社会定义的部分。在我国的社会与教育制度下，正是因为个体进入不同的教育系统意味着精英与大众的分野，出于这一教育地位的追求，在学校层面出现了各种竞争。而对于A学校这一类型学校而言，只要这一对于精英范畴的社会定义没有发生变化，那么对于通过层层选拔与激烈竞争、最终进入A学校的学生与其家长而言，升学尤其是国内重点高校依然是他们在这一阶段教育的最大目标。

这也是为什么在A学校的改革当中，必须时刻以升学为名，使用一套分离、分化与断耦的策略，时刻向社会证明，在其改革中有将其考虑在内。其中，以国内升学为例，在分离中，学校强调高三对于应试技巧的训练；前期在升学去向分化中，强调"高考党"在教学安排的尽可能保留原样；以及通过断耦而不对课堂教学领域合法的教学范式进行大规模的集中干预。

这套由升学定义的精英范畴的确是学校教育的一个重要面向。然而，A学校的改革远不仅止于此。前期其所实施的分离、分化与断耦等策略，不仅仅是对精英范畴社会定义的回应，也是在为自身的改革预留出学校生活这一实践的空间。而在其中，其所进行的从班级制向单元制的转轨，以个性之名，也对学校教育生产的精英范畴进行了重构。

在这一转轨的过程中，传统学校的组织制度被全面废除，行动者或主动或被迫，从一套标准化、大一统的结构中脱嵌，而学校课程与社团等制度的改革,也为其教育提供了更充分的资源与选择的空间。而在此基础上,在学校场域中,教师与学生、学生与学生以及学生与学校之间的关系发生了改变。学生被导向发展出一种强迫且义务的自主的性情倾向。而这种性情倾向下,一种所谓"个性发展"——在自己感兴趣的领域精深钻研,有所专长——的精英形象在学校教育中被进行了强调。

由此,A学校的改革也成为对学校生产的精英范畴的重构。或者也可以这样理解,A学校以精英范畴重构的方式完成了学校改革。

参考文献

阿普尔,2001,《意识形态与课程》,华东师范大学出版社
伯恩斯坦,2007,《阶级、符码与控制(第三卷):教育传递理论之建构》,联经出版社
柏成华,2008,《新公共管理视野下的学校改革》,《教育理论与实践》,第 10 期
布尔迪厄、帕斯隆,2002,《再生产:一种教育系统理论的要点》,商务印书馆
布尔迪厄,2004,《国家精英:名牌大学与群体精神》,商务印书馆
布洛维,2007,《公共社会学》,社会科学文献出版社
陈佩华,1988,《毛主席的孩子们》,渤海湾出版公司
程天君,2008,《接班人的诞生:学校中的政治仪式考察》,南京师范大学出版社
代洪臣,2005,《校长在学校改革中的角色——一种阻力的视角》,基础教育研究,第 7 期
高水红,2008,《共用知识空间:新课程改革行动案例研究》,南京师范大学出版社
古德森,2013,《课程与学校教育的政治学——历史的视角》,教育科学出版社
郭于华,《从社会学的想象力到民族志的洞察力》. 载于郭于华,2012,《清华社会学评论(第五辑)》,社会科学文献出版社
韩登亮,2012,《基础教育学校改革机制研究》,陕西师范大学博士论文
胡春光,2011,《规训与抗拒:教育社会学视野中的学校生活》,华中师范大学出版社

姜良娜，2013，《学生的武器——一项关于城市普通初中学校学生反抗行为的研究》，南京师范大学

金生鈜，2000，《精英主义教育体制与重点学校》，《教育研究与实验》，第 4 期

柯政，2007，《学校改革困难的新制度主义解释》，《北京大学教育评论》，第 1 期

柯政，2011，《理解困境：课程改革实施行为的新制度主义分析》，教育科学出版社

李耀宗，2005，《"发霉的奶酪"和"填不饱肚子的维 C"——评关于应试教育与素质教育的一场争论》，《教育发展研究》，第 8 期

刘精明，2014，《能力与出身：高等教育入学机会分配的机制分析》，《中国社会科学》，第 8 期

罗小茗，2012，《形式的独奏：以上海"二期课改"为个案的课程改革研究》，上海书店出版社

梁晨等，2013，《无声的革命：北京大学、苏州大学学生社会来源研究：1949—2002》，生活·读书·新知三联书店

马维娜，2011，《集体性知识：中国教育改革的社会学解释》，广西师范大学出版社

吴扬，2002，《知识与控制》，华东师范大学出版社

蒙罗、托雷斯，2012，《社会理论与教育：社会与文化再生产理论批判》，上海人民出版社

彭拥军，2011，《精英的合法性危机：高等教育改革的社会学研究》，陕西师范大学出版社

施永孝、吴扬，《高等教育普及化对教育公平影响分析》//杨东平，2014，中国教育发展报告，社会科学文献出版社

涂尔干，2001，《道德教育》，上海人民出版社

王策三，2004，《认真对待"轻视知识"的教育思潮——再评由"应试教育"向素质教育转轨提法的讨论》，《教育发展研究》，第 10 期

王策三，2001，《保证基础教育健康发展——关于由"应试教育"向素质教育转轨提法的讨论》，北京师范大学学报，第 5 期

王威海、顾源，2012，《中国城乡居民的中学教育分流与职业地位获得》，《社会学研究》，第 4 期

王铮,2013,《学校课程改革与学生自主发展——北大附中的探索与实践》,《创新人才教育》,第3期

王海英,2009,《学校组织的行为逻辑——行动者的观点》,东北师范大学博士论文

王红岩,2012,《课程改革推进中的学校组织改革研究——以一所小学为个案》,东北师范大学博士论文

威利斯,2013,《学做工:工人阶级子弟为何继承父业》,译林出版社

吴刚,2004,《教育社会学的宏观分析》,《全球教育展望》,第7期

吴愈晓,2013,《教育分流体制与中国的教育分层(1978—2008)》,《社会学研究》,第4期

吴康宁,2009,《教育改革社会学研究的兴起及发展路向》,《教育研究与实验》,第6期

谢翌、张释元,2008,《学校改革阻力分析——一所县级重点中学的个案研究》,《教育发展研究》,第8期

杨东平,2005,《重新审视重点学校制度》,《群言》,第4期

杨东平,2006,《中国教育公平的理想与现实》,北京大学出版社

杨国枢、叶启政,《升学主义下的教育问题》// 杨国枢、叶启政,1978,《台湾的社会问题》,巨流图书公司

杨志勇,《制度、文化与升学主义》// 刘精明,2004,《转型时期中国社会教育》,辽宁教育出版社

应星,《论当代中国的新德治》// 应星,2009,《村庄审判史中的道德与政治:1951—1976年中国西南一个山村的故事》,知识产权出版社

钟启泉,2005,《概念重建与我国课程创新——与〈认真对待"轻视知识"的教育思潮〉作者商榷》,《北京大学教育评论》,第1期

庄西真,2006,《国家的限度:"制度化"学校的社会逻辑》,南京师范大学出版社

朱雅特,2014,《一所精英中学的公民教育探究——基于北大附中课程改革》,北京大学硕士论文

张新海,2011,《反对的力量:新课程实施中的教师阻抗》,科学出版社

郑也夫,2013,《吾国教育病理》,中信出版社

中国教育年鉴编辑部,1984,中国教育年鉴(1949—1981),中国大百科全书

出版社

Bernstein, B.. On Pedagogic Discourse. In Richardson, J. G.. 1986. *Handbook of Theory and Research for Sociology of Education*. New York: Greenwood Press

Bowles, Samuel and Herbert Gintis. 1976. *Schooling in Capitalist America*. New York: Basic Books

Collins, Randall. 1979. *The Credential Society: A Historical Sociology of Education and Stratification*. New York: Academic Press

Featherman, D. L. and P. M. Hauser. 1978. Opportunity and Change, New York: Academic Press

Kipnis, Andrew B.. 2011. *Governing Educational Desire: Culture, Politics, and Schooling in China*. Chicago: University of Chicago Press

Meyer, John W. 1977. The effect of education as an institution. *American Journal of Sociology*, 83（1）

Meyer, John W., and Brian Rowan. 1977. Institutionalized Organizations: Formal Structure as Myth and Ceremony. *American Journal of Sociology*, 83（2）

Meyer, John W. and Brian Rowan.. The Structure of Educational Organizations. In M. W. Meyer（ed.）. 1978. *Environments and Organizations*. San Francisco: Jossey—Bass

Parsons, T.. 1959. The school class as a social system: some of its functions in American Society. *Harvard Educational Review*, 29（4）

Sewell, W. H. and A. O. Haller and A. Portes.. 1969. The Educational and Early Occupational Attainment Process. *American Sociology Review*.（34）

Shavit, Yossi and Hans—Perter Blossfeld（eds）. 1993. *Persistent Inequality: Changing Educational Attainment in Thirteen Countries*. Boulder, CO: Westview Press

Shirk, S.. 1980. *Competitive Comrades: Career Incentives and Students in China*. University of California Press

Zhao, Zhenzhou. 2014. The teacher–state relationship in China: an exploration of homeroom teachers' experiences. *International Studies in Sociology of Education*, 24（2）

传统的"复兴"与"嵌入"
——山东B城城市丧祭活动的实践逻辑

安孟竹　中国人民大学社会学系2013级
指导教师　刘少杰

第一章　导论

一　问题的提出

现代性的后果之一就是"去传统化",体现在宗教/仪式的层面,经典现代化理论将这一"去传统化"的过程化约为"世俗化",即非理性的信仰的"去神圣化""去神秘化"乃至消失(孙尚扬,2008);而另一些学者则认为,现代性的成长包含着另一套"民族——国家信仰"的形成,民族主义在各种仪式和象征体系占据支配地位、成为一种凌驾于民间非正统的信仰体系之上的"现代图腾"(吉登斯,2009)。总之,现代化理论及之后的种种反思版本都预设了一种现代性与传统信仰、仪式之间的对立关系,内含一种与历史进行决裂的诉求。在中国,这个与历史决裂的任务是以"革命"和"社会工程"的激进方式实现的:现代国家企图彻底根除一切曾经用以形成中国文化身份认同的东西,自民国以来的一系列文化运动[①],就是以有意识、系统性的改造传统、树立新风尚为核心内容的(杨美惠,2007)。

---

① 20世纪初的五四运动,30年代国民党统治时期的新生活运动,60年代共产党推行的"破四旧"运动等。

作为家庭日常生存技术的丧葬和祭祀活动,也未能幸免于现代国家的文化改造运动。自民国以来,乡土社会的丧祭仪式便被视为"进步"的反面力量,作为一种"陋俗",在知识精英和政治精英的主导下不断的进行改造和革除。中国共产党自1956年起在全国范围内推行的殡葬改革包含着经济、政治、文化等多层面的诉求。在经济上,政府希望通过改革葬法节约耕地资源、投入农业生产;在政治上,通过倡导以追悼会为核心的葬礼模式,强调个体生前对集体的贡献而非其家族地位,突出其作为现代国家公民的身份;在文化上,新政权提倡用"文明"的祭祀方式取代"封建迷信",意在用唯物主义无神论的世界观打破传统葬礼中对身后世界的想象,用科学文明的现代精神改造具有非理性特征的"祖先崇拜"信仰。传统丧葬活动所包含的宇宙观想象和宗族伦理在"落后文化"的阴影下与现代性严格的对立起来。在笔者所考察的山东B城,民间的丧祭活动一度被简化到极致,其中,那些被斥为"陋俗"和"迷信"的仪式要么迫于政治高压而被人们所放弃,要么被压抑在秘密的空间中、消失在公众的视野里。

传统丧祭仪式的形态在政治干预下的变迁长期以来被官方表述为社会主义现代文化将人们从蒙昧、无知之中解脱出来的过程。这种以线性进化史观为基础的断言遮蔽了传统丧葬文化在现代社会进程中的其他可能性。然而,出乎人们意料的是,改革开放以来,传统丧俗又慢慢回归普通人的生活,并随着经济社会的发展呈现出比往日更为活跃的态势。这种传统葬俗的大面积"复兴"在农村似乎是一个更容易被理解的现象:作为相对封闭的社区形态,农村地区长期远离外部"精英知识",地方知识的生长具有天然条件。相比之下,城市的文化环境则具备更高的祛魅、开放特征,人们较少面临"遵从地方习俗"的舆论压力,现代教育、科学知识作为主流话语主导着人们的行动逻辑。但令人困惑的是,即便在是作为"殡葬改革示范区"的B城,传统丧俗也正在悄然回归之中:一方面,城市居民接纳了现代殡葬体系,他们用告别仪式代替送葬发丧,自觉的选择火化代替土葬;另一方面,除了一些具有特殊社会身份的家庭外,大多数普通城市居民则选择在葬礼中植入一系列包含"传统"色彩的象征符号、并在家庭祭祀中采用了焚香、烧纸、摆供、放鞭的表达手段；过"五七"、过"三年"等重要的祭祀活动又被重新引入人们的生活议程，而在这些仪式中，焚烧纸扎、"请先人"等成为至关重要的环节……对于这一现象的解释，官方与学界似乎都意识到了所谓"传统文化的惯性"的影响，然而，这一具有文化决定论色彩的解释的缺陷在于它未能回答两个问题：首先，在"文化惯性"始终存在的情况下，为何丧祭仪式的实践形态在不同历史时期呈现出不同的特征？其次，虽然政治高压的时代已经一去不复返，但迄今在国家殡葬政策和文化宣传中依然保持着对丧祭活动中"迷信"成分的打击、否定态度，在这种情况下，那些具有"迷信"嫌疑的传统礼俗在实践中是如何达成的？

基于此，我们需要重新回到这一问题：在今天的 B 城，传统丧祭仪式的形态为什么会"复兴"？它是在怎样的社会条件下实现、又在具体的实践场域中呈现出怎样的特征？这种"复兴"到底是从形式到内涵的全面回归，还是一种变异之后的空洞载体？

二 文献综述

丧葬活动作为一种庶民与精英共享的日常生活方式和生存技术，具有礼俗、观念、象征体系的不同维度，对于丧葬活动不同层面的研究也体现出不同的学科旨趣和问题意识。

20 世纪初学者对汉人社会的丧葬研究关注的是丧葬仪式在宗族制度下的功能和意义，这类研究受到了拉德克利夫·布朗式"功能主义"取向的深刻影响，这一时期的研究通常基于某一社区的民族志文本，在对丧葬仪式和祭祀活动的基本过程进行白描的基础上，分析宗法父权的社会秩序丧葬这一日常民俗事务的处理之中的，进而认为葬礼的举办、祭祖的实践具有调整失衡的社会关系网络、维护宗法伦理、实现宗族的"再生产"功能（林耀华，1989；许烺光，2001；杨懋春，2001）。另一些学者（罗梅君，2001）则从理性选择的角度出发，认为儒家思想为民间丧礼提供了技术上的正统性和伦理上的合法性，从而掩盖了遗产继承人实际的经济诉求，使得家庭内部的经济等级秩序合法化。总之，这一类研究大多专注于丧葬的"世俗"层面，将其视为宗族制度的一个环节，丧葬活动的意义在宗族整合与社会控制的框架下得到理解。

丧葬与祭祀作为一套仪式体系，其中包含着复杂的象征系统和内在的观念支撑。民俗学通常着眼于对丧葬仪式及其背后观念图景文化根源上的探析，把丧葬和祭祀仪式置于中华传统文化知识的脉络中加以考察，从对礼俗事象的把握扩展到探查背后的宇宙观、伦理观。郭于华试图将阐释人类学与功能主义的解释并置，在论述了汉中地区传统丧葬活动所具有的社区、家族整合功能后，认为这套仪式体系背后蕴含着一种深层文化意识结构，即"生—死、阴—阳"两个世界的相对存在、相互通达。她认为，这一结构的存在意义在于驱散死亡带来的恐惧，表达人们对于永生的渴望，使人的精神和情感得以平衡（郭于华，1992）。然而，这样一种近似于"心理功能"的解释却有重回老路之嫌（张佩国，2010）。另一些学者则从器具、纸钱等随葬物的角度揭示了江浙地区的丧葬文化，及其所表达的阴间生活信仰（陈华文、陈淑君，2012）。

对传统社会丧葬仪式的另一类研究以历史人类学家为代表，他们将帝国时期官方政治、知识精英对民间社会丧葬实践的干预放在"大传统"与"小传统"的关系理路之下进行研究，试图探讨民间丧葬仪式的标准化与构造帝国时期的文化认同之间的关系。华琛（Watson，1988）认为，明清以后，民间的丧葬仪式虽然在具体执行和组织上各有差异，但却拥有一个以《朱子家礼》为蓝本的大致相同的整体结构。他强调在丧葬仪式中"正确的仪式动作"相对于信仰的重要性：仪式动作的正确操演不仅是作为"观众"的社区成员对于葬礼的评价标准，也是在缺乏专业神职阶层对身后世界进行正统阐释的情况下，中华帝国国家机器进行社会控制的方式。这一套"正确的仪式动作"是在官方的有意干预、传播下形成的，而今日的中国人，也正是仪式标准化过程下的产物，这种文化认同被华琛称为"中国性"（Chineseness）。罗友枝（Rawski，1988）虽然也认可了"丧葬仪式标准化"的判断，但与华琛不同的是，她强调"祖先崇拜"作为支撑丧葬仪式的信仰基础是不能从仪式动作的表演中分离出来的。从儒家这一官方意识形态来看,死亡事件的社会价值在于能教导个人学习"孝道",而孝道是强调家庭取向的中华帝国的核心价值观。与华琛和罗友枝强调官方主导下的仪式标准化过程不同,苏棠棣(Sutton,2007)认为,民间丧葬仪式的很多共同之处并不是出自对官方礼仪的接受,而是一种"伪标准化",即地方文人用有意以上行下效的外表来把地方风俗装扮成正统,使其获得正当性。科大卫和刘志伟(2008)赞同苏棠棣关于"正统"这一概念所提出的质疑,即所谓的"正统"是由谁来判定的?是合乎理学的主张?还是国家认为的合法?讨论丧葬仪式正统性的文章似乎都没有说清楚辨别正统与非正统的标准究竟是什么。他们认为,来自国家外部规范对仪式的改变,需要通过地方能动性的接受,而地方社会接受的程度,往往不能完全符合官方规范的期待。所谓的仪式传统,是在国家规范与地方文化的不断的竞争中确立的。

在相当长的一段时间里,乡土社会散乱的信仰和祭拜活动一直被认为是隐藏在儒教的烟幕之下的另一种生活方式和价值(葛兰言,2010),即属于所谓"农民文化"或"小传统"(罗伯特·雷德菲尔德,2013)。然而学者们渐渐发现,所谓的"精英文化"与"农民文化"并非不同的东西,而是彼此的变体,因此,学者们倾向于从儒家伦理与宗族的制度性关联角度去理解丧葬活动。正如近期一些学者力图从丧服制度的考古中探究中国社会"关系""人情"现象的历史根源(吴飞,2010;周飞舟,2015;林鹄,2015),认为丧服的划分展现了儒家"亲亲尊尊"的人伦原则,这一原则从家族延伸到政治,最终构成了"差序格局"的社会关系结构总图。实际上,当我们仔细审视民间的丧葬、祭祀时会发现,这一活动本身就包含着两种文化取向:一种是礼仪化、人文化取向,这一取向使得它与所谓官方的文化正统有着密切的关系,在观念形态上融入了大量的精英知识,即儒家思想和伦理;另一方面是其巫术化取向,这种取向又使他与"小传统"有着密切的交集,吸纳了以阴阳鬼神之说为代表的地方知识,形成了各类依附性的仪式,如烧纸、招魂等。因此,传统社会的丧葬既在象征论意义上映射了地方民众的人格建构和宇宙观想象,也是在结构功能的框架下构成了宗法制度的一个再生产机制，更是王朝的治理手段，维持着符合帝国意识形态的基层社会秩序。

在对当代社会的丧葬研究中，部分学者继承了20世纪初本土社会学家、人类学家所采取的"社区传统"的田野取向和"功能主义"的分析路径，通过对某一特定村落的丧葬活动进行的全貌性描述，探讨其心理功能与社会功能，如慰藉亡人亲属、完成家庭内部财产与权力的向下传递、引导社区舆论、加强家族和社区的团结与认同等（余洋，2001；曹媞，2005）。更多的学者则是关注到丧葬仪式中的某个环节。彭兆荣等（2009）通过对川中葬礼"找中线"仪式的探讨，认为这一手段对于平衡处理家族内各继嗣群分支之间的关系、以使社区网络重新达到平衡具有重要作用，并进一步从汉族人宇宙观与人伦观的角度分析了形成这一习俗的深层原因。董敬畏（2008）探讨了关中丧葬活动中的互惠共同体的形成。他指出，仪式中礼物的奉献与劳务的分担是村庄中重要的社会团结机制，并认为礼物与劳务在家户之间的流动一定程度上阻隔了商品经济的冲击，从而使当地的村落并未沦落为所谓的"原子化形态"。张润军和刘红旭（2008）分析了作为村庄公共领域事件的丧葬如何为村庄精英的角色实践提供了舞台，从而使其在本社区内生秩序的维持上发挥了重要作用。与20世纪初的社会学家、人类学家相似，这类研究通常将关注点置于一个较为封闭的村落共同体之中，将丧葬活动视为展示家庭与村庄社会关系运作的一个切面，其着眼点并不在于仪式本身，而在于剖析丧葬活动中所展现的社会结构与秩序的再生产机制，可以视为20世纪初社区丧葬活动研究的一个当代变体。

也有部分学者关注到了现代化背景下传统丧葬仪式的沿革与变迁。李亦园（2004）以民国时期河南基督教民与母舅家庭围绕葬礼方式产生的冲突为例，探讨了现代中国社会中异质的、变迁的文化与均质的、传统的社会结构之间不能协调的问题。在他看来，仪式实践中的冲突，是社会变迁过程的浓缩体现。新中国成立后，中国共产党在全国范围内推行殡葬改革对民间原有的丧祭习俗产生了深刻影响。学者们试图考察在这一改革过程中国家权力与传统习俗的互动博弈。一些学者从法社会学的角度出发，基于对特定村庄殡葬改革的实证研究，指出基层政权对法规的策略性操作与地方原有的仪式规则的存在影响了殡葬改革的实施效果（韩恒，2007）。另一些学者的研究则更多地站在民间社会的立场之上，认为，在极端现代化的意识形态之下，地方葬俗被视为需要"移风易俗"的改造对象，但在村民日常实践中，丧葬却是一项重要的道德仪式。国家所指定的殡葬规范没有能为村民提供实践其道德体验的有效性为方式，从而解释了人们在国家法规的压力下仍然坚持土葬的原因（李德珠，2010）。学者们对殡葬改革在民间的推行大多持批判态度，他们认为，殡葬改革在现代化语境下的强制推行，使得由原有的丧葬习俗维持的一种地方秩序被打破、解构，这不仅冲击了民间对死亡仪式的习惯性记忆，加剧了个体在遭遇文化变迁时的认同危机，更加使社会生活原有的共同规范消失，给了市场逻辑和经济理性渗透到农村的可乘之机，最终会导致乡土社会的解体（董磊明、聂良波，2007；胡艳华，2013）。也有学者并不主张将殡葬改革视为以国家为主体自上而下的推动过程，而是更加强调了民间社会对现代殡葬规范的选择性接纳，赋予地方社会以能动性。陈柏峰（2012）对江西某县丧葬仪式的考察打破了学界对"宗族文化会阻碍火葬推行"的想象，指出在丧葬仪式变迁的过程中国家与村庄并非一种截然对立的关系。一方面，客家的二次葬习俗缓和了火化带来的心理冲击；另一方面，国家的殡葬改革作为一种外来规范配合了村民改革烦琐、不卫生的传统仪式的内在要求，是作为仪式实践者的村民对国家政策的有意识利用。狄金华（2013）则从"国家与社会关系"的角度出发，将华北米村丧葬仪式的变迁置于政权建设和社会转型的双重背景之下，认为民间仪式的实践场中存在着不同权力主体的相互博弈；仪式的变迁不仅受国家力量的推动，同时也是作为村庄主体的乡民在特定的经济、社会与文化场域中基于生存而作出的选择。

仅有的专注于城市丧葬活动的研究来自齐月娜（2008）对天津市丧葬仪式的考察，她指出在现代城市的背景下，普通居民家庭基于公共环境和家庭环境的不同场景，采取了"正式葬礼"与"非正式葬礼"的不同仪式过程；此外，不同葬礼的仪式形式、规模、参与者等方面的区分所展现出的是逝者生前的社会地位和资源动员能力，反映出人们对仪式所处的社会结构和秩序的认同，也强化了相应的社会规范和文化价值体系。还有学者对将城市与农村的丧葬活动作出了比较，指出在改革开放后，由于国家权力和地方文化传统在城乡影响力的差异，城市和农村的葬礼中展现出不同的文化认同原则：农村葬礼更加强调仪式参与者对家族血缘和等级关系的正确操演，以此彰显他们在家族与村落中的身份地位，城市的葬礼则更加强调仪式参与者作为国家成员的身份，因此在葬礼实践中传递出更多的官方意识形态信息（Jackson，2008）。

综上所述，学界对于汉人丧葬活动的研究已经有了一定的基础，但笔者认为现有的研究存在以下不足：

首先，在以往的研究中，学者们的研究目的通常在于通过对仪式进行片段化的考察而推论出整体性的功能。在这种"站在丧葬之外看丧葬"的研究进路下，学者们并未深入到具体的实践过程之中了解仪式主体是如何思考的，而那种认为丧葬实践服务于家庭秩序和道德整合的观点未免存在本末倒置的嫌疑。实际上，在文化环境较为开放的城市中，人们采用怎样的礼仪模式、以怎样的方式去执行，首先是一个主动选择的问题；而以往研究对于家族、社区的文化力量的过度强调遮蔽了当事人的真实体验，从而使复杂的问题简化为一种对结构和功能的关怀。

其次，以往的绝大多数研究关注到的是某一村落内部的丧葬活动，对城市丧葬的考察远远不足。这一方面是受到了"社区传统"田野取向的影响，认为在较为封闭的村落之中，丧葬仪式具有某种同质性的特征，较易于把握。而城市的文化环境更为开放、多元，外部力量对丧葬活动的影响使其较少的体现出某种"本土"特征。更为重要的是，研究者通常无意识地预设了一种"现代—传统""城市—农村"的二元对立，认为农村的丧葬活动保留了某种前现代的形态，能够反映乡土生活的逻辑，而城市的葬礼则呈现出某种"现代化"的形态，是传统葬俗未来的演进方向。长期以来，在这种逻辑的遮蔽下，研究者们忽略了城市丧葬活动中所呈现出的复杂形貌，那些城市葬礼中的

"非正式仪式"仅仅被视为一种"传统"的碎片化遗存,从而失去了专门研究的价值。

最后,对民间丧葬"传统"特征的考察往往缺乏一种历史的维度。学者在对当代仪式实践的考察中,往往将"是否采纳了火葬"/"是否恢复了土葬"作为传统丧祭文化是否"复兴"的准绳,而其他的仪式表达则被理所当然的视为一种一直为人们所秉持、从未中断过的存在。事实上,那些包含着阴阳鬼神之说的仪式动作、象征符号曾经一度被简化到极致,甚至在城市中被一套具备现代形态的礼仪模式进行全面代替。那么在今天,这种一度被压抑的力量得以重新释放,其背后包含着哪些力量的推动?且对于长久接受世俗化教育洗礼的城市人而言,这种包含着超自然因素的仪式选择又反映了怎样的时代征候?

三 研究的思路及方法

1. 理论框架:"民间宗教的复兴"

对于家庭的丧祭活动是否可以视为一种"宗教"形态,学界始终存在争议:一些学者认为"不应该从宗教的意义上对之进行理解,它是一种献祭仪式,一种绵延不绝的意识"(杨懋春,2001);然而另一些学者则认为丧祭活动中所包含的祖先崇拜、与鬼神沟通等信仰和仪式实践可以归入"民间宗教"的范畴(弗里德曼,2014;王斯福,2009)。杨庆堃(2007)认为,丧葬和祭祖是最重要的家庭宗教活动,且作为一种"扩散型宗教"的实践形态,它包含了两个面向:一是与家族制度、帝国治理和儒家道德教化相关联的"世俗性"面向;二是支撑这一套礼仪模式的超自然信仰,包括神、鬼、祖先和阴阳两界的观念等,也即其"超验性"面向。在这一套超自然信仰观念的支配下,人们借助一系列象征符号的运用构建出一个"亡人世界"的图景,从而使得代际的责任和义务在"死亡"之后得以延续,消除了儒家"慎终追远"的虚妄性。

基于此,笔者试图借鉴杨庆堃的观点,将传统的家庭丧祭仪式视为一种"民间宗教"实践,并沿着它所包含的"世俗性"与"超验性"两个维度来考察这一仪式形态的"复兴"状况。虽然对汉人社会中传统丧祭礼仪的复兴,学界仍然缺少深入的经验研究,但关于改革开放后其他民间信仰形态的"复兴"现象已涌现了大量研究成果,可大致将其归结为三种取向:"传统的发明""国家—社会关系""宗教市场论"(梁永佳,2015)。"传统的发明"这一理论模式源于20世纪后半叶学者们对经典现代化理论所持的"单线进化"模式的反思,指出"传统"与"现代"之间并不存在必然的冲突关系,社会的现代化进程受到这两种力量的交互制约,传统的存在并不一定会阻碍社会进步;相反,经过重新理解和调整的"传统"有时会赋予"现代"以合理性,成为现代社会的意识形态或示范准则。这一理论最初被用来解释民族国家挪用历史的现象(霍布斯保姆、兰格,2004),而宗教社会学者则借用这一理论来解释中国民间宗教的复兴过程中,地方精英如何通过对传统知识的继承和创新而赋予现代性的实践以合法性(Siu,1990;景军,2013)。与前者不同,持"国家—社会关系"理论取向的学者往往将基层社会的民间信仰与官方的意识形态、权力实践、政策制度等联系起来考察,突出"国家"与"社会"的互动关系。这种理论预设了一种"国家支配"与"社会抵抗"的先天角色,认为政治上的放松是造成"传统复兴"的基本条件(Wellens,2010)。然而,对政治干预的贸然批评反映的是一种规范性视角下的"应然"逻辑。事实上,民间丧祭仪式自古以来与帝国基层治理、官方道德规训之间的关联也让我们对这种二元对立的政治逻辑更加警惕。"宗教市场论"是宗教研究领域近年来较为新潮的理论模式,这种理论将改革时代的中国宗教市场分为"红市"——政府认可的制度性宗教;"黑市"——官方排斥和打击的"异端";"灰市"——在红市与黑市之间的模糊地带,包括种种民间的"迷信"形态。这种理论认为,正是由于中央政府利用"无神论意识形态"对"红市"的限制,才改变了宗教市场的供求关系,使人们倾向于到"黑市"与"灰市"之中寻找超自然的信仰(杨凤岗,2006)。这种理论的前提在于一种"理性人"假设,认为人的宗教选择也是一种权衡代价和利益之后的选择。然而,这一脱胎于西方经验的理论是否能够很好的解释遭受重大变迁后中国人的精神世界，学界对此是存在争议的（范丽珠，2008）。

2. 扩展个案法

由于社会情境的复杂性，同一城市中不同家庭的丧葬活动可能呈现出不同的样态，而地域间文化的差异也使得我们不能将某一城市丧葬实践的形态推论至整个中国。然而，个案研究的目标并不在于统计意义上的通过"部分"认识"整体"，而在于扩充对经验事实的认知并提出新的理论见解（王富伟，2012）。在超越个案的"代表性"困境方面，布洛维提出的"扩展个案法"（Burawoy，1998）给了我们一定的启示。这一路径通过考察时空之中真实的事件，展现规范性描述和日常实践之间的矛盾，并在追溯这些矛盾时把权力结构、社会历史等背景因素考虑在内，同时发现微观生活的变化对宏观结构的影响。在此基础上，布洛维总结了扩展个案法需要遵循的四项原则：（1）介入，即要对研究者的进入所形成的反应保持敏感；（2）过程，即理解具体情境中的多重意义和知识，并在时间维度上将其简化为"社会过程"；（3）结构化，即观察研究场所之外的社会力量之间的相互作用；（4）重构，即通过个案的独特性关照、修正既有的理论。

本文试图借鉴布洛维的"扩展个案法"研究进路，将城市家庭的丧祭仪式视为一个从丧仪筹备、仪式执行到后续献祭在内的连续过程，对于山东B城一个城市家庭两年之内的丧祭活动作为一个整体进行了考察，试图呈现出城市丧祭活动中"传统复兴"的特征。并以个案为基点，探讨了这一现象背后包含了哪些宏观结构性力量和微观策略性因素的作用，从而发掘促使"传统复兴"得以可能的社会条件，以及它在实践中是如何达成的。辅助理论重构也是扩展个案法的目的所在（卢晖临、李雪，2007）。基于前文所述，本文将在"民间宗教复兴"研究所总结出的三种理论模式——"传统的复兴""国家—社会关系""宗教市场论"——的关照下进入经验之中，并在对经验过程的考察中反观这三种理论。虽然笔者的水平有限，还不能完全实现"理论重构"的宏愿，但希望可以通过经验的考察与既有的理论解释进行对话、反思，发现其不足之处，从而对未来理论建构作出一种可能的知识积累。

3. 资料收集方法

本文在资料收集方面主要运用到了参与式观察、访谈法、文献法。

2012年7月到2014年4月期间，笔者亲身参与了B城一个城市家庭的丧葬与祭祀活动，参与并记录了从遗体装殓、举办告别仪式、"做七"、下葬、到后期祭祀的全过程。此外，笔者试图将微观个案纳入到宏观社会变迁的脉络之中，根据对B城地方志等文献资料的梳理以及对民政系统官员、殡仪服务人员的访谈，笔者考察了国家在不同历史阶段对民间丧祭活动的干预及其影响。此外，沿着丧主家庭筹办丧祭事宜的路径，笔者简要考察了B城的殡葬市场，并对介入个案的市场主体进行了访谈，包括殡仪馆工作人员、佛具店主、纸扎艺人、墓地销售与管理人员，从而考察他们在制度框架下的经营策略如何为家庭丧祭活动提供了物质资源和实践空间。最后，通过对地方仪式专家、丧主家庭成员等仪式参与者的访谈，并结合在田野中的观察，笔者试图从主体的角度出发考察他们对丧祭活动的理解，探索他们在城市社会条件下对传统丧祭礼仪作出的适应性调整。

第二章 传统的"复兴"与当代个案

一 社会变迁与仪式表达

根据B城的地方志记载，在民国以前，该地的丧葬仪式主要包括以下流程（《滨州市志》，2012）：

备丧。即在逝者去世前为其准备后事所需的寿衣、棺木等。
守灵。期间进行的活动包括招魂、覆面、点引路灯、烧倒头纸等。
报丧。官员或皇亲宗室死后则在一定区域内发讣闻，民间则以口报为主。
成服。即依照伦理关系远近为逝者穿着孝衣，由亲及疏依次为斩衰、齐衰、大功、小功、缌麻。

吊唁，即携带烧纸和礼金哀悼逝者、慰问生者。

接三，也称"送盘缠"。在逝者去世后三天，孝女祭奉纸质金山、银山、米山、面山等，以供逝者路上使用，并请人唱丧歌。

装殓。即为逝者穿寿衣、"含口钱"后将其移入棺木。

送葬。在择好吉日、吉地后，由家中男子将灵柩抬往坟地，途中要举行哭丧、路祭、摔瓦、摔碗等程序。

下葬。风水先生罗盘定向择墓地后，由家人打墓、暖穴、埋葬灵柩。

葬后礼仪。包括居丧、"做七"、周年祭、重要节日的祭祀（清明、除夕、中元等）。

民国以来，随着与西方文化的激烈碰撞，西方的殡葬服务模式开始引入中国社会。鸦片战争后，来华外国商人和官员首先在上海租界内开办了殡仪馆、火葬场和公墓（王夫之，1998）。这一舶来的殡葬模式启发了新派知识分子，"五四"以来，民间旧有的丧葬礼俗便被视为"落后文化"与"封建迷信"，需要加以彻底改造。袁世凯当政时期，政府颁布的《国葬法》为推动新式葬礼在全国范围内的施行起到了示范作用。1935年国民政府制定的《倡导民间善良习俗实施办法》和翌年颁布的《公墓暂行条例》都明确的倡导采取告别仪式、火化遗体、公墓埋葬等现代化的丧葬方式。然而上层知识和政治精英在制定、推广新式丧仪方面的努力在当时并未对华北平原的乡土社会产生深刻影响，这种文化礼俗的改造只是为少数知识分子、和行政体系内部的官员所践行（严昌洪，1998）。

1950年后，共产党渤海行政区的数个县区被划分出来组建为B城，虽然在建制上成立了地级政府，但辖区内依然保留着乡土社会的生产方式和生活风貌，在普通居民的丧礼中，家族人伦的仪式表达依然是核心内容，以披麻戴孝、送葬发丧、家堂祭祖为表征的传统礼俗仍占据主导地位（《滨州市志》，2012）。新政权建立后全国范围内的殡葬改革肇始于1956年的火化倡议。农业合作化运动开始后，散布在田间地头的坟堆给土地连片整治、农田水利建设和拖拉机使用带来了很大的困难。在 1956 年的中共中央政治局扩大会议上，中央政治局委员集体在《倡议实行火葬》倡议书上签字，拉开了殡葬改革序幕（王颖，2014）。这场殡葬改革最初的目的在于节约耕地、木材，减缓家庭经济压力，将一切资源、财力和人力投入生产建设，发展到后来，对于民间仪式的改造便与政权建设、意识形态教化的诉求联系起来，最终囊括了三个层面的内容：(1) 葬法改革，即从土葬遗体到火化后骨灰寄存或移坟深埋；(2) 葬礼改革，即从家族丧礼到集体承办的告别仪式；(3) 祭祀改革，即建设公共墓园代替宗族墓地，倡导敬献鲜花等"文明"的祭扫方式代替祭品的焚烧。

为响应中央政权的号召，B 城在 1967 年建立了火葬场，开始倡议火葬，属于全省最早建立现代殡葬体系的地区之一。起初这项触及千年葬俗的政策并不被多数人采纳，只有少数领导干部带头执行，其他"被迫火化"的则是"非命者"、单身汉、五保户等群体。直至 1974 年，B 城的火化率仅为 0.3%。[①] 相比之下，B 城的城市建设成果则是令人瞩目的，在国家工业化的号召下，数家国营工厂以及相应的文化教育和医疗服务系统在建市后的几年内逐步建立起来，这些企业和机关以"单位"的形式将 B 城的人口结构进行了重组。然而一些刚刚开始"吃公家饭"的"市民"实际上来自周边的农村地区，他们对于家人"身后事"的处理依然受着某种地方仪式文化的支配。大多数城中的老人依然会在临终前嘱托子女死后将遗体抬回农村老家拉棺下葬。1975 年，B 城建立了火化试点，在试点区开始强制推行火葬。1978 年，地区政府组建起丧葬改革委员会，颁布《殡葬管理若干规定》，规定"所有机关、团体、学校和企事业单位干部、职工逝世后，必须火化"，制定了"凡自愿执行火葬者，免交运尸费，火化费予以优待"等引导性措施，要求各单位对违反火化政策的领导干部作出从"停职反省"或"开除公职"的惩罚。这项规定颁布后，B 城的火化率在一年的时间内上升至 86.3%（《滨州市志》，2012）。

在葬礼和祭礼的变迁方面，受"移风易俗"运动的影响，B 城居

[①] 滨州市民政局档案馆，《关于殡葬改革推行的工作总结》，1968。

民的家中自20世纪50年代以来已不再设家堂祭祖,而改为"上坟",家中的祖先灵位多为"领袖像"所取代。无论是城市或农村居民的丧葬都开始由集体(在农村由生产队、合作社,在城市由单位)承担。"文化大革命"期间,地方传统丧祭礼仪在政治压力下不断遭到批判和削弱,与此同时,在响应毛主席《为人民服务》的号召下,B城国营企业的领导干部、党员、政府官员家庭开始带头举办追悼会,在追悼会上设领导致辞、回忆生前事迹的环节。在这种新式葬礼的践行中,用戴黑纱代替披麻戴孝、以集体名义赠送花圈代替送"纸钱"等新的行为模式为官方所倡导。其主要包括以下环节:

1)单位派出人员和车辆将遗体送往殡仪馆。

2)单位成立治丧委员会,发布讣告,并筹备追悼会/告别仪式事宜。

3)举办追悼会/遗体告别仪式。基本程序为:主持人宣布开始—宣读来参加追悼会的个人职务、单位—奏哀乐,行默哀礼—单位领导致悼词—家属致答谢词—来宾列队向遗体鞠躬、环绕瞻仰,与家属握手表示慰问—家属绕棺送别—结束。

4)遗体火化。

5)骨灰寄存于"劳动人民纪念堂"或葬入公共陵园

虽然传承千年的传统丧祭礼仪并没有在社会层面真正断裂,但受制于特殊年代的政治环境,即便在远离政治核心的农村,这些仪式在实践形态上也已经被大大地简化。

同事盯着你,楼上楼下邻居盯着你,尤其是领导干部,家里人要是弄些神神鬼鬼的东西是要挨批判的,就连农村都开始戴小白花了,何况城里人……(访谈退休民政局官员SZG)

20世纪80年代以后,披麻戴孝、发丧下葬、烧纸祭灵的做法在农村又试探性的恢复起来。1984年,B城市委在工作会议上指出"将殡葬改革列为精神文明建设的重点内容来抓",推行"五不见"(不见坟头、土葬、请客送礼、披麻戴孝、摆供祭灵)"五代替"(戴黑纱代

· 275 ·

替戴孝，送花圈代替送礼，火葬代替土葬，开追悼会代替祭灵，建纪念堂代替坟墓）(《滨州市志》, 2012)。民间礼俗与权力文本始终处于此消彼长的博弈之中。直至90年代后期，随着计划范围的缩小，市场的力量开始主导B城的经济发展与社会生活。与此同时，在作为居民日常事务的丧祭礼仪中，传统元素也在不断回归。虽然地方政府对于火化政策的推行依然坚持了强硬的态度，但在礼仪模式的选择上，一些一度消失在人们视野中的礼俗又得以重新践行，甚至呈现出比过去更为烦琐、活跃的态势：

大概是八九十年代吧，那些旧习俗又开始出现了，先是在农村，后来是城市。农村有些旧思想和习惯实际上以前就一直没有得到根除。以前城里人觉得这是农村的"落后"的东西，现在他们自己也开始搞这一套，市场经济的环境，冥币、纸钱、纸扎也不愁搞不到。一到清明，桥头上、墓地里烧纸的人熙熙攘攘。(访谈退休民政局官员SZG)

在今天的B城农村，披麻戴孝、送葬发丧、烧纸祭灵等再度成为主流的仪式形态；而城市的丧祭活动则呈现出"传统"和"现代"两套仪式体系并行不悖的特征：一方面，以告别仪式为核心的丧礼模式在公开的场景中被保留下来；另一方面，一套传统的仪式表达和象征符号又被植入现代殡葬体系的运作之中。B城的殡仪工作者对筹办丧事的过程中丧主家庭提出各种"非正式请求"已然司空见惯：

基本上我们的客户都会提出一些额外的小要求，比如为亲人烧烧纸啊、在灵柩里放一些随葬品和遗体一起火化，甚至有人会向我们咨询哪里能买到纸扎。过去（这些情况）还比较少，这两年反倒更加普遍。(访谈殡仪馆工作人员CJ)

来扫墓的人，几乎家家都不仅仅是打扫一下献个花就了事，基本都要烧纸、放鞭、摆一些供养品，再跟那边的亲人'念叨'几句。碰到一些大日子，还要烧'纸扎'、哭一哭。(访谈墓地管理者BX)

在接下来的篇幅里，我将以该地一个城市家庭的丧祭活动作为一个当代个案进行呈现，需要说明的是，由于城市文化的开放、多元特征，不同家庭的丧祭仪式也必然在细节上有所差异，鉴于此，笔者并不是试图证明某种仪式样态在 B 城中所具有的"典型性"，而是想要以此为切入点，来探讨城市家庭丧祭活动中，那些与现代殡葬理念相悖的传统仪式实践在具体的场景中是如何达成的。

二 当代个案：刘家的丧葬与祭祀
（略）

第三章　宏观的力量："复兴"的前提

一 单位制的解体与"家文化"的再造

将权力秩序、知识秩序和宗教秩序锻造为一体的治理之术是帝国时代王朝统治的秘诀。具体到家庭丧葬礼仪中，国家通过地方官僚、仪式权威直接干预民间丧祭活动，将家庭的祭祖活动吸纳为儒家正统的一部分，利用后者的道德话语对人民进行教化和规训，强化作为帝国统治基础的血缘家族组织，从而巩固了传统中国的政治和社会秩序（汲喆，2014）。然而 1949 年以后，对于亟待调动资源进行建设的新政权而言，家族则成为相对于国家的一个潜在的资源控制竞争对手。在历次的政治运动中，"宗族派性"都成为国家进行打击的对象。另一方面，"集体"作为一种新的基层社会整合机制被建立起来，以填补国家与个人之间的真空状态，在农村是人民公社，在城市则是单位。这一组织体系试图将公民编织进由国家控制的网络之中，以实现对社会的有效动员。

单位制的组织体系为殡葬改革在城市的推行提供了有效的手段。如前所述，在 B 城，火化的实施在初期并不顺利，直到 20 世纪 70 年代地区丧葬改革委员会将火化的执行与家庭成员的职业前途挂钩、并以"开除公职"作为惩罚机制后，B城的火化率才得到迅速提升。作为国家进行资源分配的基本渠道，单位使个体成员对其产生了高度的组织性依附，而"开除公职"即意味着生存资源与生活机会的丧失，正是基于个体对组织的强依赖性，国家的殡葬政策才在B城得以有效执行。

此外，作为一个具有综合性社会职能的组织，单位还向成员提供各种福利，进而渗透到居民私人生活的方方面面。在居民的丧葬事宜方面，单位成为城市家庭举办丧礼的重要支持体系，职工（甚至其家属）去世后，单位不仅会主动出面成立治丧委员会、发布讣告、提供车辆将遗体运送至殡仪馆，还介入丧礼中一应细节的筹备、吊唁者的迎来送往等琐碎事宜。原本属于"家族事务"的丧礼此时具有了单位内部的"公共事务"的意义。

有些单位是专门有组织，比如工会，负责退休职工的丧事，有一帮人每天都在忙这个事，像是正经工作，义务一样。（访谈B城民政局退休官员SZG）

正是在作为"国家派出机构"的单位的介入下，一种传统的家族认同被有意识地改造。葬礼不再成为家族制度和伦理等级秩序的展演，而是成为官方进行意识形态建设、灌输国家认同的场域。而这种认同推行的结果是一种关于"差异"的政治学得到了不断的复制和繁荣。在集体时代，个人在体制内的身份地位对丧礼的规制、隆重程度都会产生很大影响。基于特定单位体制框架下的等级结构，每个系统都会有自己的治丧标准。反过来，国家也通过"重丧"的方式表彰"有突出贡献者"。当政权需要肯定某人时，丧礼的规格则直接标识了个人行为、精神在时代背景下的"典型"意义，进而作用于参与仪式的生者。在这一背景下，用追悼会的方式代替以血缘家族为单位的发丧、出殡具有特定的政治意涵，而单位"干部"的出席和致辞也让丧主家庭感到一种集体赋予的荣耀。这些在行政体系中享有特定地位的干部不仅是单位的管理者，也是国家权威的代表，单位成员对政权的合法性的认同就寓于"领导"与"职工"之间的日常互动

(Walder, 1988)。"单位"的在场为城市居民的丧礼赋予了权力实践的色彩，与此同时，家族的力量则趋于隐没。

在"左"倾政治的时代，单位不仅是城市居民丧礼的主要支持体系，同时也构成了对私人生活一种干预和监督力量。丧主家庭在"单位在场"的情况下极力追求仪式表达的政治正确，而任何不以国家为对象的效忠都存在危险性：

> 那时候是不敢搞"宗派主义"的，丧事都简化了。有段时间别说在城里，就连农村都不披麻戴孝，家里亲戚来就算是帮忙的，哪有什么娘家舅家来闹事的事情。你家怎么做都有那么多双眼睛盯着呢……文革那会儿几个自杀的干部的丧事也都是草草了结，他们的族人们也不敢说什么，甚至连丧礼都不参加。（访谈 B 城民政局退休官员 SZG）

这一时期，家族在官方的话语表述中被构建为一种相对于"公共""集体"的"私"的力量，新政权力图将自然状态下的"家族人"改造为行政状态下的"单位人"。即便在政治高压时代结束后，B 城仍然通过单位评选"殡改示范户"的方式来推行新式丧礼。在这种情况下，那些在传统丧礼中十分重要的对长幼尊卑、人伦关系的象征性展演成为一种"落后"的元素而遭到批判。单位对城市职工丧礼的承办、家族力量的弱化改变了丧葬活动所具有的家族整合功能。居民的死亡成为科层管理体系中的一个人口事件，遗体及骨灰的处理方式需要服从于国家生产建设的需求，尽可能小地占用空间；同时，丧礼的目的不再是帮助亡人转化为阴间的"祖先"以延续阳间的代际责任和义务，而在于以集体的身份对其表达缅怀、标识其在制度体系中的社会身份地位。

改革开放以来，城市单位制的弱化成为社会变迁的主要特征，原有的社会整合机制已经不能再有效的发挥作用（孙立平，1994）。计划范围的缩小使得单位失去了对社会资源的垄断，难以承担起综合性的社会管理的职能，而是更加依赖于市场、转变为独立的利益主体，谋求自身的存续和发展。在这一背景下，个人对单位的依附性明显减弱，单位在居民日常生活中的角色和功能也在逐渐淡化。在 B 城，随着市场机制引入、国营企业改制，原有工艺美术厂、食品厂等大型国营单位也在短短几年内面临倒闭，解组后的集体已经无力在物质和人力方面为职工家庭的丧礼提供协助。即便是在一些仍然存留下来的单位中，多数时候，单位只是以敬献花圈、派个代表出席告别仪式的方式浅度的参加职工的丧礼，只有在一些领导干部等具有特殊社会地位的居民葬礼中，单位才会特意组织其治丧委员会，承担丧葬仪式的筹备工作。在前文的案例中，虽然两场丧礼中都有"单位同事"的协助，但这些提供协助的同事多属于丧主家庭在日常交往中建立的私人关系，他们并不是以"集体"的面目出现的。刘老先生的葬礼中虽然有地方政要的出席，但政府并没有专门为退休干部组织起治丧委员会，个别官员只以私人名义敬献花圈，致悼词、盖党旗等具有政治意涵的内容还是在家属的特定要求之下实践的。在后单位时代，政治符号不再主动介入到普通居民的丧礼中，而是成为丧主家庭积极征用以标识其社会地位的象征手段。

在单位制组织体系弱化的同时，社区成为国家进行基层社会管理的新单元，然而，在城市居住形态的异质性使得松散的现代社区难以具备"守望相助"的共同体特征，现代都市生活的安排使得人们难以在地缘关系之上建立起实际的亲密关系。在集体力量隐退和邻里关系陌生化的背景下，那些与城市居民日常互动频繁的亲属关系重新成为了丧礼举办的主要支持体系。刘家的丧礼中，邻居甚至未能出席吊唁，而在地亲属则为丧主家庭提供了从人力、物质到知识资源的多方面协助。这种以亲属为主要参与者的家庭丧礼也面临着评价机制的转化，对作为"观众"的亲属而言，那些以地方知识为依据的传统丧俗显然在实践中有着更强的"合法性"。另一方面，市场的力量也逐渐介入到丧葬事宜之中，殡仪馆、墓园等专业机构都开始提供各式各样的"一条龙"服务，这种交付给市场的丧葬互动也必然引发市场机制与地方文化习俗的结合。在后单位时代，集体的缺场与其他力量的引入不仅削弱了国家对普通居民丧礼的干预和监督力量，同时也引发了主体在丧祭活动中行动逻辑的改变。

单位制解体的另一后果是带来了新时期的社会整合困境。这一现象被学者表述为"中国社会的个体化"（阎云翔，2012），即生产方式的去组织化与生活共同体的瓦解。面对社会急剧变迁所带来的道德风险，国家亟须构建一种新的社会整合机制，来应对个体化时代的失范危机。然而在集体解组后，国家已经很难利用总体性的政治理想来承担起凝聚社会共识的任务，与之相伴随的是家庭重新成为承担社会风险的基本单位，一种建基于生活实践的日常道德则成为人们普遍的追求。在这个意义上，曾经滋养了中国人日常生活几千年的"家文化"再次成为国家进行社会整合、道德秩序重建的资源。

20世纪90年代后期以来，家庭伦理、日常道德作为新时期基层社会的黏合剂重新获得了官方的认可。国家不再将"家族"视为一个与"国家"相对立的"私"的力量，而是试图构建一个从"小家庭"推至"国家"的认同序列。在这一语境下，以家庭为单位的仪式实践作为社会整合的手段重新为官方所征用，不仅清明这一传统祭祖节日以"文化遗产"的面目被指定为法定假日，国家自身也在特定的场合采用了传统的祭祀礼仪表达（如领导人祭拜黄帝、炎帝的象征性行为），力图在"炎黄子孙"的语境下构建一种"中华民族大家庭"的文化认同。不可否认的是，官方对传统祭祀活动"去污名化"行为中包含了商业的目的、统战的需要、知识分子的推动等各方面原因。但这一切都是在官方对传统丧祭活动中的伦理面向进行肯定、承认的前提下实现的。而在民间的日常仪式实践中，一种模糊的"家"的概念已经重新成为人们认同的基本单位。在刘家的丧祭活动中，在"外人"面前，刘家人举办的是一套以告别仪式为表征的新式丧礼，在仅有亲属（包括宗亲和姻亲）在场的情况下，那些具有传统色彩的仪式才会被执行。这种关于"家"的表述和实践虽然并不完全契合传统社会以血缘宗亲为核心的家族制度，但却脱胎于传统家族观念中蕴含的对"内""外"关系的感知。因此，在"传统复兴"的问题背后，我们不仅需要看到一种仪式形态的回归，更需要看到的是其中蕴含的"认同单位"的变化。

二 如何对待"迷信"?

传统丧祭仪式的基本结构形成是大、小传统长期互动的结果,这种历史过程的积淀使得丧祭仪式本身包含着两种取向,一种是在作为官方正统的儒家思想和伦理影响下的礼仪化、人文化的取向;另一种是以地方阴阳鬼神传说和民间对"身后世界"的想象为支撑的巫术化取向(也即杨庆堃所谓的"超验性"维度)。后者体现了地方民众独特的生死观、宇宙观,传统丧祭活动中大量的依附性仪式,如烧纸、拜土地、招魂等就是这一取向的鲜明体现。

在民间的想象中,身体的死亡并不意味着"永久的消失",而是一种"存在状态"的转化,即逝者从阳间的亡人变成了阴间的"祖先"。丧礼的目的之一就在于帮助逝者完成这种"转化",因而具有了范热内普所说的"过渡仪式"的意义(范热内普,2010)。这一"转化"过程在生者看来是一个凶险、混乱的阶段,需要亲人通过特定的方式对行进在阴阳两界之间的亡灵不断提供支持,并为其在另一个世界的未来生活做好充分的物质准备。虽然儒家精英对待鬼神的态度是沉默持中的,并尝试将仪式中种种涉及超自然因素的表达解释为一种不愿让亲人离去的愿望、认为丧祭礼仪的根本目的在于"慎终追远"[①],然而这种将"鬼事"转译为"人事"的努力却始终没有取得成功。传统丧祭礼仪中所展现的超自然信仰之所以没能成功地从民间的祭祀活动中剔除出去,其原因在于,正是这样一种"灵魂永生"的观念为"死亡"事件之后、那个充满不确定性的世界提供了一套具象化的解释系统,从而为以家庭为单位的持续性献祭提供了合理的依据和不竭的动力,强化了仪式实践的效果,成为维持和巩固家族伦理观念、儒家道德价值的一种必要机制。

然而,随着20世纪初"宗教"与"迷信"的范畴被知识分子从西方引入,上层知识和政治精英逐渐将以基督教为蓝本的、具有教

[①] 《荀子》:"故丧礼者,无他焉,明死生之义,送以哀敬,而终周藏也。故葬埋,敬藏其形也,祭祀,敬事其神也……事生,饰始也,送死,饰终也,终始具,而孝子之事毕,圣人之道备矣。"《大戴礼记》:"丧祭之礼,所以教仁爱也,致爱故能致丧祭,春秋祭祀不倦,致思慕之心也。"

会组织、正统经典的宗教看作唯一合法的宗教形态，而那些散落在民间的仪式和信仰则因为缺少制度化的体系而被置于难以归类的窘境（Goossaert & Palmer，2011）。当新文化运动使得现代性成为民族国家的文化承诺，民间丧祭活动中包含种种地方信仰、超自然因素的仪式表达便被贴上"迷信"和"陋俗"的标签，进而被视为为中国贫病落后的替罪羊、"现代性"的对立面，在"移风易俗"的语境下成为上层精英批判、改造的对象。胡适曾公开主张"打破灵魂不死的观念，否定鬼神的存在"，进而提出"把古礼遗下的种种虚伪仪式剔除干净""把后世加入的种种野蛮迷信的仪式删除干净"，使丧葬礼仪"近乎人情，适合于现代生活状况"（李纳森，1997）。作为一种精神遗产，民国时期包含着进化史观的现代化图景在1949年以后被新政权所继承下来，在官方的表述中，民间丧祭仪式中的超自然表达（如为亡人烧"纸钱"、"纸扎"、随葬品，以及向阴间各种神明体系献祭、招魂等）被长期的视为残存于乡里的"糟粕""迷信"。新政权为了彰显自身的"现代性"定位需要坚决的与这些"落后""愚昧"的地方知识划清界限。因此，殡葬改革不仅包括了节约耕地资源的经济诉求，还包括了用"文明"礼仪方式改造"烦琐陋俗"、用"科学"的世界观改造"非理性"的阴阳鬼神观的文化诉求。在B城，"用社会主义现代文化改造落后传统"的运动一度走向激进的强制：四清运动中，那些具有"灵媒"色彩的仪式专家、阴阳先生被改造成"手工业者"；"文化大革命"期间，红卫兵将居民家庭保留的神龛、祖宗灵位以"破四旧"的名义摧毁；在政治高压下，居民的丧礼被简化到极致，那些具有"迷信"嫌疑的象征表达会遭到严厉的批判、甚至被扣上"反革命"的帽子：

姥爷去世那会儿也是在这里（B城）办的。那个年代别说做"五七"了，农村烧纸都得半夜悄悄地干。别说城里大街上都没有卖（纸钱）的，我们左邻右里住的都是父母的同事，你们家丧事怎么办人家知道得一清二楚，大家都不敢出格。（访谈刘家长女）

在"左"倾政治的时代里,掌握权威的主流政治文化对曾经作为日常生活基础的地方知识进行了全面的入侵和颠覆,甚至有时会采取暴力的手段对后者进行捣毁。在这样一种政治生态下,丧祭活动中的仪式选择也成为表达政治认同的标识,人们不得不遵循国家所倡导的新式礼仪模式,而将那些具有"迷信"嫌疑的仪式表达压抑在秘密的空间中进行。20世纪80年代后,随着殡葬改革由"政治化"进入到"法治化"的阶段,这种用强制手段改造"迷信"形态的方式被逐渐抛弃。然而官方对"迷信"的表述却被保留了下来(详见《殡葬管理条例》)。

在今天,虽然国家对家庭丧祭活动的干预控制有所放松,并积极地肯定传统仪式中"孝"的伦理价值和家庭整合功能,但碍于其自身的"无神论"的意识形态定位和"精神文明建设"的现代化任务,国家依然不能够承认支撑传统丧祭礼仪的一套阴阳鬼神之说。在丧祭仪式举行的目的上,官方与民间社会有着截然不同的表述,前者认为丧礼和祭祀的意义在于对逝去的亲人进行追忆和缅怀,而不在于借用种种象征表达的手段完成亡人向"阴间祖先"的转化。因此,官方依然企图用一套具备"现代"特征的礼仪模式改造那些具有神秘主义特征的表达,将人们关注的重点放在"此生"。同时,现行的殡葬政策也保持了对"迷信活动"的批判态度。在1997年修订的《殡葬管理条例》中,"革除丧葬陋俗"被确立为殡葬工作的指导方针,提出"禁止在公共场所焚烧祭祀品""禁止在公墓建立宗族墓地、搞封建迷信活动""提倡文明的祭扫方式"的要求,并对"生产、销售封建迷信丧葬用品"作出了惩罚规定。

然而,对于民间社会而言,那些包含着超自然信仰的仪式表达与丧祭活动中的伦理内容是一个相辅相成的整体,二者难以在实践中被割裂。因此,面对不同话语框架之间的张力,行动者的实际操作就显得格外重要。近几年,国家在一些场合中试图用"传统文化"这样的两可表述来化解地方知识与法治规范之间的矛盾,而在华南侨乡,地方政府甚至主动将侨乡的祭祖活动进行"文化"包装,以鼓励招商引资、团结海外华人。在前文呈现的案例中我们也可以发现,两场丧礼中都囊括了大量关于身后世界的象征表达，如装殓时在遗体手边放鞭子、柳枝以"打鬼"、烧"倒头纸"作为亡灵在阴间的"买路钱"、下葬时以烧"纸扎"的方式向亡人献祭以及在祭祀活动后分食祖先"品尝"过的食物等。那么，这样一种以地方丧祭文化为依据、与官方政策相抵牾的仪式实践到底是如何达成的呢？地方政府对待这种现象的态度和处理方式又是怎样的呢？这个问题将在下一章中进一步分析。

三 模式化的现代殡葬体系

今天城市中所见的以遗体告别仪式为代表的新式葬礼根源于民国时期上层知识精英对租界区西式丧礼的借鉴，并为以"现代性"标榜自身的历任政权所倡导。在社会主义建设时期，这一套仪式体系又被赋予了国家认同建构、意识形态灌输的政治教化意义，它将生命的荣誉感、价值感寓于"单位在场"的公共场域之中，从而在集体主义伦理框架下对个体生命的价值进行了诠释。这一体系设计的初衷包含了国家权力的深度介入，然而，伴随着国家对城市居民丧祭活动干预方式的转变，作为集体时代政治遗产的现代殡葬体系在新时期又向着怎样的方向发展？

20世纪80年代中期后，伴随着国家治理模式的转型，现代殡葬体系的建设也由"政治化"进入到了"法治化"和"标准化"的阶段。在官方出台的各种法规、条例中，一套对专业殡葬机构进行评价、考量的技术指标被建立起来。[1]在这一套指标体系的指导下，殡葬机构的工作重点转向了如何对遗体进行科学、卫生的处理。在B城殡仪馆，从遗体的运送、冰存防腐、化妆整容再到最终的火化、骨灰存放都是按照严格的技术操作规范执行的。（殡仪馆服务流程图此处略）

除了高度的技术化特征外，标准化的行业规范也使得新式丧祭礼仪操作向着模式化的方向发展。在殡仪工作者自己看来，他们的工作

---

[1] 详见《殡仪馆等级标准（1990）》《公墓管理办法（1992）》《国务院关于殡葬管理的暂行规定（2013）》。

是"向客户提供专业服务",而不是一项可以深度介入的"情感劳动":

> 刚入职的时候,我们看到家属在那里伤心,自己也受感染,悄悄跟着哭。可是 CJ 姐教育我们,你们这是在工作,拿出专业精神跟客户谈业务、给客户做好服务才是你们的本分。(访谈殡仪馆职工 ZJ)

殡仪服务的"标准化"特征渗透在体现在工作人员的穿着打扮、礼仪用语等各个方面,他们被要求穿着统一的工作装、面带同样的严肃表情、运用规范化的技术话语、执行相同的礼仪动作。而在他们所提供的服务内容中,如花圈的规制、挽联和讣告的书写、悼词的内容以及牌楼的样式等,都遵循着既定的格式和体例,仪式环节的设计更是已经形成了固定的规范。在这样一套标准化的仪式流程下,仪式参与者的任务便是顺利地完成所有程序步骤,他们对逝者独特的感情被压抑在一套规定性的动作之中。

在丧葬礼仪中,仪式的实践必然与一套特定的伦理价值、意识形态相配合才能获得特定的意义,仪式中的种种象征表达包含着人们对生命价值和死亡意义的感性认知,蕴含着对生命的意义进行诠释的诉求,构建着生者与逝者之间的特定关联。传统时代的丧祭仪式将个体生命的意义寓于家族之中,丧葬仪式的礼制、规模则展现了逝者在家族伦理等级中的地位;同时,丧礼实践的超验性目的在于借助一系列仪式环节帮助逝者完成从阳间的"亡人"到阴间的"祖先"的转化,从而使得代际的责任和义务得以跨越阴阳两界、以另一种具体可感的方式而得到延续,丧礼中的一系列象征符号的使用和仪式动作的践行都服务于此。集体时代,国家用一套具备现代形态的礼仪模式改造了传统的仪式表达,并在单位力量的介入和集体主义伦理的配合之下使之获得了特定的意义。这一仪式体系通过"致悼词""献花圈""集体默哀"等环节强调逝者与集体和国家的关联,单位的深度介入使得个体的丧礼具有了集体公共事件的色彩,个体的生命价值和荣誉感在群体性的参与、悼念和缅怀之中得到彰显。虽然这种礼仪模式悬置了对"身后世界"的表达、而将关注的重点放在"此世"之中,但对"国家"本身的崇拜和忠诚的仪式表达则满足了人们对于意义感和神圣感的追求。然而，当集体力量逐渐从城市普通居民的丧礼中隐退、集体主义伦理日渐衰落之时，现代殡葬体系成为一套抽离了意识形态和感性价值的空洞载体，它既不能够完成人们对"另一个世界"的干预和把握的诉求，也难以对生命的意义进行此世的超越性诠释，反而用一套标准化的仪式流程体系扭曲了人们对逝者自然的情感表达。

理性主导且渗透到社会各个面向所编织成的体系网，是现代性控制力的根本所在（叶启政，1998）。马尔库塞认为，伴随着文明的进步，人类制定了越来越多制约人们的行为制度与规范，这些理性的作品不仅压抑了人们的本能冲动，而且直接束缚着人们的感性行为。理性可以分化为不同的目标要求、不同的行为规则，但感性却无法像理性那样产生分化，人们感觉、知觉和表象都是对具体形象或整体存在的感受或反映，因此，用分化而成的理性原则去严格限制作为整体的感性，感性必须服从和适应理性的分化，其结果必然是感性遭受分解而失去其整体的本性（刘少杰，2008）。在后集体时代，现代殡葬体系的建设已经不再为政治意识形态所主导，而是在法治化、标准化的过程中日益呈现出韦伯式的"技术理性"和"形式理性"的特征。在这一体系指导运作下的新式葬礼正向着一种模式化的方向演变。这种模式化的现代葬礼难以承担起对生命本体性价值的表达，而是用理性化的程序设计、体例规范将死亡仪式中所蕴含的整体化的感性意识进行切割，将仪式参与者对逝者的独特情感压抑在一套规定性的动作和表达之中，从而摧毁了人们在超验层面所获得的意义感。正是这种情感和意义的缺位催生了人们对"死亡"进行重新诠释的需求，在此基础上，那些从乡土社会中延伸出的具有感性特征的象征表达方式为仪式主体提供了可以利用的文化资源。从个体的角度来看，传统仪式的实践是一种以地方知识为依据的"感性选择"，它在情感和意义的层面对模式化的现代葬礼构成了一种补充和拓展；同时，从社会批判的角度来看，传统仪式的实践也在无意间构成了源于日常生活的感性文化对现代社会理性原则的抵抗和挑战。

第四章　微观的策略：市场与政府如何操作

一　符号挪用与"自我合法化"

　　协助亡人通过死亡后的混乱阶段、达致彼岸世界是传统丧祭礼仪在象征论意义上的目的之一，其中，通过特定的动作和象征符号的运用实现与亡灵的沟通成为仪式的关键内容。纸钱、纸扎等祭祀品的焚烧便构成了沟通阴阳两界最为重要的机制，也是与现行殡葬政策冲突最甚的环节。这种祭祀品虽然在物质形态上看只是一种易燃的纸制品，但通过借助特殊的符号印记或对现实物品的形态模仿，这种祭祀品就具有了"象征表达"的功能：在经过了"焚烧"这一神秘动作之后，它们可以成功传递至亡灵手中，转化成在另一空间中具有实际购买力的"钱"和具有特定功用的"物"。从直观经验上看，这些成本低廉的纸制品经过焚烧变成"灰烬"，但在仪式主体的意识中，祭祀品的焚烧起到的是"献祭"的作用。它借助客观的物质素材、经过特定的仪式动作，构成了人们对另一个世界的模糊表达，为生者与亡人、祖先与后代之间提供了某种具体可感的交流方式，成为人们主动对精神世界的把握，从而实现了生者对想象中身后世界的干预，以及代际伦理责任在"死亡"事件后的延续。

　　在案例中，无论是火化前的"烧倒头纸"还是后续的"五七""下葬"仪式中，祭品在其中都扮演了至关重要的角色。刘家丧葬活动所用到的祭品大多来自本地的"佛具店"，这种店铺集中在B城以小商品集散而闻名的某"商贸城"中，绝大部分是在工商部门注册过的个体经营单位。店内以营销与佛教信仰有关的"法器"为主，也兼售丧葬、祭祀仪式上用以焚烧的各类祭品，主要包括以下几类：

　　1) 打上红色印记的黄表纸，又称"利是"，有时也被做成铜钱形状，是成本最为低廉的"纸钱"。

2）用锡箔纸叠的金银元宝、金银锭。

3）用套色印制的"冥币",同为"钱"的象征物,冥币与"纸钱"的不同在于它们是依据当下流行的货币样式进行仿制的,并标有币值。

4）带有佛教色彩、用以超度亡魂的各类经文,如大悲咒、往生咒等。

佛具店的店主通常身兼多职,他们既是祭品的生产、销售者,同时也是通晓地方丧祭知识的"专家",根据自身对祭品功能、礼俗禁忌的掌握而向顾客提供"专业意见":

很多在外地(工作)的回老家来给父母上坟,不知道要烧什么,我们就给他们提供点意见。老人刚刚去世的,做七和下葬的时候,除了一般的纸钱元宝,还要烧些往生咒,过了三周年,上坟的时候只烧纸就行了。我们不会给人乱推荐,什么能烧什么不能烧是有讲究的,比如红元宝,是给家里欠债的人消灾的,给老人上坟的时候就没必要烧。(访谈佛具店老板W)

值得注意的是,这类祭品是打着"佛教用品"的旗号进行销售的,这样一种经营策略的使用与民间丧祭礼仪形成过程中对佛教仪式、符号的借鉴有关。从历史根源上看,虽然民间丧祭礼仪与制度化的宗教在形式上各自独立,但在观念和实践上是彼此纠结的,前者不但有儒家地方精英的参与,也在历史发展的过程中融合、借鉴了佛、道等制度化宗教的元素。然而,自20世纪初清末知识分子将"宗教"和"迷信"的概念引入后,在官方的话语体系中,有无明确的神明系统、历史根源、经典教义和组织体系成为国家区分"宗教"(正)与"迷信"(邪)的标准(Goossaert & Palmer, 2011)。新中国成立后,国家对"宗教"和"迷信"的界定继承了清末知识精英的二元划分,新政权一面实行宗教信仰自由政策,一面通过全国性组织将五大宗教团体纳入统一战线体系。而民间的丧葬、祭祖仪式却因缺乏制度化的体系而难以被标识为一种"宗教",且仪式中蕴含的对身后世界的想象及其象征表达并不能被国家的意识形态所包容,进而沦为一种"落后文化"的表征,为亡人"烧祭品"的行为因而被贴上"迷信"的标签,成为需要革除的陋俗。虽然在政治运动时期,无论是否为制度所认可,"宗教"与"迷信"都受到了权力体制的压迫和打击,但在20世纪90年代后,国家又提出"宗教与社会主义制度相适应"的说法、重新确认了"宗教"的合法地位,但那些被标识为"迷信"的丧祭活动却依然作为"科学"和"文明"的对立面而遭到官方的排斥。在现行的殡葬制度框架下,无论是"在公共场所焚烧祭祀品"还是"生产、销售封建迷信丧葬用品",原则上都是违反政策规定、需要被"打击取缔"的。然而悖谬的是,正是官方对待"宗教"与"迷信"的不同态度为商业资本的运作提供了可操作的空间。在案例中,祭品的销售是通过挪用"佛具"的符号而实现的。祭祖仪式与佛教祭祀从历史根源中衍生出的相似性则为这种符号的挪用提供了可能。借助官方认可的"宗教"外衣的掩护,丧祭品的销售者力图在既有的宗教管理框架下构造一种国家所认可的"合法",从而也使祭品所负载的传统丧俗知识的传播、流动得以达成。

另一类重要的祭祀品则是只有在大型的祭祀活动中才出现的"纸扎"。纸扎的制作销售通常是由专门的纸扎艺人完成的。传统纸扎制作所运用到的材料成本低,但工艺却较复杂,尤其是"魂轿"和牛马的制作,需经过面模、做篾身、糊纸、喷绘、外形装裱等多道工序才能完成。随着现代生活的变迁,纸扎的样式也随之翻新,增添了电视机、冰箱、楼房、汽车等现代生活意象,表达出人们对生活的理想化期待。案例中,刘家丧葬活动所用的纸扎来自 B 城郊区农村的一间由陈姓纸扎艺人开办的"纸扎工艺品超市":

> 城里人"办事"一般是经人介绍到我这来。如果主家没有什么特殊要求,一般是订传统的"十件"[①]。要是想让老人在那边过得更好些,

---

[①] 金山、银山、米山、面山、摇钱树、一对童男童女、纸牛、魂轿、楼房、汽车。

就再多扎点洗衣机、冰箱、电脑、手机。我们做好了放到仓库里等人家来车取,也可以提供送货到墓地的服务。(访谈纸扎艺人陈某)

陈某的店铺虽然开在农村,但在B城城区也小有名气,他认为,要在行当里立足不仅要具备相应的纸扎工艺技术,还要熟识当地的丧葬文化。如在"魂轿"之中,艺人通常会撰写一篇包含逝者的生卒年月、生前居住地址等内容的"文书"放置其中,这一"文书"类似于阴间的通行证,意在使亡灵免受阴间小鬼的阻拦。而对于生前信佛的逝者,他们还要专门制作一对莲花坐垫以供其在另一个世界继续修行。陈某认为,对待逝者的工作要十分慎重,如果没有用心去做或稍有错漏,则会招致阴间魂灵带来的麻烦。但陈某并不认为自己所做的"死人生意"是一种"迷信",而是对自身的工作有着另一番包含着神圣感诠释:

我觉得不好说是"迷信"吧。且不说我们这一行遇到的那些稀奇古怪的灵异事。干我们这一行的,还是很有价值的,算是"积德积福"。我们手艺都是代代相传。手工制作,费时费力。现在愿意学这个和会这个的人越来越少了,大家都嫌做死人生意不吉利。但这是咱老祖宗留下的手艺,是文化遗产,应该传承下去。(访谈纸扎艺人陈某)

基于个人在工作中所遭遇的"灵异"体验,纸扎艺人自身并不认同官方的"迷信"表述,而是怀抱着一种敬畏和虔诚投入到祭品的制作之中,他们相信自己的工作是在"积德积福",对逝者的"奉献"也必然能在将来得到回报。而对于纸扎祭品本身,他们认为,官方"封建迷信丧葬用品"的说法是对祭品与献祭行为所包含的神圣意义的贬损,但同时他们并不敢明目张胆的与殡葬政策进行对抗,而是挂出了"纸扎工艺品超市"的店铺招牌,运用具有时代特征的符号掩饰自身不被官方所认可的文化特征。在公开的场景中,他们更倾向于强调纸扎作为"工艺品"的性质,并征用官方"文化遗产"的符号进行自我论证,在这一语境下,自身工作也肩负着"民间工艺传承"的使命。通过这种"文化包装"的策略,纸扎艺人将为政策所排斥的行为重构为国家进行文化建设和抢救的资源,进而为自身寻找到了为官方所认可的生存角色,借助"纸扎"这一载体,传统的祭祀知识也从乡土社会流入城市人的日常生活之中。

二 在规范与利益之间

仪式的实践不仅要获得相关文化资源的支持,还需要依托特定的空间来完成。在农村,家户院落和村庄庙宇、祠堂、家族墓地等公共空间就成为仪式实践的场域,而城市居民的葬礼和祭祀一般都是在殡仪馆、公共墓园等专业殡葬机构提供的功能化空间中进行的。这些殡葬机构处在政府的监管之下,本身属于现代殡葬体系的重要环节,那么传统丧祭礼仪是怎样在专业化的殡葬机构中营造出运行空间的呢?

1. 殡仪馆

表面上我们是挂靠在民政局的事业单位,实际上我们殡葬系统大多数人都是基层服务人员。人家都说我们殡葬业是暴利行业。但我们领导算过,我们每年需要自己掏钱维护火化设备、防腐设备,这块开支靠民政的财政补贴根本不够,所以我们不得不自己创收……(访谈殡仪馆工作人员CJ)

1978年,B城建立了自己的殡仪馆,初建时仅有5名职工。建立殡仪馆的目的在于"改革殡葬旧俗,推行文明节俭的新式葬礼"。然而在市场机制引入之后,殡仪馆名义上挂靠于民政局,属于官僚系统的组成部分,需要在国家法规政策的指导下履职;但实际上它们也部分地作为殡葬市场的主体,参与市场竞争。这样一种角色使他们在面对丧主家庭时,大多是按照市场的利益导向逻辑来行动,在访谈过程中,笔者发现,殡仪馆工作人员通常称丧主家庭为他们的"客户",并以"最大限度地满足客户需求"标榜自身。实际上,受地方丧祭文化的影响,丧主家庭往往都会向殡仪工作者提出各种各样的"非正式要求",以实践地方的仪式惯例,规避特定的禁忌。

由于近年来舆论对殡葬业的"暴利"声讨居高不下,B城工商系统对殡仪馆的服务项目作出了收费管理规定,并要求其将收费价格表进行公示,以"接受群众监督":

B城殡仪馆收费价格公示表

填报单位:B城殡仪馆

服务类别	收费类别	服务项目	收费标准	收费性质
基本服务	火化费	环保型火化炉	500元/具,加收10%	行政事业收费
基本服务	遗体接运费	遗体接运费	20公里以内100元,超出部分每公里加收2元	行政事业收费
延伸服务	综合类	消毒费	20元/具	经营性服务收费
延伸服务		花圈租赁	10元/个	经营性服务收费
延伸服务		遗物焚烧卫生清理	20元/次	经营性服务收费
延伸服务	遗体冷藏	遗体冷藏	120元/天	经营性服务收费
延伸服务	更衣整容	遗体洗澡	50元/具	经营性服务收费
延伸服务		遗体理发	40元/具	经营性服务收费
延伸服务		一般整容化妆	100元/具	经营性服务收费
延伸服务	悼念告别	接待室	140元/次	经营性服务收费
延伸服务	殡葬用品	骨灰盒	加价幅度不超过实际购货价格的30%	经营性服务收费
延伸服务		其他殡葬用品		经营性服务收费
基本服务	骨灰寄存费	骨灰寄存	60元/盒/年	行政事业收费

B城物价局监制

制度的规定并不能完全限定主体的行动,在制度的缝隙间,行动者往往能够营造出自主的空间。由价格公示表可以看出,工商系统对于由殡仪馆垄断的专业技能,如遗体的整容、冷藏、消毒、火化,以及骨灰的寄存等都作出了明确的价格规定,而骨灰盒等"殡葬用品"则以"经营性服务"的面目出现,为其定价留下了相对的自主权。在这种情况下,殡仪馆有时甚至主动迎合地方丧俗或社会风尚,以拓展利益空间。在案例中,殡仪馆为丧主家庭提供的殡葬用品是以"礼包"的形式成套销售的,分为高档装和普通装两类,前者与后者的区别在于多出了"金元宝""金银瓶"等具有传统色彩的随葬品,以及依据地方仪式文化而提供的"瓷瓦"和"瓷碗":

客户都希望让老人风风光光、披金戴银地走。放这些(随葬品)在灵柩里,人家来瞻仰的时候觉得好看。家人有面子,也是个孝心的体现……都是用环保材料制作的,烧的时候不会造成污染。摔瓦和摔碗有时候也是客户的要求,这个动作象征家人要跟死去的亲人阴阳永隔了,摔烂个瓦片和碗而已,也不会造成什么大破坏,我们还是要尽量满足客户这种需求。(访谈殡仪馆工作人员CJ)

2002年,B城殡仪馆被民政部评为"国家二级殡仪馆"与"殡葬改革示范单位",在省内属于佼佼者。此后,殡仪馆几乎每月都要接待来访参观、调研学习的同行与地方官员。在经济利益之外,机构声誉也成为B城殡仪馆行动的重要考量因素,这偶尔也会使他们陷入双重角色的尴尬之中。

"纸钱"我们就不能卖,咱们这里是殡葬改革示范单位,一天到晚搞得乌烟瘴气的也不像回事……(访谈殡仪馆工作人员CJ)

在案例中,当刘家人提出要在灵柩前为逝者"烧倒头纸"时,工作人员即刻以"安全隐患"为由拒绝了这项要求,但同时他们又同意让刘家人在夜间到后院的焚化园"悄悄地烧";此外,焚化园也在工作人员的默许下成为丧主家庭"做五七"的仪式空间。对于是否要满足"客户"基于地方丧祭文化的特殊要求以及如何满足这种要求,殡仪馆的顾虑并不在于这些仪式实践是否与现代殡葬理念相抵牾,而是仪式的实践是否会带来安全隐患,以及是否会影响自身"殡葬改革示范单位"的形象。因此,他们在积极迎合地方丧祭文化创造经济效益的同时也需要恪守一定的"底线",在维持自身"专业化现代殡葬机构"的形象与满足丧主家庭的"非正式要求"之间采取折中的策略。

2. 公共墓园与地方政府

另一重要的仪式实践空间则是公共墓园。在传统的丧祭文化中,下葬这一环节即意味着逝者完成了由阳间到阴间的"过渡仪式",成功在另一个世界立足,此后则以"祖先"的形象守护着家庭的福祉。而墓地"风水"的好坏被认为事关整个家庭的运程。风水是传统丧祭文化的重要组成部分，而在当代，这一"地方知识"则被专业的陵园开发者所利用，成为推高墓地价格的重要因素。虽然依据现行的殡葬政策规定，墓地购买者对于墓地的使用权仅为20年，但国家所倡导的"骨灰墙"等更加节约空间的永久性骨灰贮藏方式却没有广泛采纳，在土地资源并不十分紧俏的B城，购买墓地安置骨灰仍是人们的普遍选择。

B城是孝子董永的故乡，年节上坟是传统。给老人提前置办一块"福地"，算是为老人尽的一份孝心。风水好的墓地"藏风聚气"，对祖先安宁、家族富贵、子孙昌盛也是有帮助的。（访谈墓地销售者XYM）

选择"墓地"作为保存逝者骨灰的主要方式与传统家庭祭祀仪式有着密切的关联，官方则通常称这一活动为"扫墓"。虽然"祭祀"与"扫墓"都有建构家庭认同感、凝聚家庭力量的功能，但在表达形式上却有很大的差异。官方努力地将这一活动解释为对逝去亲人的缅怀、追忆，并倡导鲜花祭扫等"文明"的祭奠方式；但对于民间社会而言，祭祀的目的则在于以特定的方式与阴间的祖先进行沟通和献祭，以祈求祖先的荫庇。城市的祭祀活动更是将这两种诉求以及与之相匹配的表达形式进行糅合，他们既为亡人打扫墓地、敬献鲜花，也像农村人那样焚香、烧纸、摆供、磕头。

如前所述，虽然国家已经将清明这一家庭祭祖的节气设立为法定假日，但在现行的政策框架中依然保留了"禁止在公共场所举行封建迷信祭祀活动"的规定，然而，在如何界定某种仪式活动是否为"封建迷信"方面，官方却没有给出操作性的界定标准。在这种情况下，基层政府的监管和公共墓园的具体操作就构成了丧祭活动中传统仪式表达得以"复兴"的重要条件。

什么是封建迷信活动？政策上没有说明，我们也不好随便下定义。80年代中期的，我们也确实对所谓的"封建迷信"进行过严打，对那些跳大神的、招魂的、算命的都像对待赌博嫖娼一样，当作犯罪，手段是重了一些，有点"文化大革命"时期遗留的做法，也造成了和民众之间的不少矛盾。现在，只要人家不危害社会安定团结就可以了……火化我们是要强制执行的。对基层政府都有指标任务的下达，一是领导干部带头、树典型，领导干部家里违反政策的直接影响升迁，这个中央专门下了文件；对一般群众没按照火化要求来（贯彻）的，我们就进行高额罚款……至于烧纸，这是一个比较兴盛的传统习俗，一些民众思想意识还比较落后，很难在短时间扭转过来，但是群众的本意是好的，是要行孝道，这个事情要是去制止了就显得很不人道。（访谈 B 城民政局官员 ZCL）

在指标性的压力之下，地方政府在今天对于火葬采取的依然是强制执行的态度，而在祭祀活动的管理上，按照国家殡葬政策的规定，它们本可以对民众的仪式表达方式进行干预和纠正，但实际上却难以下手。这种困境首先在于一种"区分"的困难：正如官员所言，国家虽然在现行的殡葬政策中保留了"迷信"的表述，而对如何对"迷信"进行界定，地方政府却缺乏操作性依据。"左"倾政治时代，对一切具有"迷信"嫌疑的东西进行狂热取缔的做法已经造成了极差的政治声誉，被视为权力过度滥用、干预私人生活的表现。而在今天，由于国家对"家"文化的重新肯定和征用，祭祖活动本身已经变成了很难在政治上否认其正确性的东西。因此，地方政府对待那些具有传统色彩的祭祀仪式的实际态度是，只要它们"不造成社会危害"，就可以"睁一只眼闭一只眼"。在这种情况下，地方政府关注的重点并不在于这一仪式实践所具有的"陋俗"和"迷信"嫌疑，而在于它可能带来的治安和环境问题。因此，地方政府并没有对此采取强行的限制和扭转，而是在姿态上通过柔性的宣传、引导寄希望于本地丧祭文化的自然变迁；在行动上则努力将这些传统的祭祀活动纳入现代社会的管理进程之中，使仪式的实践达成一种秩序化的状态，并避免与社会治理的其他要求发生冲突。在这种旨在"维持秩序"的治理目标下，一方面，当地的《公墓管理办法》对于墓园的绿化比例、防火措施作出了相应的规定；另一方面，政府并没有对"烧祭品"等类似行为进行制止或采取强制性的处罚措施，而是在传统的祭祀节气出动林业、消防部门进行戒备，预防可能出现的治安问题。

我们不愿意管人家上坟的事，这是人家自己孝敬祖先，外人不好插手！但是上面又有安全上的要求。一到清明除夕七月半，上坟的人特多，也容易出乱子。你要是不让烧东西，人家说"地都买了你们管得着吗"，可烧起来整个园子烟熏火燎的。我们后来也只能提供一点工具，希望烧得干净一点，别留下火苗造成事故。（访谈墓地管理人员 BX）

作为经营性的公墓，墓园管理者更愿意用一套消费者的物权逻辑来解释他们的行动。在他们看来，人们购买了墓地，也就获得了土地的使用权，祭祀方式的选择应当属于丧主家庭的私务。因此，在面对地方政府治安和环保的要求时，墓园管理者并没有对祭祀者放鞭炮、焚香、烧祭品的行为进行制止，而是挂出"弘扬传统文化，文明低碳祭扫"的横幅，同时为祭祀者提供焚烧工具和容器，防止火星飘散引起火灾。这一管理策略在技术的层面配合了那些具有"迷信"嫌疑的传统丧祭仪式的实践，成为一种变相融通。

值得注意的是，无论从政府官员或墓地管理者的表述中，我们都可以发现一套关于"行孝道"的话语技术。在以"孝子董永故乡"自居的 B 城，"孝"不仅在民众心目中是一种具备天然优越性的道德准则，而且也已成为政府用以进行形象宣传的地方文化标识。作为官方与民间的道德共识，"孝"的话语可以被各方征用，以化解政策法规与地方知识之间的紧张。在"行孝道"的价值庇护之下，那些看似与政策背道而驰的行为有了动机上的合理性，因而更加是可以被理解、包容的。

第五章　嵌入现代情境中的传统仪式

一　双重认同下的仪式选择

在本文所呈现的案例个案中，我们可以发现，传统丧祭仪式的"复兴"并不是以抛弃国家规范下的现代仪式为前提的，相反，两套仪式体系在实践中往往呈现为一种并行不悖的运作状态。丧主家庭一面在公共的场景中选择了契合现代殡葬理念的新式葬礼，一面在其中穿插进行着具有传统色彩的仪式，并植入了相应的象征符号。而如果我们将仪式环节与实践场景进行对照就可以发现，以告别仪式核心的新式丧礼主要是在具有公共性特征的正式场景中进行的，而从装殓、哭丧、招魂到"五七""下葬"等传统仪式则大多是在仅有亲属在场的非正式场合中进行的。这样一种仪式场景的选择实际上与城市居民的双重身份认同有关。

与仍具有某些共同体特征的农村相比，单位制解体后，城市居住形态的异质性使得居民的社会关系在地缘上相对削弱，作为一种家庭内部的私人事务，像刘家这样在"故乡"举办丧礼中，从外地赶来的朋友和同事只是浅度的参与到告别仪式和吊唁活动中，而本地的亲属则成了丧礼的主要支持力量。本地传统的丧祭知识对于长期生活在外地的刘家人而言是较为陌生的，在这个意义上，本地亲属则为非正式场景中仪式的实践提供了相应的知识、物质以及人力资源。案例中，传统仪式的主事王氏本人就与丧主家庭有着姻亲关系，其他亲属则在囤子、纸钱、元宝等丧祭用品的准备方面发挥了重要协助作用。

同时，从案例丧主家庭成员结构来看，作为城市居民的刘家人并不仅是亲属体系中的成员，也是城市生产体系之中的工作者，有的甚至在体制内拥有一定的身份地位。刘家的子女均在城市中工作、生活。从丧礼的参与者来看，除了逝者生前的社会关系外，主要是刘家子女的朋友和同事。这样一种外显的社会身份使得丧主家庭在正式场合中的仪式选择不得不受到仪式参与者评价的制约，反映出国家意识和制度体系的规范作用。因此，家庭成员的组织属性使其并不敢对国家所倡导的现代殡葬理念进行公然的挑衅，他们只能在具有社会性意义的场景中遵循世俗化的现代丧礼的行为模式，而将传统丧俗的实践转移至只有亲属在场的私人场景中进行。

在不同场景中实践的不同仪式体系也呈现出各自的特征。在正式场合的告别仪式中，人们往往将仪式的"隆重"程度寓于对丧礼规格和排场的追求中。

爸妈生前爱比较、爱面子，我们当然要给他们最好的东西。鲜花布置之类，选的都是最贵最气派的；遗像也找照相馆的师傅用心修过。我们把告别仪式办得很隆重，大厅里花圈多的都摆不开。我爸原先的老部下Q市长也来了，算是给爸妈长了面子。（访谈刘家长女）

任何时代，个体丧礼的制式规模都在一定程度上反映了个体在其所处的社会结构中的等级地位。在传统社会，这种等级地位的表征主要反映在参与丧礼的亲友的范围、发丧的规模、坟址的选择、亲属的哀悼方式等礼仪规格方面。而在单位制时代，集体在葬礼的安排上采取了一种非正式制度化、却有很强实践性的惯例方式，每个系统都有自己的治丧标准，个人在体制内的身份地位对丧礼的模式选择、追悼会的规模大小、单位治丧的态度、追悼会参与成员的身份等都有很大的影响。随着市场化的推进和单位制的衰落，社会地位的指标也随着社会评价标准的多元化而变得多样，丧礼的规模和礼制逐渐成为丧主家庭可以操作的对象，这一时期，丧礼不再仅仅是个人在体制内地位的反映，而在某种程度上成了丧主家庭主动标识自身社会地位的手段。通过对丧礼的规模、排场的追求，以及特定象征符号的使用，丧主家庭试图主动彰显其在社会阶层秩序中的地位，因此，这种在正式场合中具有"公共展演"意义的新式葬礼所反映出的实际上是丧主家庭的资源动员能力。在案例中，刘家人在正式场合的葬礼中追求的是人多、排场大、规格高（体现在殡仪服务消费中），而一些特定符号的介入,如为遗体加盖党旗、设置致悼词的环节、市长亲临吊唁等则将某种政治隐喻附着于丧礼的实践,体现出家庭对声誉和地位的追求。

由于正式场景中丧礼的"公开展演"特征,丧主家庭对逝者的情感表达是有所收敛的,而这种在正式场合中被压抑的情感则在私人场景的传统仪式实践中得到了全面的释放。在非正式场合中执行的传统仪式所强调的并不是对逝者在制度结构中等级地位,而是家庭成员与逝者亲缘关系的表达,这种"表达"的方式主要是"倾诉"和"恸哭"。在案例中我们可以看到,在"五七"、下葬仪式上的焚烧祭品环节中,一个"亡人在场"的景象通过家庭成员的倾诉被制造出来,人们一边烧纸一边劝慰逝者"好好上路,不要挂念家里人""在'那边'好好生活""不要心疼花钱"。而"哭"则是另一种重要的表达方式,在正式场合的葬礼中,家庭成员为了顺利地完成所有仪式流程,只能尽力控制情绪、低声啜泣,只有在最后瞻仰逝者遗容时情感被允许得到强烈的迸发。而传统仪式的环节设置中则为家庭成员提供了许多释放哀痛心情的契机,在案例中我们发现,亲属常常要在主事的号令下进行象征性的"跪哭"以标识某个阶段性仪式的完成,在这些仅有亲属在场的场景中,哭泣的行为不再受到个体外显身份的制约,他们往往不顾形象地哀号,生者对逝者的真实情感在这种环境下得到全面的宣泄和释放。

二 附会与变通

在"传统的发明"视角下,在现代情境中实践的传统都具有某种"创制"和"生成"意义,实际上,不仅被发明出来的传统能够赋予现代社会以合理性、成为"现代"的另一种表达,传统本身的实践也需要进行自我调适,以适应现代社会的情境。在今天,城市的生产方式、生活方式、消费方式都与传统社会和具有传统特征的农村有了巨大的差别,这样的背景也将影响着传统仪式的实践。在案例中我们可以发现,这种在城市中实践的丧礼活动并没有严格遵循传统的文化规范,而是在实践的环节、主体、手段甚至主体的诠释上都发生了一定的变化,这种变化包含了传统仪式实践对其所嵌入于其中的城市社会生活条件的适应,也是人们基于自身的生活经验对传统仪式进行的主动变通。

这种变通首先体现在仪式执行主体的变化上。在乡土社会,由于宗法制度下的财产继承原则与家庭生产中的性别分工,以长子为代表的男性直系亲属在丧葬事宜中扮演着关键的角色,承担了大部分重要的仪式动作,而出嫁女则处于次要、附属的地位,只有在一些特殊祭品的准备中才会专门对其提出职责要求。这样一种仪式的分工制度体现了传统宗法家族制度与礼俗实践的联结。在今天的农村地区的葬礼中,在重要仪式动作的承担上,"儿子"仍然发挥着不可或缺的作用。然而在本文的案例中,丧主家庭"无子"的特殊结构使得仪式主体并不能够严格按照传统丧祭规范的分工来执行仪式,在许多时候不得不采取"寻求代理人"的策略,我们可以从案例中截取几个典型事件:

1)在穿衣装殓前,依据本地的葬俗,寿衣应先由"孝子"试穿焐热。由于刘家无子,"试穿"这一象征性动作就由长女代劳,且得到了仪式专家王氏的认可,她认为"新时代要有新办法,男女平等了,儿子女儿做都一样的,最重要的是孝心"。

2)遗体火化前要由孝子"摔瓦",表达与亡人阴阳永隔的悲痛。在农村,若逝者无子,这项工作则交由村庄中身有残疾的人来完成,再由主家向其支付相应酬金,这一民间惯例使这种动作在当地人看来带有某种晦气的因素。刘家故交张某主动承担了这一任务。对此刘家人抱有感激之情,在他们眼中,张某的行动无异于作出了某种"牺牲"。

3)下葬时的"祭土地神"仪式本该由家中长子承担。但刘家的下葬仪式上,祭祀土地的任务则交给长婿来完成,刘家人的理由是已故的父母待女婿"胜似亲生儿子",从而使这一任务的转交顺情合理。

从传统宗法制度的角度看,刘家特殊的家庭结构是残缺、不完整的,面对家庭结构与文化规范之间的张力,人们并没有选择挣脱传统,而是主动进行权宜性的调整,努力对传统文化规范作出一种补偿和修复。

除了仪式执行主体的"替代"性策略外，人们也对仪式本身的操演作出了相应的调整。对此，我们可以将理想化的传统仪式流程结构与案例中的具体仪式操作做一对比。笔者将理想情景下该地传统丧葬礼仪的流程总结为下图：

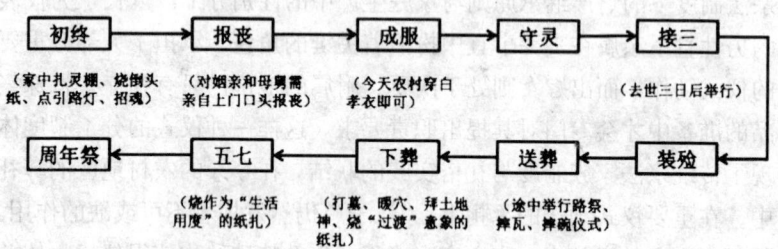

在今天 B 城农村地区的丧葬仪式中，受到殡葬改革的影响，下葬过程中的暖穴等仪式被省略掉，且丧服的规制比以往有所松懈，其他的仪式流程则基本被保存了下来。然而，当这一套仪式体系被移植入城市居民的葬礼中时，就不得不发生相应的顺序调整，以适应城市独特的空间规划和生活安排。在案例中我们发现，现代殡葬体系的介入导致了守灵地点的转化，使得原本应该在下葬前进行的装殓仪式被提前在医院进行；而由于城市道路环境和交通法规的限制，在"送葬"环节中，原本应该沿途举行的"路祭"仪式也被取消。此外，这种依托专业殡葬机构空间所执行的传统丧礼并不仅仅以丧主家庭意愿和仪式权威提供的地方知识为依据，在很多时候不得不服从专业殡葬机构的时空设置：在案例中，不仅告别仪式的日期拟定是在仪式专家、丧主家庭、殡仪馆三方协商之下达成的，且在实践空间方面，基于殡仪馆对冷藏设备的"安全隐患"考虑，灵柩前烧倒头纸的仪式被转移至后院的焚化园举行；而由于公共墓园的修缮，逝者的骨灰甚至未能在火化之后及时下葬，因此"五七"仪式不得不被安排在下葬之前，因而在两项仪式的纸扎焚烧上也呈现出某种顺序的错乱。①在丧服规制方

---

① 传统丧祭礼仪中，下葬标志着逝者完成从阳间亡人到阴间"祖先"的过渡，通常在做五七前进行。因此下葬时焚烧象征"过渡"意义的魂轿、牛马；而在"五七"仪式上，纸扎焚烧的目的在于补充祖先在另一世界的生活用度，主要烧金山、银山、米山、面山等物件。

面，丧主家庭选择了新式丧礼的服饰要求，用黑衣、黑纱代替了披麻戴孝；另外，由于城市紧张的生活节奏，丧主家庭并没有在家中长久地居丧，而是在葬礼和火化完成后立即投入到了原本的工作中，仪式的期限被大大缩短，在后续祭祀仪式中本该亲力亲为准备的祭祀品也被委托给地方的亲属和仪式专家进行置办。

在城市丧祭活动中，虽然人们选择重新回到"小传统"中寻找仪式资源，但这种"小传统"的实践却要在一定程度上契合"大传统"的行为逻辑，展现出某种实用主义的原则。在案例中我们可以发现，传统仪式的实践是嵌入在一种现代性的情境之中的，后者对前者构成了种种制约，也催生了主体的种种变通策略，如仪式环节的调整、动作承担主体的替代等。这些对传统仪式进行的附会与变通体现了现代城市情境中特殊的家庭结构、生活安排、空间规划与从乡土社会中延伸出的文化规范之间的张力。更加值得注意的是，这种变通的策略往往是在一套具有时代特征的话语之下获得合法性的，如"男女平等""新事新办"等，在这种表述之下，仪式动作获得了现代语境下的再阐释，从而为传统文化规范的框架注入了具有时代特征新的内涵。

三 性别原则与家庭等级秩序

传统社会的葬礼是维持社会礼教制度的重要内容，其中不仅蕴含着以"孝悌"为核心的儒家道德准则，也有展示并强化父权制之下伦理等级秩序的意义。这种人伦关系的划分主要以性别、辈分、年龄为考量标准，宗法制度下的财产继承方式、家庭劳动分工等使得年长的男性在仪式中往往占据了主导，而年轻人和女性则居于附属地位。这种伦理原则不仅体现在家庭成员依据亲缘关系所划分的丧服制度和丧葬事宜的分工上，还表现为仪式权威的角色承担中（李向平、李思明，2012）。虽然这一原则在集体时代曾经被一套平等主义的意识形态所批判，但在今天的农村地区，这种基本的伦理准则依然主导着丧祭仪式的行为逻辑。然而，在案例中，虽然仪式的传统形态在城市家庭的丧祭活动中有所呈现，但其原本所内含的伦理原则却遭到了削弱。

这种伦理秩序的淡化首先体现在仪式权威的性别原则上。传统社会,"主事"在民间仪式的实践中发挥着重要的媒介作用,他们为丧主家庭提供了一套对生死世界的解释系统,以及仪式操演的正确方式。由于承担这一角色所需具备的文化资质以及父权制下的性别分工制度,民间丧礼的主事角色是长期被男性所垄断的。然而在案例中,刘家丧葬仪式的主事王氏却是一名女性。

原来我也不懂得(丧祭知识)。我们村大部分男的都到外面去打工,有的做生意。自从孩子他爸在城里工作以后就很少回老家了,村子里的亲戚们有什么白事,都是我回去帮忙。跟着村里老人们见得多了、学的多了,自然自己也就慢慢会了……(访谈仪式专家王氏)

早听说嫂子(王氏)是他们村的热心人,谁家有什么(白)事都去帮忙,她懂的也多,在这个地方小有名气。(访谈刘家四女)

除了作为仪式主事的王氏外,在刘家丧礼的支持体系中,我们还可以发现一种独特的性别分工模式:男性组成的治丧小组负责吊唁宾客的"迎来送往",而在地的女性亲属则负责仪式实践的物质准备,如帮忙制作"囤子"等冥器、购买供养品和"纸钱"、叠"元宝"等。这表面上体现了"男主外女主内"的传统性别分工与实践空间的对应关系,但实际上我们可以发现,女性所负责的工作更具专业化特征,只有在掌握一定丧祭知识的基础上才能完成。

(做"囤子")这种事,男人们现在都觉得是女人们的"热闹"了,不懂得也不愿掺和。在我们村,女人是不能看日子(选出殡吉日)的,必须交给男人来办。主事这种"抛头露面"的活也是男人的,我们主要在后头帮忙。但是城里人不计较这些。(访谈丧礼协助者ZAM)

虽然在长久的经验性训练中,女性逐渐提高了自身在丧葬事务中的话语权,但在村庄文化惯例的支配下,女性在农村的丧葬仪式中依然不能承担起仪式中"抛头露面"的重任，一些象征性的头衔和角色依然要由男性来承担。然而在城市中，女性对仪式的主导和深度参与却可以顺利地实现。由于城市居民对传统丧祭知识的普遍匮乏，仪式权威的获得并不遵从传统的性别原则，而是取决于地方知识的掌握、仪式参与的经验、能力的高低等，且内嵌于城市文化环境中的"性别平等"意识形态让城市居民对于仪式中的性别分工持有较为宽容的态度，在此基础上，女性对城市丧葬活动的深度参与得以实现，进而成为沟通城市家庭与传统丧祭文化的重要媒介。而这样一种新型性别分工的达成也打破了长久以来男性对仪式权威的垄断，以及脱胎于传统宗法父权制度的丧祭文化中内含的性别秩序。

除了性别秩序的淡化外，亲属关系中的人伦辈分的原则也并没有得到重视。按照传统的丧葬文化规范，母舅与姻亲应当成为家庭丧葬仪式的上宾和贵客，不仅需要家庭成员亲自上门报丧，在"贵客"到来时，子女还要作出"跪迎"的姿态。这样一种规范在 B 城农村的丧礼中依然被严格恪守着。然而在案例中，由于与母舅的日常互动并不频繁、感情较疏离，丧主家庭并没有对母舅家庭成员作出任何象征性的"礼遇"动作，而是将其与一般的吊唁宾客同等对待；另一方面，刘家在地的姻亲不仅没有摆出"贵客"的姿态，反而主动的投身于丧礼事宜的筹备中，构成了丧礼在物质、人力和知识方面的主要支持体系。另一典型事件则是碑文的撰写。在过去，为逝者撰写碑文应当由家族中的长辈或至少与逝者平辈但颇有威望的地方精英来完成，但刘家人为了却打破了长幼尊卑原则，将这一重要的任务交给了家中颇有才学的晚辈，为的是在碑文中"表达真挚的感情"。

从与世俗社会制度的关联上讲，传统丧礼的功能之一是展示宗法制度下的伦理关系，重新确认家族的长幼尊卑秩序。所谓"伦理"，其实质是一种根据血缘关系的远近所设定的"情感表达的规范"（吴飞，2011，周飞舟，2015），它构成了丧葬礼仪中的基本行为准则。在这种伦理秩序的支配下，仪式参与者依据自身在家族中的地位、与逝者关系的远近来执行不同的仪式动作、承担不同的责任。而在前文的案例中，仪式主体的行为选择却并未完全受到家庭伦理的框架的支配,更多的时候,他们的行动逻辑所体现出的是在长期的城市生活中形成的文化惯习与经验图式。在这种衍生于现代情境的经验和规范的作用下,人们不再强调对伦理等级秩序下家庭角色规范的遵从,而是以日常生活的实际经验为导向。在这个意义上,丧葬所具有的人伦关系展演的功能正在被削弱。

那么,伦理色彩的淡化是否危及到了作为传统丧礼价值内核的"孝"本身呢?虽然"孝"的原则依然是支撑丧祭仪式的基本价值理念,但我们也需要注意到这一话语在时代情境下的含义变迁。在儒家的语境下,"孝"这一概念本身就包含了"情感"与"伦理"两个维度,有学者将其总结为"相互性"与"权威性",认为前者运作的基础来自于亲子代独立个体的情感互动历程,是一种以彼此情感为基础的"纯粹关系"。而后者则是基于对儒家伦理秩序所设定的亲子间辈分地位的尊卑规范。虽然孝道的两个向度在华人社会中普遍共存,但随着社会的变迁两个面向的比重会发生相应的变化(叶光辉,2009),而两个面向的实际消长,则取决于他们与特定时期社会主流趋势的契合(曹惟纯、叶光辉,2014),"相互性孝道"在当代社会具有优势,子代对亲代的"回报"中更注重对亲代的自然情感的表达,而非遵从传统规范的要求的结果(O.Wong & B.Chau, 2006)。在案例中,我们也可以发现,虽然仪式主体总是将他们的种种行为选择阐释为履行"尽孝"的责任,但在这种自我论证的话语技术背后,实践与表达之间已经发生了某种形式的剥离。对于丧主家庭而言,他们所强调的"孝道"大多时候并不是基于对"父父子子"的家庭角色规范的遵从,更多的则是一种亲子间亲密关系的连接与自发情感的流露。"孝"的表达源于子女与父母日常互动中所积累出的厚实情感,指向的是逝者本人,而非其作为祖先和父母的家庭地位。这种情感维度的增强与伦理维度的淡化实际上映射出社会转型背景下正在发生的家庭内部关系变迁。

第六章　总结与讨论

　　传统社会丧祭仪式的基本结构形成是大、小传统长期互动的结果，这种历史过程的积淀使其本身包含着两种取向，一种是在作为官方正统的儒家思想和伦理影响下形成的礼仪化、人文化的取向，这一取向展现了其与家族制度、帝国统治之间的关联；另一种是以地方阴阳鬼神传说和民间对"身后世界"的想象为支撑的巫术化取向，这一取向体现了民众独特的生死观、宇宙观，形成了大量的依附性仪式。这两种倾向也即杨庆堃所称的家庭丧祭活动的"世俗化"维度与"超验性"维度。

　　自"现代性"的概念引入后，民间的丧祭活动也因其所具备的这两个维度而遭遇了与国家权力的直接碰撞。1949年以后，对于亟待调动社会资源进行国家建设的新政权而言，家族成为相对于国家的一个潜在的资源控制竞争对手，国家企图建立新的社会组织体系对社会进行重新整合，用集体认同、国家认同改造传统的家族认同。在这种情况下，城市居民的丧礼成为国家权力实践的场域，单位的深度介入使丧礼的重点不再是对家族制度和伦理秩序的象征性展演，而是映射出一种"身份界定的政治学"。丧礼中一切与传统家族制度有关的元素都被视为"宗族派性"遭到打击，作为现代国家对立面的"家族"力量逐渐隐没在城市丧祭活动之中。与此同时，五四运动的精神遗产也被新政权所继承，那些包含着地方信仰知识、超自然因素的仪式表达被贴上"封建迷信"和"落后文化"的标签、构建为"现代性"的对立面。在特定年代里，城市居民的丧祭仪式形态遭到了颠覆性的改造，那些从传统社会中衍生出来的地方文化规范则要么被压抑在秘密的空间中进行，要么迫于政治的压力而被放弃。这样一种对民间仪式文化两个面向的改造蕴含着新政权有意推行的"国民一体化"目标，也体现出上层政治家企图以精英文化和价值观念来改变"地方"面貌的努力。

然而，既有的生活逻辑和世界观并不会轻易得到彻底的颠覆，某种仪式文化的惯性始终潜藏在地方社会之中，人们实践传统的冲动只是受到了特定制度环境的制约。但城市与农村的不同在于，政治高压的消退并不足以使得传统丧祭仪式得以"复兴"，这体现在 20 世纪 80 年代的 B 城城区职工丧礼中依然保持着集体时代的仪式风貌，单位依然是职工丧礼的主要支持力量。随着单位制的解体，个人对单位社会职能的依附性逐渐减弱，集体力量从职工丧礼中的隐退为传统丧俗的复兴提供了一个较为宽松的环境。与此同时，面对转型时代的个体化危机，国家试图重新征用传统的"家文化"作为新时期基层社会的整合手段，在这一语境下，传统丧祭活动所具备的伦理面向重新获得了官方的肯定，也为仪式主体提供了可以在实践中进行自我论证的道德资源。国家对私人生活干预方式的转变使丧葬重新成为家庭内部的私人事务，在这一背景下，亲属关系和市场力量逐渐取代单位构成了丧礼的主要支持体系，进而也引发了主体在丧祭活动中行动逻辑的变化。

支持体系的变化同时也意味着评价机制的转变，对于那些作为仪式"观众"的亲属而言，以地方知识为依据的传统丧仪实践显然有着更强的合理性。然而，即便国家肯定了传统丧祭仪式的伦理面向和整合功能，却碍于其现代性的文化承诺依然不能够肯定包含在传统丧祭文化中的阴阳鬼神等超自然因素。在官方的表述中，这些仪式举行的意义在于对逝去的亲人进行追忆、缅怀，而不在于帮助亡灵完成向阴间"祖先"的转化、达成与另一世界的沟通。现行的殡葬政策虽然保持了对"封建迷信"的批判和打击态度，但对如何界定"封建迷信"却没有给出操作性的依据，这一方面对地方政府的管理造成了甄别的困难；另一方面也为行动者留下了自主操作的空间。事实上，地方管理者对那些具有"迷信"嫌疑的仪式往往采取包容的态度，他们并没有像推行火化那样强制性地改革地方礼俗，而是在柔性的宣传引导同时努力将其纳入到现代社会管理的进程中来，使之达成一种"秩序化"的实践状态。另外，被释放出来的地方丧祭文化呈现出与市场力量相结合的趋势。商业资本竭力在政策框架下寻找可利用的缝隙，通过挪用"宗教"或"民间工艺"的符号，为具有争议性的丧祭文化资源赋予了国家认可的表达形式，使得那些处于灰色地带的丧祭用品的销售成为可能。此外，专业殡葬机构的市场化面向使其依据一套利益导向的逻辑行事，他们不仅通过策略性的配合为作为"消费者"的丧主家庭营造了传统仪式实践的空间，甚至开始主动迎合地方丧俗，为传统仪式的实践提供技术支持。新时期，地方丧祭文化与市场之间建立起一种互构关系。正是在市场力量的介入下，那些具有地方传统特征的仪式实践才呈现出比以往更为活跃的态势。

在失去了总体性国家的庇护后，家庭成为承担社会风险的基本单位。而社会急剧变迁所带来的不确定性则构成了现代人精神焦虑的最重要来源。在这个意义上，那些受过世俗化教育的城市人选择回到传统中寻找仪式资源，利用其中的阴阳风水之说来实现对家庭运程、亡灵生活的干预，并不仅是旧有仪式形态的"回归"，更是某种时代征候的表达。它映射出当代人在面对生活中的不确定性时对本体安全感的强烈渴望，因此，唯有对未知世界主动的操作和把握才使人们的精神得以安放。

从另一个角度讲，传统的丧祭仪式是生活世界原初价值的文化表征，它以现实生活中的家族伦理原则和人们对身后世界的想象为依据，运用种种象征表达的手段构造出一个不可割裂的仪式文化整体。在政治高压的年代，出于国民一体化的需要，政治精英将现代的国家观、文明观带入地方，将一切不同于现代文明的情形都归为"落后文化"的范畴，并依据理性和进步的原则重新设计了民间丧祭活动的仪式表达，从而使得个体生命礼仪的实践臣服于特定的组织原则、制度规定，导致了体制世界对地方民众生活世界的"殖民"。然而在今天，作为特定年代政治遗产的现代殡葬体系却正向着一种日趋技术化、模式化的方向发展，原本作为一个整体的、具有感性特征的传统丧祭文化遭到了现代社会理性和专业原则的切割。在此基础上设计出的一套体例化的仪式流程不仅难以承载起对生命本体性价值的诠释，还将人们对逝者的情感压抑在一套规定性的动作之中。在这种情况下，人们在新式丧礼的运作中穿插植入的传统仪式不仅在情感和意义的层面构成了对现代殡葬体系的补充和拓展，还隐喻着源于生活世界的地方知识对现代社会理性原则的挑战。

然而值得注意的是，这种"复兴"后的传统仪式实际上是嵌入在现代性的生活情景之中的，需要在具体的场域中作出相应的调整，以适应城市的社会文化条件。人们并没有严格遵循传统丧祭文化的规范，而是在仪式的空间安排、实现手段、承担主体、环节设置等方面作出了种种变通，这种变通的策略反映出现代人的身份认同、家庭结构、生活安排等与从乡土社会中延伸出的文化规范之间的张力。同时，在变通式的实践过程中，人们用一套具有时代特征的话语为传统丧祭文化的框架注入了新的内涵，使得嵌入于城市情景的传统仪式形态有了一种创制和重构的意义。此外，城市的实践情境也令传统丧祭仪式所内含的性别秩序、辈分原则遭到了不同程度的削弱，人们的行动越来越少地基于家庭等级地位的角色规定，取而代之的是一种基于日常互动的自发情感表达。在关注传统仪式形态"复兴"现象的同时，必须注意到的是隐含在"复兴"表象之下的"变迁"逻辑。

与民间宗教复兴研究的对话

每个人都是生活在意义之中的，民间的丧祭活动作为日常生活的一部分，对于普通民众思维方式、社会行为等都产生着极大的影响。因此，多数学者越来越反对把民间的信仰和仪式视为某种"迷信"或"原始巫术"的残余，而主张把这些社会文化现象界定为一种宗教形式加以研究（覃琮，2012）。在中国的"民间宗教复兴"研究中，个体祛魅后的复杂境遇重新成为学者关注的焦点。在对这一"复兴"现象研究的过程中，学者们试图重新追问现代性与宗教变迁的动态关系（汲喆，2008）。如前所述，已有的研究可归纳为"传统的发明""国家—社会关系""宗教市场论"三种理论解释。这三种理论模式对我们考察本文的案例都提供了一定的启发，当然也有其固有的局限性。

持"传统发明"取向的研究意在揭示文化表征的再造背后所包含的特定"生成"意义。传统丧祭仪式在今天的城市情境中的"复兴"并不是机械地回到了过去，人们在对传统的仪式、符号、理念进行征用的时候，往往加上了一些"非传统"的话语，这种在现代语境下对传统仪式的"再阐释"渗透了更多的当代关怀。某种程度上说，作为在现代情境下被"发明"出来的传统，实际上是"现代"本身的另一种表达。然而，这一概念同时也暗示了一种"非发明的传统"的存在，实际上，传统在当下的实践必然要适应当下的环境，一些学者认为"传统仪式的复兴是否真正重复了过去是一个无用的问题"（Feuchtwang, 1998），因为这一命题本身是不可证伪的。问题的关键并不在于传统是否是被"发明"出来的，而在于它被谁发明出来以及发明传统的方式与目的是怎样的：是挪用作新时期的社会规范，抑或为了应对特定的问题？如前所述，在新时期，作为"家文化"的一种仪式表征，丧祭活动的"伦理面向"被重新发明出来。它蕴含了国家进行社会整合的治理之术，也为仪式主体本身提供了可以征用的话语资源。被发明出来的传统作为一种道德共识而为不同行动者提供了实践的合法性依据。因此，这种"传统复兴"的现象并不是任何一方独立运作的结果，而是展现了多方的合谋。

国家—社会关系理论是20世纪80年代以来就十分流行的第二种解释取向。这一理论视角以"国家""社会"的二元对立为基础，揭示了国家在与社会互动过程中的弱势面向。这一理论模式启发的深层启发在于，传统丧祭仪式在城市中的复兴并不是一个共时层面的问题，必须要将其放置在权力关系和社会结构演变的历史脉络之中探讨。基于此，单位制的解体成了我们捕捉到的一个关键节点：无论是在殡葬改革的推行还是国家认同建设中，集体时代的社会组织体系都是国家借以实现对民众日常生活中的生命仪式进行干预的重要力量；而单位制解体后，集体从普通居民的日常生活中隐退，从而使丧葬重新成了家庭内部的私人事务，国家干预弱化确实为传统丧俗的复归创造了一个较为宽松的环境。然而，正如一些学者提出的批评，这种解释取向将国家简单的处理为一个政治体，并暗示国家应该退出民间宗教领域"（Cao, 2011）。因此，如果我们仅仅将传统丧祭仪式的复兴放在一种"国家—社会"的框架下进行考察，就极容易将复杂的实践还原为一种简单的"支配—抵抗"的二元逻辑，从而遮蔽了一些重要的中间力量（如地方政府、专业机构和其他地方仪式专家）所发挥的能动作用，而事实上，正是他们在结构力量之下的策略性操作才为传统丧祭仪式提供了文化资源、营造了实践空间。一些学者已经提出用"国家—地方政府—地方民众"的三元分析框架代替传统的"国家—社会"二元分析框架（符平，2012）。这种将介于抽象国家与仪式主体之间的中间力量纳入研究视野的做法为我们提供了有益的借鉴，对于三者之间互动关系的经验性考察有助于我们更好地把握"传统复兴"得以达成的具体过程和机制。

而近年来颇为流行的"宗教市场论"则以西方社会经验为蓝本，将整个宗教市场按照国家的认可度划分为"红市""灰市"和"黑市"，认为正是由于国家对认可宗教（"红市"）的过度管制才在客观上导致了异端（"黑市""灰市"）的增长（Yang, 2004），实际上暗示了一个从"宗教"到"迷信"再到"邪教"的连续统。与前两种理论模式相比，"宗教市场论"为我们提供了一种"供求关系"的经济学思维方式，启发我们从文化资源的供给、仪式主体的内在动力，以及制度环境等方面去探讨传统丧俗在城市中的"复兴"现象。然而，这一理论模式也有其固有的局限。一方面，这种解释只是将"国家—社会"的二分法演变为"政治—宗教"的二分法，同样预设了一种以经典世俗化理论为前提的现代国家权力与宗教之间的对立、排斥关系，然而这种推断并不适用于近年来国家对待五大制度化宗教的宽容与统战政策。另一方面，这一理论更大的的困境在于难以解释"民间宗教"的实践与国家认可的制度化宗教之间的非竞争性关系。如果我们姑且将丧祭仪式中那些为官方所打击的、具有"迷信"色彩的成分放置在"灰市"的范畴中，正如案例所反映出的，它们与制度化宗教之间也并不是对立互斥的，相反，后者的神明体系、象征符号、仪式表达对前者提供了借鉴的资源，也正因如此，那些具有"迷信"色彩的丧祭用品才能够挪用国家所认可的"佛教"符号装点自身，从而实现流通的"形式合法化"。所谓的"灰市"恰恰是在官方对"红市"的包容政策下寻找到了生存的空间，案例所呈现的经验反映出这一理论在中国语境下的悖论。

参考文献

曹惟纯、叶光辉，2014，《高龄化下的代际关系——台湾民众孝道信念变迁趋势分析》，《社会学研究》，第 2 期

曹媞，2005，《淮北汉人社会丧葬仪式过程及其分析——以淮北地区颍上县农村葬礼为例》，《华东理工大学学报》（社会科学版），第 3 期

陈柏峰，2012，《火化政策的实施与丧葬仪式的变迁——基于江西安远县的调查 . 南京农业大学学报》（社会科学版），第 3 期

陈华文、陈淑君，2012，《民间特色：随葬物与阴间生活信仰》，《民俗研究》，第 1 期

狄金华，2013，《民间仪式与权力意志——华北米村丧葬仪式的变迁研究》，《南通大学学报》（社会科学版），第 3 期

董敬畏，2008，《关中地区丧葬的互惠共同体》，《西北民族研究》，第 3 期

董磊明、聂良波，2007，《混乱与均衡的——一项关于农村丧葬变迁的考察》，《华中科技大学学报》（社会科学版），第 4 期

E. 霍布斯保姆、T. 兰格，2004，《传统的发明》，译林出版社

范丽珠，2008，《现代宗教是理性选择的吗？——质疑宗教的理性选择研究范式》，第 6 期

莫里斯·弗里德曼，2014，《论中国宗教的社会学研究》，载于武雅士主编《中国社会中的宗教与仪式》，江苏人民出版社

阿诺尔德·范热内普，2010，《过渡礼仪》，商务印书馆

葛兰言，2010，《中国人的宗教信仰》，贵州人民出版社

郭于华，1992，《死的困扰与生的执着：中国民间丧葬礼仪与传统》，中国人民大学出版社

韩恒，2007，《法规的运行——以 G 村的殡葬改革为例》，《中国农业大学学报》（社会科学版），第 3 期

胡艳华，2013，《社会变迁视野下的民间仪式记忆与认同危机》，《天中学刊》，第 3 期

安东尼·吉登斯，2000，《现代性的后果》，译林出版社

汲喆，2008，《如何超越经典的世俗化理论？——评宗教社会学的三种后世俗化论述》，《社会学研究》，第 4 期

汲喆，2014，《世俗主义的中国之路："教"的分化与重构》，《原道》，第 1 期

景军，2013，《神堂记忆：一个中国乡村的历史、权力与道德》，福建教育出版社

罗伯特·雷德菲尔德，2013，《农民社会与文化：人类学对文明的一种诠释》，中国社会科学出版社

科大卫、刘志伟，2008，《"标准化"还是"正统化"：从民间信仰与仪式看中国文化的大一统》，《历史人类学刊》，第 1、2 期

李德珠，2010，《中国农村殡葬改革实践》，《南通大学学报》（社会科学版），第 4 期

李纳森，1997，《胡适与五四时期的丧葬礼仪改革》，《求索》，第 3 期

李亦园，2004，《宗教与神话》，广西师范大学出版社

梁永佳，2015，《中国农村宗教复兴与"宗教"的中国命运》，《社会》，第 1 期

林耀华，1989，《金翼——中国家族制度的社会学研究》，生活·读书·新知三联书店

林鹄，2015，《宗法、丧服与庙制：儒家早期经典与宋儒的宗族理论》，《社会》，第 1 期

刘少杰，2008，《当代社会学的理性化反省与感性转向》，《中国人民大学学报》，第 3 期

卢云峰，2013，《从类型学到动态研究：兼论信仰的流动》，《社会》，第 2 期

卢晖临、李雪，2007，《如何走出个案——从个案研究到扩展个案研究》，《中国社会科学》，第 1 期

罗梅君，2001，《北京的生育婚姻和丧葬——十九世纪至当代的民间文化和上层文化》，中华书局

齐月娜，2008，《葬礼：面对死亡的社会安排——城市环境下的葬礼仪式浅析》，《中国农业大学学报》（社会科学版），第 1 期

覃琮，2012，《人类学语境中的"民间信仰与中国社会研究"》，《民俗研究》，第 5 期

山东省滨州市地方志编纂委员会，2012，《滨州市志》

孙尚扬，2008，《世俗化与去世俗化的对立并存》，《哲学研究》，第 7 期

王夫之，1998，《殡葬文化学——死亡文化的全方位解读》，中国社会科学出版社

王富伟，2012，《个案研究的意义和限度》，《社会学研究》，第 5 期

王颖，2014年，《毛泽东与殡葬改革》，《湘潮》，第4期
吴飞，2010，《从丧服制度看"差序格局"——对一个经典概念的反思》，《开放时代》，第1期
肖坤冰、彭兆荣，2009，《汉民族丧葬仪式中对"运"平衡观念的处理——对川中地区丧葬仪式"找中线"环节的分析》，《民俗研究》，第1期
许烺光，2001，《祖荫下：中国乡村的人格、亲属和社会流动》，南天书局
严昌洪，1998，《民国时期丧葬礼俗的改革与演变》，近代史研究，第5期
阎云翔，2012，《中国社会的个体化》，上海译文出版社
杨凤岗，2006，《中国宗教的三色市场》，《中国人民大学学报》，第6期
杨美惠，2007，《传统、旅行的人类学与中国的现代性话语》，《中国农业大学学报》（社会科学版），第2期
杨庆堃，2007，《中国社会中的宗教——宗教的现代社会功能与其历史因素之研究》上海人民出版社
杨懋春，2001，《一个中国村庄：山东台头》，江苏人民出版社
叶光辉，2009，《华人孝道双元模型研究的回顾与前瞻》，《本土心理学研究》，第32期
余洋，2001，《死的尊严：淮北地区丧葬礼仪及其文化解码》，《社会》，第4期
张佩国，2010，《汉人的丧葬仪式：基于民族志文本的评述》，《民俗研究》，第2期
张润君、刘红旭，2008，《村庄精英在社区公共事务中的角色扮演》，《华南农业大学学报》，第1期
周飞舟，2015，《差序格局和伦理本文：从丧服制度看中国社会的基本原则》，《社会》，第1期

Andrew,Walder.1983.Organized Dependency and Culture of Authority in Chinese Industry.*Journal of Asian Studies*,（13）
Burawoy,Michael.1998.The Extended Case Method. *Social Theory*,16（1）
Cao,Nanlai.2011.*Constructing China's Jerusalem:Christians,Power,and Place in Contemporary Wenzhou*.Stanford University Press
Chau, Adam. 2006. *Miraculous Response: Doing Popular Religion in Contemporary China*. Stanford: Stanford University Press

Feuchtwang, Stephan. 1998. What is a Village?, edited by B.Vermeer Eduard, Pieke N.Frank, Woei Lein Chong, *Cooperative and Collective in China's Rural Development*: 46—47. Armonk: M. E. Sharp

Goossaert, Vincent, , Palmer, David. 2011. *The Religious Question in Modern China*. Chicago: University of Chicago Press

Jackson, C.Jonathan. 2008. *Reforming the dead: The Intersection of Socialist Merit and Agnatic Descent in a Chinese Funeral Home*. Los Angeles: University of California Los Angeles Press

Wong, B.Chau. 2006. "The Evolving Role of Filial Piety in Eldercare in Hong Kong". *Asian Journal of Social Science* (34)

Rawski, S.Evelyn. 1988. A Historian's Approach to Chinese Death Ritual, edited by James L. Watson, S. Rawski Evelyn, Death Ritual in *Late Imperial and Modern China*. Berkley: University of California Press

Siu, Helen. 1990. "Recycling Tradition: Culture History, and Political Economy in the Chrysanthemum Festival of South China". *Comparative Studies in Society and History*, 32 (4)

Sutton, S.Donald. 2007. "Death Rites and Chinese Culture: Standardization and Viaration in Ming and Qing Times". *Modern China*, 33 (1)

Watson, L.James. 1988. The Structure of Chinese Funerary Rites: Elementary Forms, Ritual Sequence, and the Primacy of Performance. in James L. Watson S. Rawski, eds *Evelyn, Death RItual in Late Imperial and Modern China*. Berkley: University of California Press

Wellens, Koen. 2010. *Religious Revival in the Tibetan Borderlands: The Premi of Southwest China*. Seattle: University of Washington Press

Yang, Fenggang. 2004. "Between Secularist Ideology and Desecularizing Reality: The Birth and Growth of Religious Research in Communist China". *Sociology of Religion*, 62 (5)

从秘密会社到合法宗教
——一项关于越南高台教的人类学研究

邵朱帅　北京大学社会学系2012级
指导教师　高丙中

由一系列嵌入海洋中的半岛和岛屿构成的东南亚地区自古处于族群迁徙和文明交流的"十字路口"。这一地区的显著特点在于，不同文明因素的碰撞所带来的巨大的内部差异性与多样性恰恰使其构成一个具有统一和整体性的单元。在当代，经历了殖民与民族独立以后的东南亚国家需要面对的不仅是本土秩序的重建，还有在千差万别之中求得一致可能会遇到的各种问题。这些差异包括民族、宗教、阶级、价值观念、意识形态，等等。

越南在东南亚地区亦有其特殊性。在地理上，越南这一狭长地带北连中国，西背老挝、柬埔寨，东面太平洋，被包裹在东亚和东南亚之间；在文化上，儒家体系与东南亚传统，东方文明与西方文明，使得越南文化空间在南北与东西轴也呈现出渐变的样貌。面对此一地理区位与文化格局的越南，作为中国人类学的初学者，我思考的是，如何能从微观的研究还原展示出宏大图景所忽略与掩盖的细节，如何能从细微之处窥见越南作为游离于东亚与东南亚之间的文明主体在遭遇西方情境时所拥有的内在主动性与创造力。

本研究选取了近代越南南部历史中晦暗但不乏精彩的笔触——高台教作为研究对象。高台教这一越南本土宗教[①]自1926年开道至今近

[①] 此处越南本土宗教这一概念与越南外来宗教概念相对，指在越南产生、开道的宗教。

90年的历史,也正是越南社会经历殖民抗争、越南战争、南北统一、革新开放的巨变时期。或者说高台教作为当代越南历史的参与者,其自身正是在这些过程中生长出来的。通过对高台教的个案研究,我们能从历史的脉络中理解当代越南,尤其是具有越南特色的现代社会建设与文化实践。

第一章 绪论

一 研究对象

19世纪20年代,越南正硝烟四起,法国殖民统治和越南民族抵抗组织之间的冲突正日益激烈。1925年越南南部兴起了一个叫高台教的新宗教团体,其信仰体系杂糅了多种宗教元素,显得极富感召力,在极短时间内传播开来。创立者及早期的核心成员多是有地产的士绅,他们中最富庶的成员在南部兴建了大量的高台教建筑与社区;并在越南南部吸引了比其他农民抵抗组织数量更多的农民信徒。此后的几十年中,高台教对民族独立、自由的追求,使其卷入了法、日在越南的权力与军事斗争,与越盟等左翼团体以及南部政权产生了错综复杂的关系,其内部亦因此分崩离析。它几乎被任何试图在越南取得政治胜利的力量视作竞争者,也包括越南共产党。从殖民战争到越南南北统一,高台教经历了围剿、去军事化、限制等等经历,但从未中断,自1995年第一个高台教教派被越南政府公认合法之后,已有30多个高台教组织取得了合法宗教团体的身份,其宗教团体很快得以复兴。根据2013年与越南政府宗教局的统计数据,高台教信徒在200万—300万人,7380位神职人员,在37个省中有大约1280个坛室(Ban tôn giáo chính phủ,2014)。高台教依然是越南,尤其是越南南部一个十分重要的宗教团体。

二 研究内容

高台教作为越南殖民时期反抗法国政府统治的一个事件，同时也是前社会主义时期带有秘密会社特点的宗教团体。有诸多问题值得我们讨论。以儒释道三教为重要渊源并结合基督教思想的高台教为何持续对当代越南信徒具有吸引力？具有民间宗教传统的高台教，在共产主义意识形态下的越南社会主义共有怎样的际遇？宗教社团与政府组织在怎样的互动之中？高台教是如何在当代争取到合法社团身份的？高台教信徒现在又面临着什么样的挑战？在越南经历了短暂的集体化并实行了革新开放之后，高台教转型为合法宗教的过程中不仅反映出诸多本土道德与外来观念，现代组织与传统人际关系之间的冲突，也能为我们展示中央政权与地方政府的权力网络。总之，从高台教作为越南殖民晚期一个势力广泛的秘密会社到其作为一个合法社团对当代社会的参与的转型过程，是我们探索越南近代社会发展的极好路径。

三 文献综述

高台教在不同时期吸引了越南本土、海外各国学者，这些研究旨趣都受到了当时世界格局和学科脉络的影响。高台教产生伊始，越南文人便对其有了分明的立场，1929道贞一的《高台文案》（Đạo Trính Nhất, 1929）是最早有关高台教的论著，描述了高台教思想体系的同时毫不掩饰地表达了自己对于这一新宗教的反感与蔑视，质疑其多宗教源头的信仰体系。不久，便有教中文人出书《高台改案》（Bang Thanh, 1930）反驳，阐述高台教中的思想体系并非只是拿来主义，而拥有自己的文化逻辑。法国政府出于殖民需要，法国学界则出于对远东地区的兴趣进行了一些对支那地区的调查与研究，当时的殖民政府官员（Lalauret、Vilmont, 1934）在更为中立的立场上高台教产生、发展的本土因素作了论述，他们有感于高台教中纷繁的宗教、社会、经济因素，疑心于这是一场宗教复兴还是政治阴谋。这些复杂性一直是半个多世纪以来高台教研究的重要主题。此后的学者们又分别在文化观念、千禧年宗教运动（millennialism）、农民运动、秘密会社等维度中进行了论述。

高台教作为一种文化、政治现象，其在信仰体系上所融合的多宗教因素首先引起学者注意。以文化为路径的学者将高台教视作创教者试图在东方社会遭遇西方的外来强力时，以宗教来弥合这种"西方化"和本土社会之间的距离。汉语世界对其的研究也多集中在这一方面，如台湾学者许文堂（2005），将高台教中的东西宗教因素放置在越南南部社会整体性的文化多样性中加以考虑。但也有学者提出异议，Smith（1970）反对这种"东西结合"的论断，认为高台教中的西方因素并不明显，基督思想与天主教的组织体系依然笼罩在佛教、道教观念体系中。Jammes 在这一争论下，更细致地探索了高台教宗教网络中的教派——"明理"教派[1]，和中国秘密会社之间早期的隐秘关系（Jammes，2009）。这一对于宗教观念、组织起源的争论仍值得商榷，因为高台教的意识形态源头、社会网络是十分复杂和模糊的，且在当代社会中，其本身的宗教观念也随着个体信仰者的价值体系而改变，在后面的章节中，我将对此展开讨论。

作为一个殖民时期的社会运动，高台教带有新千年末世救赎思想。在其他的东南亚地区，千禧年主义的秘密会社运动对殖民和现代压力的回应比高台教更为久远。以陶西格为代表的研究中，千禧年运动被认为是对殖民情境的回应：一方面表达本土社会战胜社会和经济上受到掠夺的渴望；另一方面则出于证明本土因素在形成和重建秩序中能发挥创造性力量（Taussing，1970）。这些特点也出现在高台教中。也正因为高台教信徒中大量的农民成员，其被认为是一种农民运动（Jeffery，1975），农民团体所扮演的角色逐渐得到学者重视。

Werner 以高台教中农民集体的参与批判了美国学界所强调的西方与亚洲、非洲国家的接触所导致的当地社会在政治上的分裂，而认为地方传统在殖民社会的西方化过程中发挥了重要力量。殖民过程一方面加强了地方的分化，同时也使得内部联结更为紧密。这一联结尤其体现在经济上，她认为高台教中的农民与地主结成"依附"关系才

---

[1] 有学者认为高台教的起源是一个越南化的天地会会社，田野中，我在明理教接触的过程中，发现了一些一贯道的遗迹，但因为材料还不足以论证结论，因此在此论文中没有进行讨论。

是其迅速发展起来的关键。相应地,正是因为越南南部和北部当时不同的资本化程度,使得农民群体带有不同的"反抗性",致使他们跟随了不同的反抗组织,宗教或左翼团体(Werner,1981)。Sarkisyanz同样认为殖民时期的经济问题比文化冲突对高台教的兴起有着更为关键的影响(Sarkisyanz,1984)。高台教并非单一阶层的农民运动而是由地方精英领导的多阶层参与的宗教性社会运动。教中的地主、豪绅在高台教社区中进行再分配机制,农民企图在宗教(高台)中得到庇护,以对抗帝国主义的扩张和资本的侵入。这一方向的研究用以回应Scoot在《农民的道义经济学》(Scoot,1976)中提出的庇护关系理论(patron—client)。Scoot认为农民与地方精英结合的社会纽带保障了最低限度的农民生存需求,但这种联结在殖民过程中被破坏了。而高台教为我们提供的是延续性的地方传统仍在殖民社会中运行的样本,在后面的章节中我将展示农民在地方精英的带领下共同创建了游离于主流社会的高台社区,并过上一种集体性的生活。

这些重视殖民时期经济环境与农民心态的研究,不能解释当代高台教持续的生命力。如果经济纽带是高台教吸引教徒的关键,当代越南社会中经济性的庇佑关系被现代经济所完全取代以后,高台教为何依然吸引了众多农村教徒呢?我认为在意识形态上,高台教的结合纽带与动力与之前的地方传统并不完全相同。

高台教因其历史身份与政治参与是越南一个地位较为特殊的宗教,外国研究者想要对其进行近距离的田野观察客观上存在阻力,也许正因此,学界尤其缺少对当代高台教徒的了解。

1975年越南民主共和国成立以后,高台教的宗教活动受到了大规模限制与禁止。直到20世纪80年代以后的革新开放为越南经济、政治环境带来了巨大的改变,这些改变都为个体与社团开拓了更多的社会空间,重要表征就是各种各样的社会组织的合法化(Benedict,2003)。其中从20世纪90年代开始的各类宗教团体被国家所承认则被视为具有标志性的事件,越南研究学者Carlyle Thayer(Thayer,1992:50—110)在20世纪90年代指出越南公民社会已经到了孕育初期(Nascent stage)。在此后的20年中这一趋势变得愈发明显。同时国家也开始积极建设一种新的基于地方传统的全民性的认同，包括将祖先崇拜、节日、仪式纳入到国家语境中。Jellema 通过对国家语境之下的祖先崇拜的研究以"kinetic nationalism"这一概念来描述越南国家在社会中在场的可伸缩性（Jellema，2007：467—492）。另外，宗教组织作为传统信仰的媒介，引入了更多价值观中的公正、慈善、奉献的道德观念以服务国家。

以上的研究为理解革新开放后的越南社会提供了很好的视角，但我们仍无法得知这一过程是如何发生的，这一问题需要落实到具体的宗教组织、信徒团体才能得到解答。本文试图从高台教产生的历史时空出发，通过对当代高台教圣会的观察与分析，审视这项本土社会的文化发明是如何超越时间的局限，与在不同时期持续展示生命力的。

四　流浪的田野

2014 年 3 月 2 日，我从北京出发飞往越南河内开始我的越南田野调查。回忆起来我在北方的田野正如河内 3 月的天气，布满阴云。我试图通过河内社科院民族所取得研究签证，但这一研究题目比想象中更为敏感。一位老师说："你要去南部调查高台教，就像外国人要去中国西藏做调查一样，你还是做佛教吧，基督教也行啊。"

被河内高台教坛拒绝，加上研究签证又受阻，我便去往中部。十分幸运的，在岘港的中贤坛室，我结识了第一个高台教信徒，文伯伯。

得益于文伯伯所在的传教圣会的信任与介绍，我与多个圣会取得了联系，开始了在高台教中的多点田野调查。跟随高台教徒们的流动，哪里有活动、有仪式，我便到哪里去，共到过二十多个坛室。这些坛室都拥有自己的坛史，与地方社区的政治、经济、历史环境具有广泛的关联，为我的田野提供了一些较典型的个案。进入田野的过程本身使我切身感受到了越南内部的异质性不仅来自于越南北部（与中国）、南部（与东南亚）流动中形成的内在文化差异，也源于越南 1975 年南北统一之前在意识形态、政府制度上的巨大差异，或者如米尔顿·奥斯本（奥斯本，2012：130）所说"越南在 1975 年之前变成两个独立的国家也不是件多么令人意外的事"。

在相对自由的南部，躲藏之下的"流浪"使得我的田野更深入与丰富。与教徒们的共同流动使我有更多机会接触到城市、农村中不同教派的高台信徒与圣会。感谢与这些不同高台人的相遇，和他（她）们的交往创造了我的田野，同时也使我理解高台群体在越南近代史中所扮演的不同角色。

第二章 高台教的历史时空

高台教才出现两年即召集信徒超过 70 万，信徒中有官，有民，有文人，亦有成群的富豪……虽天主教传入已有 300 年且有法国兵力可倚靠，但至今信徒不过 100 万而已。如此高台教之势实为迅猛。（Đạo Trính Nhất，1929）

一 20世纪初的越南

1884 年，顺化朝廷与法国公使签署《甲申合约》，承认并接受了法国的保护权。至此，越南被分成了南圻、中圻、北圻三个区域。三圻分别有本区域内特殊的律法与政策。据《越南史略》（陈重金，1992：400），"建圻之初，此圻之人到别的圻去还需要申请通行证"。法国政府在越南的行政制度强化了越南的地理区隔，而这种强化基于一个历史事实，此时的越南仍缺乏关于"一个越南民族"的稳固认同（King, 2003），这当然也与越南几百年的南北纷争割据时代有关（1627—1775）。

对于殖民早期的士绅来说，北圻士绅的祖先曾为北部的黎朝尽忠，他们对中部的顺化阮氏（沦为法国殖民者的傀儡）其实并没什么忠心；至于中圻，阮朝官员也被法国笼络；南圻则完全落入法国人的控制中。这一时期的朝廷官员更关心其家族和个人的福祉，如果仕途与家庭并不会遭到法国政府的威胁，反对法国人的理由就变得无关紧要起来。当时间拐过 20 世纪，出生于儒学体系的士绅同时也受到了西方文化的冲击，且处在一种更现代、强势、嗅觉灵敏的殖民体制中。虽然他们中的有些人仍有心支持儒学传统，但仍阻止不了其衰颓，在对公共事务的参与上，他们总是处在一种微妙情境中：试图在并不稳定的本土诉求与遥远而虚弱的中央政权间寻找平衡（Taylor, 2013：400—483）。而他们的后辈——更为年轻的受西学教育的年轻精英——要么将他们的前辈视为背叛传统的虚伪卫道夫，要么嫌弃他们守旧。这种代际矛盾在受法国控制最全面的南圻显得更为激烈。而农民集体，则受被卷入殖民社会资本体系的不同程度所影响。

也正是因为这些不同的观念、地区差异，越南在20世纪初对于殖民情境的反抗表现得极为丰富，包括农民起义，阮朝政权对流亡力量的秘密帮助，维新运动，宗教运动，秘密会社。有意思的是，这些力量虽然分属于不同阵营，但隐秘行动的同时也公开获得支持，相互之间亦有联系。

在"现代"阵营中最具代表性、启蒙性的重要人物如潘佩珠（Phạn Bội Châu，1867—1940），越南维新运动的发起者越南维新会（Duy Tân Hội）和光复会（Quang Phục Hội）的组建者。在他的组织下，自1905年上百名越南学生赴日本学习，掀起东游运动（Vận động đông du），在日本，潘佩珠结识了梁启超等人，共同探讨亚洲民族的发展之路。而阮必成（Nguyễn Tất Thành）于1911年欧洲寻找解放国家的道路，在法国加入共产党，后领导反法与反日斗争，成为越南主席，他就是后来深受越南人名爱戴的"胡伯伯"——胡志明主席。

二 秘密会社作为对殖民情境的回应

在殖民早期，南圻是反抗运动最激烈的区域，秘密会社也在这一区域最为活跃。从19世纪60年代至20世纪20年代末期的半个多世纪中，南部地区先后爆发了50多次有一定规模的起义，其中众多由秘密会社发动（王士录，1994）。

相比其他反抗组织，宗教秘密会社的网络更为复杂曲折。这与南圻在地理文化空间上所呈现的多样性以及行动网路的流动性有所关联。17世纪中叶，越南京族人主宰了这一原由占婆人与高棉人居住的区域。南部地广人稀，常有中部、北部人迁徙至此，拓荒谋生。因此占人、高棉人、越南人、华人以及一些部落族群在这里混杂居住。南部地区为我们展示的是整个东南亚地区共有的特征：族群迁徙与贸易交往所带来的流动性使整个区域呈现出极强的社会、文化多样性，这些不同社会与文化的分布地图没有清晰的边界却可以视作"一个有地区性文化特质的整体"（King、Wilder，2003：1—2）。

人口流动伴随着文化的流动，而宗教的传播与宗教组织的整体迁徙则是其中极其重要的部分。这种以信仰者为主体的流动网络使得越南南部的这一区域，呈现出不同传统与文明在不同程度上的交流与互动。小乘佛教、大乘佛教、道教、儒教、伊斯兰教和少数族群的各种泛灵信仰以及由西方传入的天主教、基督教都在此处有各自虔诚的信仰者。总之在南部，1860—1916年的几乎所有反法背景的社会运动和宗教教派都与三教（儒教、佛教、道教）传统有关，这种多宗教的信仰体系较容易取得本身就处在复杂多样文化空间中的南部人民的青睐。

于18世纪晚期传入越南的天地会便是前高台史中的重要一页。越南天地会初是由越南华侨华人组成的会党，往返于越南和中国广东、福建等地之间。但其很快与越南本地的教门组织宝山奇香教派[①]（Bảo Sơn Kỳ Hơn）融合，"反清复明"的口号变为"驱逐法贼，恢复越南"，又与多次（1908，1913，1916）组织起义的潘赤龙（Phạn Xích Long）[②]秘密会社重新组织在一起。这些会党教门组织几乎成了对法国殖民者威胁最大的力量，法国亦对其十分忌惮，因与南洋其他地方的天地会比较，只有越南的天地会完全本土化，因为越南人的加入而有了新的形式[③]，他们怀疑以会馆名义进行活动的天地会事实上得到了顺化朝廷的秘密支持。因此，法国政府在南圻进行了一次较大规模

[①] 宝山奇香教派的创始人是一名用武术治病的和尚，在越柬边境任住持，1848年创立宝山奇香，宣传太平盛世说，在当地建立4个完全有宝山奇香信徒组成的村社，一边从事经济活动，一边进行反对专制政府与法国殖民者的秘密活动，这一教派对后来的多个越南秘密会社有很大的影响（详见王士录，1994）。

[②] 潘赤龙由一名叫潘发生的越南青年常见，自称潘赤龙，到宝山奇香教派学习巫术，在柬埔寨创立教派，于1913年组织600名教众起义，计划夺取西贡，被法军打败（详见王士录，1994）。

[③] 越南天地会于1911年与中国天地会脱离，此前越南天地会叫作"Nam Kỳ Nghĩa Hòa Đoàn Chi hội"（南圻义和团支会），天地会在越南有70—80个分会。

的清洗肃清运动（王士录，1994）。秘密会社网络遭到了较严重的打击，但正是这种局部力量的削弱，使得秘密会社组织之间、秘密会社与其他反抗组织之间的流动更为频繁。诸如1913年大部分的越南天地会分会混入光复会在地方的分会（Werner，1981：13）。民族主义组织中的积极分子，可能也加入了其他一些后起的会党教门组织。

事实上，我们很难梳理出关于这些会党教门、潘佩珠领导的会社之间完整的参与或组织谱系。一个相同名字的会党组织延伸出多个分散、独立的小团体，而其行动者亦在这些网络中有极强的流动性，惯常落入不同的势力范围，甚或拥有多重身份。也正因此，法国人对朝廷的施压，对会党教门领导的拘捕等行动并没有能制止这些秘密会社的频繁活动。其教众余部总是能够迅速转入地下，或者以个人网络寻找到其他组织，继续进行反对或破坏殖民政府的行动。

三　高台教的创立

高台教1926年正式开道，20世纪二三十年代，席卷了越南西南部，以令人难以置信的速度扩展到整个南部传到中部，甚至蔓延至柬埔寨。到1930年高台教吸引了大约50万至100万的信徒，而此时南圻的总人口在400万—450万（Werner，1981：105）。高台教在南圻由受雇于法国政府的官员团体创立。其中的核心成员吴文昭（Ngô Văn Chiêu）是法国政府于越南西南端富国岛的行政代表。在1920年的一次吴文昭为母治病而扶乩问神的仪式中，降下一位神。[①] 这位不为人知的神多次降临授意吴文昭为其在人世的代言人，创立一种叫作高台教的新宗教。在此后的数年中，吴文昭一直按照高台神的意旨修行，并感召了不少在殖民政府中任职的传统知识分子。西贡的另一个扶乩团体在某次扶乩时也突然将下一位法力强大的神，自称aáâ神[②]，这位神常通

[①] 当时吴文昭常在河仙省的广济寺高万师（Cao Vạn Sư）、阮请霄（Nguyễn Thanh Diệu）等人的小圈子里一起进行扶乩降神的活动，这个广济寺是越南天地会中的一支明师教派的寺院。

[②] 汉字一直在越南文本中占统治地位，因此在较长的一段时间中越南人日常口语用越南语书写用汉字。直到17世纪后传教士用拉丁字母创造了一套记音的越南文字，叫作越南国语字，因其简单易学大大提高了识字率。aáâ是越南国语字的头三个字母，这一完全越氏的名字也使得高台神区别于其他汉语或其他语言名字的神。

过扶乩与他们讨论文学，教育他们成为圣贤之士，这个由黎文忠（Lê Văn Trung）为核心的士绅、官员组成的团体迅速倾倒在神力与智慧之下。吴文昭的团体专于法门内修功夫；黎文忠的团队则专注于外修，开道弘法。这两个不同气质的高台教团体后来演化为众多的高台教教派。1926年，两个团体通过神启共同开创高台教。早期关于高台教的命名、仪轨、经卷，甚或建筑规制，都通过最初的核心成员扶乩、托梦由神直接授意。

因秘密会社的盛行，通过扶乩求仙、问药占卜的超自然活动在当地流传广泛。而由西方传入的通灵学（Thần Linh Học, Spiristim，认为人死后灵魂仍存在，可以借巫者为媒介与死者对话）与扶乩在神秘力量上的共通点，使得由越南人、华人建立的扶乩小圈子，吸引了一些法国官员的参与。高台教正式开道之后，并未受到法国政府的太多警惕，法国官员以为这不过是一个扶乩求仙团（CQPTGL，2013：215）。

1926年7月高台教隆重的开道仪式得到法国政府的同意而举行。1927年7月5日法国南圻政府的第52—c文件，"对此新宗教保持绝对中立的态度，但我们仍需无比谨慎"（Lalaurette、Vilmont，1934）。法国政府规定新建"坛室"需先申请通过批准，但对于在法国政府中工作且熟谙其文书事项的高台教领导团体来说，准备文件以应对法国人的审核并非难事。[①]法国政府的中立态度，对于高台教初期的发展已经足够。1930年7月黎文忠（当时的高台教权威）在报纸上宣布，高台教教徒已经达到50万人。因高台教迅速的发展态势，法国政府终于意识到高台教所形成的力量放弃了中立的立场，宣布高台教不再拥有合法宗教的地位。

四 西宁教廷与左翼团体

1927年高台教以教中两位教职人员的名义，向法国政府买下在

[①] 黎文忠带着由26位高台教核心成员签字的文件向南圻政府申请获得合法宗教资格，其中有16人是为南圻政府工作的官员。

西宁省面积共150公顷的土地用以修建高台教总部——西宁教廷（Tọa thánh Tây Ninh）。①西宁省位于越南西南部，地处越柬边境，其在历史传统中一向是一个具有政治叛逆个性的地点，京族、高棉族、华族、占婆族在此混居。殖民政府鼓励人口从稠密的北中部向地广人稀的南部迁徙，在1860—1936年，西宁的越南人口从4000人增长了25倍（Royer，1936）。但这些零散的移民群体在经济方面处于极困难的境地，尤其是在1930年代整个东南亚都处于经济危机中，而高台教的到来则为他们提供了新的生存机会。

西宁教廷的修建为西宁农民提供了大量的工作机会，拓荒、工程……这座教廷的建设过程不止关于寺庙建筑，亦关乎一个新城镇的兴起。当我在将近90年后来到这些建筑面前时，除为其面积的广阔、建筑的壮观、设计的严谨感到惊叹外，还在于这个建筑群并非单纯意义上的宗教性建筑。在高台教总殿周围还有医院、学校、住房等基础设施，也有柬埔寨、华人高台教信徒的专属会坛。

有学者认为将西宁作为高台教力量的中心对其后期与共产党的竞争极为重要。因高台教的支持力量通常来自那些不在殖民社会主流内的偏远区域，由殖民规则主导的经济发达地区对其则并未表现出那样的兴趣。西宁地区的农民，大多拥有自己规模不大的土地，但几乎没有手工业或工业。而胡志明市则不同，阶级和经济不平等在这里表象的极其明显，西贡地区的农民比西宁农民更能意识到政治与社会不平等，因此，他们倾向更为激烈的革命方式（Werne，1981：37）。

20世纪30年代，高台教与共产主义成为两大吸引农民阶级的力量，一些高台教徒转而加入了共产主义者的队伍。左翼人士也表示希望能与之合作。高台教的领导成员渐渐发现他们正不得不处于一种政治性的关系网络中，而在高台教领导团体中，因政治立场产生的分歧变得越来越严重，大批领袖从西宁教坛出走。有民族诉求的高台教信徒，比如西宁教廷以完整的社会服务体系、等级制度，高台军队作为自己的力量基础，而那些倾向以个人修行通往无为境界的教徒则对这

---

① 西宁教廷工程于1947年全部完毕，并于1955年举行了隆重的开庭仪式。

种做法嗤之以鼻或者坚决反对。民族主义和宗教意识形态的冲突部分造成了高台教在1930年以后的衰弱。

五 小结

秘密会社作为越南殖民时期反抗性的重要力量的特点在于，其能广泛地联结社会中的不同力量，包括农民、地方精英、民族主义者……从"秘密会社"与"维新派"的联系与交流来看，它们不排斥任何可以共同参与抵抗殖民的行动。也就是说，即便殖民情境使得本土社会在意识形态上加重了分化，但这并不妨碍他们重新取得更为紧密的团结以一致对外。

关于高台教何以能在创教之初就吸引了大量信徒，我认为无论文化或是经济的因素为高台运动的早期兴起提供了什么比例的贡献。无疑，其起源可追溯到多个源头。从当代信徒的生活来看，如果农民信徒只在乎宗教带来的利益上的好处，那么就无法解释在当代何以高台教仍拥有数量广泛的农民信徒与农村坛室。关键在于高台教与秘密会社不同，虽然它是一个宗教性的大量农民信徒参与的反殖民团体，但并不是一个单一阶层的农民运动，士绅阶级、地方精英在其中发挥了重要作用。

首先，殖民情境中社会结构的转变使得原本处在土地——儒家传统结构中的精英分子向全球资本——西方教育转型。知识分子所遭遇的是文化上的认同问题，他们通常倾向于自己不够"欧洲化"（Sarkisyanz，1984）。农民则不同，社会动荡、少地、高税收对农名的生存构成了巨大挑战。越南所遭遇的是"一个拥有远比其所取代的传统政权发达的行政能力和官僚势力范围的殖民地政权"（斯科特，2001），除了经济问题外，村落中的本土社会运作机制遭受了法国法律和政治强制介入的破坏，农民担心自己过于"西方化"。

其次，高台教所提供的是一种完全出自本土的宗教文化。西方人进入越南以前，汉字一直在越南占有统治地位，书籍、科举考试都用汉语，但日常交流却用越南语，因此口头与书面完全处在两套语言中，农民的识字率较低。17世纪以后传教士用拉丁字母创造了一套表音的越南文字——越南国语字，才使得识字率大大提高。高台教中的扶乩圣谕、经卷大多都以这一新的越南国语字写成，相较于佛教经文的晦涩转译，高台教文本显得平易近人、通俗易懂。

除此之外，佛教、儒教的衰微，以及新的文化与观念体系上的真空；19世纪20年代因知识分子的激进化与反殖民情绪激发的不间断的反殖民运动；南部经济发展的差异化，边缘地区对主流殖民社会的逃脱，都为高台教这场运动提供了合适的机会。

第三章　高台教的信仰体系

高台教就是个杂货铺，有谁想买什么，就去那儿买，一定能买到。想要天主教的有天主教，想要天主的有天主，想要佛的有佛，想要孔子的有孔子……那些创立了高台教的先生们实在狡猾得很，把其他宗教偷来做成一个高台教……（Đạo Trính Nhất, 1929）

高台教自创立伊始，外教就开始对其多宗教因素的信仰体系提出质疑或非难。这段引文来自于最早的外界对于高台教的评论与研究书籍，作者认为高台教不过是一种将多种宗教纳入自己体系来吸引教徒的邪教。这些非难也使得教内人士花大量的时间与精力，去理清高台教信仰体系内部因为不同宗教因素的参与而造成的模糊不清与矛盾。而这并非易事。一位道君告诉我，目前还没有体系完整、完善的高台教教理，但这个教理也并不只是高台教的教理，而是关于"大道"的教理。如后来的《高台改案》（Bang Thanh, 1930）中所述："即便高台、儒释道三教、耶稣名字不尽不同，但都教人行善"，拘泥于"宗教"之争并不能了解宗教之后"道"的本意。

一　什么是高台教

高台教全名"大道三期普渡高台教"（Đại Đạo Tam Kỳ Phổ Độ

Cao Đài Giáo），如今高台教信徒则更习惯于称呼它"道高台"或者"高台"。"高台"意为"高塔"①，指的是抽象意义上的容纳万物的至高存在，这一神圣概念亦与道教源流有关。有观点认为高台一词本出自道德经第20章"众人熙熙，如享太牢，如登春台"（钟云莺、阮清风，2010）。在田野中，信徒和我强调至高神"高台仙翁"其实在中国已降下神启，"高台"一词出现在一些扶乩文与经卷中，但"仙翁"最终仍在越南开道，在越南最先降下福祉，他们认为这对越南人来说是极高的恩赐与荣耀。

"三期"则蕴含一种有关救世论的时间体系。对信徒来说，高台教的诞生预示着人类历史第三个也是最后周期的开始。第一个周期代表创世，在第二个周期整个世界坠入衰败，第三个周期则象征重生。

"大道"暗示高台教是一种超越一般宗教信念的"宗教"，处在比其他宗教团体更高的神圣层次上。"大道是一，宗教是多"（Đại Đạo là một，tôn giáo là nhiều），人的参与败坏了以"道"为原初的宗教的神圣力，以至于宗教复杂、外在的形式遮蔽了"道"。宗教外形的败坏使得人类坠入黑暗，高台教以重现焕发"大道"为旨。在信徒心目中它拥有初生的纯洁同时又蕴含着原始而高贵的力量。

同时，"大道"是属于全部人类的。开道者们宣称高台教是联合东方与西方宗教力量的唯一路径，信徒们则被要求获得这样的觉悟：高台教开道是为了联合世界上的不同种族，拯救人类于仁慈，使人类获得救赎与重生。这使信徒们相信，即便他们之前来自不同宗教团体、甚至与家族信仰相悖，并不妨碍他们加入高台教。在文化边界模糊的越南南部，高台教这一在文化、族群上"不分别"（không phân biệt）的包容性加强了本土社会的一致性。

二 高台教的神圣体系

高台教以"三教归源，五支服一"（Tam giáo qui nguyên, ngũ chi

---

① 高台教认为宇宙中有三界，无色界、色界和欲界，个体身体中亦有这三界存在，而高台指的是神界的至高所在。

phục nhất)为宗旨。三教指儒、释、道。五支则指人道、神道、圣道、仙道、佛道、大道,指通往大道的五个不同境界。高台教中的三教不完全等同于一般意义上的儒教、道教、佛教,三教在高台教信仰谱系中占有不同的位置。佛教传统中,高台教吸取了因果、轮回、慈悲的观念。道教传统中,精、气、神,天地五行成为高台教宇宙观的重要底色,巫术与内修则成为高台教吸引教徒的重要神秘来源。而儒教传统则为高台教教徒提供社会网络与道德行为上的准则与规范。

这些不同的宗教性因素并不只是散乱的被放置在高台教体系中,而是处于一种阶序关系中。高台教中有高于一切其他宗教偶像的最高神"至尊"(Chí tôn),高台信徒们对"至尊"有很多种称呼,包括"老师""高台仙翁""上帝""玉皇上帝"……虽然高台教的供桌中有释迦牟尼、观音、老子、孔子、关羽等的神塑,却没有这位"至尊"神,我们不免对于至尊神的身份产生疑惑。直到有一天有一位信徒说起高台教中有一些坛室专门供奉"佛母"(phật mẫu)以象征"阴"的力量,因为"要有天,也要有地嘛"。"至尊"在信徒心目中的神圣地位是出于"天"力的一种复杂而又朴素的崇拜。高台教中以一只左眼——"天眼"来象征上帝,而非一个具象的"人物"。"至尊"是无形的、是无处不在的,其神力就像天一样无处不在。

三 多宗教一体的开放性神圣空间

田野之前我曾以"共融"一词来理解高台教多宗教并存的特点,但进入田野后,我便发现这个题目在越南南方地区极强的异质性与整体性面前并不恰当。与其说不同宗教因素在高台教中共融,毋宁说它们本为一体。

田野的一天,我到一户高台教信徒家做客。主人家灶台上放着一个盛了米的杯子,里头插着三柱未燃尽的香,女主人正在灶前祈祝,但高台教家庭一般设有专门的供桌。我便问她,这是在拜谁。她答是在这里拜灶爷。灶爷、土地神崇拜在越南十分普遍,但灶神并不在高台教的神谱中。女主人手指了指楼上说,灶爷和供桌都在楼上呢,在这里拜灶爷也可以，女人做饭的时候有心事了向灶神许愿很方便。

女主人家楼上的高台教供桌非常典型，当然并没有供奉灶爷。她这里所指的灶爷和高台共存的空间并不是物理意义上的"楼上"，而是她信仰体系中的神圣空间。在这个神圣空间里，不只有高台教至高的无形神的存在，还有其他宗教谱系的神，或者说神圣力量的代表。高台教为教徒提供的不只是一个多种宗教因素共存的信仰体系，更重要的是它为信徒提供了一个开放的神圣空间，或者说这个神圣空间是高台教信徒共有的，但更重要的是，它也归属于个人。个体生命的经历与体悟能够充分在这一神圣空间里得到释放。而越南这个因历史情境而致使个人在文化选择上遭受了来自东方（中国儒教与东南亚的印度教传统）、西方（法国殖民）强制力的民族，这种在信仰空间上给予个人的自由与开放显得尤其珍贵。

文伯伯是传教圣会中教职极高的信徒，一生立志为"大道"奔波没有子嗣。他年轻时在由法国人主办的大学学习西方哲学，精通英语、法语，这所大学现在仍是越南最好的大学之一。正是在大学期间他决定一生追随高台教。我问，为什么那时选择了高台教。他回答："因为高台教最能入我的心，佛教不能、天主教也不能，哲学也不能。"

对于20世纪中叶那一代有着儒教的家族生活，又经历了西方教育的越南知识分子来说，个体生命身上印有整个时代撕扯的痕迹。他们的父辈，当那个为法国政府工作的扶乩小团体创立出一种全新的有着三教文明的传统，同时又带有浓烈的现代西方价值的完全属于越南的宗教，他们也许并未深思过高台教能为下一代人以及当代越南人缓解心灵与认同的焦虑。

四 小结

田野过程中，我一直试图寻找一个词汇来较准确地概括多宗教元素在高台教信仰体系中的运作状态,我与信徒们讨论认为"融合、共融"(dung hòa、synthesis)这些惯常所用的词汇并不合适。直到有一天,一位高台教中精通英语、法语的教职人员沉思片刻,写下了"tolerance"。虽然这并非一个本土词汇,但仍能帮我们理解高台教信仰体系的内核。对于高台教来说,神圣性基础并非建构于其他宗教之上,而是其本身的神圣性包容或宽恕了其他宗教的存在。这种包容的特性来源于"大道",即便宗教外形不同,但关乎生命之美好真谛的"大道"才是所有宗教的内核。正因为此,高台教为其信徒打开了一个温和、宽容的神圣空间。高台教在文化上的意义不仅在于试图弥合外来文明因素与本土传统的缝隙,还在于开放的神圣性空间给予了个体在信仰行动上更多的权力。信徒在宗教生活、日常生活中的交往规范、人际网络都因为这一神圣空间极强的延展性而得到释放。

在道德、价值观念上,高台教通过将三教价值观在自己体系中的重置,以重建道德权威。在高台教的宗教道德观念体系中,"圣道"(儒)的宗旨在于公平,"仙道"(道)的宗旨在于博爱,"佛道"(佛)的宗旨在于慈悲。公平、博爱、慈悲成为高台教价值观中最重要的部分。信徒以此获得全面的道德指导,只有遵守这些道德律法才能回到至高之所才能解脱与"大道"一起永存,以达到"世道大同,天道解脱"的理想社会。在后面,我们会发现这一宗教道德体系与人道主义、共产主义意识形态更多的关系与交流。

第四章 高台教的教派组织及其政治参与

一 高台教的组织体系

圣会(Hội thánh)是高台教中对教派的称呼,圣会下的各个分坛称为"坛室"(Thánh thất)。1975年以前,圣会地方坛室设有:镇、州、族、户各级机构。但这一体系在1975年越南国家成立以后不复存在。目前,较大的教派在地方(包括城市和乡村)有多个坛室。坛室既是指地理上的高台教建筑与信徒日常活动空间，也代表教派在地方的高台教系统[①]。高台教具有一套阶层分明、管理完善的行政系统。虽然各个教派在执行事务时细节有区别，在建筑形制上亦有不同规范，但在结构上大体相同。因为这套行政系统以及建筑规范遵循的是相对应的高台教具神圣性的宇宙观。

高台教的中央系统包括：八卦台（Bát Quái Đài）、协天台（Hiệp Thiên Đài）、九重台（Cửu Trung Đài），以及专管社会服务的"福天"（Phước thiên），专职司教育的"普渡"（Phổ Độ）两个机构。"福天"将在关于慈善事业的一章中讨论。这里先具体阐述"三台"。"三台"不仅是中央系统中的组织结构，也是高台主殿建筑中的区域名称。"三台"在权力结构、神圣空间、建筑空间三者上达成一致。八卦台代表的是无形的神圣力量，九重台代表则是与人世相关的现世权力。高台教讲究"天人合一"（Thiên nhân hiệp nhất），协天台则作为八卦台和九重台，也就是"神圣"与"凡俗"的连接。

八卦台

高台教建筑的主殿中最北面的区域为八卦台。八卦台是供奉天眼以及其他众神的所在。在组织体系中，八卦台是教宗与诸神沟通之所，也是进行扶乩降神的地点。根据高台教中更为世俗的解释，八卦台是"立法"机构。这个"法"不仅指宇宙万物之"法"，生命之"法"，同时也是教律、教义之"法"。这个"法"的双重意涵体现在神圣世界中，同时也体现在信徒现世的宗教生活里。

协天台

高台教的主殿两边各立有高塔，协天台所处的是连接两座高塔的位置。作为八卦台的辅助力量，当八卦台疏漏于惩罚行道不端的信徒时，协天台要"替天行道"。因此协天台为"护法"而存在。协天台可以理解为司法机构，代表"护法"（Hộ pháp）的力量。

[①] 高台教西宁教派，在西宁的总坛称为"座坛"（Tọa thánh），是规模最大的高台教建筑，作为高台教统一时期的总部，至今仍在高台教中的其他教派信徒中享有特有的神圣地位。西宁教派现在仍势力最强，信徒人数最多。但西宁教派并不认可其他教派的合法地位。

九重台

九重台的形制模仿"九重天"而建,九重台是高台教在俗世的权力组织,由有教职的信徒管理(这些教徒被称为"Chức sắc)。他们的任务在于开道,行道,只有那些富有德行、智慧,对道深怀虔诚,为众生抱有悲悯之心的人才能成为 Chức sắc。

高台教中对教职人员的人数、职责、阶位有明确的规定。最高的教宗、掌法、首师属于神职阶级,其下的副师、教师、教友、礼生、正治师、副治师、通师则属于治权教阶。教宗,总管教坛,有颁布律法调遣教众的资格;三位掌法,审议即将颁行的律法;三位首师行使已颁布的法令。以上三者是高台教组织体系中的领导者。目前高台教教派各自分散独立,教宗一职空缺已久。掌法、首使则在不同教派中各有其位,各有其人担当,但数量极少。

在整个等级体系中,除了以某一教派为单位的中央"圣会"外,在地方的高台教分"坛室"中亦有严格的等级制度,"坛室"中的神职人员是"圣会"在地方的代表。[①] 高台律法中也特别强调,如果由"圣会"决定颁行的律法条款与地方民情不符,与地方信徒更好的修行相冲突,则需向上汇报给"圣会"修改。地方性的教职包括"教使"(Giáo sư),"礼生"(Lễ sanh)等(Cqptgl,2011)。高台信徒总会将梵蒂冈与西宁总教廷作比。这些教职还可以在罗马天主教体系中找到对应,副师(Phối sư)在天主教体系中为 Evêque(地方教会的领导人),礼生(Lễ sanh)、Diacre(副祭)……这些教职人员又分属"太""尚""玉"三派,分别对应佛、道、儒;又属九院:吏、礼、和、户、量、学、农、工、医。这个等级体系,同时混合了天主教的等级制度,三教宗教意识形态,传统社会的政府组织体系。

借由这种分散而又统一的组织体系,高台教和众多秘密会社一样擅长隐藏其力量的同时,比一般结构散落的团体更能把握时机迅速联结起来。但遗憾的是这一体系并未能阻止其分裂。在当代,虽

[①] 此处的"中央"与"地方"是相对的,不同教派的中央"圣会"广泛分布在越南中部与南部。

然越来越多的信徒渴望有一个统一的、集权的完整高台教系统,但长久的分立现状与各自拥有的等级制度使得"统一"成为一个遥远的希望。

二 教派的分立

在当代的高台教组织体系里,并没有一个"中央"意义上的统一的高台教体系,各个教派在长时间里处于分散的状态,某些甚至处在敌视的态度中。在田野过程中,我花了大量的时间来搞清楚高台教关于"教派不同"的问题,包括总教坛与地方分坛之间的联系,不同教派之间的关系,地方坛室之间的关系……总之,这是一个极其复杂的关系网络。田野中,每接触一个陌生的教派或教坛,首先得明白这个教派来历,才能找到与他们打交道的合适的方式,这都要看各个教派的"个性"。而这种"个性"以及与其恰当的交往"方式"都是在其参与历史过程与构建自身的谱系中生成的。

1930年以后,法国政府对高台教的警惕与看管变得越来越严苛,大规模的整治运动开始,相对于外部的忧患,高台教内部的矛盾显得更为危险。1930年到1938年高台教中的力量分散为各个支派,对于如今的高台教信徒来说这是一段最难以言说的高台教历史,因为这涉及各个圣会在教中的合法性、正当性,圣会内部并不光彩的权力斗争。在高台教众多圣会中,传教圣会与"机关普渡教理"是专门致力于传播教理、教化教徒的中立圣会,并未参与30年代的圣会交恶,且目前致力于不再分别教派,为高台教的统一而努力。我关于圣会分立的历史与当代现状的知识多来自于这两个圣会。

关于高台教之所以分离的原因,有些信徒会回答:"当时法国人管得太严了,都没法活动,所以各位教职人员要分散力量,把大道带回到家乡去,才能保存力量。如果哪个支派不行了,另外支派能再上,再和法国人斗。""带道回家"这个广泛流传在高台教文本中的说辞类似于政治语境的外交话语。在法国人干涉之前,高台教内部的分裂趋势就已经显现。其并非是主动分散以保存实力,相反是为了试图建立起中央集权。

扶乩是高台教神圣性来源，能够迅速吸引教徒，但却不利于塑造一种中央的、稳定的神圣性。集权的神圣性需要唯一的来源，但扶乩却提供了大量、混乱的地方权力。地方扶乩团体甚至脱离西宁总教坛而颁布了自己通过降神获得的神圣话语。自 1928 年，西宁教坛就数次禁止这类私自的扶乩活动，但没有取得什么成效，这种神圣性的侵犯使得西宁教廷高层极度愤怒（Cqptgl，2013）。另一个并不稀奇的原因则属于人事纷争，高台教中的教阶规定严格，但较为重要的教职人员则由扶乩产生，这种方式给教中的领导层结构带来极大的不稳定性或者偶然性。"有些年纪小的教徒降神恩指的教阶却比年长的要高，年长的不服气啊，为教内事务也吵架，花钱啊什么的，就产生矛盾了。"虽然高台教中不乏受西方教育的知识分子，但世俗生活的环境依然讲求长幼有序。① 生活中的"礼"的传统与高台教中严格的等级制相冲突所带来的矛盾使得大批神职人员带领教内亲信教徒离开西宁教坛而到地方重立门派。

高台教分立的圣会，日后被裹挟进美国、法国、日本、共产主义的势力之中周旋抉择。讽刺的是，正是因为这场分崩离析伴随着的政治立场差别，使得高台教在南北统一之后的共产主义越南社会，尚有一息可存，直至恢复其合法地位。

三 高台教内分裂的政治立场

1934 年高台教信徒达到近 50 万人，此时越南南部的总人口数在 500 万人左右。到了 1954 年，信徒人数达到 200 万，1975 年增至 300 万（Nguyễn Thanh Xuân，2013）。高台教不断与各方势力斡旋角逐，而日渐壮大的信徒团体和日渐高涨的民族主义倾向，引起了当权者的注意。高台教在 1975 年之前的政治参与分为两派：一派以西宁圣会为代表，试图利用外国势力获得民族独立，但越南当时风云变幻的局势已经超出了人们的预料；另一派以仙天圣会为代表，他们与越共亲近，参与抵抗美国、法国的军事行动。

---

① 哪怕在当代越南南方的餐桌上，只有长辈发话说 Moi（请），小辈才能动筷。

1. 西宁派

法国政府对西宁圣会的调查与干涉越来越严重，甚至将教职人员强制送往非洲的马达加斯加，激起了高台教内部越来越强烈的反法情绪。因此当流亡日本的越南亲王疆帝（Cương Đệ，1882—1951）及其复国党（phục quốc）向当时的高台教领袖寻求力量，希望联合日本的力量推翻法国殖民政府时，高台教出于自保和越南独立的目的（日本明治维新的成功也一直对越南精英分子具有吸引力），当时的高台领袖范公作答应与其合作。而农民信徒则被引导寄予这样的希望：自由会随着日本将亲王疆帝送回越南而如期而至（Werner，1981：43）。

约有3万高台教信徒交由日方进行军事训练，并参与了1945年对南圻政府的突击军事行动。如我们熟悉的那样，日本并没能延续其在东南亚地区的军事胜利，仅5个月后，日本便无条件投降。作为败方，西宁圣会遭到了法军的侵入。

1946年，双方签订协议，法国允许高台教自由传教归还被查封的坛室，但高台教除保留少部分自卫部队外，其他军事力量全部编入法方。而对于越共而言，此举无异于叛国。大批高台教徒被越共暗杀，因此首领范公作决定了反共立场，捍卫自己在西宁的家园，而法国当局也应允将西宁、美狄（Mỹ Thọ）两省的管辖权，包括税收、驻军交由高台教（徐文堂，2008）。

1954年之后，越南皇帝保大任命由美国势力支持的吴庭艳（Ngô Đình Điệm，1901—1963）为总理。高台教和吴庭艳政府都拒绝接受对方。且高台教与和好教①也因为地方争夺而爆发冲突。在之后的20年中，直至越共统一南北，多方一直陷于混战之中。

2. 反法派与越盟

越盟全称越南独立同盟会（Việt Nam Độc lập Đông Minh Hội）由越共组织成立于1941年，目的在于广泛结合越南各方力量发展游击战争建立民族联合统一战线。随着越盟的成立，越南共产党的运动从南方向中部、北部扩展，并多次希望高台教加入。

---

① 越南一个佛教源头的会党，也像高台教那样拥有自己的势力范围和军事力量。

西宁总坛的教领范公作确实希望高台教能在国家事务中扮演重要角色,但并不意味着他有意将教派作为一个政治性党派以形成政府。他更希望高台成为日后独立越南的一种国民性宗教的基础,他希望高台教的宗教力量能缓解殖民导致的传统失序的问题,同时认为坛室的教首应该成为地方社会的道德模范以重塑乡土社会。虽然范公作表达了对越共的尊重,但同时他认为越共是"非宗教性的、权力饥渴,且需对战争负责"(Werner, 1981:45)。

但这种情形并不能阻止地方层面上的合作。1945年越共在八月革命中取得了胜利。越共竭力劝阻高台信徒对日本寄予的不切实际的幻想,希望高台教加入越共的"统一民族阵线"。一些地方教派自己所组织的军队归入了越盟组织的"南部人民解放军",参与了左翼团体的反法军事行动。以明正道圣会为首的多个高台组织于1946年成立了"高台救国十二派合一会",这个组织在南部吸引了100万信徒(Nguyễn Thanh Xuân, 2013:326)。1954年越南人民的抗法战争在奠边府大捷中结束,越共政府为他们颁发了"独立二等徽章"(Huân chương độc lập hàng II)。越南共和国成立以后,为明正道圣会在国会中提供了四个席位。西宁总坛无法阻止地方高台教徒以个体身份加入越盟,对地方坛室与越共的合作极度不满,直至今日,西宁圣会与明正道圣会因当年政治立场的不同,仍互不往来。

四 小结

在参加高台教不同教派共同参与的"联教大会"时,文伯伯曾问我一个问题"各个高台教圣会有什么不同"。我回答了他建筑不同、仪式不同、法门不同等等关于宗教性细节的答案。他却露出他那标志性的威严的笑,说:"都不是,重要的是,人不同。"

在20世纪30年代,因教内矛盾"带道回家"的信徒可以离开西宁总坛,但他们面对此后三四十年越南的纷乱政治局面却不能再一走了之。这是他们的国家,亦是供他们选择或打造的时空。这些人被从南圻安稳的乡野拉扯出来,身不由己地卷入有关世界战局的巨大事件中。他(她)们的选择造就了高台教不同教派,以及今日高台教的局面，现在的高台教信徒身上仍携带着他们前辈的历史记忆。

对于国家来说，高台教不同教派的政治立场也迫使当前的越共政府进入一种两难的境地。高台教中民族主义和爱国主义的倾向，在反殖民斗争中所作出的牺牲与努力，使国家不得不面对这一宗教势力。

第五章　道与党

那么高台教是如何获得合法身份的呢？获得合法身份以后，其作为一个现代宗教团体又发生了怎样的变化，与政府组织有什么样的互动与联系呢？这些改变与联系或明或暗，有的部分按照明确、组织化的秩序进行，拥有一套完整的权力网络（教派内部）；有的则因为国家的进入而不断变化（总教坛与分教坛）；另外一些则呈现出隐秘、模糊、不露声色的态度（教派之间）。总之，其中有一套巧妙的运作机制。

一　越南宗教政策

无神论只是在1975—1985年而已，大部分人还是相信有神论，官员们也有宗教信仰。马克思、列宁只是说说而已。那个时期只有"共产"才可以解放越南统一，工具而已。就像穿了那件衣服，不知道穿哪件衣服了。（与正叔的访谈）

当代越南的宗教政策与国内政治、民族关系、社会发展密切相关，又有地缘政治、国际外交等因素的参与，其嬗变与成因是极其复杂的。殖民时期法国在宗教问题上，一直偏重于天主教，引起了天主教徒与非天主教徒之间的冲突。越盟承诺颁布保证全越南人民拥有"言论自由、出版自由、结社自由、信仰自由"的宪法（Về Tôn Giáo và Tôn Giáo ở Việt Nam，2004：295）。在1946年越南民主共和国宪

· 341 ·

法中规定"人民享有信仰自由权",同时也实行"保护寺庙、教堂、学校、医院等其他社会文化机关……政权、军队必须尊重同胞的信仰、风俗和习惯"。"孔子、马克思、孙逸仙(孙中山)与创立宗教的耶稣基督、佛祖都是为人民谋幸福,为社会谋福利的"(Hồ Chí Minh về vấn đề tôn giáo tín ngưỡng, 1998: 35)。20世纪40年代到50年代,越共的力量不断北移,北部马克思主义无神论意识形态渐渐变得浓烈。而天主教信徒则向南迁徙;西南福音教派与少数民族势力联系紧密;佛教徒出于对南部政权的极度不满走出寺庙,拿起武器……不同的地理区域或是同一宗教内部都有着复杂的政治倾向。因此,越共统一南北以后,需要面对的是极其复杂的宗教环境。同时,宗教力量也处在是否融入新的社会主义社会的选择中(Nguyễn Thanh Xuân, 2013)。

1975年越共统一南北前后,因社会整体陷入一种紧张的革命斗争氛围,引起了一些宗教领袖的不满与反抗。1977年越共政府不得不颁布新的宗教法令,重申宪法中关于宗教自由的权力,返回到胡志明时期自由的宗教思想。但同时也要求教会活动符合爱国主义、社会主义价值观。总之只要宗教组织在意识形态上不反对越南南北统一、社会主义等国家的基本思想,越共方面也会给予相应的尊重和自由。

到了20世纪80年代,随着越南革新开放的政策,对于社会团体的管制相对放松。西方社会也一直在宗教、人权问题上对越共政府施压。1992年,越共七大为国内宗教政策指明了总体的走向:"信仰、宗教是一部分人民的精神需求。党和国家尊重人民信教和不信教的自由权利,实行各宗教之间的平等、团结。克服对有信仰的人民的成见、狭隘态度。"(Đảng Cộng Sản Việt Nam, 1991: 78)总的来说越共的宗教政策,尤其是革新开放以后是相对宽容的。除了被认为是纯粹迷信或是与政府直接对抗的宗教组织以外,越共政府并不干涉个人信仰宗教的权利。由于地方民族宗教问题、天主教、福音教与西方国家的亲缘关系,使得越南政府在宗教管理上也持有十分谨慎的态度。国家除了设有宗教局,制定总体的管理宗教活动的政策法规外,还在地方政府设有宗教管理处,对大型的宗教集体活动密切关注。

高台教的情况是，1975年以后，高台教教中的田产、医院、学校等社区基础建设全部归国家所有，部分坛室遭到关闭，集体性的仪式活动亦不被允许。一部分高台教背景的信徒不能在政府、教育等国家体系中获得公职。但个人信仰自由"国家就是限制坛室活动，但不强迫个人的"。因此正在这一时期，高台教信徒的宗教活动转入私人领域，信徒只能在家中进行供奉、举行仪式。从官方政策话语中，我们依然无法了解当代越南的宗教生态情况，下面我将以高台教为例，以高台教的一些坛室与政府组织的互动为个案，以展示宗教权力与政府权力到底处在什么样的关系中。

二 不断碎片化的高台体系

从1995年第一个高台教教派天仙圣会被国家公认为合法的宗教团体到后，到2010年，已经有11个高台教派被国家公认并拥有社团法人资格，这些教派下属的地方坛室也陆续得到公认。此外，还有21个不属于任何教派的独立坛室也被公认。根据2013年宗教管理局的数据，已经有1205个坛室获得了合法身份（Ban tôn giáo chính phủ, 2014）。合法的社团身份是高台教组织获得宗教权力的重要方式，拥有合法身份的社团可以申请集会以组织公共性的宗教活动；进行较大规模的宗教仪式、拥有自己的慈善病院、药房、孤儿福利院等社会性机构的经营权力……一个坛室的合法身份就像个人的"身份证明"以表明身份的正当性、行动的合法性受到国家的认可。

那么坛室如何获得社团法人身份呢？这一身份的取得过程十分复杂，其中大圣会和小坛室面临着不同的处境。

于1995—2000年首批获得合法身份的就是拥有地方体系的大圣会。这些圣会往往拥有不同的势力范围，以某个地区为中心，向整个越南辐射。比如其中高台传教圣会的总坛在越南中部最大的城市岘港，其信徒主要集中在越中部地区，但在南部的胡志明市、芹苴省等地也有自己的地方"省级"坛室，省级坛室下又设郡级、村级的坛室。1975年以后高台教从总坛到地方的组织级别体系因国家的介入而被迫打乱，省级坛室被荒废或者成为普通的无级别坛室。

· 343 ·

在2000年之后越来越多的小坛室或者原本附属于大圣会的地方坛室获得了独立合法身份。国家对于小坛室的承认原则是：（1）有500名登记在册的信徒；（2）有固定的活动地点；（3）确实有能力开展活动。此前，一些独立坛室因为信徒人数较少，被归入某个圣会中，由圣会管理。但现在，越来越多的小坛室对附属身份感到不满，而希望得到更多的公平、自由。从我的田野来看，事实上，并不是所有符合以上三条的坛室都能顺利通过政府审核，反而一些不符合条例的坛室却恰恰能获得独立的合法地位。地方坛室的合法化过程受到诸多因素影响，往往与坛室自身的历史、政治倾向，地方政府的权力、态度有关。

在田野期间我参与了一个小坛室被政府授予法人资格的仪式，这个几乎处于越南最南端槟椥省的小坛室，只有约150名信徒，远远没有达到国家要求，却获得了独立法人的资格。而中部清化省的500多名信徒却苦于无法得到政府承认修建新的坛室，以至于无法进行集体性的宗教活动，仍只能在邻里间的某个家庭中共同举行供奉仪式。

以上两个案例为我们提供了中部、南部地区截然不同的地方环境。从北部、中部、到南部中央政权对地方的控制、参与逐步减弱，这也与我的田野经历相符合。在北部因为高台教的敏感地位以及我外国人的身份，想在国家秩序中获得与高台信徒接触的机会几乎是不可能的，河内的高台教坛室甚至拒绝了我的进入。在中部，我终于得以进入高台社区，但同样遭到岘港市公安局的追踪。高台教信徒建议我到南部去，用他们的话来说"去了南部，什么都随意"。越往南我的田野遇到的阻力就越小。这是越南整体的政治环境特点所决定的：地方政府逐渐逃逸于中央政权的权力网络中，而拥有更高的自治度。

获得身份的仙天圣会由槟椥省政府管辖，其下属的仙天坛室日常活动由仙天圣会管理，举行活动的申请由仙天圣会统一向省政府申请，地方政府并不在这一权力体系中在场。如果地方坛室拥有了自己的合法身法，其只需向地方政府申请，地方政府便拥有了对于宗教社团的直接管理权力。因此，在这一网络中，地方坛室与地方政府达成了一致，前者试图寻找更多的自主权力，后者通过前者的独立而增强了自己在地方事务中的参与能力。

三 联教大会

高台教虽然与其他宗教总是呈现出和谐、友好、宽容的氛围，内部的不同教派却因历史、政治、权力关系带来复杂的关系。自越来越多的高台教获得由政府赋予的合法身份之后分立的圣会，不断碎片化的地方坛室所带来的"如何形成一个统一的高台力量问题"，继合法性问题后成为困扰这一代高台教领导人最重要的难题。

2014年3月，我参加了众多高台教圣会共同参与的联教大会，这一大会是高台教最大的集会，一年一次，已经举办3年。活动举办的地点在越南最南端湄公河支流流经的益处小村庄，村民大多打鱼为生，两岸人居简陋。但在河岸边却隐藏着一座建筑精美的高台教建筑，这座规模不大的寺庙在3天的时间中，接纳了上千名从各地赶来参加活动的不同高台教信徒。在参加活动前，凤姐为我准备了一套道袍，"伪装成一名高台教徒"，得益于此，我才没有在那次活动上惹上什么"政治"麻烦。数名越南警察到场监管这场大型集会活动，同时参会的还有国家宗教局、祖国统一战线、当地政府组成的官员，有20名左右。

这次联教大会是我所参与过的所有高台集体性活动中，政治色彩最浓烈的一次，也是管理最严格的一次。大会开始之前，印有教职人员讲话内容的文件便已发放到手中，所有教职人员发表的讲话需要提前向宗教局提交文本审核，只能照本宣读。本地教坛的信徒已经事先在主殿前面的空地上，用塑料布和钢架搭建出了小格子间，每个参加活动的圣会团体都在各自的格子间里放置一些能突出自己圣会特点的象征物，有些还供奉胡志明主席像。另有一部分则是以慈善为主要内容的各个圣会对社会事务的参与。整个联教大会的气氛亦十分的微妙，圣会通过联教大会向代表国家在场的政府官员展演[①]，教派之间则

[①] 大会分内场和外场，外场有众多信徒的在场，内场只在个教派教职人员参与。外场是对宗教活动的展示，内场才具体讨论加强教派联系的细节问题。

相互观察以了解各自的立场与态度。

高台教内的教职人员认为,"不知道国家愿不愿意高台教统一,如果高台有统一的系统,那国家管理起来就更容易,但这样一来高台教的力量就更强了,国家应该不愿意"。在后来河内社科院关于越南宗教多样化的政策讨论会议上,我问了一位参加过大会的官员对"一个统一的高台教"的看法,他略显不屑地摇头表示不可能。

虽然还无法确知国家内部目前对于统一的高台教的想法和判断。但可以肯定的是,1975年以后因为国家的进入,原本就处于分立的高台教教派,陷入了不断碎片化的过程中。这种碎片化的过程,关涉到中央政府、地方政府、大圣会、小坛室的多方参与。虽然大多数的高台教教派达成了建立一个统一的高台教体系的愿望,但其实现过程所遭遇到的将是来自内外双方的阻力。

四 小结

高台教开始合法化后的 20 年时间中,除大圣会以外,被公认为社团法人的地方坛室越来越多。地方政府与地方坛室处在一种类似于"共谋"的关系中。一方为了获得更多的宗教权益,而另一方则试图加强对地方的控制程度。这种碎片化,表面上看起来增加了高台教合法团体的数量,在公共领域有了更多的行动空间,增强了高台教的宗教力量。但这也成为困扰高台的难题——如何形成一个统一的高台教。

联教大会是那些试图挽回这一局面的信徒的初步尝试。一方面,我们有理由相信随着年轻一代信徒的成长,教派之间的陈年交恶将逐渐得到缓和。另一方面,联教大会这一活动是我所参加过的所有高台活动中被政府最为谨慎对待的一个,中央政权是否能保持现有的对高台教的包容态度,我们还无法得知。但确定的是,一个新的高台教系统的生成将要面对的是内与外的双重努力,至于结果如何,传教圣会的教首也是联教大会最初的发起者说"我们现在的使命是尝试"。

第六章　当代高台教徒的个体信仰生活

我正在二楼写田野笔记，门被热带傍晚刚带凉的风吹开，佛教徒女主人与女儿在隔壁佛堂的房间里穿着僧袍做晚课，男主人，一名53岁的高台教教徒正在楼下弹吉他唱歌，混杂着他们2岁外甥的吵闹声，是因为他们的另一位女儿，与天主教女婿回家吃饭来了。

这些事件放在日常生活里不过是寻常人家，寻常时刻，但当关涉到宗教身份则又出现隐喻的意味，这种意味贯穿在我的田野过程中，一种只能来自高台教家庭的和谐的错乱。但在他们眼中，却毫无错乱之意。圣与俗之间并无绝对的区隔，宗教区别在此亦无大碍。我在田野时遇到的有高台教信徒，无论来自高台家庭，还是非单一信仰家庭，皆有此特征：信仰作为个人行为，被予以足够的重视与尊重。这在有长久祭祖传统，以亲缘为重要纽带的社会中，显得尤为特殊但又有其内在的边界和逻辑可循。

一　"人"与"道"

人因道生，道是人的源头，是人之本，人要使道发光，人要自救化渡万物……宗教和众生是一，众生日臻完善，宗教才能发起道源，如果众生错谬，宗教也就衰颓了……Thượng tổ（高台教中的至高力量）开道希望众生在这个恶果的时代不要造新孽，要德，要仁，创造一个大德大同的社会。（Đài thừa chơn giáo，高台教扶乩经典）

在田野时，若是一个高台教教徒将我介绍给其他高台教教徒，对方会问："有道了吗？"这里有没有"道"的意思是指有没有正式加入高台教。我没有正式入教，便回答，还没有。但事实上在高台教观念里，我是有"道"的，只不过还未被点亮。道在高台教中是一个尤其需要与宗教区分的重要概念。人的性灵出自"大道"的灵光，人的本质如"大道"般纯洁、良善，人的价值比宗教这一外形更为重要。

人心中本来是有道的，道是人的源头，是人的本真。而宗教则是"道"的外壳，"宗教是通向道之门，而道是怀抱众生之路"（Tôn giáo ấy cửa vào đạo, Đạo là đường hoài báo nhân sinh）。只有人行善、仁爱才能打开宗教之门，继续走上通往"大道"之路。宗教的神圣性将由人的行为来成全，或者说，圣与俗的二元对立，"道"与"人"这两者之间由信徒的道德实践连接起来。那么到底什么是道呢，怎样才是有道德的高台教信徒呢？

"大道是无形、无声，在一个 invisible world 里面，道也在我们心里。我有道，你也有道，道是永恒的。有道才有花有叶、有生命，是道让我们生在这个世界上。道也教猫妈妈爱小猫，道让妈妈爱孩子，这都是自然而然的，不用教。道在心里，我们才能活，道要是离开了我们，我们也就死了。"因此，首先道给予万物生命；道也是爱。那怎么才能有大道呢？"在现世活着的时候，要有本分，孩子赡养父母，父母疼爱孩子。农夫要种稻，医生要治病，每个人都有自己的责任，做好了，世道才能大同。人道是有关人心，有关人世的道。但 Thượng tế（高台教至高神）爱世人，有道德的人还是没有道德的人，没有分别。所以人活着的时候，无论是好人还是坏人，都对他们好，这是天道。人死了以后，神仙的恩典将赐予贤人。"（与慧道君的访谈）

高台教对理想世界的描述是"天道解脱，世道大同"（Thiên đạo giải thoát, thế đạo đài động）。世道大同是关于现世生活的哲学，惠道君对此的解释使人联想到儒家的处事态度，以人的行为和道德共同实现理想社会。天道解脱则是对死后世界的描述。高台教教徒的修行也分为内修与外修，内修以心法、禅定帮助提升个体"道"的境界；而外修则指与人行善、遵守道德戒律。世道与天道分别对应人的生与死，但世道与天道并非两条方向的道路，而在一个同心圆当中，世道将通向最终的天道。死亡并不是结束,也并不是开始。人的生与死通过信徒的道德、修行实践成为一个连贯的时空。

二 个体化的信仰空间

1. 入教与修行

高台教信徒一生中有两次重要的入教仪式,坛洗礼(Lễ tắm thánh)与入门礼(Lễ nhập môn)。在一个家庭中,若父母双方或者一方为高台教徒,并且决定让自己的孩子也信仰高台教的话,便在婴儿出生三天内到某一个高台教圣会或者坛室,举行坛洗礼,以求这个婴儿处在神的荫庇之下。这个实际上因父母决定追随高台神的孩子,将频繁跟随父母出入坛室,等到他们能够识字以后,便参加由会坛组织的学习活动,包括教义、戒律、礼仪,亦涉及日常生活中的道德规范,有些坛室还定期举行考试,考试合格者,才能进入下一级学习。也就是说在高台教内部,有一套完整的信仰教育系统。

高台教认为"孩子小时候进行坛洗礼完全是父母的决定,孩子长大以后才对自己的行为有意识和责任,孩子完全自由决定他(她)是否跟随高台教,会坛的律令也绝不能强迫孩子或者孩子的父母"。即便受洗过的非正式信徒也有再次选择信仰的机会。当男孩长到18岁,女孩16岁时,若决定将来自己的人生将一直追随高台教中的"大道",才在曾举行坛洗礼的坛室举行入门礼。仪式结束后信徒将得到一张"高台榜单",神将给予信徒庇护,信徒则承诺对神的忠诚。此外,也代表信徒正式在坛室登记入册,成为高台教信徒,接受坛室神职人员在道德、戒律上的监督。那些举行过坛洗礼的孩子,若无意再跟随高台教,便不再举行入门礼。至于并非出生于高台教家庭的信徒,虽然未经历过坛洗礼,但只需举行入门礼即可。在正当性上,入门礼比坛洗礼更为重要,是否参加入门礼代表一个成年人经过思虑的郑重选择,高台榜和入门礼则是一个信徒的重要身份证明,缺少任何一个都不能算作是高台教教徒。

总之,虽然父母在道义上有义务保证自己的孩子处于高台神的庇护与高台氛围中,但最后是否成为正式的高台教徒则要看个人的心智。因此,高台教信仰传承并不是以家庭为单位的,每一个个体都拥有选择宗教的自由。至于那些非高台教信徒,高台教依然对他们的选择保留作为"他者"的态度,"那些不入教的人自然没有教中人那样亲切,但谁又有权力干预别人的生活呢"(Nguyễn Long Thanh, 2011:50)。因此,在田野过程中,高台教徒都表现出对异教徒的友好与尊重的姿态。

同时高台教徒亦可选择自己的修行方式。我认识的一位 20 岁大学生凤灵是虔诚的高台教教徒,虽然年纪还小,但她已经决心成为一个一心奉道的人。高台教将这样的修行者称作,ngừoi tu, ngừoi 是人的意思,而 tu 则意为修行,也就是专门修行的人,他(她)们可居住在家,也可住在坛室。但需要遵守相对于一般高台教徒更严苛的戒律。我问这位年轻的女士,家里对她将一生致力于修行的决定有何看法,她回答说:"妈妈虽然非常希望我能结婚生孩子,不要一心钻在宗教里面,但还是尊重我的决定,而且这也不是一件坏事。"在"修行者"状态中的信徒,不能再结婚生子,而是将一生的时间与精力全部奉献给道。虽然凤灵的妈妈是佛教徒,但理解凤灵作为修行者的内在动力,为世人行善,同时求得解脱。但修行人的角色也并不绝对,信徒可以改变自己的修行状态。当修行人想中断自己的修行,诸如爱上了某人,怀有结婚生子的愿望时,高台教也绝不阻拦。总之,神圣生活亦出于个人选择。

2. 婚姻与家庭

在高台教于 20 世纪 20 年代颁布的高台律法中规定,只有两者皆是高台教信徒的男女才能结婚成立家庭,高台教并不接受异教徒。但在现代生活中,这条律法则被故意忽略了,高台教对于教内统一性不再有那样的追求。在田野过程中,我遇到了多个家庭成员信仰不同的案例。在这些家庭中,往往同一个居住空间容纳着多个不同的神圣区域,这些区域有些完全隔绝,有些则同处一室。

凤姐是我在田野中的第一位房东,她是一位高台教信徒,一起居住的还有她的两个女儿、公公、婆婆。爷爷(凤姐的公公)是一位佛教徒,结婚生子之后就在家修行,已超过 40 年,他总是穿着青灰色的佛教僧袍在二楼的房间中听唱经机唱经，不常下楼，下楼时总在客厅看佛教讲经的VCD。爷爷房间对面是风姐的书房，书房中有蒲团和矮床，风姐在此处进行高台教礼拜和禅定。风姐的两个女儿，跟随女主人信仰高台教，每周日都到岘港市的高台教坛室中参加宗教活动，学习教义。风姐的父母都是高台教教徒，对于风姐选择了一个佛教徒女婿，风姐说："那时候爸妈不太高兴，还是希望女儿能找一个也是高台教的，因为我们祖上三代都是高台教里的。但是我和丈夫是初中同学，有感情基础，是自己恋爱的，他对我也很好，我还是坚持嫁给他。后来爸妈觉得这个佛教女婿确实对我很好，也就不再反对了。"而她的佛教徒婆婆以及女儿的信仰问题则是她婚姻与家庭生活中曾经的冲突来源，"我婆婆这个人性格比较倔强坚强，以前对我比较冷漠，孩子出生的时候，婆婆希望她们信佛教，我希望她们信高台教，后来公公就发话了，公公是佛教徒，他说，信什么宗教没有关系，能做个好人就行了。我就带着孩子去参加了洗坛礼，让她们一直在坛室里活动，反正佛教寺院也没有小孩子的活动，再说高台教里也有观音菩萨、如来佛祖的。这几年我和丈夫家的佛教家人关系也很融洽，还经常一起做善事。至于以后，两个孩子要信什么教就看她们自己了"。

在当代高台教传统中，世俗生活的地位并不低于神圣的宗教世界。女儿的幸福比女婿的异教徒身份更值得关注。在婚姻与家庭关系中，家庭和睦、成员幸福比宗教神圣性所带来的差别更为重要。我的第二位房东，竹叔叔的家庭中，成员们的宗教身份更为复杂。竹叔叔是一位高台教教徒，并且爱好卜卦、养生。他的夫人是一位海南华人，也是虔诚的佛教徒。他们有四个女儿，虽然其中三个女儿已经出嫁但都帮衬着家里的服装业务，因此家庭关系仍较为紧密。大女儿是佛教徒。二女儿、二女婿都是佛教徒，与竹叔叔同住并刚刚生了一个小男孩，但令人惊讶的是二女婿不仅是一位佛教徒，而且已经剃度，在家修行着僧侣袍常年吃素。三女儿的丈夫是位天主教徒，三女儿还未最后决定自己的信仰。有天晚饭时间，女主人问我："你与我们吃，还是等老三回来吃？我们吃素，老三他们吃肉。"竹叔叔插话说："在这点上还是高台教和佛教要好，都吃素，他们吃肉就让他们吃吧。"

· 351 ·

一个家庭中的一顿晚饭,因为不同的宗教信仰而被分割在不同的时空中。在世俗生活中,家庭作为一个亲缘单位有极强的内聚力,尤其在社会关系和祖先崇拜上享有统一和亲密的来源,但其并非宗教行为的基本单位,在宗教生活中,家庭有其内在的边界。个体为自己选择宗教,同时也在以个体为核心的神圣空间中积累修行。

三 教徒的日常宗教活动

高台教教徒的修行方式分为内修和外修,内修包括个体空间的吃素、做功夫(禅定),每日供奉,外修则指在公共空间中的道德规范,做善事与成为善人。内修与外修分别对应高台教的宗旨,"世道大同,天道解脱"。现世的理想中的美好社会,与死后灵魂得到解脱,生在此世的行为与死后灵魂的境界相关联。

1. 吃斋

高台教新律(tân luật)第12条中,将入教的信徒分为两类,一类信徒可以结婚生子,日常生活轨迹与普通人无异,但需要每月吃素6天到10天,这些信徒是下乘信徒;上乘信徒则需要终年吃素。吃素的要求较为严格,越南菜主要调味料鱼露因是用小虾、小鱼做的,高台教徒也以酱油来代替。吃斋虽然是日常生活中的小习惯,但高台教极其看重。高台教认为吃斋行为不但代表一种善心、积累功德,还代表一种自我修正的自省能力。

在高台教的宇宙观中,生物由身体和灵魂组成。高台至尊是万物之父,有好生之德。草木、鸟兽、虫鱼、人类都是高台至尊所生,皆有灵魂。只不过人类比其他众生进化得更高,因此人类要爱众生而非伤害,要像爱惜自己那样爱惜众生。只有这样有德行的人才能在修行中由人道进入神道、圣道、仙道、佛道最后得到大道解脱。相反,吃肉杀生也将受到惩罚,"如果为了自己身体的成长砍树,那么死后也将成为一截被砍断的树,杀生越多造孽就越多,死后将仍深受轮回之苦"(Nguyễn Long Thanh, 2011:25)。那么同在植物范畴里的众生为什么能吃呢?高台教文本中解释为不吃而延续生命的境界不是凡人所能轻易达到,相较于植物,动物与人更为相近,杀动物造的孽更多。

不杀生的戒律体现的是一种博爱精神,包括爱自己、爱人、爱众生。总之,吃斋与高台教中,万物有灵,阶序性的灵魂修行体系,以及进化观念有关。

此外,高台教信徒吃饭前,还需进行叫作"敬饭"(kính cơm)的仪式,信徒坐在餐桌前,闭上双眼,用高台教供奉时两手半握的姿势作揖,并默念经文感谢神对食物的恩赐,同时也感谢农人、炊者在饭食中所倾注的劳动。高台教有专门针对日常生活的经文,包括在吃饭、远行、生日等等场合都可以念不同的经来感恩或祈祷。

2. 供奉

供奉在越南人日常生活中是一项重要活动,一般人家里,都会设置供桌供奉祖先,每当初一、十五节日,街上便常可见卖黄菊的商贩。除了供奉祖先外,家室外还设圆柱方形小亭供奉土地,生意人的商铺里也常见财神和土地的神龛。供奉行为是越南民族表达尊重与敬意的方式,也是社会中的一项难以磨灭的重要传统。

高台教中的供奉行为,根据在坛室供奉、在家供奉各有不同。每月的初一、十五高台教教徒需到所在的圣会或者坛室参加供奉仪式,这些供奉仪式又可分为两种,大坛礼和小坛礼。仪式开始时坛室上方的钟楼里将响起钟声,钟声响起一切便安静下来。当钟声第二轮敲响时,神职人员与信徒阶位从高到低排成两列,一列男,一列女,由职位高的信徒带领从主殿两侧的门依次进入。第三轮敲响时所有参与仪式的信徒都要按秩序面向天眼站立等待仪式开始,将"子捻握"的手势举高至额头,默念"喃无佛",将手移至左方,默念"喃无法",再移至右方默念"喃无僧",最后将手移至颈处默念"喃无高台仙翁大菩萨吗呵撒,喃无观世音菩萨吗呵撒,喃无李大仙长兼高台三期普度教宗,喃无协天台关圣帝君,喃无诸佛,诸仙,诸圣,诸神"。在高台教这一整体性的多源神圣空间中,供奉并不只与高台教内的高台至尊有关,也有其他诸神共同在场。跪拜后开始读经,念完经后,信徒各自在心中告诉神内心的愿望的同时也要将自己的身体、智慧、灵魂全部奉献给神。身体、智慧、灵魂三者分别由花、酒、茶来象征。供桌上按序摆放着香烛、香、茶、酒、花果等,在九个位置上形成

"主"字形，意思是以高台神为主人。

在主殿的供奉仪式中，诸神与信徒同在，虔诚的灵魂将得到感应，一旦神钟敲响众人都需庄严恭敬以待。而在非供奉时间，主殿几乎在任何时候对任何人开放，从不关门，教徒可随时进入供奉，陌生人想进入时也无人阻拦，反而会收到善意的微笑，拍照亦被允许。圣与俗并不以空间为边界，而是以时间划分。

大多数高台教家庭也在自家设供桌供奉，在家的供奉叫作"供四时"（cúng tứ thời），也就是在每日的子时、午时、卯时、酉时在家行礼，行礼的仪轨大致与在坛室的小礼相同。但在当代高台教信徒的日常生活中对于供奉次数的要求已经不再强求，"年轻人要赚钱上班上学，做不到每天四次都供，以后年纪大了就可以供四次和禅定，自己尽力就行了，不强求的"。

供奉的意义在于：（1）使自己的真身，也就是灵魂能够与诸神接近；（2）以慈悲心为众生的罪孽求得宽恕；（3）在供奉的仪式中将感应到大道；（4）心中有感才能有博爱之心。在当代高台教中，有关供奉的宗教仪轨律令转而进入人与神的私人领域，宣道、讲道的文本中强调供奉与个体心灵之间的联系，而将仪式看作是一种形式上的行为，"供奉礼并非迷信，重要的是要在仪式中反省自己智识、行为上的过失"，若没有一颗慈悲、良善之心，那么即便天天供四时，跪拜行礼供奉终生也不会有多么大的益处。

四　小结

在高台教观念中，个体在现世的修行贯穿到死后，灵魂的修炼是超越了生死分界的。个人通过道德自律、吃素、禅定、供奉等方式才能达到最终解脱与大道共存的境界。个人心中的"道"的闪耀才能使"大道"散发出更多光芒以普照人世。高台教教义中对个人心中"道"的尊重，对他者宗教的宽容都使得信徒在宗教选择上、个体领域的宗教空间都拥有较高的自由。个体化的宗教空间在当代社会中表现得愈发明显，在1975年之后，越南政府禁止了集体性的宗教活动，个体信仰因此只能局限于个人空间、家庭空间之内。

贝克特将信仰逐渐退入到个体领域这一现象概括为"宗教个体化"，个体与"个人的上帝"构建了出自个人领域的宗教空间（Beck，2010）。与西方宗教不同的是，在高台教中，个体化的信仰空间中有个体化的宗教信仰行为，但并不代表着完全个体化的宗教实践。20世纪90年代以后，越南宗教政策逐渐放宽，宗教团体得以复兴。个体又得以参与到公共性的宗教生活中，连接成以家族、朋友、教友为主要关系，贯穿教内、教间、教外社会网络的宗教实践，在下面的章节中将讨论高台教中跨出个体领域的公共宗教生活。

第七章　当代高台教徒的公共宗教生活

19世纪初法国在"一战"（1914—1918）中消耗了大量的军事、经济力量，对远东地区的经济殖民行为越发苛刻，税收的提高，使得没有土地、工作机会的大量农民从人口稠密的西贡地区向地广人稀的西南部移民。此间，有部分西南地区的富裕地主、豪绅信徒买地建立高台教社区，或者整个信徒团体迁徙拓荒建立村庄。在这些高台社区中，往往有规模较大的教属田产，由坛室管理，教徒共同耕种，共同收获，形成农业劳动互助团体。但在高台教社区被国家化之后，大多数教派、坛室的田产归国家所有，这种农作模式也就被现代化的耕种与职业分工模式所取代。

在少数村庄中坛室还是得以保留了少部分的田产。到了耕种或收获的节气，村里人除了照顾自家的农事以外，还集中为坛室劳作，收获的粮食再全部统一上缴到坛室。越南南方多洪灾，这些粮食常用于赈济灾民、帮助家庭贫困的信徒。虽然规模不大，但每年总有些天，教徒们会回归一种集体化的生活。但在绝大多数地方，尤其是城镇，高台教社区原有的合作模式更多地作为一种象征性的或者共同记忆与认同的传统被保留下来。这些传统包括做会、做慈善、做生活（sinh hoạt）、行道等。

一 做会

做会指由高台教家庭主办的，多名高台教徒共同参与的宗教活动，常在人生的重要礼仪时刻举行，但频率较高的还要数祭奠。祭祖是越南社会生活的重要传统，家家户户都设有供桌。高台教信徒的祭奠仪式，则有不同于一般人家的仪轨。

三月的一天我第一次与凤姐一起去坛室参加日常的供奉仪式，在主殿门旁的墙壁上挂着一块大白板，一位信徒正在表格上填写信息，这些信息包括时辰、地点、姓名。凤姐告诉我这是要在家里做会。第二天我便与凤姐带着提前做好的春卷去凤姐家参加祭奠做会（làm đám giỗ）。这次参加做会的共有22人，14名女性，7名男性，其中还有两名大学生。大家一起为仪式做准备。女人们在厨房忙碌，男人们则布置供桌和场地。整个仪式在家中完成，但相应的仪式部分在家里的不同区域进行。花姐家的供桌在三楼，中间是高台教的天眼供桌，两侧是家里的祖先。供奉仪式开始之后，到来的高台教信徒都到供室中行供奉礼。首先供奉高台神及其他高台教神圣谱系中的诸神，其后供奉家中逝去的祖先，跪拜并念经。供奉完高台神和祖先后大家到一楼客厅前院子里临时设置的供桌前"安魂"，以慰藉那些无处可去的灵魂。祭奠仪式过后，来助会的人们便在一起享用一顿丰盛的素餐。

当一个高台教家庭要做会时，将具体的事件与地点告知坛室公告，教友们看到了便自行决定是否前往，主家一般并不单独通知某位教友，以避免对他人造成压力，同时无心的或者勉强的帮助行为对仪式本身并没有好处。虽然这种助会的活动往往在一个由亲属、朋友的熟人圈子中进行，讲究互惠的人情关系，但不相熟的教友也可以自行前往并得到主家的礼遇与感恩。助会的方式有多种，凤姐包了春卷送到花姐家是关于物的帮助，年长的信徒不参与共同劳动但参与仪式过程，两者都被视为助会。助会的关键在于有所奉献。

通常来说,在一般的越南家庭中,像祭祖这样的仪式活动只与本家族成员有关,外人并不参与,但高台教的祭奠仪式则将祭祖这一活动纳入自己的仪式秩序中,使得本来只与家族成员有关的日常活动成为一种公共的宗教活动。

做会互动的意义是多重的:做会将为自己累积功果,其个体参与本身带有宗教意味;同时,做会的人际网络,形成了人际互惠的教友关系。一方面做会活动中的神圣性仪式,被视为个体宗教生活的重要部分;另一方面,帮助教友被视为高台教信徒的基本道德。做会活动中的人情交往建立了相对稳定的信徒团体,而人与神在仪式过程中的联系,则有助于扩展人与人的社会关系,使得信徒之间的人际交往具有更多扩充与流动的可能。

二 做生活

làm 在越南语中是指向"做、干"常用动词,sinh hoạt 则是生活的意思,且可特指集体性的生活。教徒们也常说"去生活"(đi sinh hoạt,đi 是去的意思)虽然在汉语语境中略显怪异,但能体现文化翻译的初衷。也就是说,这一"生活"并不只是单纯意义上的过生活、过日子,而是一种要去做、实践的宗教生活。"做生活"对当代高台教徒来说是指每周日上午信徒到所入门的坛室中参加的宗教集体活动。"做生活"的具体方式、频率,不同圣会的情况不同。这里描述的是高台传教圣会的"做生活"。

以年龄组为单位设立的信徒团体是"做生活"的重要特点。每到周日,坛室就格外热闹,儿童、成人、老人便都聚集在此参加活动,大一些的坛室周日来往参加活动的人可以达到上百人。不同年龄组的活动在各自的区域内举行。

成年人、老年人的"做生活"内容主要包括讲道、听道与做功夫,其中较为特别的是"做功夫"。"做功夫"是高台教对于内修禅定修炼的称呼,其目的是让人获得解脱不再进入轮回,最后以无形汇入"大道"。其中的门道我知之甚少,这是一向开放的高台教唯一不对外透露的内部秘密。对高台教信徒来说它同样十分神秘。因内修法门的传承是师徒性质的。有教徒向我透露,即使师傅也不能教太多,不然会走火入魔,功夫主要靠自己的修行与悟性,当然也离不开"神"的指引。据说"做功夫"教徒死时往往以盘腿禅定的姿势逝去,并会睁开左眼,这样的教徒往往被认为已经得道解脱,死后享有独特的安葬方式与礼遇。用高台教教徒的话来说,一个人将孩子抚养成人进入晚年后,现世的任务便已经完成了,剩下的时间应该用来修道,做功夫以求解脱。因此老年信徒周日集体生活的重要内容便是"集体禅定"。

至于小教徒,坛室有专门为孩子准备的活动地点,并不与父母一起活动。16岁以下的信徒由年长一级年龄组中的优秀青年信徒带领,他们的职责类似于班主任,除了学习教义、仪式仪轨有关的宗教教育活动以外。家长认为"孩子去坛室做生活当然很好了,不但能学教理,去坛室还能锻炼胆量,而且所有高台教徒都是兄弟姐妹,大家关系很友好,和在学校学习不一样的"。孩子们的集体活动并不只与宗教性有关,人格与道德的培养也是坛室教育的职责所在。虽然周日生活充满友好、互助的氛围,但其中也有十分严苛的规范和阶序关系。带孩子参加"做生活"被视为一个高台教教徒的基本责任。未成年教徒还需参与圣坛组织的考试,我亦作为高台初学者参加了某次阶段性的考试,考试十分严格。

胡志明市传教教派还有专门由二三十岁的青年信徒组成的团体,他们将自己的这一团体称为"集体"(tập thể),将其中的成员叫作"修集生"(tu tập sinh)。"修集生"的周日活动相较于孩子和老人当然更为丰富。他们通过到街上卖花、在动漫展上卖小玩具筹集钱款,除应付日常集体活动的开销以外,还热心慈善。修集生不仅在周日活动进行公共性的宗教活动,在日常生活中也形成"集体"。这些来自南部、中部,到胡志明市上学、工作的,不同地方的"胡漂"因为共同的信仰结成了紧密的团体。在合适的时机,他(她)们一起租房、相恋或结婚。"集体"不只在宗教范畴内,共同的信仰使这些进入大城市的青年结成生活中的互助团体。

不同年龄组在"做生活"活动中的各得其所,使得个体在教徒共同体中获得了充分的归属感,尤其有助于青年、儿童教徒在高台信仰上的延续性,这也是传教圣会特别强调孩子参与周日活动的原因。"做生活"不仅关乎在坛室内的固定时间的公共性的宗教生活,还将教内的人际网络延伸到俗世生活中。

三 行道

行道(hành đạo)是一种比做会、做生活在地理上、人际上延伸到更广、更远的公共宗教生活内容。其可囊括的活动空间和范畴往往超越了信徒所在坛室、教派,甚至高台教本身。行道活动的具体内容可以包括教派间的互助、慈善事业、传教等。慈善事业将作为一种高台教的社会参与在下面的章节中具体阐述,本节的重点在于行道活动在高台教社会网络中的意义。

四月底的越南南部正在雨季来临之前最炎热的时候,人们尽量减少外出以躲避太阳。这一天,我4点就出发,和小阮、玉叔夫妇一起去胡志明市100多公里外的一个村庄行道。玉叔把大包小包的东西,包括大量的杯碟、碗筷、食材分放在两辆摩托车上。摩托车座椅下、车头,车尾全部装了大体积的麻编袋。最后还有一大包装不下,于是我就抱着这包比自己上身体积还大的不知名的散发着豆腐气息的食材坐了3个小时摩托车到达"玉金圣净"坛室。

这天"玉金圣净"坛室正准备举办一个隆重的仪式——开坛礼(Lễ khánh thành),以庆祝新坛室的落成。开坛礼将在次日举行,我们一到,便马上加入到忙碌的准备工作中。高台教空间中,男性与女性往往有明确的分界。男人们在主殿前用钢架和塑料布搭设棚室,架设电线、调试音响设备,开坛礼上将有市里的政府干部、教职人员发表讲话。女性们则大多在厨房忙碌,斋饭的食材虽然都源于近处的乡野土地,但制作却不简单,比如将豆皮切碎再压实捆绑做成类似肉类口感的豆制品需要大量的劳动量。斋菜除了讲究全素以外,还需注意格外的清洁,这种清洁不但在于制作过程,还在于视角上的美感,因此每一样食材都被异常精心地对待。孩子们,小的才五六岁,也在坛室帮忙。

· 359 ·

在这一场合中，前来"行道"帮忙的常有本坛室信徒不相识的陌生人，因此我的到来并没有引起多少惊讶。但作为一个教外人士，我在高台的空间中失去了自己的性别，外场（男性）厨房（女性）都可使唤我干活毫不含糊。高强度的体力劳动除了中午吃了便饭外，一直持续到下午5点左右。太阳快要下山时，我们四人便又骑摩托车返回胡志明市，大家都累得不行，因为困倦和长时骑行手臂的酸痛。但是，这一天的"行道"使我体会到少有的纯粹劳动的快乐。

小阮告诉我，"行道"活动内容可以包括传教、助会、慈善……他们几乎每个月都参加，这次三个小时的摩托车路程并不算远。行道与其他的一些公共性宗教生活有重合之处，但其特点在于距离的延伸。这种距离除了空间以外，还在于坛室间的距离、教派间的距离。

"玉金圣坛"坛室在组织上原隶属于高台仙天教派，于1960年成立，信徒们一直未能有足够的财力建造符合仪轨的坛室。直到1995年随着高台教仙天教派被国家公认为合法宗教，1996年仙天教派也被槟榔省政府公认为合法宗教团体。2014年，经过2年的时间，信徒们共筹资842334000越南盾（约合25万元人民币）终于建成新的"玉金圣坛"。但"玉金圣坛"与其所属的仙天教派之间的联系并不那样紧密。坛里的神职人员则告诉我："天仙总坛根本就没帮我们的忙，什么都是自己来，我们这儿人少一共才172个教徒，要办明天这样的会，要来上百人呢，人手根本不够，幸亏有你们来帮忙。"竹叔叔告诉我，因为早年战事、交通、信息的缘故，或者上下级神职人员有些矛盾，地方坛室和总坛也就慢慢疏远了，有些地方坛室甚至直接就变成独立坛室。在高台教中，大教派之间的关系总是极具张力，反而小教派或者一些分坛处在友好关系中。行道的意义对于信徒来说是积累功德和助人，其更大的意义还在于构成了超越教派的高台网络。

四 小结

以做会（熟人关系）、做生活（教派内）、行道（教派间）为主要方式的，局部、分散的由个体或者小团体行动为特点形成的连接模式能够有效弥补高台教因教派分立所造成的整体团结中的缝隙，同时也能补充教派内的宗教权力因地缘或组织本身的削弱所造成的结构缺陷。

这种以共同信仰形成的在认同与实践上的共同体，形成了公共宗教生活和日常生活相互渗透的人际关系与社会团结模式，使得教徒之间的联系更为紧密，从而也使整个教派更具力量。

第八章 慈善——高台教的社会参与

所有宗教都是为了真善美，补充国家和政府，为了让人们生活得更好。互相帮助，有一个更美好的社会是大家共同的理想，就像高台教说的：世道大同。（与量道君的访谈）

在对高台教的观察中，慈善是信徒和教派的重要日常活动内容，或者在这里，我们可以将活动一词去掉而换上另一个词，慈善是高台教的信徒和教派的重要"日常生活"。慈善在高台教徒的生活中，是如此明显、随处可见，以至于我常常向教徒询问关于日常慈善行为的问题。直到有一天，他（她）们开始对我说："怎么这么关心慈善啊，慈善不是高台教的最重要的内容。"高台教日常生活中，最容易被人观察到、最频繁发生的却被认为是次要内容。在这一现象中，慈善作为一种高台信徒的修行方式，同时作为一种社会参与，隐藏着宗教与国家之间的互动关系。

一 精英主义的社会理想渊源

高台大道三期儒释道普渡部分党派阶级种族拯济社会……1938年曾行诸福善基，如造幼稚园、育婴院、供给孤独院小工艺……开盲字眼及教训学生宣传世界大同和平教理、如此等等……一定遇饥即饱之、遇寒即暖之、见病则药之、见尸则盖之。①

在高台教信徒的公共宗教生活一章中讨论"做生活"时，已经论述了一部分 1975 年之前高台教共享田产、共同耕作的农业集体生产的面貌，这种集体主义和人道主义的色彩还体现在生活地其余方面。

教育是早期高台教社区服务中的重要内容，西宁圣会总部仍留有一座曾经的高台学校。这所高台中学教室、桌椅、卫生的建设全部按照当时法属的公立学校规制所建，学校中的老师并不领取工资。1931年有学生 274 名，其中有 57 位女生和 11 位高棉族学生，其中 87 名因为家贫由圣会抚养。到 1932 学生男生数量达到 312 人，女生达到 103 人，由圣会负责承担生活、教育支出的贫困学生数量达到 147 人。另外学校还每日组织教授不识字的信徒识字、写文（Vilmont、Laurette，1933）。1975 年后这些高台教的基础设施全部归国家所有，目前这所原来的高台学校转为公立学校之后仍招收学生，西宁圣坛的教徒告诉我，国家正在慢慢将这些道的建筑归还给高台教，包括医院、学校、坛室。

殖民时期的高台教，教中不乏豪绅、地主、知识分子，他们同时接受了儒家传统和西方知识体系的教育，对一个文明、理想、公平、博爱的社会有浓烈向往。"高上至尊大道和平民主目；台前崇拜三期共享自主权"，是西宁总坛的入口门柱上以汉字写成的门联，民主与自由是当时的高台领袖试图通过宗教力量实现的社会愿景。总殿入口的外墙上，绘有一幅醒目的画，画中有三位人物，左侧为维克多·雨果（Victor Hugo）和孙中山，右侧为越南南北朝时的思想家、诗人阮秉谦（1491—1585），他们正共同书写"天上天下，博爱、公平"的汉语以及意为"神和人类，爱和公平"的法语。

虽然有学者认为之所以雨果在高台教神圣谱系中占有一席之地，目的在于高台教将雨果作为自己在海外的代言人，试图将西方文化纳入自己的体系以吸收更多力量与认同（Trần Thu Dung，2014）。但我

---

① 来自一份 1936 年印发的高台教宣传材料，中间为中文，左侧为越南语，右侧为法语。

并不这样认为。在 5 卷记录早期高台教通过扶乩降神得到的圣谕中，雨果被称为"玉心真人"，降谕内容大部分与雨果作品涉及主题有关，包括博爱、慈善、人道、奉献……雨果在高台教中不仅是一位作家，且是一位圣人。神圣性来源不止于其在文化上的贡献，更重要的，教中精英分子对公平、博爱意识形态的认同。这一认同，不只体现在言说、论道上，还体现在早期高台教社区的建设中，这些精英分子做了切实的努力与实践以实现自己的社区理想。

二 不以宗教身份为界的慈善团体

我将当代教徒的慈善行为作为高台教"公平、博爱"传统的延续，并不是要忽略其宗教性的一面，功德观念与助人同等重要，是其行为动力的两个内核。将慈善作为高台教社会参与的方式，能更好地帮助理清其教内意识形态与越南民族国家整体的社会主义语境之间的关系。

我刚刚住进在岘港的房东凤姐家的那天，她家正忙得热火朝天。敞开的厨房门边放着一口直径达到 1 米的大锅。凤姐告诉我说，这是为了做慈善。第二天一早，一辆面包车载着我们去岘港癌症医院。这家专治癌症的医院同样有着慈善背景，它集合了越南最优秀的癌症治疗团队和设备，由全国各界包括政府机关、企业、商人、宗教团体共同出资建造完成。根据我在岘港医院的采访，医院可接收 400—500 位病人。这些来自各地方的病人，得到当地病院的转院许可便可转到岘港癌症病院，病人可在这里获得较高额度的保险金，并且医院本身的盈利除了应付日常开支外，同样用于慈善事业。这家医院的食堂，是岘港有名的"慈善食堂"，每日中午免费为病人提供午餐。午餐的食材、资金来源全部来自个人、团体、企业。凤姐所准备的食物正是为了提供这天的慈善午餐。慈善厨房的几位厨师告诉我，每月都有不同的宗教团体来做慈善，支持厨房全年的"慈善"运转。

至于做慈善所需的钱，凤姐家设有一个专门的"慈善桶"（thùng

tự thiện），家里有客人、有教友来做客谁有心便会放些钱在慈善桶里。3月慈善桶凤姐邀我和她一起打开，一共有约2000000越南盾（约合600元人民币），里头有小钞有大钞。凤姐告诉我做慈善不管金钱多少，根据自己能力所及就好，穷人也可以做慈善，不管贡献劳动还是钱财，重要的是帮助别人的善心。回家后凤姐告诉我，同去的7人里，除了我和凤姐以外，还有2位高台教徒，3位佛教徒，其中一位佛教徒是凤姐佛教徒丈夫的姐姐，开车的司机也是佛教徒，菜场里的一位奶奶，也是佛教徒，无偿给这次慈善活动提供了部分食材。此类个体组成的慈善活动团体，往往不以宗教身份为界限，而是基于亲族、朋友的熟人圈子。

三 坛室的慈善事业

无论大的圣会还是小的坛室在行政结构上，都设有专门负责管理慈善事务的慈善处（Ban tự thiện）。坛室组织的慈善活动规模可大可小，我将这些慈善活动分为三类：雨季的慈善、赡养与教育、医疗。

1. 雨季的慈善

东南亚又被称为"风下之地"（Land below the wind），季风给这片土地带来丰厚的雨水、茂密的植被，但同样也带来肆虐的台风。越南南部地区河流纵横，地势低，每年只有干湿两季，雨季来临时，不可避免地频繁发生洪灾。"雨季中的慈善"活动正是为了帮助那些饱受雨水之灾的居民。雨季慈善在全年的慈善活动中所占的重要比重，包括为灾区捐款捐物、重新建造房屋等。

2. 赡养与教育

高台教教徒中常有信徒成为"修士"，发愿不再成家生子。越南家庭中，女性往往需要承担更多的家庭事务，女性教徒认为"家事太烦恼了，成了家有了孩子哪还有时间修道"。在这些"修士"年纪渐长之后，圣会或坛室便要负起赡养的职责。比如岘港传教圣会在会安有专供年老的修士或者孤儿居住的坛室。家贫的教徒若无力抚养孩子，也可以到坛室居住，算"小修士"，但仍接受学校教育。城市坛室也常组织到偏远地区的乡村坛室参观的活动，及时为那里的教徒，尤其是孩子们提供帮助。高台教中分男派、女派,教中慈善活动主要由女派组织。因为"女性嘛在性格上总比男性要细心、温柔,女派做慈善最合适了,而且高台教讲究男女平等,女派在慈善上作出的贡献是很受称赞的"。女派以自己所擅长的方式进行形式多样的慈善活动。慈善处所售卖的高台教道袍、禅定用的蒲团都由教内的女性手工制作,所得的收入全部用于进行赡养、慈善事业。

3. 医疗

高台教的认识体系中,除了宗教宇宙观以外,也认可现代科学的价值,认为两者存在着共通性。高台教认为其与一般宗教不同,不是一种"迷信信仰",而是一种"科学宗教"。即便讲究禅定的内修功夫能使身心健康,但也认为医学(包括中医和西医)是必要的治疗疾病的重要科学。

在许多农村、城市的坛室中,设有对所有人开放的"慈善病院"(Bệnh viện tự thiện)。除了义诊外,坛室还组织到医疗条件较差的地区出诊并贡献粮食和药品。比如越南最南端金瓯省一个村庄中的明正道圣会中开设有以中药、针灸为主的中医病院,无论是否高台教徒或者是否有宗教信仰,只要前来求医便都被接受为病人。越南南方湿度大,农人长年在稻田里劳作,多患风湿痛、关节炎的疾病,高台教医生每月在这里进行义诊,提供简单的中药和针灸电疗。医院在乡里享有美誉,病院的墙上,挂满了地方政府、金瓯省政府颁发的奖状。

胡志明市"高台普渡教理机关"[①](以下简称机关)设有一家西医慈善病院,3位医生信徒每周3个下午轮流坐诊,几位曾做过护士的退休信徒负责病历管理和药物发放。秩序与一般医院无异,还未到出诊时间,诊室外的走廊上便已排起了长队。购买医疗设备、常规药物的资金全由"机关"承担,对病人则完全免费,且只询问病人的病情、年龄,不论病人是何身份。2013年慈善医院开诊118次,为3331名病人看病,4次外出出诊,共支出了126818000越

---

① "高台普渡教理机关"的全称是"大道三期普渡普及教理机关",与一般的坛室叫作 thánh thất 不同,机关用了 Cơ quan(机关)这一政府体系中的词汇,用以区别其在高台教中的独特性。

南盾的善款（约合3.8万元人民币），和650公斤的稻米（2013年的总结报告）。

明理道"三宗廊"的慈善医院则有更长的历史传统，三宗廊的创始人当时因医术高明且医德高尚，吸引了大批的信徒跟随，因而创建了三宗廊。如今的三宗廊医生成员的身份则更多样化，共有4位医生每周4天在此出诊，其中有一位来自以做功夫、修仙为宗的高台教诏明圣会的西医医生，还有佛教徒医生和天主教徒医生。他们都认为宗教身份无关紧要，重要的是以自己的医术尽量多地帮助那些需要帮助的人。三宗廊慈善医院事实上是一个汇集了不同宗教力量的慈善医院，日常运行所需的资金也由不同宗教团体共同贡献。开设慈善医院需要政府的认证，因此，三宗廊的重要参与还在于为慈善医院提供了合法身份与活动地点。

四 慈善经费的来源

在当代，高台教团体以慈善为核心的社会参与，不止包括"出"，还包括"进"。坛室内部拥有适应当代社会的独特"慈善"经济管理秩序。其中"机关"为我们提供了一个较好的观察样本。其并不是一个大圣会，而是一个独立的小坛室，致力于教理的研究和传播，有学术机构的气质，登记在册的信徒约180人，数量并不多。以其慈善事业为例，2013年全部慈善事业的总和达到815828412越南盾（约合25万元人民币），即便"机关"所在的胡志明市是越南经济情况最好的地区，这也并不是一笔小数目（一个在胡志明市刚毕业的大学生工资大约在2500元人民币），况且坛室内部还有修士赡养等日常支出，且需支撑一个"慈善病院"。仅凭信徒的捐款并不能支撑现有规模的慈善活动。

机关还运营着一家素餐馆，这家素餐馆在"机关"被国家公认为合法宗教组织（合法法人团体）以后开设，已经有18年的历史。目前餐馆雇了30名工作人员，每月减去餐馆的经营成本外上交4000000越南盾（约合1.2万元人民币）给"机关"，其余的则由女派自己支配。越南南部佛教信徒数量不少，加上高台教中的教友，餐馆的生意还不错。梅姨告诉我她正在努力攒钱以完成一个心愿——买一块地建立一个"慈善养老院",以餐馆目前的经营状况几年后应该能够实现。

五 小结

高台教将教徒将个体修行分为"三功",分别是功果(Công quả)、功程(Công trình)、功夫(Công fu)。功果包括为坛室服务、行善;功程指修正自己的行为;功夫指禅定等内修功夫。三功的区别在于:功果就好比你赚钱,赚了钱存起来造房子,造房子就是功程,功程做完了你才能安安稳稳在房子里做功夫,少了哪一个都不行的。功果与功程积累的功德将与众生和自我构成一种互惠体系。个体除了在私人空间的修行外,还需积极参与公共性的宗教活动。三功不但为个体参与公共宗教事务提供了统一的价值观念,还在以大小乘佛教、天主教为主要宗教的越南南部社会中获得了广泛的认同与支持。以三功为核心内容展开的宗教生活不仅使不同家庭的高台教徒得以形成稳定的共同体,也使不同教派共同参与到公共宗教活动中。

至于国家,"慈善对国家来说是好事嘛,宗教愿意为什么不让宗教去帮忙呢"。越南在实行革新开放以后,地区发展极不平衡,南富北穷,东强西弱。宗教力量在社会救助方面尤显得有其存在的价值。宗教局和政府通过慈善考量宗教的社会参与,并以此评定坛室的"文明"程度,被认为作出贡献的坛室可以得到"文明宗教组织"的表彰,这些表彰将为坛室获得更多的宗教权力增加砝码。

对信徒来说,慈善事业具有的复杂性在于:在观念上,经历了传统的有关互惠性"积累功果"的宗教观念与近代人道主义思想的结合;在行动上,慈善活动已经成为一种日常生活方式,并不单只是教内的集体生活。而对于圣会或教派来说,虽然慈善并不是其宗教理想中最重要的部分,但慈善活动依然是其宗教生活中最容易被"他者"所见的部分。"慈善"揭示了高台教作为宗教团体的社会参与补充了国家力量在地方社会的不足,且这种补充往往在高台教处于教外情境时被不断强调。这一有意"外显"的行为部分缘于宗教团体在国家空间下所做的挣扎,但更为重要的是慈善可以代表国家与宗教在意识形态上的共有范畴中所生成的一致。

第九章 结语

本文以高台教作为越南百年来经历殖民与战争、革命与独立、革新与重建的巨大变迁的一个缩影，审视本土传统与外来观念秩序是如何在个体与团体的参与中共同迈向现代社会的。

一 多文化因素所达成的认同

从前文的论述中，我们能够很明显地发现高台教作为一项东西方之间的跨文化发明在信仰体系、教义、建筑、组织体系、道德、价值观念等诸多方面兼具东方文化与西方文化的重要特点。

从多神体系看，高台教以"大道"包容其他宗教的逻辑，符合越南南部社会多族群、多宗教、多流动异质性地方传统。为信徒开辟了开放、自由的信仰领域。有高台教信徒曾告诉我"这么多宗教，只有高台教才能使自己安心"同时"越南是个小国家常被大国欺负，高台神不在其他地方而在越南这个地方开道是越南人的幸运，高台教要通过越南到全世界去"。东西方兼具的特点缓解了因为时代的巨大变迁与文化语境的快速转换强加于个体生命的紧张心态与认同危机。同时，"越南的"高台教所代表的是越南作为游离于东南亚与中国，西方与东方之间的文化主体所拥有的自己的内在价值。对于信徒来说，高台教在不否认传统的基础上，又以全新的姿态进入到世界体系中。

二 宗教道德与当代价值

高台教对中西方文化的共同探索，可以追溯到有文化自觉意识的越南知识分子关于东西方文明缝隙中的越南前途和命运的追寻。创教者们试图以宗教力量改变越南殖民地的处境，使国家获得自由、独立的地位，同时使高台教成为一种国民性的宗教以教化信徒重建道德，构建一个平等、博爱的社会。这是越南知识分子为迈向现代的共同理想，也是高台教的现实意义。其不仅在信仰体系上吸收了东西方的宗教因素，还吸收了西方文明中适应现代社会的价值观念。

在高台教的扶乩圣谕中，我们能发现其关于建立一个怎样的社会才符合信徒（国民）福祉的论述。扶乩文本中不仅记录了孔子、耶稣等古贤的训诫，也记录了雨果、列宁等的圣谕，以呼吁建立一个以尊重、共享、不分种族、阶级为特点的，以"公平、博爱"为旨的大同社会。

高台神	雨果	李太白	圣女贞德	耶稣	段式点[①]
146	42	27	5	5	8

这一表格统计的是早期高台教扶乩降神的人物与次数。[②]雨果是降谕中较为重要的人物。其人道主义的价值观念在高台教中体现为对个体的尊重，仁爱实践。高台教认为每个人心中都有"道"，但只有自省的行为才能让心中的道发出光亮，通过每个人心中的"小灵光"使"大道"照亮整个社会。

宗教道德规范在当代社会中的实践则表现为——慈善。高台教的"公平、博爱"与国家的"独立、自由、幸福"常一同出现在政府对高台教社团的身份承认、表彰、审批宗教活动的文书当中。各种各样的由个体、圣会、坛室为行动主体的慈善行为能够被国家系统、社会空间所接受与肯定。高台教作为社会团体的行动意义符合国家发展的政治语境。

三　分散与整合过程中的高台共同体

一边分散，一边整合是当代高台教共同体的重要特点。一方面，

---

① 越南18世纪女诗人。

② 根据 Thánh ngôn hợp tuyển，Đạo Caodài hay phat giao cai bien，Kinh le 等书中统计。

国家官僚体制的运作使得当代高台教团体正处于持续的分散过程中。另一方面，不同于民间宗教的家族继承系统，高台教中的信仰单位是个体。但由此两者产生的离散，并没有导致高台教的结构松散，相反，高台教作为一个共同体正越来越具有凝聚力。

1975年之后短暂的集体化时期，宗教作为文化革命的对象，教徒的集体性宗教活动受到限制，但私人领域并未被国家话语完全占领，以血缘、邻里、友人为主要关系的信徒网络并没有被完全打破。这些延续的、具有较高稳定性的高台网络在当代不但保持了延续，还得到了延伸。以做会、供奉为主要形式的个体圈子的信仰活动；做生活（坛室内）、行道（教派间）、慈善（不同宗教共同参与）等团体形式的多种宗教实践，形成了个体、社会组织为单位的收缩灵活的各类团体。这些大大小小的团体不但有效弥补了高台教体系中横向连接的缝隙，同时还将教内的人际网络延伸到公共领域。

"CaoDai without being CaoDai is the true CaoDai"是摘自高台教英文网站上的一句话。[①]这句话的意义在于，以平等的"人"的身份相处，而不分别国家、种族、宗教，甚至是否信仰高台教徒，才是成为一个高台人的要旨。这一世界主义倾向的背后是高台教对于俗世生活的理想，即让世界上的每一个人都能谋求到自己的幸福，以每一个个体生命的光亮照亮彼此。

用涂尔干的话来说，"这种宗教是个人主义的，因为这种宗教把人作为它的对象"，因为其建立在对"人性"的信仰基础上，它的责任与目的在于"探求我们的人类境况所要求的一切，我们与所有同胞共同拥有的一切"。虽然在涂尔干那里"人性宗教"并不是一种具体的宗教而是对个人主义的论述。但我们能看到高台教中"人性宗教"的影子，即"对具有人性的一切事物的同情，对一切苦难的同情，对一切人类痛苦的怜悯、抗拒和减轻痛苦的强烈欲望，对正义的迫切渴望"（涂尔干，2006：152）。

宗教不断退入到私人领域的现象引发了学者诸多关于宗教的当代

[①] www.caodai.org 是一个由在美国的高台信徒创立的英文高台网站。

命运的猜想。宗教是否还能在公共领域发挥价值，在宗教冲突频发的世界社会中，作为问题本身的宗教还能发挥怎样的作用（Beck，2010）？

但高台教却为我们提供了一个独特的关于"世界的"和"个人的"宗教案例，当中还有"国民的"作为过渡。其以对人性价值的尊重与信任出发，以本土传统作为媒介包容他者宗教，建立起一个可伸缩的贡献于本土社会的个体—团体行动网络。尽管目前在国外的（包括美国、加拿大、法国）等高台团体与本土组织之间的联系与互动仍有局限性[①]，但令人动容的是，一个三教源流的秘密会社经历了本土的发明与改造后，是如何在巨变的时代中生长，并完成自身的现代文明化，从而参与现代性的共建的。

最后，让我们从他者回到自我。同样作为第二波现代化国家，越南和中国都需要面对传统文化和现代社会的张力，以及宗教和意识形态的紧张关系。虽然在中国语境中，越南总是被视作一个"小兄弟"，认为越南社会主义是"摸着中国的石子过河"，但事实上我们通过高台教的当代命运能看到，"越南特色的"社会主义与中国社会相比有其独特性。越南社会中的个体在文化选择上的权力，使得文化、社会秩序的更迭相对缓和，不是断裂，而是一种有延续的接替与延伸。希望本研究能在还原越南作为一个文明主体在世界体系中的在场与参与的同时，对当代中国有些反思意义。

参考文献

陈重金，1917/1992，《越南史略》，商务印书出版社
米尔顿·奥斯本，2004/2012，《东南亚史》，商务印书馆
涂尔干，1898/2006，《乱伦禁忌及其起源》，上海人民出版社
王士录，1994，《近代越南的几个主要秘密会社组织》，《东南亚纵横》，第 1 期

[①] 海外高台教徒认为，越南国内的高台教已经在政治的影响下逐渐失去了其纯粹性，只有海外高台教徒与"在家中"（不参与社会生活，不被政治环境影响）的越南高台教徒才是真正的高台教徒（Jammes，2009，339—358）。关于海外高台教徒与国内高台教徒的差异问题暂不讨论，还需要更多的经验研究。

王士录, 1994,《关于近代越南秘密社会的几个问题》,《东南亚纵横》, 第 3 期
许文堂, 2005,《越南的高台教: 一种混育宗教的探析》, 台湾近代史研究所会议论文
许文堂, 2008,《近代越南宗教的政治参与: 以高台教、和好教为中心》,《台湾东南亚学刊》, 第 5 卷第 1 期
詹姆斯·C. 斯科特, 1976/2001,《农民的道义经济学》, 译林出版社
钟云莺、阮清风, 2010,《三期普渡与三教融合的他者视域——以越南高台教的教义思想为例》,《世界宗教学刊》, 第 16 期

Ban tôn giáo chính phủ, 2014, Tạp chí công tác tôn giáo:Sổ tay công tác tôn giáo
Bang Thanh, 1930, Cái án Caodai
Cơ Quan Phổ Thông Giáó Lý Đại Đạo, Thánh giao sưu tập1965—1974, Nxb. Tôn giáo
Cơ Quan Phổ Thông Giáó Lý Đại Đạo, 2013, Lịch Sự Cao Đại Quyền I II, Nxb. Tôn giáo
Cơ Quan Phổ Thông Giáó Lý Đại Đạo, 2011, Tìm Hiêu Tôn Giáo Cao Đài, Nxb. Tôn giáo
Cơ Quan Phổ Thông Giáó Lý Đại Đạo, 2012, Các Thánh Sở Cao Dài, Nxb. Tôn giáo
Đảng Cộng Sản Việt Nam, 1991, Văn kiện đại hội đại biểu toàn quốc VII, Nxb.Sự thật
Đạo Trính Nhất, 1929, Cái án Cao Dài, Nxb. Imprimerie Commericale Saigon
Hồ Chí Minh về vấn đề tôn giáo tín ngưỡng, 1998, Nxb.Khoa học xã hội, Hà Nội
Ngô Bái Thiên, 2003, Đạo Cao Đài trong khoảng ba mươi năm qua (1975—2003)
Nguyễn Long Thành, 2010, Đời sống của người tín đồ Cao Đài, Nxb.Phương đông
Nguyễn Long Thành, 2010, Tìm hiểu danh hiệu Đại Đạo Tam kỳ phộ độ, Nxb. Phương đông
Nguyễn Long Thành, 2013, Thánh ngôn yếu lược, Nxb.Phương đông
Nguyễn Văn Hồng, 2000, Cao Đài Từ Điển, Nxb.Hô Chí Minh City
Nguyễnn Thanh Xuân, 2013, Một số Tôn giáo ở Việt Nam, Nxb. Tôn giáo
Trần Thu Dung, 2014, Đạo CaoĐài & Victor Hugo, Nxb. Thời đại Trung Tâm Văn hóa Ngôn ngư

Beck, U., 2010, *A God of One's Own: Religion's Capacity for Peace and Potential for Violence*. Cambridge: Polity

Benedict J., 2003 Getting Organized in Vietnam: Moving in and around the Socialist State. Singapore: Institute of Southeast Asian Studies

Hock Guan Lee（Ed）. 2014, *Civil Society in Southeast Asia. Singapore: Institute of Southeast Asian studies*

Jellema K., 2007, Everwhere incense burning: Remembering ancestors in Đổi Mớ'i Vietnam. *Journal of Southeast Asian Studies,* 38（3）

Jammes J., 2009, Caodaism and its global networks: An Ethnoloogical Anaysis of Vietnamese Religious Movement in Vietnam and abroad. Moussons, 13

King, V., Wilder, W.（Ed）2003, *The Modern Anthropology of South—east Asia,* London: Routledge

Sarkisyanz, M., 1984, On the Place of Caodaism, Cultural and Politically, *Journal of Asian History*, 18（2）

Smith R., 1970, An introduction to Caodaism II. Beliefs and Organization. Bulletin of the School of Oriental and African Studies, *University of London*, 33（3）

Taylor, K., 2013, *A History of the Vietnamese, Cambridge* University Press

Taylor, P.（Ed）, 2007, *Modernity and re—enchantment: religion in post—revolutionary* Vietnam, Institute of Southeast Asian Studies, 2007

Taussig, M., 1980, *Devil and Commodity Fetishism in South America.* University of N. Carolina Press

Thayer, C., 1992, "Political Reform in Vietnam: Doi moi and the Emergency of Civil Society". In *the Development of Civil Society in Communist Systems*,（ed.）by Robert F Miller. Sydney: Allen and Unwin

Walters, O., 1999, History: Culture & Religion in *Southeast Asian Perspectives,* Cornell University press

Werner, J., 1981, Peasant politics and religious sectarianism : peasant and priest in the Cao Dai in Vietnam. *Monograph Series* No.23/Yale University Southeast Asia Studies

Lalaurette et Vilmont, 1934, *Le Caodaisme, L'historie des mouvements politiques de l'Indochine française*

附录：三系2015年硕士论文题目汇总

北京大学社会学系（94人）

蔡丹旦：人民日报中的艾滋病社会表征
常庆玲：教育对健康的影响分析
陈　红：公益组织运作中的强参与和激励机制研究——以北京市C助学公益组织为例
崔允瑞：中国非正规就业的状况及其员工工作满意度分析——以CGSS2008调查数据的实证分析为例
旦正才旦：藏撒族际交往之变迁研究
邓如飞：边缘政策执行中"有作为无效能"现象研究——以某市y区安置帮教政策为例
杜津威：从"公办民助"到"以县为主"——项目体制下的农村义务教育
段国强：乡土伦理与城市文明：青年农民工"逼婚"问题研究——以深圳市F厂工人为例
范雪莹：新中国成立以来我国个体受教育年限的影响因素分析——基于多水平方法的检验
方　正：弱势的"合谋"：学校层级对学生教育期望的分流——以Y县高三学生为例
封小郡：制造紧张：富士康生产过程的基本矛盾
冯慧羚：从契约式互赖到伙伴式互赖——公募基金会资助策略转型研究
冯文童：我国老年人生活方式差异及其对自评生活满意度的影响分析——基于城乡的视角
冯莹莹：主观社会经济地位对老年健康的影响分析
葛欣鹏：可行能力视角下养老护理员群体的能力建设研究——以A市C养老机构为例

郭　冉：阶层复制还是再生产基于市场转型理论的分析
郭潇威：失落的纯真——半殖民地背景下的中国童话，1909—1949
海老泽圭视：老年护理服务质量评估问题研究——以日本连锁加盟老年人日间护理服务中心为例
韩　征：航空旅客非理性行为的实践逻辑与管控研究
郝佩玉：从怀疑、认可到参与："社会服务"获得承认的过程分析——基于对北京市两所社会服务机构的实证研究
何健雄：作为工作的民谣音乐演出——关于北京未成名民谣音乐人的研究
何　苗：城市家庭变迁下的代际育儿支持：责任伦理与情感行动
胡　波：双重诉求下的控权与赋权——基于青少年司法社会工作的会话分析
胡峄辰：我国城乡老年人医疗支出影响因素的实证分析——来自CFPS数据的检验
金丽华：非营利组织互惠型协作网络的形成与运行——以北京市H基金会C项目为例
靳伟龙：村民自治与宗族认同感——以郑州市某村为例
柯　晓：创造时空：在西藏和北印度之间的符号和时间
李　恒：农村居民购房问题研究——基于赤峰、济南的实地调研
李　梦：救助管理社会化中社工机构与政府部门的互赖关系研究——以B市未成年人社会保护试点工作为例
李如意：中国血友病人的疾病适应
李祥蒙：结构位置优势的消失——乡村医生社会经济地位的变动机制
李笑成：组织重塑与村民参与——MY希望小镇的个案研究
李　昭：转型社会中的动态认同建构——以深圳移民白领群体为例
梁　栋：合法性与秩序：制度约束与授权下B市志愿服务组织群落行为和结构
梁　艳：农民工二代的社会流动与社会融合——基于北京市农民工二代个案
林梦林：抑郁症的社会根源——以北京市三甲医院及抑郁症交流群的抑郁症患者为例
林起贤：生育的赏罚效应与中国城镇劳动力市场的性别分层——基于CGSS2008的实证研究
刘秉洁：女性整形：基于深度访谈的话语分析
刘佳闽："市场—情感"双重实践逻辑矛盾下的性别气质建构——基于情侣创业过程的个案研究
刘　坤：机会捕捉的社会过程——以西岳水产的企业成长为例

刘明祥：20世纪90年代以来农村医疗卫生制度的实践与变迁——以山东省D县为例

刘晓亮：政策调整与个人应对——以盐山县在京流动人口的情境为例

刘心怡：非信徒的神圣追求——基于对20位在校大学生的深度访谈

刘　影：新制度主义理论视角下专业社会工作服务机构发展策略——以某社会服务机构为例

刘　羽：利益博弈视角下养老服务政策执行研究——以北京市养老助残券政策为例

鲁　娟：养老延滞：农村男性丧偶老人养老支持问题研究

马远征：少数民族地区大学生的职业声望分析与比较研究——基于西藏七所高校在校生的调查

缪巧霞：老年人慢性病的患病现状及其影响因素分析——基于CLHLS的检验

聂　磊：儿童照料与城市女性劳动参与——基于GSS2008数据

彭泽安：管制与博弈——日本"宗教自由"的起源

齐晓艺：公办养老机构中社会工作者与护士专业群体的非整体性协同——以X市Q福利院为例

邵　敬：乡村社会新秩序：无一所宗

沈　洁：近城维吾尔族育龄妇女生育意愿探究——以新疆哈密地区为例

师瑞阳：移动互联网使用的代际差异——基于生命历程视角

宋　超：医院志愿服务的合法性建构：E医院医疗社会工作的情景建构

宋雨航：伦理关怀与五需青少年的生命经验——抗逆力视角下人生导师对五需青少年的影响

苏峰逸：小城镇规划中的双边协商模式——以蓉西镇为例

孙　静：斗茶：闽南茶叶经济中的品味、技艺与宇宙观

孙泽建：新农村建设与乡村公共空间的变迁——来自中部一个新农村建设示范村的经验

王　成：行政资源与行政任务的不匹配与非正式行政——以龙镇计划生育非正式行政为例

王　钦：农民上楼：空间嬗变与乡土情结之演变——以山东省平原县一个农村社区为例

王　冉："保姆型政府"：农民上楼后的公共服务——以山东陵县的"两区同建"为例

王　硕：自主招生来源与质量的探究——以北京大学 2010、2011 级本科生为例
王卫卫："惩罚中心型"控制策略下的工人行动选择——以 D 煤化有限公司为例
王向珣：穆村的婚姻
王小龙：关于生育孩数收入效应的实证研究——基于 2006 年和 2008 年 CGSS 数据
王紫祺：程序控制与意外性后果——以 B 市 D 区 D 街道人大代表换届选举为例
魏则先：低度城市化影响因素研究——以贵州省盘县为例
温　欣：知识社会学视角下青少年服务实践研究——以"青年汇"和"人生导师"项目为例
吴慧娟：资源依赖视角下社会组织双重合法性困境分析——以"JS 社区社会组织"合法化进程搁置为例
熊　锦：西南地区农村居民自建房研究
徐　华："苦北漂"闯江湖求生存——以在北京打拼的"流民小商贩"为例
徐　瑶：苦与乐：打工妈妈的工厂体验与母职实践
许传淇：端一碗汤不冷的距离——鲁东南乡村的老年房和养老模式
薛文娟：从嵌入到互构：社会工作机构发展的本土化研究——以陕西 X 机构为例
杨嘉莹：查无身源流浪乞讨人员安置的跨部门协同研究——以 S 市 Y 区社会福利院为例
杨　鹏：子女数量对老年人社会支持获得的影响分析
杨　雪：我国城市老年人健康水平性别差异研究——基于 CHARLS 数据的实证分析
郁　霭：中国女性职业选择的历时性分析
喻月慧：医疗保险与就医中被夸大的患者道德风险
臧　晓：穷办法与富产业：乡土知识催生特色产业的机制
翟宇航：从关系合约到结构化治理：金融交易的治理机制
张博伦：为国族而劳动！——埃及自由时期纺织工人劳工运动比较研究
张婧涵：基于信任的项目导向型公益孵化模式的运作机制及问题——以北京市温暖基金会为例
张丽伟：有限福利治理下的社区养老服务实践——基于北京市 K 社区互助养

老社的个案研究
张易武：好莱坞与当代中国电影工业关系的批判研究
张玉洁：社会团体与政府的财务关系
赵艳秋：交易过程中淘宝卖者让步行为的实证研究
朱　俐：游离于效率与合法性之间的基层政府——以合肥市 FZ 镇征迁
祖月翔：跳痛的青春——校漂族身份认同的研究

清华大学社会学系（7人）

曹　原：城市独生子女父母养老意愿研究——以 L 市为例
高则灵：洛丽塔时尚消费的认同研究
屠一多：城市流动人口社区融合的互动逻辑
万　一：城市社区治理中居委会"错位"现象个案研究
赵梦瑶：人口流动与居民健康："健康移民效应"的再检验
左　晗：农民上楼与社会行动——基于湖北两市的案例

中国人民大学社会学系（50人）

陈若皓：医患关系紧张成因研究——以 Q 市某三甲医院为例
陈　维：现代化进程中民族文化的传承与发展——以土家族摆手舞为例
陈　肖：日常生活中的女性妇科表达、实践及其意义
陈晓凤：从"逃避"到"接纳"：傈僳族教育观念的变迁——基于玉龙县黎明村的个案研究
陈信波：变性人与社会的互动分析——基于一个个案的研究
葛　熠：社区居家养老服务模式何以可能——以南阳社区为例
胡梦茵：藏域"异乡客"——作为社会分类系统的茨中天主教
黄乐乐：集体行动组织的效率及生命力研究——渡市江边商城业主委员会
康　晨：结构、权力关系与空间演变——对上海市"田子坊"和北京市"798"空间形态的研究

李黎明：婚姻与职业不平等——城市劳动者职业地位与收益的性别差异研究
李　娜：家庭式组织的运行与关系研究——以浙江萧山南阳制伞业为例
李　欣：社群的演变：从社会资本到身份认同
李　阳：政策是怎样在执行中走形的？——关于"骨干政策"实践过程的研究
梁童心：职业是如何影响健康的？——基于2012年中国动态劳动力调查的实证分析
林　奈：飞鱼之梦——基督宗教在兰屿的传播及其对当地社会的影响
林泽莉：全球化陷阱与升级悖论：全球电子垃圾链与服装链条的地方嵌入
刘　洋：家长参与对初中生学业成绩的影响
马小龙：民族文化对地方中小金融机构履行社会责任的影响
马子娟：他者之镜——一项对北京拉拉群体象征秩序的人类学观察
蒲霞琳：父母政治身份对子女收入的影响
曲　琳：人力资本和社会资本对就业质量影响的性别差异分析
宋卓为：法治话语对传统农民的符号暴力作用
孙乐成：消逝的"他者"记忆——社会治理视角下"寨老"的变迁
田文婷：城镇居民的相对剥夺感及其影响因素研究
王浩臣：对殡葬改革中博弈现象的社会学分析——以豫东X县A、B两村为例
王　泉：农民经营专业化的困境——以湖北M集市的"多面手"现状为例
王艺璇：分化与认同：一个工业型乡村的整合逻辑
王玉金：他们为什么成为粉丝？——关于高学历粉丝偶像崇拜原因的探究
吴子策：理想社区模式之探索——以深圳市桃源居社区为例
夏　冰："病因"的主体建构：两位老年妇女月子病疾痛叙事
夏志新："关系"认知对大学生求职行为的影响研究
宿蓉萱：城市独生子女婚姻市场中的婚恋关系探究——基于辽宁省Z市的田野调查
杨玓霏："自我实现预言"机制与少数民族大学生在京适应
袁　栩：精神病的隐喻：医护人员、患者自身及家属对精神病的建构
张　倩：农村老年人社会支持的现状、问题及对策——基于山东省D村的个案研究
张　伟：农民上访户与基层政府的行动逻辑探究——基于晋东南礼乡若干农民上访案例

张文潇：头发的象征——一种人类学视角的身体解读

张闻程：家庭居住安排对老年人身体健康的影响——基于2010年、2012年中国家庭动态跟踪调查数据的实证分析

张　宪：影响我国初中生身心健康的社会因素——基于中国教育追踪调查（CEPS）的实证分析

张阳阳：教育期望对初中生学业获得的影响——基于中国教育追踪调查

张育智："外地人"在G村：苏南农村外来务工人员的融入问题研究

赵　莹：历史制度主义视角下的"严打"运动研究

赵梓竹：数缚道义——广西一个布努瑶村寨的生育文化及其嬗变

周浥莽：国家运动扩大化的机制与逻辑——一个政治社会学研究

周　悦：乡村变迁中地方精英的文化权力与生存——以陕西关中桥西村葬礼为例

朱　枫：灾难与重生——一个蒙冤者的口述史研究

祖志国：马路劳动力市场中的生存策略——以黑龙江省Q市马路劳工为例的个案研究

注：本书发表的七篇论文未列入总目中。